Muttersprache plus

9 Sprach- und Lesebuch

Herausgegeben von Viola Oehme

Erarbeitet von
Tefide Avci, Katja Bönke-Wendt, Ulrike Buhl, İbrahim Çın, Solveig Hauer,
Dana Kamin, Simone Kießling, Isabel Krüger, Katja Kuritz, Petra Marggraf,
Tina Michaelis, Viola Oehme, Gitta-Bianca Ploog

Unter Beratung von
Thomas Brand (Berlin), Kristina Bullert (Sachsen-Anhalt),
Isabell Knauft (Thüringen), Anka Rahn (Brandenburg),
Anne Schreier (Sachsen)

Muttersprache plus
9

Redaktion: Gabriella Wenzel
Illustration: Marie Geißler (S. 8–186); Lars Baus (S. 187–291)
Umschlaggestaltung: werkstatt für gebrauchsgrafik, Berlin
Umschlagillustration: Dorina Tessmann
Layoutkonzept: lernsatz.de
Technische Umsetzung: Straive

Das Buch wurde erarbeitet auf der Grundlage der Ausgaben von Veronika Amm, Thomas Hopf, Birgit Hofmann, Brita Kaiser-Deutrich, Birgit Mattke, Sylke Michaelis, Jana Mikota, Gerda Pietzsch, Cordula Rieger, Adelbert Schübel, Viola Tomaszek.

Begleitmaterialien für Schülerinnen und Schüler zu *Muttersprache plus* Klasse 9

Schulbuch als E-Book	978-3-06-063286-2
Arbeitsheft	978-3-06-063312-8
Arbeitsheft für Lernende mit erhöhtem Förderbedarf	978-3-06-063328-9

www.cornelsen.de

Soweit in diesem Lehrwerk Personen fotografisch abgebildet sind und ihnen von der Redaktion fiktive Namen, Berufe, Dialoge und Ähnliches zugeordnet oder diese Personen in bestimmte Kontexte gesetzt werden, dienen diese Zuordnungen und Darstellungen ausschließlich der Veranschaulichung und dem besseren Verständnis des Inhalts.

Die Webseiten Dritter, deren Internetadressen in diesem Lehrwerk angegeben sind, wurden vor Drucklegung sorgfältig geprüft. Der Verlag übernimmt keine Gewähr für die Aktualität und den Inhalt dieser Seiten oder solcher, die mit ihnen verlinkt sind.

Dieses Werk berücksichtigt die Regeln der reformierten Rechtschreibung und Zeichensetzung.
Bei den mit R gekennzeichneten Texten haben die Rechteinhaber einer Anpassung widersprochen.
Die mit * gekennzeichneten Texte wurden aus didaktischen Gründen gekürzt und/oder verändert.

1. Auflage, 1. Druck 2024

Alle Drucke dieser Auflage sind inhaltlich unverändert und können im Unterricht nebeneinander verwendet werden.

© 2024 Cornelsen Verlag GmbH, Berlin

Druck: Mohn Media Mohndruck, Gütersloh

ISBN 978-3-06-063283-1

PEFC-zertifiziert
Dieses Produkt
stammt aus
nachhaltig
bewirtschafteten
Wäldern und
kontrollierten Quellen
PEFC/04-31-1033   www.pefc.de

Lyrische Texte erschließen und gestalten

Dramatische Texte erschließen und gestalten

Sprache gebrauchen – Sprache untersuchen

Zeichenerklärung

 Methoden und Arbeitstechniken

 Entwicklung von Medienkompetenz

Was weißt du noch aus Klasse 8?

1 Lies den folgenden Text und sieh dir die Abbildung an.

Ortrun Huber

Wie tickt unser Gedächtnis?

Unser Gehirn arbeitet stets auf Hochtouren, denn es sortiert, filtert und speichert Erlebnisse, Eindrücke und Erfahrungen im Gedächtnis ab. Wie funktioniert unser Gedächtnis und wie holen wir diese Informationen wieder hervor?
Im Vergleich zur Festplatte eines Computers speichert unser Gehirn nicht
5 Null und Eins, sondern bei jeder Informationsverarbeitung verändert sich die Verknüpfung der Nervenzellen im Gehirn. Dieses sogenannte neuronale Netz ist bei jedem Menschen unterschiedlich. Der Unterschied zum Computer ist jedoch eindeutig: Das menschliche Gehirn ist individuell und einzigartig. […] Drei verschiedene Gedächtnisbereiche sind im Gehirn für das Lernen von
10 Bedeutung: das Ultrakurzzeitgedächtnis, das Arbeits- oder Kurzzeitgedächtnis und das Langzeitgedächtnis.

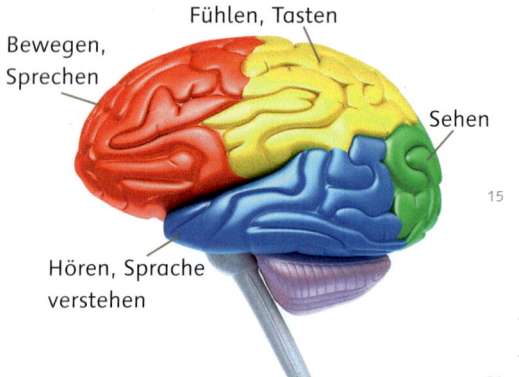

Riechen, Schmecken, Fühlen, Tasten

Bewegen, Sprechen

Sehen

Hören, Sprache verstehen

Informationen aufmerksam filtern

Jeden Augenblick sind alle Sinne aktiv und unser Gehirn muss die vielen verschiedenen Informationen aus einem großen Angebot an Eindrücken herausfiltern. Wir riechen, hören,
15 sehen, schmecken und fühlen. Mit diesen unterschiedlichen Sinnen nehmen wir Informationen auf. Nur für gerade mal zwei Sekunden bleibt das Wahrgenommene im *Ultrakurzzeitgedächtnis*, wird dann verworfen oder gelangt ins *Kurzzeitgedächtnis*. Deshalb ist es so wichtig, wenn eine Information
20 gespeichert werden soll, dass wir uns nur auf eine Sache konzentrieren. Wenn wir einen Text verstehen und behalten wollen und gleichzeitig einen Film verfolgen, dann wird keiner der beiden Inhalte vollständig gespeichert. Nur der Inhalt, der die volle Konzentration bekommt, wird festgehalten. Diese Information muss dazu noch relevant sein, erst dann
25 kann sie die nächste Stufe erreichen: das *Arbeits- oder Kurzzeitgedächtnis*. […]
Im Kurzzeitgedächtnis werden Informationen bis zu 20 Minuten gespeichert. Danach werden sie gelöscht, um den Platz für Neues freizugeben. Möchten wir das Gelernte länger behalten, hilft es, nun eine kurze Pause einzulegen, da unsere Konzentration auf eine Sache nicht so lange ausreicht. Gerade
30 beim Vokabellernen hilft es, um die neuen Wörter zu behalten, dazwischen immer Pausen einzulegen und dann alles nochmal zu wiederholen. Dann ist die Chance größer, das Wissen im *Langzeitgedächtnis* zu verankern.

Informationen im Langzeitgedächtnis behalten

Wenn Informationen in die dritte Stufe, ins Langzeitgedächtnis, übergehen sollen, dann beginnt der Prozess der Konsolidierung. Will man wirklich et-

35 was langfristig speichern, ist es besonders notwendig, das Gelernte sich erst einmal setzen zu lassen. Es ist eine Phase, in der unser Gedächtnis allerdings auch sehr störanfällig ist und Informationen schnell vergessen kann. [...]

Emotionen unterstützen unsere Erinnerungen

Mit einem Reiz aktivieren wir das ganze Netz an Neuronen, d. h. Nervenzellen, die miteinander verbunden sind. Sind damit noch Emotionen verknüpft, 40 dann verweilen diese Informationen besonders lange im Gedächtnis. An die erste große Liebe und an den ersten Kuss wird man sich lange erinnern. [...] Wenn zu diesen emotionalen Ereignissen noch Gerüche hinzukommen, dann werden die Erinnerungen besonders lange behalten. [...]*

(Online im Internet: https://www.ardalpha. de/wissen [20.11.2023].)

2 Lies die folgenden Aussagen und entscheide, ob sie richtig oder falsch sind.

1 Unser Gehirn verändert sich im Erwachsenenalter nicht mehr.
2 Das Ultrakurzzeitgedächtnis speichert die Informationen für 20 Sekunden.
3 Neue Informationen werden besser gespeichert, wenn man sie wiederholt.
4 Positive Gefühle beeinflussen die Verweildauer der Informationen im Gedächtnis.

3 Nenne die drei Bereiche des Gedächtnisses.

4 Notiere, welche Hirnbereiche für die Verarbeitung unserer Sinneseindrücke zuständig sind.

5 Schätze ein, welche Funktion der Text hat: appellieren, informieren bzw. werten. Begründe deine Entscheidung, indem du zwei Textbeispiele nennst.

6 Bestimme die Satzglieder in den folgenden Sätzen.

1 Unser Gehirn kann Erlebnisse, Eindrücke, Erfahrungen und Informationen speichern und vernetzen.
2 Wir können dadurch schnell reagieren.
3 Das Gehirn kann neue Informationen mit älteren Informationen verknüpfen.
4 Forschende untersuchen schon seit Längerem mit großem Interesse Vorgänge des Lernens und Erinnerns.

7 Formuliere die Sätze mithilfe von Modalverben so um, dass jeweils die in Klammern genannten Bedeutungen ausgedrückt werden.

1 Ich eigne mir in der Schule viel Wissen an. (Wunsch)
2 Leider geht nicht jedes Kind auf der Welt zur Schule. (Erlaubnis)
3 Viele Jugendliche entdecken ihre Neugier und die unbewussten Lernstrategien aus ihrer Kindheit wieder. (Notwendigkeit)
4 Sie lernen wieder mit Begeisterung. (Fähigkeit, Möglichkeit)

Gespräche führen – miteinander kommunizieren

1 Zu unserem Alltag gehört die Kommunikation, das heißt die Verständigung miteinander.

a Lies die folgende Gesprächssituation.

Paul ist sauer auf Lisa, weil sie gestern mit Freundinnen im Kino war und Paul auch gern mitgegangen wäre. Als sie an der Schule aus dem Bus steigen und Lisa ihm erzählt, was für einen schönen Abend sie hatten, antwortet Paul genervt: „Das ist ja ganz toll! Das freut mich für euch!" Lisa sagt lächelnd: „Danke, der Abend war auch wirklich schön."

 b Tauscht euch darüber aus, ob es sich hier um eine geglückte oder missglückte Kommunikation handelt. Begründet eure Meinungen.

2 Untersuche die Kommunikationssituation aus Aufgabe 1 a genauer.

a Lies den Merkkasten und bestimme die konkreten Bedingungen, die diese Kommunikationssituation prägen und für ein Gelingen wichtig sind.

> Menschen kommen in verschiedenen geplanten und ungeplanten Situationen miteinander ins Gespräch, wie beim Einkaufen, bei Freizeitbeschäftigungen, bei Vorträgen, Diskussionen oder Vorstellungsgesprächen.
> Solche **mündlichen Kommunikationssituationen** sind durch unterschiedliche **Bedingungen** geprägt, zum Beispiel durch die Zeit, den Ort, das Thema (den Inhalt), die beteiligten Personen, den offiziellen oder privaten Rahmen und die Funktion bzw. den Zweck des Gesprächs.
> Besonders wichtig für das Gelingen eines Gesprächs ist die Berücksichtigung der beiden folgenden Ebenen:
> - **Sachebene:** Was ist der Inhalt des Gesprächs? Um welche Sache bzw. welches Thema geht es?
> - **Beziehungsebene:** Wer ist am Gespräch beteiligt? In welchem Verhältnis stehen die Beteiligten zueinander? Wie verhalten sich Sprechende und Zuhörende?

b Bestimme die Sachebene im Gespräch zwischen Lisa und Paul.

 c Untersucht die Beziehungsebene zwischen Lisa und Paul in dem Gespräch aus Aufgabe 1 a. Beantwortet dazu folgende Fragen.

1 Was verraten die Aussagen von Lisa und Paul über sie als Personen?
2 Welche Beziehung haben die beiden zueinander?
3 Was wollen die beiden bewirken?
4 Wie hätte Lisa auf Pauls Aussage anders reagieren können?

3 Bestimmt die Sachebene und die Beziehungsebene in den beiden folgenden Texten.

Text A

> **Vater:** Der Müll müsste mal rausgetragen werden.
> **Sohn:** Ja.
> **Vater:** Danke, dann bringe ich ihn eben allein runter!

Text B

> Der Lehrer steht seit zehn Minuten vor der unruhigen Klasse und schreit:
> „Es ist schon 10:05 Uhr!"

 4 Denkt euch selbst eine Situation aus und bestimmt die Sach- und die Beziehungsebene des Gesprächs in dieser Situation.

5 Untersuche Gründe, die dazu führen, dass eine Kommunikation zwischen Gesprächspartnerinnen und -partnern misslingt.

a Lies die folgende Kurzgeschichte und beschreibe die Gesprächssituation.

Paul Watzlawick (1921–2007)

Die Geschichte mit dem Hammer

Ein Mann will ein Bild aufhängen. Den Nagel hat er, nicht aber den Hammer. Der Nachbar hat einen. Also beschließt unser Mann, hinüberzugehen und ihn auszuborgen. Doch da kommt ihm ein Zweifel: Was, wenn der Nachbar mir den Hammer nicht leihen will? Gestern schon grüßte er mich nur so flüchtig.
5 Vielleicht war er in Eile. Aber vielleicht war die Eile nur vorgeschützt, und er hat etwas gegen mich. Und was? Ich habe ihm nichts angetan; der bildet sich da etwas ein. Wenn jemand von mir ein Werkzeug borgen wollte, *ich* gäbe es ihm sofort. Und warum er nicht? Wie kann man einem Mitmenschen einen so einfachen Gefallen abschlagen? Leute wie dieser Kerl vergiften einem das
10 Leben. Und dann bildet er sich noch ein, ich sei auf ihn angewiesen. Bloß weil er einen Hammer hat. Jetzt reicht's mir wirklich. – Und so stürmt er hinüber, läutet, der Nachbar öffnet, doch noch bevor er „Guten Tag" sagen kann, schreit ihn unser Mann an: „Behalten Sie sich Ihren Hammer, Sie Rüpel!" [...]*

b Nenne mögliche Ursachen, die eine Kommunikation zwischen den Nachbarn verhindern.

c Vergleiche die Konfliktsituation in der Geschichte mit der von Paul und Lisa aus Aufgabe 1a. Nenne Gemeinsamkeiten und Unterschiede.

d Formuliere aus deinem Alltag ein eigenes Beispiel für eine missglückte Kommunikation.

6 Nach der Situation am Morgen (Aufgabe 1a, S. 10) redet Paul nicht mehr mit Lisa.

a Tauscht euch darüber aus, ob das Schweigen auch eine Form der Kommunikation ist. Führt dazu folgenden Versuch durch:
- Wendet euch eurer Banknachbarin bzw. eurem Banknachbarn zu und schaut euch in die Augen, ohne zu sprechen.
- Beschreibt, wie sich die bzw. der andere verhalten hat.
- Entscheidet, ob das Kommunikation ist. Begründet eure Meinung.

b Der Kommunikationswissenschaftler Paul Watzlawick behauptet, man könne nicht *nicht* kommunizieren. Erkläre mit eigenen Worten, was er damit meinen könnte.

c Tauscht euch darüber aus, welche Möglichkeiten, miteinander zu kommunizieren, ihr neben der Sprache noch kennt.

Das Sender-Empfänger-Modell untersuchen

7 In der Sprach- und Kommunikationswissenschaft wurden verschiedene Modelle zur Beschreibung von Kommunikationssituationen entwickelt.

a Lies den folgenden Merkkasten und erkläre das Sender-Empfänger-Modell von Paul Watzlawick mit eigenen Worten.

[1] Hier werden die ursprünglichen Begrifflichkeiten von Paul Watzlawick verwendet, daher wird nicht gegendert.

> Wenn Personen miteinander kommunizieren, werden sie sowohl zum **Sender**[1] als auch zum **Empfänger**. Dabei möchte der Sender neben der **Sachinformation** (Inhaltsebene) auch beispielsweise **Gefühle** oder **Wünsche** (Beziehungsebene) übermitteln. Die Mitteilung wird vom Sender in Form von **Sprache, Gestik, Mimik, Intonation** codiert, das heißt verschlüsselt, und an den Empfänger übermittelt. Dieser muss die Signale dekodieren, also entschlüsseln. Je nachdem, wie die Mitteilung interpretiert wird, sendet der Empfänger eine **Reaktion** an den Sender zurück.

b Wende das Sender-Empfänger-Modell auf die Gesprächssituation von Lisa und Paul aus Aufgabe 1a (S. 10) an. Nutze dafür die folgende grafische Darstellung.

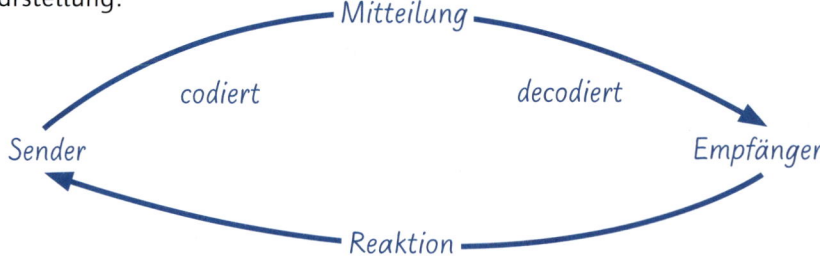

8 Kommunikation wird unter anderem auch von Medien beeinflusst.

a Überlegt und besprecht, wie und warum unterschiedliche Medien die Kommunikation beeinflussen.

b Beschreibt die nebenstehende Abbildung. Nennt Besonder-heiten der dargestellten Kommunikationssituation.

c Wendet das Sender-Empfänger-Modell von Paul Watzlawick auf die digitale Kommunikation in sozialen Medien an. Versucht, ein Sender-Empfänger-Modell für die in der Abbildung dargestellte Kommunikationssituation zu erstellen.

d Besprecht, welche Schwierigkeiten ihr bei der Erstellung des Modells hattet.

9 Untersuche die folgenden Kommunikationssituationen.

a Lest die Nachricht, die Finn in den Klassenchat schreibt. Klärt ggf. unbe-kannte Wörter und gebt den Inhalt mit eigenen Worten wieder.

> Ey, kp was wir bei den HA machn solln! I need help!!!! Asap! Thx

b Nachdem die Nachricht im Chat unbeantwortet blieb, möchte Finn sich mit dem Problem an seinen Lehrer wenden. Verfasse die Nachricht an den Lehrer.

c Vergleicht die beiden Kurznachrichten. Notiert wesentliche Merkmale, in denen sich die Nachrichten unterscheiden. Begründet, warum das so ist.

10 Wiederholt mögliche Gründe, die dazu führen, dass Kommunikation misslingt.

a Folgende Beispiele könnten die Kommunikation erschweren. Lest die Bei-spiele und notiert Gründe für ein mögliches Misslingen der Kommunikation.

1 Der Arzt fragt den Patienten, welche Symptomatik bei seiner Sinusitis auftrat.
2 Der Vater brüllt das Kind an, weil das Zimmer unordentlich ist.
3 Das Kind will der Mutter etwas mitteilen, doch die Mutter telefoniert gerade.
4 Sofia erhält auf die Chatnachricht, dass sie das Treffen mit Lucas absagen muss, nur ein „Okay". Nun ist sie verunsichert, ob Lucas sauer ist.

b Überlegt, welche Faktoren zum Gelingen der jeweiligen Kommunikations-situation aus Aufgabe a beitragen könnten.

c Ergänzt Probleme, die in der digitalen Kommunikation zusätzlich auftreten können.

11 Lisa und Paul aus Aufgabe 1a (S.10) halten die angespannte Situation nicht mehr aus. Sie wollen sich bei dem bzw. der anderen wieder melden. Überlegt die Vor- und Nachteile der folgenden Kommunikationsformen.

Telefonat / Chatnachrichten / persönliches Treffen / Brief

12 Wie könnte die Kommunikation zwischen Lisa und Paul (Aufgabe 1 a, S. 10) wieder gelingen? Wähle Aufgabe a, b oder c.

⬤○○ **a** Lisa schreibt eine Nachricht an Paul. Verfasse einen kurzen Chatverlauf, in dem Lisa und Paul die Situation aufklären. Verwende folgende Inhalte:
- Lisa fragt Paul, warum er nicht mehr mit ihr gesprochen hat,
- Paul reagiert darauf und erklärt ihr die Situation aus seiner Sicht,
- Lisa erklärt Paul die Situation aus ihrer Sicht,
- die beiden finden eine Lösung.

Hey, Paul, habe das Gefühl, dass du heute verärgert warst. ...

⬤⬤⬤ **b** Spielt ein Telefonat oder ein Treffen zwischen Lisa und Paul, in dem beide die Situation erklären und eine gemeinsame Lösung finden.

⬤⬤○ **c** Schreibe aus der Sicht von Paul eine E-Mail an Lisa, in der er ihr erklärt, warum er nicht mehr mit ihr gesprochen hat. Formuliere auch, was er sich in Zukunft für ihre Kommunikation wünscht.

Interkulturelle Kommunikation untersuchen

13 Überlege, welche Probleme Kommunikationspartnerinnen und -partner haben könnten, die aus unterschiedlichen Ländern kommen.

a Lies die folgende Situation und gib die Gesprächssituation mit eigenen Worten wieder.

Katharina ist mit ihren Eltern für eine Woche in London. Sie darf ausnahmsweise allein durch die Geschäfte bummeln. Eine nette Verkäuferin in einem Modeladen begrüßt sie freundlich mit den Worten: „Hello, how are you?" Da Katharina sich freut, so freundlich angesprochen zu werden, und sehr gern Englisch spricht, antwortet sie, dass es ihr gut geht und sie heute sehr viel Glück mit dem Wetter haben. Als sie der Verkäuferin die Frage „And how are you?" stellen will, begrüßt diese bereits eine neue Kundin, was Katharina sehr unhöflich findet.

b Erkläre, warum die Kommunikation in diesem Fall missglückt ist. Wie hätte Katharina richtig reagieren können?

 c Tauscht euch über andere Situationen aus, in denen man sich interkulturell missverstehen kann. Notiert mögliche Ursachen für Missverständnisse in der interkulturellen Kommunikation.

Was habe ich gelernt?

14 Überprüfe, was du über Kommunikation gelernt hast. Beantworte dazu die folgenden Fragen.

1 Was wird unter Sach- und was unter Beziehungsebene verstanden?
2 Was beschreibt das Sender-Empfänger-Modell nach Paul Watzlawick?
3 Welche Faktoren tragen zum Gelingen und Scheitern von Kommunikation bei?

Sich mündlich mit Problemen auseinandersetzen – Diskutieren

 1 Wiederholt, was ihr bereits über das Vorbereiten und Durchführen von Diskussionen wisst.

2 Bereite dich auf eine Diskussion in der Klasse zum Thema „Schlechtere Noten durch Nebenjobs" vor.

a Formuliere Fragen zum Thema, die diskutiert werden könnten.

> Meist müssen in Diskussionen sowohl Sachfragen als auch Problemfragen geklärt werden. **Sachfragen** können als **Ergänzungsfrage** in Form einer *W*-Frage formuliert sein oder als **Entscheidungsfrage**, die man mit Ja oder Nein beantwortet, z. B.:
> *Wie lange dürfen Schülerinnen/Schüler ab 15 Jahren arbeiten? Muss man mindestens 15 Jahre alt sein, um arbeiten zu dürfen?*
> Ein Diskussionsbeitrag zu einer Sachfrage dient vor allem dem Austausch von Informationen, d. h., man trägt Fakten, Daten, Beispiele, eventuell Zitate zur Beantwortung der Frage vor.
> **Problemfragen** sind meist als **Entscheidungsfrage** formuliert, deren Beantwortung mit Ja oder Nein das Abwägen verschiedener **Argumente** voraussetzt, z. B.:
> *Sind Jugendliche der doppelten Belastung (Schule, Job) gewachsen?*
> Ein Diskussionsbeitrag zu einer Problemfrage dient vor allem dem Meinungsaustausch und der Meinungsbildung, indem man **Standpunkte** zum Problem darstellt und diese durch Argumente begründet.

b Übertrage die Tabelle in dein Heft und ordne deine Fragen aus Aufgabe a ein.

Thema: Schlechtere Noten durch Nebenjobs	
Sachfragen	**Problemfragen**
…	…

c Ordne die folgenden Fragen richtig in die Tabelle von Aufgabe b ein.

1 Wie finde ich Betriebe, die geeignete Jobs für Jugendliche anbieten?
2 Wie viele Stunden darf man arbeiten?
3 Dürfen Jugendliche auch nachts arbeiten?
4 Sollte ich aufhören zu arbeiten, wenn meine schulischen Leistungen schlechter werden?

d Tauscht euch in der Klasse über eure Fragen aus. Ergänzt ggf. weitere Sach- und Problemfragen zum Thema in der Tabelle aus Aufgabe b.

3 Um Diskussionsbeiträge zu Sachfragen vorzubereiten, muss man zunächst Informationen einholen.

a Überfliege den Text und verschaffe dir einen ersten Überblick über seinen Inhalt.

b Lies den Text noch einmal gründlich und suche Antworten auf die in der Überschrift formulierte Sachfrage.

Jugendarbeit: Was ist erlaubt?

Prinzipiell ist es Kindern unter 13 Jahren verboten zu arbeiten. Dies schließt natürlich nicht das Helfen im Haushalt ein. Ab dem 13. Lebensjahr dürfen Kinder mit Zustimmung der Eltern einfache Tätig-
5 keiten ausüben. Zu diesen zählen zum Beispiel das Einkaufen für Hilfebedürftige, das Rasenmähen, das Geben von Nachhilfe oder das Babysitten. Diese Tätigkeiten dürfen jedoch nicht länger als zwei Stunden am Tag verrichtet werden. Auch in
10 den Ferien ist das Überschreiten dieser Zeitdauer nicht zulässig.
Ab dem 15. Lebensjahr dürfen Schülerinnen und Schüler in den Ferien maximal acht Stunden täglich an fünf Tagen in der Woche, insgesamt also 40 Stunden in der Woche arbeiten. Die Jugendlichen dürfen aber nicht länger als vier Wochen beschäftigt werden. Das Arbeiten am Wochenende ist
15 nur in Ausnahmefällen, z. B. in der Gastronomie oder in der Landwirtschaft, erlaubt. Die Voraussetzung ist jedoch, dass der Unterricht immer Vorrang hat und die Leistungen nicht negativ beeinflusst werden.
Einen Mindestlohn gibt es für ungelernte Schülerinnen und Schüler unter 18 Jahren nicht.

c Schreibe die Antworten auf die Frage „Was ist erlaubt?" in Stichpunkten auf.

erlaubte Tätigkeiten: ab 13 Jahren: ...
ab 15 Jahren: ...

d Recherchiere im Internet Antworten auf deine Sachfragen aus den Aufgaben 2 a bis d (S. 15). Lies die Texte und schreibe Antworten auf deine Sachfragen in Stichpunkten heraus.

Wie finde ich Betriebe, die geeignete Jobs für Jugendliche anbieten?
– Suche über Eltern, Nachbarn und Bekannte
– ...

4 Um Diskussionsbeiträge zu Problemfragen vorzubereiten, muss man Standpunkte und Argumente formulieren.

a Tragt zusammen, was ihr über den Aufbau von Argumenten bereits wisst.

b Lies die folgenden Auszüge aus Zeitungsartikeln.

Fleißige Schüler: Nebenjob beeinflusst Noten kaum

1 Die männlichen Formen schließen in diesen Texten alle Geschlechter ein.

[...] Handy, Markenklamotten, später vielleicht Mofa oder Auto sind Status-symbole unter Schülern[1]. Wer sich was leisten will, muss dafür arbeiten. Mit Babysitten, Rasenmähen, Zeitungaustragen fängt es an, im Supermarkt Regale einzuräumen oder an der Kasse zu sitzen sind ebenfalls beliebte Jobs
5 bei Schülern.
Doch Eltern machen sich zuweilen Sorgen: Leidet nicht die Schulleistung unter der lukrativen Beschäftigung am Nachmittag? Sie leidet nicht, fast nicht, wie das Deutsche Institut für Wirtschaftsforschung (DIW) in Berlin herausgefunden hat. Die Note in Deutsch habe beispielsweise bei Schülern
10 ohne Job im Schnitt bei 2,8 gelegen, bei Schülern mit Job bei 2,9, ergab eine DIW-Untersuchung. Schlechtere schulische Leistungen sehen die Forscher nur bei Jugendlichen, die schon sehr früh einen Nebenjob haben: Wenn Kinder bereits vor ihrem 14. Geburtstag jobben, erhalten sie später im Schnitt in allen Hauptfächern etwas schlechtere Noten. [...]*

Lilia Stegemann, Rainer Schulze

Schüler mit Nebenjobs: Hundemüde zum Unterricht

Ganz früh morgens, wenn ihre Mitschüler noch schlafen, ist Katharina Hecker (Name geändert) schon auf den Beinen. Von Dienstag bis Freitag klappert sie jede Woche die Briefkästen in ihrem Stadtteil ab, bevor die Schule beginnt. Zeitungen auszutragen füllt zwar das Portemonnaie der
5 Achtzehnjährigen, [...]. Aber es leert ihren Energiespeicher. Sie sei ständig müde und komme in der Schule kaum mit, klagt Katharina. [...]
Der Frankfurter Psychologe Thomas von Eisenhart Rothe rät den Eltern, darauf zu achten, dass die Arbeitszeit eines Schülers nicht drei bis vier Stun-den in der Woche übersteigt. Andernfalls könnten nach einer Weile nicht nur
10 Stress, sondern teilweise auch ernsthafte psychosomatische Probleme auftre-ten. [...] Hinzu kämen Misserfolge in der Schule, da er vor Müdigkeit und Erschöpfung den Lernstoff nicht bewältigen und die Hausaufgaben nicht erledigen könne. [...]*

c Suche aus den Texten Argumente zur Frage „Sollten Schülerinnen und Schüler ab 15 Jahre Nebenjobs haben?" heraus. Übertrage die Tabelle in dein Heft und notiere Begründungen mit passenden Beispielen.

Argumente pro (für) einen Nebenjob	Argumente kontra (gegen) einen Nebenjob
man kann sich mehr leisten, z. B. ...	...

d Ergänze die Tabelle mit eigenen Argumenten.

5 Überlege, ob du weitere Informationen benötigst, um die Argumente aus den Aufgaben 4 c und d zu stützen. Recherchiere im Internet, wenn nötig.

Eine Diskussion vorbereiten

6 Bereitet eine Klassendiskussion zur Frage „Sollten Schülerinnen und Schüler ab 15 Jahre Nebenjobs haben?" vor.

a Bereite die Diskussion inhaltlich vor. Denke darüber nach, welche Sachfragen zu klären sind. Notiere die Sachfragen übersichtlich.

 b Beschäftige dich erneut gründlich mit dem Thema. Trage alle Informationen zur Beantwortung der Sachfragen zusammen. Recherchiere ggf. noch einmal in verschiedenen Medien.

Tipp
Nutze deine Ergebnisse aus den Aufgaben 2 bis 4 (S. 15–17).

c Recherchiere weitere Meinungen zur Problemfrage, die diskutiert werden soll. Notiere ggf. Standpunkte und Argumente zur Beantwortung der Problemfrage. Nutze auch direkte oder indirekte Zitate.

d Formuliere deinen Standpunkt zur Problemfrage, die diskutiert werden soll, als Behauptung (These).

e Ordne alle gefundenen Argumente nach ihrer Wichtigkeit.

f Formuliere eine Zusammenfassung deiner Meinung und leite Vorschläge oder Schlussfolgerungen ab.

g Stelle deinen Diskussionbeitrag stichpunktartig zusammen, sodass du deinen Standpunkt und deine Argumente in der Klasse vortragen kannst.

 7 Bereitet eure Klassendiskussion weiter vor. Denkt jetzt über die Beziehungsebene nach.

a Tauscht euch in der Klasse darüber aus, welche Beziehung die Teilnehmenden zueinander haben und was mit der Diskussion erreicht werden soll.

b Tauscht euch über mögliche Konflikte während einer Diskussion aus und überlegt, wie man solche Konflikte lösen könnte.

c Lest den folgenden Merkkasten und sammelt sprachliche Wendungen, um einen Konflikt zu lösen oder einen Kompromiss vorzuschlagen.

> Um in Gesprächen **Konflikte** zu **vermeiden** oder zu **lösen**, sollte man die Gesprächspartnerinnen und -partner ansehen, stets sachlich und ruhig auf sie eingehen und ggf. einen Kompromiss vorschlagen.
> Geeignete Formulierungen sind z. B.:
> *Habe ich dich richtig verstanden, …?*   *Ich kann verstehen, dass …*
> *Ich könnte dir zustimmen, wenn …*   *Das ist zwar richtig, aber …*
> *Wir könnten uns einigen, indem …*   *Ich habe mich auch schon gefragt, …*

d Manche Äußerungen (auch Killerphrasen genannt) verhindern ein sachliches Gespräch. Überlegt, wie man auf die folgenden Äußerungen angemessen reagieren könnte.

1 Das ist mir jetzt echt zu dumm.

2 Es ist doch egal, was ich sage, ihr hört mir eh nicht zu!

3 Wir drehen uns hier im Kreis!

4 Immer musst du recht haben!

8 Nach einer Diskussion gibt man sich gegenseitig ein Feedback.

a Lies im Merkkasten, was man dabei beachten sollte.

> Im Anschluss an eine Diskussion geben die Teilnehmenden einander eine **Rückmeldung** (ein **Feedback**). Man formuliert das Feedback freundlich und motivierend nach der **Sandwich-Methode:**
>
> | | |
> |---|---|
> | Lobe etwas Gutes, | positiv |
> | sage, was verbessert werden kann, | zu verbessern |
> | schließe mit etwas Positivem. | positiv |
>
> Man beschreibt seine Wahrnehmungen und formuliert **konkrete Verbesserungsvorschläge**, z. B.:
> *Ich habe bemerkt, dass du auf unsere Äußerungen nicht eingegangen bist.*
> *Beim nächsten Mal solltest du versuchen, auf unsere Meinungen zu reagieren.*
> Auf das Feedback sollte man **reagieren**, es zum Beispiel annehmen und sich bedanken, ggf. **Rückfragen** stellen, wenn man etwas nicht versteht. Anschließend versucht man, die Vorschläge umzusetzen.

 b Übt das Formulieren von Feedbacks. Wählt eine der Situationen und gestaltet in einem Rollenspiel das Geben und Annehmen von Feedbacks.

1 Yannis kaut während der Diskussion die ganze Zeit Kaugummi. Außerdem muss er mehrmals lachen, wenn er die Klasse anschaut.

2 Mina möchte ein Video zeigen, der Computer funktioniert aber nicht. Sie spielt das Video über das Handy ab, sodass man wenigstens den Ton hört.

Eine Diskussion durchführen und auswerten

→ **S. 302, 326:** Merkwissen: Diskutieren, Protokoll

→ **S. 102:** Gewusst wie: Aktiv zuhören und mitschreiben

9 Führt die Klassendiskussion zur Problemfrage „Sollten Schülerinnen und Schüler ab 15 Jahre Nebenjobs haben?" (Aufgabe 6 a, S. 18) durch und wertet sie anschließend aus.

a Legt fest, wer die Diskussion leitet und wer Protokoll schreibt.

b Sammelt in der Klasse Beobachtungsaspekte, die ihr bei eurer Diskussion bewerten könnt. Achtet dabei auf Inhalt und Verlauf.

c Bereite dich auf das aktive Zuhören und Mitschreiben vor. Wiederhole, was zu beachten ist.

d Führt die Diskussion in der Klasse und gebt euch gegenseitig Feedbacks. Formuliert das Feedback freundlich und motivierend.

 10 Bereitet eine weitere Diskussion zu einer Problemfrage vor. Wählt Aufgabe a oder b.

●●○ **a** Bereitet eine Diskussion vor. Wählt eines der folgenden Diskussionsthemen aus und formuliert eine Problemfrage. Nutzt die Schrittfolge.

1 Social-Media-Account erst ab 16
2 Werbeverbot für Süßigkeiten
3 kostenloser öffentlicher Nahverkehr

> **So kannst du einen Diskussionsbeitrag vorbereiten**
> 1. Formuliere das Problem für die Diskussion als Entscheidungsfrage.
> 2. Notiere mit dem Problem verbundene Sachfragen.
> 3. Recherchiere Antworten auf die Sachfragen und Meinungen zur Problemfrage. Sammle Fakten und Argumente (Begründungen + Beispiele).
> 4. Überlege, welche Meinung du zu diesem Problem hast, und formuliere deinen Standpunkt als Aussage bzw. Behauptung.
> 5. Begründe deinen Standpunkt mit Argumenten. Ordne die Argumente nach ihrer Wichtigkeit.
> 6. Leite Schlussfolgerungen ab.
>   • Wie lautet dein Vorschlag zur Lösung des Problems?
>   • Was ist zur Umsetzung deines Vorschlags zu tun?

●●● **b** Bereitet eine Diskussion mit einer Moderatorin bzw. einem Moderator zu einer selbst gewählten Problemfrage vor.

→ S. 326:
Merkwissen:
Protokoll

 11 Führt die Diskussionen aus Aufgabe 10 und wertet sie anschließend aus.

a Einigt euch, wer die Diskussion leiten soll.

b Legt fest, wer für ein Ergebnisprotokoll verantwortlich sein soll.

c Führt die Diskussion in der Klasse.

d Gestaltet abschließend eine Feedback-Runde und gebt euch gegenseitig Rückmeldungen.

Was habe ich gelernt? **12** Überprüft, was ihr über die Vorbereitung und Durchführung von Diskussionen gelernt habt. Was könnt ihr bereits gut, woran müsst ihr noch arbeiten?

Podiumsdiskussionen durchführen

Eine **Podiumsdiskussion** ist eine Diskussionsrunde vor Publikum, in der Expertinnen und Experten über ein bestimmtes Thema diskutieren. Meist vertreten sie gegensätzliche Standpunkte. Geleitet wird die Diskussion von einer Moderatorin bzw. einem Moderator.

 1 Bereitet eine Podiumsdiskussion zum Thema „Ein verpflichtendes soziales Jahr für alle" vor. Wählt dafür eins der folgenden Teams aus.

a Organisationsteam: Kümmert euch um die organisatorische Vorbereitung. Ladet Lehrkräfte und Eltern ein, bereitet den Raum vor und gestaltet Anschauungsmaterial zum Thema.

b Moderationsteam: Sammelt Fragen, die ihr den Expertinnen und Experten stellen wollt. Überlegt euch einen passenden Einstieg in die Diskussion. Wählt eine Moderatorin oder einen Moderator aus, die bzw. der die Diskussion leitet, nachfragt und auf eine sachliche Atmosphäre achtet.

c Diskussionsteam I: Sammelt Argumente für ein verpflichtendes soziales Jahr. Wählt zwei bis drei Expertinnen und Experten für die Diskussion aus.

d Diskussionsteam II: Sammelt Argumente gegen ein verpflichtendes soziales Jahr. Wählt zwei bis drei Expertinnen und Experten für die Diskussion aus.

e Publikum: Erarbeitet einen Beobachtungsbogen für die Podiumsdiskussion.

 2 Führt die Podiumsdiskussion durch und wertet sie anschließend aus. Orientiert euch an der Schrittfolge.

So könnt ihr eine Podiumsdiskussion durchführen und auswerten
1. Die Moderatorin bzw. der Moderator stellt die Expertinnen und Experten vor und gibt eine kurze Einführung ins Thema der Podiumsdiskussion.
2. Die Expertinnen und Experten legen in einer festgelegten Redezeit ihren Standpunkt dar. Die Moderatorin bzw. der Moderator achtet auf die Einhaltung der Zeit.
3. Die Moderatorin bzw. der Moderator stellt Fragen. Die Expertinnen und Experten äußern sich und tauschen ihre Positionen aus. Die Moderatorin bzw. der Moderator achtet auf die Einhaltung der Gesprächsregeln.
4. Danach darf das Publikum Fragen stellen.
5. Die Expertinnen und Experten formulieren ein abschließendes Statement.
6. Die Moderatorin bzw. der Moderator fasst die Ergebnisse zusammen und bedankt sich bei allen.
7. Die Podiumsdiskussion wird anschließend anhand der Beobachtungsbogen des Publikums ausgewertet.

Sich schriftlich mit Problemen auseinandersetzen – Erörtern

Lineare Erörterungen schreiben

1 Wiederhole mithilfe des Merkkastens, was du bereits über das Erörtern und über lineare Erörterungen weißt.

> Beim **schriftlichen Erörtern** setzt man sich gedanklich und schreibend mit einem **Problem** oder einer **Frage** auseinander. Man verfasst einen umfangreicheren zusammenhängenden Text, in dem man **Meinungen** bzw. **Standpunkte** formuliert und diese durch mehrere **Argumente** (Begründungen + Beispiele) begründet. Beim Erörtern kommt es auf eine sinnvolle **Gliederung** und eine genaue Sprache an.
>
> Die **lineare (steigernde) Erörterung** ist eine der beiden Hauptformen des schriftlichen Erörterns. Man baut sie folgendermaßen auf:
>
> **Einleitung:**
> - Thema nennen, Problem beschreiben,
> - Interesse der Leserinnen und Leser wecken, zum Beispiel durch ein aktuelles Ereignis, ein persönliches Erlebnis, eine Begriffsdefinition oder ein Zitat,
> - zentrale Sach- oder Problemfrage formulieren,
>
> **Hauptteil:**
> - den eigenen Standpunkt als Aussage oder Behauptung formulieren,
> - den Standpunkt durch Argumente begründen, wobei das wichtigste am Anfang oder am Schluss steht,
>
> **Schluss:**
> - mit Bezug auf die Aussage oder Behauptung die eigene Meinung zusammenfassen,
> - Schlussfolgerungen für das Handeln ableiten.

→ S. 15:
Sich mündlich mit Problemen auseinandersetzen – Diskutieren

2 Tauscht euch zu den folgenden Aussagen aus und leitet daraus mögliche Probleme und Fragen ab. Formuliert Sachfragen und Problemfragen.

1 Ich stelle mich im Internet, zum Beispiel in sozialen Netzwerken, meist besser dar.

2 Ich verwende zum Beispiel verschiedene Filter für meine Bilder und Videos.

3 Beschäftigt euch genauer mit der Frage: Was ist Schönheit?

 a Tauscht euch über den Begriff *Schönheit* aus und beschreibt zunächst, was für euch einen Menschen schön macht.

b Lies die folgende Definition und vergleiche sie mit deinen Vorstellungen.

Schönheitsideal: Idealvorstellung davon, was schön ist; ist Änderungen unterworfen: Porträts der alten Meister veranschaulichen, dass in früheren Zeiten ein wohlgenährter Körper dem verbreiteten Schönheitsideal entsprach. Dagegen entspricht dem heutigen Schönheitsideal eher die schlanke
5 Linie (Wespentaille, Bikinifigur), verschmolzen mit einem positiven Lebensgefühl und einer gesundheitsbewussten Lebensweise. Die Kluft zwischen Schönheitsideal und Realität kann psychosomatische Erkrankungen auslösen. Das „Barbie-Image" mit den Idealmaßen 90-60-90 ist ein Beispiel für das krankhafte Streben nach äußerlicher Perfektion und zeigt einen Zusam-
10 menhang mit Essstörungen (Anorexia nervosa, Bulimie). [...]*

c Nenne Gefahren, die durch Schönheitsideale entstehen können.

4 Erörtere den Zusammenhang zwischen sozialen Medien und Schönheitsidealele entstehen können.

a Wähle eine der beiden Problemfragen zum Thema „Schönheitsideale in sozialen Medien" aus und formuliere eine erste Meinung dazu.

1 Sollte man für seine Fotos in sozialen Medien Filter nutzen?
2 Prägen soziale Medien unser Bild von Schönheit?

b Lies den Text und notiere den vertretenen Standpunkt und die Argumente.

Lea Römer

Selbstoptimierung vs. Selbstliebe – Schönheitsideale im Internet

Schönheit spielt im Internet eine große Rolle: Überall findet man Fotos von tollen Körpern, Fitnessvideos oder Schminktipps. In sozialen Netzwerken werden ganz bestimmte Schönheitsideale verbreitet, die Druck auf uns ausüben können. [...]

Selbstinszenierung im Internet

5 Soziale Netzwerke tragen stark dazu bei, geltende Schönheitsideale zu verbreiten und zu verfestigen. Vielleicht ist es bei dir auch so: Wenn du selbst ein Foto von dir posten möchtest, soll es natürlich besonders schön sein. Bei der Aufnahme geht es darum, sich selbst ins beste Licht zu rücken, um möglichst
10 makellos rüberzukommen. Am besten schießt man gleich fünf oder doch besser zehn Fotos, um danach das beste rauszupicken. Wenn das geschafft ist, wird das Bild natürlich noch bearbeitet – wozu sind die Filter sonst da? Dann noch ein möglichst cooler oder lustiger Text dazu: fertig. Fertig? Nein,
15 dann wird natürlich beobachtet, wer das Bild liked, wie viele Leute es liken und welche Kommentare geschrieben werden.

Wo ist die Echtheit?

All das ist ein Stück weit normal. Aber: Wann wird es zu viel? Wann verlieren wir durch Beschönigungen und den ständigen Blick auf das Smartphone das echte Leben aus den Augen? Ist nicht gerade das echte Leben so beson-
20   ders, weil es eben nicht perfekt ist, nicht inszeniert, weil es Höhen und Tiefen, Makel und Fehler hat?

Warum entwerfen wir auf den Social-Media-Plattformen eine rosarote Scheinwelt, wo alle irgendwie nur noch gleich aussehen? Macht uns das glücklich? Oder heißt glücklich sein nicht vielmehr, zu akzeptieren, dass
25   nichts im Leben perfekt ist, auch nicht ich selbst. […]

Schönheit ist Vielfalt

Warum können wir andere und vor allem uns selbst nicht einfach so akzeptieren und schön finden, wie sie und wir sind? Gerade die Vielfalt macht eine Gesellschaft doch erst spannend. Wie langweilig wäre es, wenn wir alle gleich aussehen würden? Vielleicht sollten wir uns nicht dauernd selbst
30   optimieren wollen, sondern gelassener mit uns und unserem eigenen Körper umgehen. […]*

 c   Recherchiere im Internet, um weitere Standpunkte und Argumente zur Problemfrage aus Aufgabe a zu finden. Notiere deine Ergebnisse stichpunktartig. Schreibe auch die genutzten Quellen so exakt wie möglich auf.

 d   Tauscht euch über Strategien aus, die helfen können, sich nicht negativ von sozialen Medien beeinflussen zu lassen.

Eine lineare Erörterung planen

5   Schreibe eine lineare Erörterung zur gewählten Frage aus Aufgabe 4 a.

a   Formuliere die beiden gegensätzlichen Standpunkte zur Frage als Aussage oder Behauptung.

b   Übertrage die folgende Tabelle in dein Heft und sammle Argumente für beide Standpunkte. Nutze deine Ergebnisse aus den Aufgaben 4 b und c.

Standpunkt 1: …	Standpunkt 2: …
Argument 1: Begründung: … Beispiel: …	**Argument 1:** Begründung: … Beispiel: …
Argument 2: Begründung: … …	**Argument 2:** …

c   Entscheide dich für einen der beiden Standpunkte. Formuliere ihn in Form einer Aussage oder Behauptung und notiere ihn.

Ich bin der Auffassung, dass …

Einen Entwurf verfassen

6 Verfasse Einleitung, Hauptteil und Schluss deiner Erörterung.

a Ordne die verschiedenen Arten der Einleitung 1 bis 4 den Beispielen A bis D zu.

Einleitung	Beispiel
1 aktuelles Ereignis	**A** Ein Schönheitsideal ist eine zeit- und kulturspezifische Übereinkunft, was in der Gesellschaft als schön angesehen wird. Heutzutage prägen besonders soziale Medien das gesellschaftliche Bild von Schönheit. Dabei stellt sich immer wieder die Frage: …
2 eigenes Erleben	**B** Seit Neuestem lässt sich eine neue Bewegung in sozialen Netzwerken beobachten. Diese wirbt für mehr Realität auf Instagram und will gegen die übertriebenen Schönheitsideale vorgehen.
3 Begriffsdefinition	**C** Wer kennt es nicht? Bevor man ein Selfie von sich postet, legt man noch schnell ein paar Filter über das Bild, damit das Gesicht ebener, die Haut strahlender und die Augen funkelnder werden.
4 offene Frage	**D** Was ist eigentlich schön? Das ist eine gar nicht so einfach zu beantwortende Frage.

b Wähle eine Einleitung aus Aufgabe a aus oder verfasse eine eigene Einleitung. Nenne dann das Thema und formuliere die Problemfrage.

 c Im Hauptteil muss man seine Argumente sinnvoll miteinander verbinden. Übertragt die Tabelle in eure Hefte und ergänzt Formulierungshilfen.

eigenen Standpunkt benennen	Argumente überleiten	Argumente mit Beispielen verknüpfen
Ich vertrete den Standpunkt, dass … …	Ein wichtiger Punkt ist … Des Weiteren … …	So wird zum Beispiel … …

d Verfasse nun den vollständigen Hauptteil deiner Erörterung. Führe Argumente für deinen Standpunkt an. Ordne sie nach ihrer Überzeugungskraft und beginne mit dem stärksten oder dem schwächsten Argument. Nutze dafür deine Vorarbeiten aus Aufgabe 5.

e Formuliere den Schluss deiner Erörterung. Fasse deine Meinung zusammen und unterbreite einen Lösungsvorschlag bezüglich der Problemfrage.

Zusammengefasst kann man sagen, ...
In Zukunft würde ich mir wünschen, dass ...

Den Entwurf überarbeiten

f Überarbeite deinen Entwurf mithilfe der *Gewusst-wie*-Seite (S. 33) und schreibe die Endfassung.

→ S. 107:
Gewusst wie: Zitieren

g Ergänze, wenn nötig, ein Quellenverzeichnis.

Eine lineare Erörterung verfassen

7 Schreibe eine weitere lineare Erörterung. Wähle Aufgabe a, b oder c.

●○○ **a** Verfasse eine lineare Erörterung zum Thema „Profile auf sozialen Medien erst ab 16 Jahren". Gehe dabei so vor:
– Informiere dich über das Thema: Was sagt das Gesetz? Welche Vorteile haben soziale Medien für junge Menschen? Welche Nachteile haben sie?
– Fertige Notizen an und schreibe auch die genutzten Quellen so exakt wie möglich auf.
– Plane und schreibe deine Erörterung. Gehe dabei vor wie in den Aufgaben 5 und 6 (S. 24–26).

●●○ **b** Verfasse eine lineare Erörterung zum Thema „Führerschein für soziale Medien". Orientiere dich dabei an der Schrittfolge.

> **So kannst du eine lineare Erörterung verfassen**
> 1. Formuliere eine Problemfrage zu dem Thema.
> 2. Formuliere zwei gegensätzliche Standpunkte zur Frage als Aussagen oder Behauptungen.
> 3. Sammle Argumente (Begründungen + Beispiele) für beide Standpunkte.
> 4. Entscheide dich für einen Standpunkt.
> 5. Entwirf deine lineare Erörterung. Beginne mit der Einleitung.
> 6. Entwirf den Hauptteil. Führe alle Argumente für deinen Standpunkt geordnet an. Beginne mit dem stärksten oder dem schwächsten Argument.
> 7. Fasse deine Argumentation zusammen und formuliere eine Schlussfolgerung.
> 8. Überarbeite deinen Entwurf mithilfe der *Gewusst-wie*-Seite (S. 33) und schreibe die Endfassung.
> 9. Ergänze, wenn nötig, ein Quellenverzeichnis.

●●● **c** Verfasse eine lineare Erörterung zu einem selbst gewählten Thema, das dich interessiert.

Was habe ich gelernt?

 8 Überprüft, was ihr über lineare (steigernde) Erörterungen gelernt habt. Erstellt eine Checkliste, mithilfe der ihr eure Erörterungen prüfen könnt.

Kontroverse (dialektische) Erörterungen schreiben

1 Jugendliche und Erwachsene wurden nach ihrer Zufriedenheit mit dem Schulsystem in Deutschland befragt.

a Werte das folgende Diagramm aus.

Welche Note bekommen die deutschen Schulen?
(Jugendliche: aktuelle Schule, Erwachsene: allgemeinbildende Schulen)

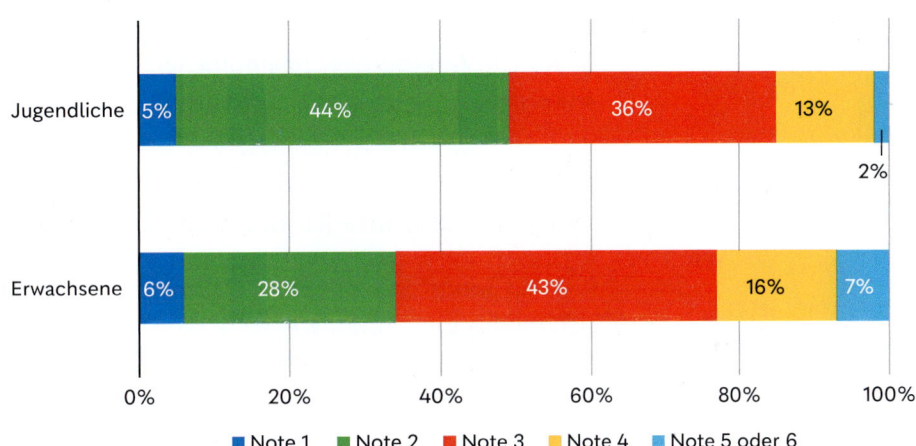

(Daten des ifo Instituts – Leibniz-Institut für Wirtschaftsforschung an der Universität München e.V.)

b Nenne Gründe, warum Eltern unzufrieden mit dem deutschen Schulsystem sein könnten.

2 Einige Eltern, die mit dem deutschen Schulsystem unzufrieden sind, möchten ihre Kinder gern zu Hause unterrichten.

a Lies den Text und fasse zusammen, ob Kinder und Jugendliche zu Hause unterrichtet werden dürfen.

In der Bundesrepublik Deutschland ist die Gesetzeslage eindeutig: Das Grundgesetz schreibt vor, dass allen Kindern das gleiche Recht auf Bildung zusteht. Aus diesem Grundsatz heraus ergibt sich die allgemeine Schulpflicht und sogar eine Schulanwesenheitspflicht in Deutschland. Diese wurde 1919
5 eingeführt, um das Wohl der Kinder zu schützen. Seitdem müssen alle Kinder ab einem bestimmten Alter mindestens neun Jahre lang eine Bildungseinrichtung besuchen. Schülerinnen und Schüler dürfen nur im Ausnahmefall von der Schulpflicht befreit werden, so zum Beispiel bei seelischer oder körperlicher Behinderung, schweren Krankheiten oder wenn ihre Eltern beruflich
10 viel unterwegs sind. Sollten Eltern ihre Kinder nicht in der Schule anmelden, drohen erhebliche Strafen wie Bußgelder oder im schlimmsten Fall der Entzug des Sorgerechts.

b Stelle Vermutungen an, wovor die 1919 eingeführte Schulpflicht die Kinder schützen soll.

c Recherchiere, ob die allgemeine Schulpflicht für alle Länder gilt oder ob es Länder gibt, in denen Hausunterricht erlaubt ist.

Tipp
Fertige Notizen
an. Schreibe auch
die genutzten
Quellen so exakt
wie möglich auf.

3 Informiere dich genauer über das Thema „Hausunterricht".

a Formuliere Sachfragen, die dich zu dem Thema interessieren.

b Lies den Zeitungsartikel unten und beantworte die folgenden Fragen.

1 Was wird unter dem Begriff „Freilerner" verstanden?
2 Wie werden „Freilerner" unterrichtet?
3 Welche Alternativen zu staatlichen Schulen gibt es?
4 Kannst du dir vorstellen, so wie Jonas unterrichtet zu werden?

Tanja Tricarico

Warum Eltern ihre Kinder nicht in die Schule schicken

[…] Auf Jonas' Stundenplan steht heute Bogenbauen. Er lernt, welches Holz sich am besten eignet, wie stark die Sehnen gespannt sein müssen, damit die Pfeile besonders gut fliegen. Danach ist Programmieren angesagt.
Jonas geht nicht zur Schule. Seine Eltern, Freunde[1] und Bekannte unterrich-
5 ten ihn – im Rechnen, Lesen und Schreiben und allem, was ihn interessiert.
„Ich wollte die Verantwortung für die Bildung meines Kindes nicht abgeben",
sagt Jonas' Mutter Iris über die Entscheidung, ihren Sohn von der Schule zu
nehmen.
Sie hat die Lehrpläne der Schulen studiert, Schulbücher und Aufgaben
10 ausgesucht und mit ihrem Sohn durchgenommen. Später kamen andere
Interessen dazu: Musik, Sport, Handwerkliches. „Wir haben viel ausprobiert",
sagt Iris. Der Unterricht zu Hause richtete sich nach den Bedürfnissen des
Jungen. […]
Warum Eltern ihre Kinder nicht in die Schule schicken, hat ganz unterschied-
15 liche Gründe. Manche Kinder kommen mit dem Druck im Unterricht nicht
klar. Andere finden neben dem strikten Pensum und dem durchgetakteten
Schulalltag keine Zeit mehr für die Dinge, die sie wirklich interessieren. In der
Schule sei kein Platz für die individuellen Bedürfnisse der Kinder. Stress,
Hektik, Druck hemmten viele Kinder in ihrer Entwicklung.
20 So unterschiedlich die Freilerner-Familien sind, so verschieden sind ihre Lern-
konzepte. Manche Eltern richten sich genau nach den Lehrplänen der Kultus-
ministerien in den Bundesländern. Wieder andere lassen den Kindern mehr
Freiraum für Sport, Musik, Kunst und Handwerk.
Einige schließen sich zusammen, andere mischen Gemeinschafts- und Einzel-
25 unterricht. Den Schritt zum alleinigen Hausunterricht – und damit in die
Illegalität – wagen in Deutschland nur wenige. […]
Das vermehrte Interesse am Unterricht außerhalb der Schule hält Ilka Hoff-
mann, Schulexpertin bei der Gewerkschaft für Erziehung und Wissenschaft
(GEW), dennoch für problematisch.

[1] Die männlichen Formen schließen in diesen Texten alle Geschlechter ein.

30 Zwar hat auch sie Verständnis für die Sorgen der Eltern, die fürchten, ihre Kinder würden an einer öffentlichen Schule nicht entsprechend ihrer Bedürfnisse betreut. Aber dies ist für sie kein Grund, gegen die Schulpflicht zu verstoßen. Sie sieht besonders den fehlenden Klassenverband kritisch. In der Schule wird gestritten, sich geärgert, aber auch zusammen gelacht.

35 An kaum einem anderen Ort werden Kinder so intensiv mit Konflikten konfrontiert und sind gefordert, Toleranz zu lernen.

„Die Schule ist für Kinder und Jugendliche mehr als eine Lernanstalt", sagt Hoffmann. „Sie ist auch ein sozialer Erfahrungsraum, der die Möglichkeit bietet, mit Gleichaltrigen aus verschiedenen sozialen Hintergründen und

40 Kulturen zusammenzukommen." […]

Hoffmann zufolge gibt es längst ausreichend Alternativen zur staatlichen Schule. Dazu gehören nicht nur die Privatschulen von kirchlichen Trägern, mit Waldorf- oder Montessori-Konzept, mehrsprachige und internationale Einrichtungen, sondern auch die Freien Schulen. […]

45 Freilerner Jonas ist inzwischen 16 Jahre alt. Erst vor Kurzem hat er den Realschulabschluss gemacht. Als Externer mit einer Sondererlaubnis. Große Probleme haben ihm die Prüfungen nicht gemacht. Ganz im Gegenteil. Jetzt will er das Abitur in Angriff nehmen. […]*

  c Prüft, ob ihr im Zeitungsartikel Antworten auf eure Sachfragen aus Aufgabe a findet.

  d Recherchiert zusätzliche Informationen zum Thema „Hausunterricht", um eure Sachfragen zu beantworten. Fertigt Notizen an und schreibt auch die genutzten Quellen so exakt wie möglich auf.

4 Sammle Argumente für und gegen Hausunterricht.

a Übertrage die Tabelle in dein Heft und trage Argumente aus dem Zeitungsartikel aus Aufgabe 3 b ein.

Argumente pro (für) Hausunterricht	Argumente kontra (gegen) Hausunterricht
Argument 1: Begründung: Unterricht zu Hause richtet sich nach den Bedürfnissen des Kindes. Beispiel: Musikinstrumente oder Sportarten können nach Interesse gelernt werden.	**Argument 1:** Begründung: … Beispiel: …
Argument 2: Begründung: … Beispiel: …	**Argument 2:** Begründung: … Beispiel: …

b Sucht nach weiteren Argumenten, die die beiden Standpunkte stützen. Ergänzt sie in euren Tabellen.

> Es gibt verschiedene **Arten von Argumenten**:
> - **Faktenargumente**: stützen sich auf (eigene) Erfahrungen, statistische Erhebungen oder wissenschaftliche Erkenntnisse,
> - **Autoritätsargumente**: stützen sich auf Aussagen von Fachleuten oder anerkannten Organisationen,
> - **normative Argumente**: stützen sich auf gesellschaftlich anerkannte Normen, Werte und Regeln.
>
> Nutzt man Fakten oder beruft sich auf eine Autorität, muss man **indirekt** oder **direkt zitieren** und die **Quelle** angeben.

→ S. 327, 345:
Merkwissen:
Quellenangabe, Zitat

5 Untersuche verschiedene Argumente.

a Ordne folgende Beispiele den Arten von Argumenten zu. Begründe deine Entscheidung.

  1 Laut einer Studie des Instituts für Demoskopie Allensbach 2020 lernen 33 Prozent der Schülerinnen und Schüler gern für die Schule.
  2 Jede Schülerin und jeder Schüler sollte ohne Angst in die Schule gehen.
  3 Die Psychologin Dr. Madlen Meyer sieht im Homeschooling den Verlust wichtiger Kompetenzen wie Durchsetzungs- oder Kompromissfähigkeit.
  4 In einem Klassenraum mit mehr als 30 Lernenden kann die Lehrkraft nicht individuell auf einzelne Schülerinnen und Schüler eingehen.

b Ordne die Argumente aus deiner Tabelle aus Aufgabe 4 a den verschiedenen Arten von Argumenten zu.

Eine kontroverse Erörterung planen

6 Schreibe eine kontroverse (dialektische) Erörterung zum Thema „Hausunterricht".

a Formuliere eine Problemfrage.

Sollten Schülerinnen und Schüler ...

b Formuliere die beiden Standpunkte in Form von Behauptungen (Thesen).

Standpunkt 1: Ja, ...
Standpunkt 2: ...

Tipp
Du kannst sie
nummerieren.

c Wähle aus jeder Spalte deiner Tabelle aus Aufgabe 4 a (S. 29) diejenigen Argumente aus, die dir besonders überzeugend erscheinen. Ordne sie jeweils nach ihrer Wichtigkeit.

Einen Entwurf schreiben

7 Verfasse Einleitung, Hauptteil und Schluss deiner Erörterung.

a Formuliere eine passende Einleitung für deine Erörterung.

b Entscheide dich im Hauptteil für einen der beiden Standpunkte. Ordne die Argumente im Block an. Orientiere dich dabei am Merkkasten.

Die **kontroverse (dialektische) Erörterung** ist neben der linearen Erörterung die zweite Hauptform des schriftlichen Erörterns. Dabei wägt man im **Hauptteil** verschiedene **Argumente für (pro)** und **gegen (kontra)** einen **Standpunkt** zu einem Problem bzw. einer Frage ab. Eine Möglichkeit der **Gliederung** ist die Gegenüberstellung der Argumente **im Block**. Das heißt, zuerst werden alle Pro-Argumente angeführt und danach alle Kontra-Argumente oder umgekehrt. Ausschlaggebend ist, ob man sich selbst für Pro oder für Kontra entscheidet oder einen Kompromiss vorschlägt. Die Argumente für die eigene oder stärkere Position stellt man an das Ende, weil sie den Lesenden so besser im Gedächtnis bleiben, z. B.:

Behauptung bzw. Aussage:	*Alle Schüler und Schülerinnen sollten verpflichtet sein, eine Schule zu besuchen.*
↓	
Kontra-Argument 1:	*Im Hausunterricht kann besser auf die Bedürfnisse der Einzelnen eingegangen werden. Beispielsweise …*
↓	
Kontra-Argument 2:	*Alle sollten selbst entscheiden dürfen, was sie lernen möchten, wie zum Beispiel …*
↓	
Überleitung:	*Obwohl es wichtige Gründe für Hausunterricht gibt, so überwiegen meiner Meinung nach die Argumente für den Schulbesuch.*
↓	
Pro-Argument 1:	*Es ist gesetzlich vorgeschrieben, dass Kinder und Jugendliche eine Schule besuchen müssen. …*
↓	
Pro-Argument 2:	*Kinder und Jugendliche lernen in der Schule soziale Kompetenzen, wie zum Beispiel …*

c Formuliere einen Schluss für deine Erörterung. Sprich dabei eine Empfehlung, einen Wunsch oder einen Kompromiss aus.

Den Entwurf überarbeiten

d Überarbeite deinen Entwurf mithilfe der *Gewusst-wie*-Seite (S. 33) und schreibe die Endfassung.

Eine zweite Möglichkeit der **Gliederung** des **Hauptteils** einer **kontroversen (dialektischen) Erörterung** ist folgende: Man verbindet die Pro-Argumente und Kontra-Argumente **im Wechsel**, z. B.:

Behauptung bzw. Aussage:	*Alle Schüler und Schülerinnen sollten verpflichtet sein, die Schule zu besuchen.*

Pro-Argument 1: …	Kontra-Argument 1: …
Pro-Argument 2: …	Kontra-Argument 2: …
Pro-Argument 3: …	Kontra-Argument 3: …

8 Übe die zweite Gliederungsmöglichkeit des Hauptteils.

 a Sammelt Formulierungen zur Gegenüberstellung von Argumenten.

Dagegen spricht ... – Dafür spricht ...
Zwar ist richtig, dass ... – Allerdings ...

b Erprobe die Anordnung der Argumente im Wechsel. Nutze die Argumente aus dem Merkkasten auf S. 31 oben und ordne sie im Wechsel an.

c Schreibe den Hauptteil deiner Erörterung aus Aufgabe 7 b (S. 31) erneut. Ordne die Argumente im Wechsel an.

d Überarbeite deine Erörterung und erstelle die Endfassung. Achte besonders auf die abwechslungsreiche und logische Verbindung der Argumente.

Eine kontroverse Erörterung verfassen

9 Verfasse eine weitere kontroverse (dialektische) Erörterung. Wähle Aufgabe a, b oder c.

a Schreibe eine kontroverse (dialektische) Erörterung zum Thema „Ein Tag Homeschooling pro Woche". Orientiere dich am Vorgehen in den Aufgaben 6 und 7 (S. 30). Ordne die Argumente im Block an.

●●○ **b** Schreibe eine kontroverse (dialektische) Erörterung zum Thema „Medienbildung als Pflichtfach an Schulen". Nutze dafür die Schrittfolge.

> **So kannst du eine kontroverse (dialektische) Erörterung schreiben**
> 1. Formuliere das Problem in Form einer Frage.
> 2. Formuliere einen Standpunkt als Aussage bzw. Behauptung.
> 3. Suche Informationen zum Thema und notiere Pro- und Kontra-Argumente (Begründungen + Beispiele).
> 4. Entscheide dich für einen Standpunkt und ordne die Argumente entsprechend ihrer Wichtigkeit.
> 5. Schreibe einen Entwurf deiner Erörterung (Einleitung, Hauptteil, Schluss). Ordne im Hauptteil die Pro- und Kontra-Argumente im Block oder im Wechsel an.
> 6. Überarbeite den Entwurf und schreibe die Endfassung der Erörterung.
> 7. Ergänze, wenn nötig, ein Quellenverzeichnis.

●●● **c** Verfasse eine kontroverse Erörterung zu einem Thema, das dich besonders interessiert.

Was habe ich gelernt?

 10 Überprüft, was ihr über kontroverse (dialektische) Erörterungen gelernt habt. Erstellt ein Plakat, einen Flyer, ein Lapbook oder ein Erklärvideo zum Thema. Beachtet dabei folgende Punkte: Aufbau der Erörterung, Möglichkeiten der Gliederung des Hauptteils, sprachliche Besonderheiten, Quellenangaben.

Erörterungen überarbeiten

1. Schreibaufgaben bedenken

• Für wen soll geschrieben werden? • Warum, mit welchem Anliegen soll geschrieben werden?	Beachte, dass es bei einer Erörterung darum geht, Sach- und Problemfragen zu klären und seine Meinung überzeugend darzustellen.

2. Inhalt überarbeiten

Wie gelungen ist die • Darstellung des Problems bzw. der Frage? • Darstellung des Standpunktes? • Überzeugungskraft der Argumente? • Anordnung der Pro- und Kontra-Argumente (im Block oder im Wechsel)? • Gestaltung von Einleitung und Schluss?	Prüfe, ob Problem bzw. Frage und eigener Standpunkt eindeutig genannt sind. Prüfe die Anordnung der Argumente. Steht das wichtigste Argument am Anfang oder am Schluss? Beurteile, ob die Einleitung Interesse weckt. Prüfe, ob der Schluss die wichtigsten Inhalte zusammenfasst und ob Schlussfolgerungen, Wunsch oder Ausblick passen.

3. Wortwahl und Satzbau überarbeiten

• Wurde klar und verständlich formuliert? • Wurden Fachbegriffe richtig verwendet? • Wurden unnötige Wortwiederholungen vermieden? • Wurden sinnvolle Satzverknüpfungen genutzt?	Nutze ggf. Nachschlagewerke. Prüfe, ob Satzglieder umgestellt werden können oder sollten. Schreibe die Erörterung am Computer und suche mithilfe digitaler Wörterbücher nach Synonymen.

4. Rechtschreibung und Zeichensetzung korrigieren

• Ist alles richtig geschrieben? • Sind alle Satzzeichen vorhanden? • Sind die genutzten Quellen genannt?	Nutze Nachschlagewerke. Berate dich mit anderen. Schreibe die Erörterung am Computer und korrigiere die markierten Rechtschreib- und Grammatikfehler. Nutze die Regeln für Quellenangaben.

Linn Skåber

Being Young – Uns gehört die Welt (Auszug)

Was ist das Beste an der Zeit zwischen Kindheit und Erwachsensein – und was das Schlimmste? […] Die preisgekrönte norwegische Autorin Linn Skåber hat Teenager zu ihrem Leben befragt. Aus diesen Interviews ist eine beeindruckende Sammlung von authentischen, literarischen Monologen geworden […].

26 Ich hab dich auf Insta gesehen

5 Ich hab dich auf Insta gesehen.
Sah aus, als ob du auf einer Party wärst. Warst du das? Gehst du jetzt auf Partys? Sieht jedenfalls saucool aus. Weißt du noch, früher, freitags, wenn wir bei mir zu Hause waren und Pizza gegessen und von allen Partys geträumt haben, auf die wir später gehen würden? Wir haben uns gegenseitig verspro-
10 chen, weißt du noch, wir haben uns gegenseitig versprochen, niemals solche möchte-gern-coolen, öden Jugendlichen zu werden, die einfach nur rumsitzen. „Ich werde genauso albern sein, wie ich will", hast du gesagt. Auf dem Foto von der Party hast du albern ausgesehen, das war deutlich (Zwinkergesicht), aber zugleich so total wie eine Jugendliche. Deine Freundinnen sehen
15 so cool aus. Sie haben genauso lange Haare wie du, und alle um dich herum machen einen Schmollmund. Nahaufnahme. Du hast den Mund offen. Ich hoffe, du singst.

125 Likes. Das kann ich gut verstehen.

Ich hab dich auf Insta gesehen.
20 Im Konzert. Draußen. Das sieht einfach mega aus. Wow, wart ihr echt ganz vorn? Das hat sicher der Vater von deiner neuen Freundin hingetrickst. Arbeitet er nicht bei so einer Konzertfirma? Ich glaube, du hast so was gesagt. Die Jungs auf der Bühne sehen auch ziemlich cool aus. Nicht gerade Marcus und Martinus, nein. Oh Gott, ich glaube, ich hab noch immer Plakate von denen,
25 oben auf dem Dachboden. Hast du deine noch? Ich weiß, dass ich meine noch habe. Wollte neulich abends da oben etwas suchen, und da hab ich den Karton gefunden und mir die Plakate angesehen. Den ganzen Abend lang.

231 Likes. Und ich poste noch dazu einen Stern.

Ich hab dich auf Insta gesehen.
30 Du postest wirklich viel. Das kann ich eigentlich gut verstehen. Du erlebst so viele coole Sachen. Seid ihr auf dem Bild in Sørenga oder wo? Sieht so aus. UND DU BADEST! Es muss doch eiskalt sein. Ich seh das an deinem Gesicht. DU bist doch eine richtige Frostschnecke (heißt das überhaupt so? Komisches Wort. Frostschnecke). Meine Tante wohnt da unten. Weißt du noch, dass wir
35 sie in Tøyen besucht haben? Dass sie mal da gewohnt hat? Und danach waren wir bei mir zu Hause und haben Pizzabrötchen gegessen, die sie uns mitgegeben hatte. Nein, das weißt du sicher nicht mehr. Es ist doch eine

Ewigkeit her. Ich bin hier die Einzige mit Elefantengedächtnis. Sieht nicht aus, als ob du im Moment so viel Kuchen isst. (Das soll ein Kompliment sein.
40 Du siehst verdammt gut aus.)

114 Likes. Das ist eigentlich ein bisschen wenig. Ich finde das Bild saucool.

Ich hab dich auf Insta gesehen.
Du stehst im Badezimmer und machst im Spiegel ein Bild von dir. Du siehst aus wie Rihanna. Nur hübscher.

45 200 Likes. Ohne meins. Jetzt sind es 201.

Ich hab dich in der Straßenbahn gesehen.
Nur so durch das Fenster, im Vorbeifahren. Du hast an die Scheibe geklopft und richtig gelächelt, als du mich gesehen hast. Das war so schön. Ich hab mich auch gefreut, dich zu sehen. Es hat geregnet, deshalb waren wir beide
50 triefnass. Ich konnte dich durch die Regentropfen an der Fensterscheibe fast nicht erkennen. Du warst nicht geschminkt, vielleicht kamst du vom Training? Du hast die Hand ans Ohr gehalten, ehe die Bahn weiterfuhr, so wie
ich ruf dich
mal an
55 irgendwann
demnächst.

I love.

1. Beschreibe deinen ersten Eindruck von diesem Text. Welche Gedanken, Erinnerungen, Vorstellungen löst er bei dir aus?

2. Lies den Text noch einmal und überlege, welche Beziehung zwischen der *Ich*-Erzählerin und dem Mädchen, das auf Instagram postet, bestehen könnte. Begründe deine Vermutungen.

3. Erkläre, warum die *Ich*-Erzählerin die Bilder likt und warum das Mädchen die Bilder posten könnte.

●●● 4. Untersuche die Kommunikation zwischen den beiden Mädchen. Erläutere, woraus die Kommunikation besteht und durch welche Besonderheiten sie geprägt ist.

Gesetz zum Schutze der arbeitenden Jugend (Jugendarbeitsschutzgesetz – JArbSchG)

§ 5 Verbot der Beschäftigung von Kindern

(1) Die Beschäftigung von Kindern (§ 2 Abs. 1)[1] ist verboten.

(2) Das Verbot des Absatzes 1 gilt nicht für die Beschäftigung von Kindern

1. zum Zwecke der Beschäftigungs- und Arbeitstherapie,

2. im Rahmen des Betriebspraktikums während der Vollzeitschulpflicht,

5　3. in Erfüllung einer richterlichen Weisung. […]

(3) Das Verbot des Absatzes 1 gilt ferner nicht für die Beschäftigung von Kindern über 13 Jahre mit Einwilligung des Personensorgeberechtigten, soweit die Beschäftigung leicht und für Kinder geeignet ist. Die Beschäftigung ist leicht, wenn sie aufgrund ihrer Beschaffenheit und der besonderen

10　Bedingungen, unter denen sie ausgeführt wird,

1. die Sicherheit, Gesundheit und Entwicklung der Kinder,

2. ihren Schulbesuch, ihre Beteiligung an Maßnahmen zur Berufswahlvorbereitung oder Berufsausbildung, die von der zuständigen Stelle anerkannt sind, und

15　3. ihre Fähigkeit, dem Unterricht mit Nutzen zu folgen,

nicht nachteilig beeinflusst. Die Kinder dürfen nicht mehr als zwei Stunden täglich, in landwirtschaftlichen Familienbetrieben nicht mehr als drei Stunden täglich, nicht zwischen 18 und 8 Uhr, nicht vor dem Schulunterricht und nicht während des Schulunterrichts beschäftigt werden. […]

20　(4) Das Verbot des Absatzes 1 gilt ferner nicht für die Beschäftigung von Jugendlichen (§ 2 Abs. 2)[2] während der Schulferien für höchstens vier Wochen im Kalenderjahr. […]*

[1] Kind (§2 Abs. 1): Kind im Sinne dieses Gesetzes ist, wer noch nicht 15 Jahre alt ist.

[2] Jugendlicher (§2 Abs. 2): Jugendlicher im Sinne dieses Gesetzes ist, wer 15, aber noch nicht 18 Jahre alt ist.

 1 Recherchiere dir unbekannte Begriffe aus dem Gesetzestext.

2 Fasse die wichtigsten Informationen zu den Regelungen dieses Paragrafen des Jugendarbeitsschutzgesetzes zusammen. Welche Informationen sind für dich neu bzw. überraschend?

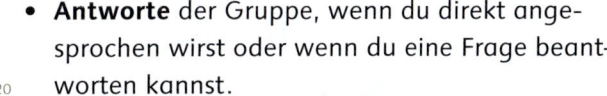

Zehn goldene Regeln für Messenger-Gruppen

- **Nicht spammen:** Schreibe nur, wenn du wirklich einen sinnvollen Beitrag zum Gespräch leisten kannst oder eine wichtige Frage hast. Unnötige Inhalte nerven und sind oft der Auslöser für Streit.
- **Keine Beleidigungen und Lästereien:** Wie im echten Leben gilt auch im Gruppenchat, dass niemand beleidigt werden sollte! Auch Lästereien über Leute, die nicht im Chat sind, sollten tabu sein!
- **Vermeide private Gespräche:** Wenn du dich nur mit einer oder wenigen Personen aus der Gruppe austauschen oder verabreden möchtest, verwende einen privaten Chat – ansonsten sind die anderen Gruppenmitglieder schnell genervt oder fühlen sich außen vorgelassen.
- **Bedeckt halten:** Teile den anderen Gruppenmitgliedern nicht zu viel von dir mit. Das gilt besonders für große Gruppenchats oder Chats, in denen du nicht alle Mitglieder kennst. Je mehr Informationen du über dich preisgibst, desto angreifbarer machst du dich, zum Beispiel für Mobbing.
- **Achte auf deine Ausdrucksweise:** Schreibe nicht in GROSSBUCHSTABEN und achte auf deine Rechtschreibung. Wer Texte mit vielen Rechtschreibfehlern lesen muss, ist schnell genervt.

- **Antworte** der Gruppe, wenn du direkt angesprochen wirst oder wenn du eine Frage beantworten kannst.
- **Vermeide Doppeldeutigkeiten:** Drücke dich so aus, dass jeder verstehen kann, was gemeint ist, um Missverständnisse zu vermeiden.
- **Vermeide Wiederholungen und sende keine Kettenbriefe.**
- **Privatsphäre beachten:** Gib keine privaten Nummern von anderen Personen weiter.
- **Recht am eigenen Bild beachten:** Verschicke keine Bilder ohne die Einwilligung der abgebildeten Personen, da du sonst das Recht am eigenen Bild verletzt.

 1 Tauscht euch darüber aus, welche der genannten Regeln euch besonders sinnvoll erscheinen und bei welchen Klärungsbedarf besteht.

   2 Erstellt für die Schulhomepage eine Handreichung zum Thema „Netiquette in der digitalen Schulkommunikation". Recherchiert ggf. weitere Regeln im Internet.

Autorenteam iRights.Lab

Persönlichkeitsrechte bei Facebook und anderen sozialen Netzwerken

[…] Wer seinen Computer hochfährt, das Handy in die Hand nimmt oder das Tablet startet, macht das häufig aus einem Grund: um zu kommunizieren. Das Internet war schon immer auf Austausch angelegt. Was vielen nicht klar zu sein scheint: Wer selber Inhalte ins Internet stellt, ist dafür voll und ganz
5 verantwortlich.

Findet man ein lustiges Bild im Internet, lädt es unbedacht bei Facebook hoch und teilt es so mit der ganzen Welt, ist man selbst derjenige[1], der das Urheberrecht und/oder Persönlichkeitsrecht von jemandem verletzt hat, hier spricht man von der sogenannten Verbreiterhaftung. Spätestens, wenn eine
10 Abmahnung im Briefkasten liegt, die dazu auffordert, eine Rechtsverletzung zu beheben oder zu unterlassen, wird man sich dessen wohl bewusst […].

1 Die männlichen Formen schließen in diesen Texten alle Geschlechter ein.

Veröffentlicht man ein eigenes Bild, ist man jedoch nicht automatisch auf der sicheren Seite. Denn sofern sich darin Elemente von fremden Bildern finden […], kann es weiterhin zu Konflik-
15 ten mit dem Urheberrecht kommen. Sind auf dem Bild Personen zu erkennen, sollte man sie vorher um Erlaubnis für eine Veröffentlichung gefragt haben. Liegt nämlich keine der Ausnahmen nach Paragraf 23 Kunsturhebergesetz vor, verletzt man sonst
20 das Recht dieser Personen am eigenen Bild. Aufpassen sollte man auch mit Bildmanipulationen. […] Auf diese Weise erzeugte Bilder können das Persönlichkeitsrecht massiv verletzen, weil sie als unwahre Tatsachenbehauptungen gelten oder eine Herabwürdigung darstellen.

25 Veröffentlichte Inhalte können im Internet häufig von anderen kommentiert und dabei natürlich auch kritisiert werden. […] Sobald aber in den Vordergrund rückt, den Verfasser des Beitrags oder eine darin genannte Person zu diffamieren – man redet dann von Schmähkritik –, handeln diese Personen rechtswidrig. […] Was das angeht, ist in sozialen Netzwerken eine gewisse
30 Enthemmung festzustellen. Viele scheinen zu glauben, sie würden völlig anonym agieren, und lassen sich deshalb schneller zu verletzenden Äußerungen hinreißen. […]

Die Wahrheit ist jedoch, dass der Verletzer über seine IP-Adresse ausfindig gemacht werden kann. Dies funktioniert insbesondere bei strafrechtlichen
35 Ermittlungsverfahren. Das Urheberrecht sieht unter bestimmten Umständen auch vor, dass der Internetprovider, etwa an ermittelnde Behörden, Auskunft über einzelne Nutzer geben muss. Viele Plattformen bieten außerdem die Möglichkeit an, ihnen verletzende Beiträge zu melden. […]

Wenn man einen verletzenden Beitrag eines anderen Nutzers teilt oder wenn
40 man eine entsprechende Webseite verlinkt, haftet man dafür nicht – zumin-

dest solange einem die Rechtsverletzung nicht bekannt wird und solange man sie nicht durch das eigene Verhalten unterstützt. Fügt man hingegen Sätze hinzu wie „Richtig so!" oder „Endlich sagt es mal jemand!", muss man sich den Beitrag beziehungsweise den Inhalt der verlinkten Seite inklusive

45 aller Verletzungen zurechnen lassen, da man sich die Inhalte durch derlei Stellungnahmen zu eigen macht. [...] Dasselbe gilt, wenn man den Beitrag mit „Gefällt mir" markiert beziehungsweise auf vergleichbare Weise seine Zustimmung ausdrückt.*

Gesetz betreffend das Urheberrecht an Werken der bildenden Künste und der Fotografie

§ 23

(1) Ohne die nach § 22 erforderliche Einwilligung dürfen verbreitet und zur Schau gestellt werden:

1. Bildnisse aus dem Bereich der Zeitgeschichte;

2. Bilder, auf denen die Personen nur als Beiwerk neben einer Landschaft

5 oder sonstigen Örtlichkeit erscheinen;

3. Bilder von Versammlungen, Aufzügen und ähnlichen Vorgängen, an denen die dargestellten Personen teilgenommen haben;

4. Bildnisse, die nicht auf Bestellung angefertigt sind, sofern die Verbreitung oder Schaustellung einem höheren Interesse der Kunst dient.

10 (2) Die Befugnis erstreckt sich jedoch nicht auf eine Verbreitung und Schaustellung, durch die ein berechtigtes Interesse des Abgebildeten oder, falls dieser verstorben ist, seiner Angehörigen verletzt wird.

1 Fasse die wichtigsten Informationen zum Persönlichkeitsrecht und zum Urheberrecht in sozialen Netzwerken zusammen. Welche Informationen sind für dich neu bzw. überraschend?

2 Begründe, warum diese Rechte besonders im Internet wichtig sind und wie sie dein eigenes Verhalten beeinflussen sollten.

Nils Mohl

motto

ein astreiner spruch für transparente
weil <u>die</u> antwort auf kluge argumente
etwas für ganz besondere momente
obwohl man's quasi immer sagen könnte
ok – hier kommt's: HINTEN KACKT DIE ENTE!

Nils Mohl

**willkommen in der
wirklichkeit**

du stößt dich und
es tröstet nicht
doch der stein war
lang vor dir da

Uwe-Michael Gutzschhahn

Post für Sarah

Ich muss dir was schreiben.
Auf Facebook?
Oder auf Instagram?
Als WhatsApp?
5 Oder Mail?

Vielleicht ja als Brief,
handgeschrieben,
in einem verschlossenen Umschlag?
Womöglich mit rotem Siegellack?

10 Wie du das wohl fändest,
wenn so was
in deinem Briefkasten läge
zwischen den Werbezeitungen
und Reklamezetteln?

15 Eine geheime Botschaft.
Ich könnte sie auch
bei dir im Garten
in eine Baumritze stecken
und nachts
20 mit der Taschenlampe morsen,
damit du sie findest.

Ich könnte den Brief
als Flaschenpost schicken.
Dann musst du Geduld haben
25 und lange am Fluss stehen,
bis du die verkorkte Flasche findest,
in der mein Brief steckt,
den du nur schwer herauskriegst
und der mit den Worten beginnt:
30 Liebe Sarah.

 1 Welches der drei Gedichte spricht dich am meisten an? Begründe.

2 Überlege, was jeweils das Thema der Gedichte ist. Formuliere die deiner
Meinung nach zentralen Aussagen mit eigenen Worten.

3 Tauscht euch darüber aus, was die Gedichte und ihre Aussagen mit eurem
Leben zu tun haben. Was sagen die Gedichte euch ganz persönlich?

Medienangebote untersuchen

1 Medien sind aus unserem Alltag nicht mehr wegzudenken. Denke über dein eigenes Medienverhalten nach.

a Welche Medien nutzt du wie oft und für welchen Zweck? Erstelle dazu zum Beispiel ein Medientagebuch.

Wochentag	Dauer	Medium	Zweck
Montag	53 Minuten …	Tablet …	Recherche für Deutschreferat …
Dienstag	…	…	…
…	…	…	…

b Tauscht euch in der Klasse darüber aus, wie sich euer Medienverhalten in den letzten fünf Jahren verändert hat und welche Gründe es dafür gibt.

> Die Medienwelt hält vielfältige Angebote bereit, die als **Printmedien** (Druckmedien zum Lesen), **Audiomedien** (Hörmedien) oder **audiovisuelle Medien** (Ton-Bild-Medien zum Hören und Sehen) zur Verfügung stehen und unterschiedliche Funktionen haben.
> Viele Medienangebote sind heute digitalisiert (**digitale Medien**) und über das Internet abrufbar. Großer Beliebtheit erfreut sich zum Beispiel das **Streaming**: das Senden und Empfangen von Daten über das Internet, wobei die Daten nicht heruntergeladen, sondern nur abgespielt werden. Streamen kann man zum Beispiel Angebote von Fernseh- und Rundfunksendern oder von speziellen Streamingportalen.

2 Die Medienwelt stellt viele verschiedene Angebote zur Verfügung, die jeweils unterschiedliche Aufgaben und Funktionen haben.

 a Tauscht euch darüber aus, welche Funktionen Printmedien, Audiomedien und audiovisuelle Medien besitzen.

 b Lest folgende Funktionen von Medien und sucht in aktuellen Medien nach Beispielen.

Bildung und kulturelle Entfaltung: …
Information: …
Meinungsbildung: …
Unterhaltung und Entspannung: …
Kontrolle und Kritik: …

c Übertragt die folgende Tabelle in eure Hefte. Wählt jeweils ein Beispiel für Sender bzw. Streamingdienst aus. Recherchiert und stellt die wichtigsten Informationen zusammen.

	öffentlich-rechtliche Sender, z. B. …	private Sender, z. B. …	Streaming-dienste, z. B. …
Finanzierungs-modell	Gebühren (Rundfunkbeitrag)	…	…
Entwicklungs-geschichte	…	…	…

d Stellt eure Erkenntnisse in der Klasse vor.

3 Im Jahr 2020 wurden im Medienstaatsvertrag Rechte und Pflichten der Rundfunk- und Telemedienanbieter in Deutschland neu geregelt.

a In § 26 des Medienstaatsvertrags ist der Sendeauftrag der öffentlich-rechtlichen Rundfunkanstalten geregelt. Lies die ersten beiden Absätze.

§ 26 Auftrag

(1) Auftrag der öffentlich-rechtlichen Rundfunkanstalten ist, durch die Herstellung und Verbreitung ihrer Angebote als Medium und Faktor des Prozesses freier individueller und öffentlicher Meinungsbildung zu wirken und dadurch die demokratischen, sozialen und kulturellen Bedürfnisse der Gesell-
5 schaft zu erfüllen. Die öffentlich-rechtlichen Rundfunkanstalten haben in ihren Angeboten einen umfassenden Überblick über das internationale, europäische, nationale und regionale Geschehen in allen wesentlichen Lebensbereichen zu geben. Sie sollen hierdurch die internationale Verständigung, die europäische Integration und den gesellschaftlichen Zusammenhalt in
10 Bund und Ländern fördern. Ihre Angebote haben der Bildung, Information, Beratung und Unterhaltung zu dienen. Sie haben Beiträge insbesondere zur Kultur anzubieten. Auch Unterhaltung soll einem öffentlich-rechtlichen Angebotsprofil entsprechen.
(2) Die öffentlich-rechtlichen Rundfunkanstalten haben bei der Erfüllung
15 ihres Auftrags die Grundsätze der Objektivität und Unparteilichkeit der Berichterstattung, die Meinungsvielfalt sowie die Ausgewogenheit ihrer Angebote zu berücksichtigen. […]*

b Fasse Absatz (1), den Sendeauftrag bzw. die Funktion der öffentlich-rechtlichen Medien im Allgemeinen, in eigenen Worten zusammen.

 c Tauscht euch darüber aus, wie Absatz (2) in der Programmgestaltung umgesetzt werden kann.

●●● **d** Recherchiere, was der Medienstaatsvertrag ist und welche Aufgaben die Landesmedienanstalten haben.

> **Fernseh- und Rundfunkanstalten** gehören zu den ältesten und bekanntesten Anbietern.
>
> **Öffentlich-rechtliche Sender** haben den gesetzlichen Auftrag, täglich möglichst viele Menschen mit Information, Bildung, Beratung und Unterhaltung zu versorgen. Um dies mit ihren Programmen unabhängig tun zu können, werden sie von allen Bürgerinnen und Bürgern über den Rundfunkbeitrag finanziert.
>
> **Private (kommerzielle) Sender**, die es seit der Einführung des Kabelfernsehens 1984 gibt, finanzieren sich durch private Gelder und Werbung. Sie streben nach möglichst hohen Einschaltquoten, da sich die Werbeeinnahmen danach richten.
>
> Außerdem gibt es sogenannte **unabhängige (alternative) Medienangebote**, die zum Beispiel als unabhängige Nachrichtendienste versuchen, frei von finanziellen und politischen Einflüssen zu berichten.

4 Der Medienstaatsvertrag gibt auch Regelungen für die Werbung vor.

a Lies folgenden Auszug aus dem Medienstaatsvertrag und nenne die Arten von Werbung, die darin geregelt werden.

§ 8 Werbegrundsätze, Kennzeichnungspflichten

[…] (7) Schleichwerbung und Themenplatzierung sowie entsprechende Praktiken sind unzulässig. Produktplatzierung ist gestattet, außer in Nachrichtensendungen und Sendungen zur politischen Information, Verbrauchersendungen, Regionalfensterprogrammen nach § 59 Abs. 4, Fensterprogrammen
5 nach § 65, Sendungen religiösen Inhalts und Kindersendungen. […]
Auf eine Produktplatzierung ist eindeutig hinzuweisen. Sie ist zu Beginn und zum Ende einer Sendung sowie bei deren Fortsetzung nach einer Werbeunterbrechung oder im Hörfunk durch einen gleichwertigen Hinweis angemessen zu kennzeichnen. […]

§ 9 Einfügung von Rundfunkwerbung und Teleshopping

10 (1) Übertragungen von Gottesdiensten sowie Sendungen für Kinder dürfen nicht durch Rundfunkwerbung oder Teleshopping unterbrochen werden. […]

§ 10 Sponsoring

(1) Auf das Bestehen einer Sponsoring-Vereinbarung muss eindeutig hingewiesen werden; bei Sendungen, die ganz oder teilweise gesponsert werden, muss zu Beginn oder am Ende auf die Finanzierung durch den Sponsor in
15 vertretbarer Kürze und in angemessener Weise deutlich hingewiesen werden; […].*

b Seht euch unterschiedliche Sendungen öffentlich-rechtlicher Sender kritisch an. Achtet auf Produktplatzierung und Sponsoring. Tauscht euch darüber aus, ob die Bestimmungen von den Sendern eingehalten werden.

> **Tipp**
> Nutzt ggf. die Mediatheken der Sender.

5 Auch das Programm für Jugendliche wird im Medienstaatsvertrag geregelt.

a Lies die entsprechenden Absätze.

§ 33 Jugendangebot

(1) Die in der ARD zusammengeschlossenen Landesrundfunkanstalten und das ZDF bieten gemeinsam ein Jugendangebot an, das Rundfunk und Tele-medien umfasst. Das Jugendangebot soll inhaltlich die Lebenswirklichkeit und die Interessen junger Menschen als Zielgruppe in den Mittelpunkt
5 stellen und dadurch einen besonderen Beitrag zur Erfüllung des öffentlich-rechtlichen Auftrags nach § 26 leisten. Zu diesem Zweck sollen die in der ARD zusammengeschlossenen Landesrundfunkanstalten und das ZDF insbesondere eigenständige audiovisuelle Inhalte für das Jugendangebot herstellen oder herstellen lassen und Nutzungsrechte an Inhalten für das
10 Jugendangebot erwerben. [...]
(2) Zur Erfüllung der demokratischen, sozialen und kulturellen Bedürfnisse der Zielgruppe ist das Jugendangebot inhaltlich und technisch dynamisch und entwicklungsoffen zu gestalten und zu verbreiten. [...]*

b Diskutiert in der Klasse darüber, ob diese Regelung in den öffentlich-recht-lichen Sendern (auch in den regionalen) umgesetzt wird.

c Stellt euch vor, es gäbe einen „Jugendkanal JUKA". Welche Formate und welche Sendungen würdet ihr dort senden? Entwerft ein Tagesprogramm und präsentiert es auf einem Plakat.

d Erprobt KI-Tools, um ein Programm für „JUKA" zu erstellen. Vergleicht und beurteilt die ausgegebenen Ergebnisse.

> Fernseh- und Rundfunksendungen werden in unterschiedliche **Formate** eingeteilt, je nachdem, welche **Publikumsgruppen** angesprochen werden und welchen **zentralen Funktionen** sie dienen sollen. Jedes Format besitzt eigene typische **Merkmale**. So kann man zum Beispiel zwischen **Informations-** und **Unterhaltungsformaten** unterscheiden, die sich wiederum in weitere Formate, zum Beispiel Nachrichten, Familiensendungen, Dokumen-tationen, Rateshows, Magazine und Krimiserien, aufteilen lassen.

6 Es gibt auch zahlreiche private Sender. Betrachte folgende Programmauszüge. Untersuche, welche Unterschiede und Gemeinsamkeiten du in der Programmgestaltung erkennst.

DFZwei (öffentlich-rechtlich)		PAR1 (privat)		RFBe (privater Regionalsender)	
5:30	**Frühschau** Magazin	6:00	**Informiert am Morgen** Magazin	10:00	**Guten Morgen, Berlin** Magazin
9:00	**DFZwei aktuell** Nachrichten	9:00	**PAR1news** Kurznachrichten	10:45	**Schnell und aktuell** Nachrichten
9:15	**Gartenschlauch & Co.** Ratgeber, D 23	9:05	**Besenrein – jeden Tag** Dokusoap, D 22	11:00	**Berlin im Rotlicht** Dokumentation, D 23
10:00	**Retter in Blau** Polizeiserie, D 22,	10:00	**Das Morgengespräch** Talkshow, D 23	11:45	**Alles Geld der Welt** Serie, D 21

7 Bei der Programmgestaltung überlegen sich die Sendeanstalten, welche Zielgruppen angesprochen werden sollen.

a Stelle dir vor, du bist verantwortlich für die Fernsehprogrammgestaltung. Überlege, was für Lena interessant sein könnte.

16 Jahre alt / Lieblingsfächer: Physik, Sport / Interessen: Mode, Technik / Hobbys: Krimis lesen, ihren Internetblog pflegen, Musik hören, Parcours

b Recherchiere ein Fernsehprogramm und nenne die Sendungen, die Lena sich wohl ansehen wird.

8 Welche Medienangebote nutzen Jugendliche?

 a Lest die Aussagen der Jugendlichen und sucht heraus, welche Angebote sie in ihrer Freizeit in Anspruch nehmen und wie sie dies begründen.

Maik: Also, ich sehe am liebsten Serien über Streamingdienste, da kann ich mir genau das aussuchen, was mir am besten gefällt.

Anna: Über aktuelle Ereignisse informiere ich mich oft über alternative Medienangebote im Internet, denn dort findet man auch kritische Meinungen zur Darstellung gesellschaftlich wichtiger Themen in Massenmedien.

Leon: Wenn ich auf meinen kleinen Bruder aufpassen muss, dann nur mit Kinderserien. Funktioniert am besten.

Emma: Meine Leidenschaft ist Sport. Deshalb sehe ich nur Sportsender.

Azra: Ich stehe auf Natur- und Tierdokus. Dafür nutze ich Mediatheken verschiedener Fernsehsender, da ich nicht immer Zeit habe.

Murat: Manchmal möchte ich meine Kenntnisse, z. B. in Geografie, erweitern. Dann sehe ich mir eine entsprechende Doku im Fernsehen an.

b Übertrage die Tabelle in dein Heft und ordne die in Aufgabe a genannten Sendungen ein.

Unterhaltungsangebot	Informationsangebot	Bildungsangebot
Serien	…	…
…		

c Ergänze die Tabelle aus Aufgabe b durch weitere Medienangebote.

d Lies folgende Medienangebote. Ordne den Formaten 1 bis 8 die Erklärungen A bis H zu. Ergänze, wenn möglich, ein aktuelles Beispiel.

1 Daily Soap
2 Ratgebersendung
3 Nachrichten
4 Dokumentation
5 Talkshow
6 Quizsendung
7 Castingshow
8 Dokusoap

A Informationssendung zum aktuellen Tagesgeschehen (Politik, Wirtschaft, Sport)
B Serie, die täglich gesendet wird
C Dokumentarserie mit teilweise inszeniertem Ablauf
D öffentliches Auswahlverfahren von Kandidatinnen und Kandidaten in einer Show
E Informationsfilm zu einem bestimmten Thema
F Sendungen, in denen Tipps und Infos zu Alltagsthemen gegeben werden
G Sendung mit Ratespiel
H Gesprächsrunde mit mehreren Teilnehmenden zu unterschiedlichen Themen

9 Das Mediennutzungsverhalten hat sich im Laufe der Zeit stark verändert.

a Betrachte die beiden folgenden Abbildungen. Erkläre, wie sich die Wege der Fernsehnutzung seit den 1980er-Jahren verändert haben.

1 *JIM:* Jugend, Information, (Multi-) Media

b Befrage deine Eltern, wie häufig und wozu sie als Jugendliche den Fernseher genutzt haben.

c Lest den Textauszug aus der JIM¹-Studie. Tauscht euch in der Klasse über Unterschiede zwischen den Erfahrungen eurer Eltern und euren eigenen aus.

Die Nutzung von Bewegtbild über verschiedene Ausspielmöglichkeiten ist eine der zentralen Freizeitaktivitäten von Jugendlichen. Neben der nahezu Vollausstattung mit Fernsehgeräten in den Haushalten besitzen 58 Prozent der Jugendlichen einen eigenen Fernseher, knapp die Hälfte hat sogar ein
5 Smart-TV im Zimmer stehen. 84 Prozent der Haushalte, in denen Zwölf- bis 19-Jährige aufwachsen, haben einen Videostreaming-Dienst […] abonniert, knapp die Hälfte hat ein kostenpflichtiges TV-Abonnement […].

Gleichzeitig ist insbesondere das Smartphone als Möglichkeit, Bewegtbild zu nutzen, bei fast allen Jugendlichen vorhanden.
10 Auch der Zugang über weitere Geräte wie Computer, Laptop und Tablet ist oftmals gegeben.
Entsprechend hoch ist auch die Nutzung verschiedener Bewegtbildoptionen unter Jugendlichen. 78 Prozent der Zwölf- bis 19-Jährigen sehen mindestens mehrmals pro Woche fern (2021:
15 80 %), nach eigener Schätzung rund 133 Minuten an einem durchschnittlichen Wochentag (2021: 132 Min., 2020: 137 Min.). Dabei liegen Mädchen (132 Minuten) und Jungen (134 Minuten) fast gleichauf, im Altersverlauf geht die Fernsehnutzung zurück (12–13 Jahre: 140 Min., 18–19 Jahre: 128 Min). […]*

10 Setze dich mit folgender Aussage des amerikanischen Wissenschaftlers Linus Pauling (1901–1994) auseinander.

a Lies das folgende Zitat.

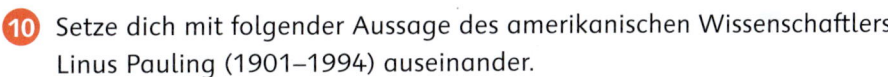

> Argwöhnisch wacht der Mensch über alles, was ihm gehört. Nur die Zeit lässt er sich stehlen – am meisten vom Fernsehen. (Linus Pauling)

b Ersetze die Formulierung „vom Fernsehen" am Ende des Zitats durch „von digitalen Medien". Erläutere, ob diese Aussage deiner Meinung nach stimmt.

●●● **c** Recherchiere, wer Linus Pauling war, und stelle deine Ergebnisse in einer kurzen Präsentation dar.

●○○ **d** Erläutere, wie wichtig für dich das Fernsehen und seine Angebote auf einer Skala von 1 (überhaupt nicht wichtig) bis 10 (extrem wichtig) sind, und begründe deine Meinung.

e Stellt Vermutungen an, wie das Fernsehprogramm in fünfzig Jahren aussehen könnte. Welche neuen Formate, neuen Wege der Fernsehnutzung oder zukünftigen Zielgruppen könnte es geben?

Sachtexte lesen und verstehen

Sachtexte erschließen

1 Erschließe den folgenden Sachtext.

a Überfliege den Text zuerst durch orientierendes (überfliegendes) Lesen. Versuche, das Thema zu erfassen, und notiere es.

Klimawandel einfach erklärt!

Das Klima auf der Erde hat sich schon immer verändert. Mal war es kälter (zum Beispiel während der Eiszeiten) und mal wärmer als heute. Diese Temperaturschwankungen haben aber sehr lange gedauert und das Leben auf der Erde konnte sich entsprechend anpassen. Aber seit ungefähr 200 Jahren,
5 als die Industrialisierung begann, steigt die Temperatur unnatürlich schnell an. Das liegt an sogenannten Treibhausgasen, die vom Menschen ausgestoßen werden.

Der natürliche Treibhauseffekt

Kurzwellige Sonnenstrahlen dringen durch die Atmosphäre zur Oberfläche vor, wo sie in langwellige Wärmestrahlung (Infrarotstrahlung) umgewandelt
10 wird. Jedoch verhindern die Treibhausgase in der Atmosphäre, dass die gesamte Wärmestrahlung zurück ins Weltall gelangt, und halten einen Teil zurück. Dies sorgt dafür, dass die Erde sich erwärmt.
Treibhausgase, wie zum Beispiel Lachgas (N_2O), Methan (CH_4) und Kohlenstoffdioxid (CO_2) sind auch ohne menschliches Zutun in der Atmosphäre
15 vorhanden, die unsere Erde umgibt. Sie verursachen den sogenannten „natürlichen Treibhauseffekt", denn ohne den Treibhauseffekt wäre es auf der Erde so kalt, dass kein Leben möglich wäre.

Die Klimakrise – vom Menschen gemacht

Der vom „Menschen gemachte" Treibhauseffekt führt zu einer globalen Erwärmung, dem menschengemachten Klimawandel,
20 welcher inzwischen solche Ausmaße angenommen hat, dass wir von einer Klimakrise sprechen müssen. Seit Beginn der Industrialisierung vor 200 Jahren ist es auf der Erde schon über 1 °C wärmer geworden.
Das ist äußerst bedenklich, denn schon heute kommt es infolge-
25 dessen zu mehr Stürmen, Dürren und Überschwemmungen. [...] Deshalb ist es ausgesprochen wichtig, dass Politik, Wirtschaft und die gesamte Gesellschaft alles dafür tun, den Klimawandel aufzuhalten, und zwar bei maximal 1,5 °C. Dazu haben sich die Unterzeichnerstaaten des Pariser Klimaschutzabkommens 2015 in Paris verpflichtet. [...]

1 a Nutze eine der Arten des orientierenden (überfliegenden) Lesens.

Diagonallesen   Slalomlesen

Folgen des Klimawandels

- Abschmelzen von Gletschern
- Ansteigen des Meeresspiegels

Gefahren

- Städte, z. B. London, oder ganze Länder, z. B. Bangladesh, werden überschwemmt.
- Viele Menschen müssen ihre Heimat verlassen, weil Ernten ausfallen, Wasser knapp wird und bestehende Konflikte dadurch verschärft werden.
- Viele Tier- und Pflanzenarten sterben aus, weil ihre Lebensbedingungen nicht mehr gegeben sind.

Was ist das Pariser Klimaschutzabkommen?

30 Bei der UN-Klimakonferenz 2015 in Paris einigten sich 197 Staaten auf ein globales Klimaschutzabkommen. Das Hauptziel des Pariser Abkommens ist, die Erderwärmung im Vergleich zum vorindustriellen Niveau auf deutlich unter 2 °C, möglichst auf 1,5 °C, zu begrenzen. […] Neben der Senkung von Treibhausgasemissionen […] soll auch die Fähigkeit zur Anpassung an den

35 Klimawandel […] an Bedeutung gewinnen. […]
Das Pariser Klimaabkommen war ein Erfolg, für den zahlreiche Klima- und Umweltschutzaktivist/-innen jahrzehntelang gearbeitet haben. […] Aber inzwischen sieht es nicht mehr danach aus, als ob sich die Politik an ihre selbst gesteckten Ziele halten wird. […]

Mein Beitrag zum Klimaschutz

- mit dem eigenen Jutebeutel zum Einkaufen gehen
- Sachen öfter mal reparieren
- kurze Wege mit dem Fahrrad zurücklegen
- beim Einkaufen auf regionale Lebensmittel setzen
- bei Textilien u. Ä. auf faire Produktionsbedingungen achten

Was können wir tun?

40 Nicht nur die Art, wie wir Strom und Wärme erzeugen, auch unser übermäßiger Konsum von Gütern, die Art und Weise, wie unsere Lebensmittel, Kleidung und Elektrogeräte produziert werden, ob Mobilität mit dem eigenen Verbrenner, mit dem Flugzeug, der Bahn, dem Fahrrad oder zu Fuß stattfindet, all

45 das hat Auswirkungen auf das Klima.
Natürlich kann jede/-r Einzelne etwas zum Klimaschutz beitragen. Sogenannte „Öko-Tipps" gibt es ja viele […]. Das sind alles gute und richtige Ansätze. Aber diese individuellen Verhaltensänderungen haben leider nicht den großen Einfluss auf

50 das Klima, den wir brauchen. Daher ist es zentral wichtig, dass die Politik einen großen Wandel einleitet, die sogenannte sozial-ökologische Transformation. […]
Die notwendige Transformation muss ökologisch, sozial und gerecht sein, nicht nur innerhalb Deutschlands, sondern global. Denn die Menschen, die

55 heute schon am meisten unter der Klimakrise leiden, sind besonders ärmere Menschen im globalen Süden. Historisch betrachtet haben sie aber am wenigsten zum Klimawandel beigetragen. Der globale Norden mit seinen reichen Industrieländern trägt eine sehr viel größere Verantwortung und muss dieser mit stärkeren Klimaschutzanstrengungen gerecht werden. Deshalb fordern wir

60 […] nicht mehr nur „Klimaschutz" sondern „Klimagerechtigkeit". […]*

(Online im Internet: https://www.jbn.de [20.11.2023].)

Tipp
Es sind vier Teil-
themen enthalten.

b Überfliege den Text noch einmal und versuche, die großen Teilthemen zu erfassen. Erkläre, woran du dich beim überfliegenden (orientierenden) Lesen orientiert hast.

> Damit man den Gedanken einer Autorin bzw. eines Autors eines **Sach-textes** gut folgen kann, wird das Textverstehen durch die Verwendung **verstehensfördernder Mittel** unterstützt:
> • **Äußere Mittel** sind z. B.:
> – Überschriften und Zwischenüberschriften,
> – Absätze, Nummerierungen und Aufzählungszeichen.
> • **Inhaltliche Mittel** sind:
> – Einleitung neuer Gedanken oder Themen durch Einleitesätze,
> – Einschübe und nachträgliche Erläuterungen, z. B. Appositionen,
> – Bezüge zu anderen Textaussagen,
> – sprachliche Mittel zur Herstellung logischer Zusammenhänge, z. B.:
>   *zum einen – zum anderen, daraus folgt, außerdem,*
> – sprachliche Mittel zur Erhöhung der Wirksamkeit einer Äußerung, z. B.:
>   *insbesondere, hervorzuheben ist, betont wird.*
> Um komplexe Themen angemessen und möglichst anschaulich darzu-stellen, eignen sich besonders sogenannte **diskontinuierliche Texte**. Im Unterschied zu **kontinuierlichen Texten** (Fließtexten) enthalten **diskonti-nuierliche Texte** neben Fließtexten weitere **Textbausteine**, z. B.:
> • Daten in Form von Stichpunkten,
> • Angaben in Form von Diagrammen oder Tabellen,
> • Begriffserklärungen in Form von Glossar oder Fußnoten,
> • Fakten oder Hintergrundinformationen in Kästen oder Fußnoten,
> • Zusatzinformationen in Form von Verweisen oder Links,
> • Meinungsäußerungen in Form von grafisch abgehobenen Kurzinterviews,
> • hervorgehobene Zitate,
> • Bilder, Abbildungen, Schaubilder oder Grafiken.

 c Tauscht euch darüber aus, was das Lesen eines diskontinuierlichen Sach-textes vom Lesen eines kontinuierlichen Sachtextes unterscheidet.

2 Untersuche die äußere Form des Textes in Aufgabe 1a (S. 48).

a Beschreibe, was dir an der äußeren Form des Textes auffällt. Nutze dazu den Merkkasten.

– Textbausteine: Fließtext
      ...
– äußere verstehensfördernde Mittel: ...
– inhaltliche Mittel: ...

b Erkläre, wozu die Textbausteine im Text dienen.

●●● c Recherchiere im Internet zum Thema des Sachtextes. Suche weiteres Material in Form von Diagrammen oder Statistiken, das den Inhalt des Textes noch stärker verdeutlichen würde. Stelle es in der Klasse vor.

3 Jeder Text folgt einer inneren Logik. Seine einzelnen Teile (Satzteile, Sätze, Absätze, Kapitel oder Teiltexte) stehen in Beziehung zueinander und bilden eine Gesamtstruktur.

 a Untersucht, wie der Text in Aufgabe 1a (S. 48) inhaltlich aufgebaut ist. Orientiert euch an den Teilüberschriften und Absätzen.

b Untersuche den Gedankengang der Verfasserin bzw. des Verfassers. Übertrage die folgenden Satzanfänge in dein Heft und ergänze sie.

Zu Beginn des Textes beschreibt die Autorin bzw. der Autor …

↓

Im zweiten Abschnitt des Textes …

↓

…

↓

Abschließend …

4 Im vorletzten Absatz des Textes (Aufgabe 1a, S. 48) heißt es, dass individuelle Verhaltensänderungen hinsichtlich des Klimawandels nur wenig Erfolg versprechend sind. Wähle Aufgabe a, b oder c.

●○○ a Schreibe heraus, was die Umsetzung des Pariser Klimaschutzabkommens erschwert.

●●○ b Fasse die im Text genannten Möglichkeiten, wie man dem Klimawandel begegnen kann, in einem Satz zusammen.

●●● c Erläutere, weshalb der Klimawandel auch eine politische Angelegenheit ist.

5 Untersuche den folgenden diskontinuierlichen Sachtext.

a Lies den Text und verschaffe dir einen ersten Eindruck von seinem Inhalt und seiner Form.

Woher stammt der Plastikmüll in den Ozeanen?

Plastikproduktion weltweit

Die große Belastung der Meeresumwelt durch Plastikmüll ist ein vergleichsweise junges Problem. Denn die Herstellung von Kunststoffen in großem Maßstab begann erst in den 1950er-Jahren. Seitdem ist die Produktion enorm angestiegen. Im Jahr 2015 wurden weltweit rund 322 Millionen
5 Tonnen hergestellt.

Plastik währt ewig in den Ozeanen
Zersetzungszeiten von Müll im Meer (in Jahren)

Angelschnur	600
Plastikflasche	450
Wegwerfwindel	450
Getränkedose	200
Styroporbecher	50
Metalldose	50
Plastiktüte	20
Zigarettenkippe	5
Wollsocke	5
Sperrholz	3

Quelle: Nabu statista

(Online im Internet:
https://de.statista.com/
[20.11.2023].)

In Fachveröffentlichungen wird statt *Plastik* in der Regel der Begriff *Kunststoff* verwendet, denn dies umfasst alle künstlich erzeugten festen Stoffe, die aus sogenannten Polymeren bestehen. Das sind
10 lange Molekülketten. *Plastik* oder *Plaste* sind eher umgangssprachliche Begriffe. […]
Rund 40 Prozent der Plastikproduktion werden für die Herstellung von Verpackungen genutzt, häufig für Lebensmittel. Einen großen Teil
15 machen Wasserflaschen und Verpackungen […] aus. Sie finden sich häufig unter den Müllteilen im Meer: Acht von zehn Fundstücken an europäischen Stränden sind Einwegkunststoffe. […]

Wege des Mülls ins Meer	
vom Land	Der Wind kann am Strand Müllteile ins Meer wehen, Industrie- und Kläranlagen sowie Bäche und Flüsse spülen Abfälle, u. a. aus der Landwirtschaft, ins Meer.
von Fischereien und Aquakulturen	Im Meer lassen sich zum Beispiel Netze, Seile und Kisten finden, die z. T. auch unabsichtlich dort landen.
von der Schifffahrt	Abfälle werden teilweise auf hoher See entsorgt, obwohl dies verboten ist.
vom Tourismus an den Küsten	Durch achtloses Wegwerfen gelangen Plastikteile und Verpackungen in die Meere.

Welche Probleme entstehen durch Plastikmüll im Meer?

Müll kann auf unterschiedliche Weise den Lebe-
20 wesen im Meer schaden. Größere Plastikteile können für Seevögel, Meeresschildkröten und andere Meerestiere zur tödlichen Falle werden, weil diese sich darin verheddern und strangulieren können. […]
25 Seevögel und andere Tiere können zudem Müllteile verschlucken. In Mägen von toten Seevögeln werden häufig Plastikteile gefunden. So werden regelmäßig tot aufgefundene Eissturmvögel untersucht, die vermutlich wegen des
30 Mülls in ihren Mägen verhungert sind. […] Fachleute befürchten, dass auf diese Weise nicht nur einzelne Tiere gefährdet, sondern mittlerweile sogar ganze Populationen betroffen sein könnten. […]

Mikroplastik gelangt in die Nahrungskette

35 Auch sogenannte Mikroplastik-Teilchen können Schaden anrichten. Sie entstehen zum einen, wenn größere Plastikteile in immer kleinere Teile zerfallen. Zum anderen resultieren sie aus der Nutzung von Produkten, zum Beispiel durch die Auswaschung von synthetischen Fasern aus Textilien oder durch Reifenabrieb. Zudem werden die Partikel bewusst hergestellt und zum Bei-
40 spiel als Zusatzstoff in Kosmetika verwendet. Mikroplastik bezeichnet eine Größenklasse von Plastikpartikeln – es geht um Teilchen, die kleiner als fünf Millimeter sind. Oft sind die Partikel noch deutlich kleiner.
Wie sich Mikroplastik auf die Ökosysteme im Meer auswirkt, ist bisher unklar. Auch Muscheln und Fische nehmen es auf. Auf diese Weise können die
45 Teilchen in die Nahrungskette gelangen. Menschen könnten sie beim Verzehr von Meeresfrüchten aufnehmen. Es ist bisher ungeklärt, wie sich dies auf die menschliche Gesundheit auswirken könnte. [...]*

(Online im Internet: https://www.umwelt-im-unterricht.de [20.11.2023].)

Ozeane machen etwa 70 Prozent der Erdoberfläche aus – doch durch Verschmutzung und Plastikmüllstrudel sind ihre natürlichen Funktionen gefährdet. „Unser Klima, unsere Gesundheit, unsere Ernährung, kurz: unser aller Leben hängt davon ab", sagte Bundeskanzler Olaf Scholz in einer Videobotschaft zum „One Ocean Summit". [...]*

(Online im Internet: https://www.bundes-regierung.de [20.11.2023].)

b Untersuche den Text genauer. Beschreibe zuerst das Textbild. Beantworte dazu folgende Fragen.

1 Welche Textbausteine enthält der Text?
2 Welche Funktion haben diese Textbausteine jeweils?
3 Wie sind die Textbausteine angeordnet?
4 Wie stehen die Textbausteine inhaltlich zueinander?
5 Wie ist das Verhältnis von Fließtext und anderen Textbausteinen?

6 Erschließe jetzt den Inhalt des Textes in Aufgabe 5 a (S. 51).

a Lies zunächst den Fließtext gründlich und beantworte die folgenden Fragen.

1 Wie wird der Text eingeleitet? Was soll damit erreicht werden?
2 Welche Punkte werden angeführt? Was wird damit bezweckt?

b Erkläre, warum der Schutz der Meere notwendig ist.

c Durch welche Formulierungen erreicht die Autorin bzw. der Autor eine Verbindung zwischen Fließtext, Tabelle und Infografik? Nenne mindestens drei Beispiele.

d Erschließe die Tabelle. Beantworte dazu die folgenden Fragen:

1 Zu welchem Teilthema sagt die Tabelle etwas aus?
2 Welche Hauptaussage vermittelt die Tabelle?
3 Auf welchen Wegen gelangt der Müll ins Meer?

Tipp
Schlage ggf. unbekannte Wörter nach.

e   Erschließe die Grafik im Text in Aufgabe 5 a (S. 52). Beantworte dazu die folgenden Fragen.

1   Welches Thema wird grafisch abgebildet?
2   Welche Einzelaussagen werden getroffen?
– Welche statistischen Angaben werden gemacht?
– Welche Werte werden auf der x-Achse und der y-Achse dargestellt?
3   Was ist die Kernaussage?
4   Inwiefern ist die Grafik eine Ergänzung zum Fließtext?

f   Gib die grafisch dargestellten Informationen in einem zusammenhängenden schriftlichen Text wieder. Nutze dazu deine Ergebnisse aus den Aufgaben d und e.

7   Fasse alle im Text von Aufgabe 5 a (S. 51) dargestellten Informationen schriftlich zusammen. Nutze dazu deine Ergebnisse aus Aufgabe 6.

8   Erschließe einen weiteren diskontinuierlichen Sachtext aus einer Zeitschrift oder dem Internet. Wähle Aufgabe a, b oder c.

a   Suche einen diskontinuierlichen Sachtext und erschließe seinen Inhalt. Gehe dabei so vor:
– Untersuche, aus welchen Bestandteilen der Text besteht.
– Nenne das Thema der einzelnen Textbausteine.
– Erschließe den Inhalt der einzelnen Textbausteine.
– Fasse zusammen, welche Informationen in den einzelnen Textbausteinen enthalten sind.

b   Suche einen diskontinuierlichen Sachtext und erschließe seinen Inhalt mithilfe der Schrittfolge.

So kannst du diskontinuierliche Sachtexte erschließen
1. Verschaffe dir einen Eindruck vom Textbild.
2. Kläre das Thema und den Inhalt des Gesamttextes.
3. Kläre die Teilthemen der einzelnen Textbausteine. (Worüber sagen der Fließtext, die Tabelle, die Grafik, das Schaubild etwas aus?)
4. Erschließe die Inhalte der einzelnen Textbausteine genau. (Welche Einzelaussagen werden getroffen? Welches sind die Kernaussagen?)
5. Setze die Aussagen miteinander in Beziehung. (Wie stehen die Aussagen zueinander? Welche Zusammenhänge oder Tendenzen sind erkennbar?)
6. Fasse die wichtigsten Aussagen des Gesamttextes zusammen.

c   Suche einen diskontinuierlichen Sachtext, erschließe seinen Inhalt und fasse alle Informationen schriftlich zusammen.

Textinhalte vergleichen

Um einen Sachverhalt umfassend zu erschließen und die Richtigkeit der Aussagen zu überprüfen, muss man oft mehrere Sachtexte zum Thema lesen. Beim **Vergleichen der Textinhalte** arbeitet man am besten mit einer Tabelle. So kann man dabei vorgehen:
- die Texte nacheinander lesen und Teilthemen notieren,
- zu den Teilthemen Wichtiges in Stichpunkten aufschreiben,
- die Aussagen zu den Teilthemen miteinander vergleichen.

1 Vergleiche die folgenden beiden Sachtexte.

a Überfliege die Texte zuerst und versuche, das gemeinsame Thema zu erfassen.

Text 1
Björn Woltering

Was ist Nachhaltigkeit?

Definition Nachhaltigkeit

Laut Duden wird das Wort *Nachhaltigkeit* definiert als
„Prinzip, nach dem nicht mehr verbraucht werden darf, als jeweils nach-
wachsen, sich regenerieren, künftig wieder bereitgestellt werden kann."
[…] Nachhaltigkeit wird heute als Gesamtkonzept angesehen, das sich mit-
5 hilfe der drei Säulen der Nachhaltigkeit veranschaulichen lässt.

Drei Säulen der Nachhaltigkeit

Das Drei-Säulen-Modell einer nachhaltigen Entwicklung vereint neben ökologischen Zielen auch ökonomische und soziale Ziele und stellt somit den
interdisziplinären[1] Charakter von Nachhaltigkeit heraus. […] Die drei Säulen
Ökologie, Ökonomie und soziale Ziele sollen gleichberechtigt und gleich-
10 wertig zueinander stehen.
Ökologische Nachhaltigkeit
Der ökologische Aspekt der Nachhaltigkeit umfasst viel diskutierte Themen
wie den Klimawandel, den Erhalt der Artenvielfalt und den Schutz begrenz-
ter Ressourcen. Damit nachfolgende Generationen auch noch ein gutes
15 Leben haben können, müssen wir unsere Umwelt schützen und mit den
vorhandenen Ressourcen sparsam umgehen.
Ökonomische Nachhaltigkeit
Unter der ökonomischen Dimension der Nachhaltigkeit versteht
man einen langfristig denkenden unternehmerischen Erfolg, der
20 auf der Aufrechterhaltung der dafür benötigten Ressourcen
beruht. Das bedeutet beispielsweise, Recycling-Materialien wie
Altpapier zu nutzen, um Klopapier herzustellen, anstatt dafür
Bäume zu fällen.

[1] *interdisziplinär:* verschiedene Fachrichtungen betreffend

REDUCE

REUSE

RECYCLE

Soziale Nachhaltigkeit

25 Unter sozialer Nachhaltigkeit ist eine gerechte Verteilung von Wohlstand und Bildung unter den Menschen eines Landes wie auch zwischen den verschiedenen Ländern zu verstehen. Auch gleiche Chancen für Männer und Frauen spielen dabei eine wichtige Rolle. […]*

Text 2

Was ist Nachhaltigkeit?

[…]

Nachhaltigkeit, was ist das eigentlich? Der Grundgedanke der Nachhaltigkeit: Wir dürfen nicht heute auf Kosten von morgen leben! Wir sollen nicht mehr verbrauchen, als künftig wieder bereitgestellt werden kann. […]

5 Nachhaltigkeit wird dabei als „ethisches Prinzip"[1] verstanden, das als Querschnittsthema eine ganzheitliche Betrachtung von gesellschaftlichen Herausforderungen einfordert. Dabei wird die Verantwortung für die heute lebenden Menschen mit der Verantwortung für zukünftige Generationen verbunden. Sie gilt jedoch nicht nur für die Politik, sondern auch für das Han-

10 deln eines jeden Einzelnen. Nachhaltigkeit beschränkt sich nicht einzig auf den Umwelt- und Naturschutz, sondern beschäftigt sich auch mit den Themenfeldern Ökologie, Ökonomie und Soziales.

[…] Nachhaltigkeitspolitik wird als ein Geflecht verstanden, in dem insbesondere einzelne Politikbereiche nicht mehr getrennt voneinander betrachtet

15 werden können. Es gilt vielmehr, sie miteinander zu verknüpfen und ausgewogen weiterzuentwickeln. Dabei macht Nachhaltigkeit nicht an den Ländergrenzen halt, sondern entfaltet sich auch in der internationalen Zusammenarbeit.

[1] *das ethische
Prinzip: hier:* ein
menschlicher und
gesellschaftlicher
Grundsatz

Nachdem die Idee der nachhaltigen Entwicklung erstmals 1992

20 auf dem UN-Gipfel von Rio de Janeiro als globales Leitbild verankert worden ist, haben die Staats- und Regierungschefs der 193 Mitgliedstaaten am 25. September 2015 in New York die Agenda 2030 für nachhaltige Entwicklung, den „Zukunftsvertrag" für die Welt, verabschiedet. Dahinter steht die

25 Überzeugung, dass sich globale Herausforderungen nur gemeinsam bewältigen lassen und hierfür das Leitprinzip der nachhaltigen Entwicklung konsequent in allen Politikbereichen und in allen Staaten angewandt werden muss. Denn eine nachhaltige Politik betrifft nicht nur Artenvielfalt, Klimaschutz,

30 Ressourcen- und Energieverbrauch, sondern auch die Entwicklung der Finanzmärkte, die Schuldenlast der öffentlichen Haushalte und die Innovationsfähigkeit von Volkswirtschaften. Gleichzeitig geht es auch um den inneren Zusammenhalt der Gesellschaft, um Ernährung, Gesundheit, Gleichberechtigung und soziale

35 Sicherungssysteme.*

Produziert und übersetzt vom UNO-Informationsdienst (UNIS) Wien.

b Lies die Texte jetzt nacheinander genau und aufmerksam. Übertrage die folgende Tabelle in dein Heft und ergänze das gemeinsame Thema der Texte.

gemeinsames Thema: …		
Textabschnitte	**Text 1**	**Text 2**
Abschnitt 1:	…	…
…	…	…

c Lies Text 1 abschnittsweise. Notiere die einzelnen Aussagen stichpunktartig in der Tabelle.

d Lies Text 2. Notiere auch diese Aussagen stichpunktartig in der Tabelle.

e Lies beide Texte noch einmal und überprüfe, ob du alles Wesentliche erfasst hast.

f Vergleiche die notierten Aussagen miteinander. Welche sind gleich? Welche unterscheiden sich?

   2 Beschäftigt euch gründlicher mit dem Thema „Nachhaltigkeit".

a Recherchiert weitere Informationen zum Thema „Nachhaltigkeit", zum Beispiel auf den Webseiten der Vereinten Nationen (UN) oder der Bundesregierung.

b Fertigt mithilfe eurer Rechercheergebnisse und der Tabelle aus Aufgabe 1b eine Mindmap zum Begriff *Nachhaltigkeit* an.

Textbeschreibungen zu Sachtexten verfassen

In einer **Textbeschreibung** werden Ergebnisse der Analyse eines Textes zusammenhängend dargestellt. Das heißt, jeder Textbeschreibung muss eine genaue Untersuchung des Textes vorangehen.

Die Textbeschreibung eines **Sachtextes** gibt sachlich Auskunft über den Inhalt und die Besonderheiten des Textes. Sie sollte folgende **Bestandteile** aufweisen:

Einleitung:
- Titel, Autorin bzw. Autor, ggf. Herausgeberin bzw. Herausgeber, Thema des Textes, Quelle,

Hauptteil:
- Aussagen zum Aufbau des Textes, z. B.: äußerlich erkennbare Gliederung (Textbestandteile, Funktion und Anordnung),
- Aussagen zum Inhalt des Textes, z. B.: Thema, Standpunkt der Autorin bzw. des Autors, Hauptaussage, Thesen, Argumente,
- Aussagen zur Wirkungsabsicht, zum Adressatenbezug, zur Textfunktion,
- Aussagen zu sprachlichen Besonderheiten,

Schluss:
- Bewertung von Inhalt und Darstellungsweise des Textes (zum Beispiel hinsichtlich seiner Schlüssigkeit, Sorgfalt und Verständlichkeit), ggf. eigene Meinung zu dem im Text Dargestellten.

Eine Textbeschreibung planen

Tipp
Nutze deine Ergebnisse zu den Aufgaben 5 bis 7 (S. 51–54).

1 Bereite eine Textbeschreibung zum Text „Woher stammt der Plastikmüll in den Ozeanen?" aus Aufgabe 5 a (S. 51) vor.

a   Untersuche den Aufbau des Textes. Bestimme, um was für einen Text es sich handelt und welche Textbausteine er enthält.

b   Formuliere, um welches Thema oder welches Problem es geht. Notiere die Hauptaussage des Textes. Notiere ggf. auch, welchen Standpunkt die Autorin bzw. der Autor zum Thema bzw. Problem vertritt.

c   Untersuche die Gliederung des Textes. Stelle dazu den Gedankengang der Autorin bzw. des Autors in einer Übersicht dar.

d   Untersuche, ob die Aussagen oder Argumente der Autorin bzw. des Autors begründet und mit Beispielen belegt werden.

e   Überlege, was die Autorin bzw. der Autor mit dem Text erreichen möchte: informieren, appellieren oder werten?

f   Suche heraus, ob und, wenn ja, wie die Autorin bzw. der Autor die Leserinnen und Leser anspricht.

g   Untersuche die sprachlichen Besonderheiten des Textes, zum Beispiel die Wortwahl und den Satzbau.

Einen Entwurf schreiben

2 Schreibe einen Entwurf der Textbeschreibung. Lass einen breiten Rand für die Überarbeitung.

a Lies den Text (Aufgabe 5a, S. 51) noch einmal und entwirf die Einleitung.

Der Titel des Textes lautet „...". Der Text wurde am ... der Webseite ... entnommen. In dem Text geht es um ...

b Schreibe den Entwurf des Hauptteils. Orientiere dich am Merkkasten auf S. 58 und nutze dazu deine Ergebnisse aus Aufgabe 1.

c Entwirf den Schluss der Textbeschreibung. Lege deine eigene Meinung zum Thema dar oder stelle einen Bezug zu deinem Leben her.

Den Entwurf überarbeiten

d Überarbeite den Entwurf und schreibe die Endfassung. Nutze dazu die folgenden Fragen.

1 Wurden Textfunktion und Absicht der Autorin bzw. des Autors bestimmt?
2 Wurden alle notwendigen Angaben zum Textinhalt wiedergegeben?
3 Wurden inhaltliche und gestalterische Besonderheiten des Textes beschrieben?
4 Ist die sprachliche Gestaltung deiner Textbeschreibung korrekt?

Eine Textbeschreibung verfassen

3 Verfasse eine Textbeschreibung zum Text „Klimawandel einfach erklärt!" (Aufgabe 1a, S. 48).

a Lies den Text noch einmal und entwirf die Einleitung.

b Untersuche den Text gründlich und schreibe den Entwurf des Hauptteils. Nutze deine Vorarbeiten aus den Aufgaben 2 bis 4 (S. 50–51).

c Entwirf den Schluss. Lege deine eigene Meinung zum Thema dar oder stelle einen Bezug zu deinem Leben her.

d Überarbeite den Entwurf und schreibe die Endfassung.

4 Verfasse eine weitere Textbeschreibung. Wähle Aufgabe a, b oder c.

●○○ a Verfasse eine Textbeschreibung zu Text 1 zum Thema „Nachhaltigkeit" aus Aufgabe 1a (S. 55). Orientiere dich am Vorgehen in den Aufgaben 1 und 2 (S. 58–59).

●●○ b Verfasse eine Textbeschreibung zu einem der beiden Texte aus Aufgabe 1a (S. 55). Orientiere dich am Merkkasten auf S. 58.

●●● c Verfasse eine Textbeschreibung zu einem selbst gewählten Sachtext.

Was habe ich gelernt?

5 Überprüfe, was du über Textbeschreibungen gelernt hast. Vergleiche die Arbeitsschritte zum Verfassen von Textbeschreibungen zu Sachtexten und literarischen Texten. Welche Unterschiede gibt es?

Exzerpte anfertigen

> Das **Exzerpieren** ist eine Methode der Texterschließung und der Informationssammlung. Der Text wird unter einer **bestimmten Fragestellung** gelesen und wichtige Informationen bzw. Aussagen zur Frage werden stichpunktartig schriftlich festgehalten. Besonders wichtige oder schwierige Passagen können als wörtliche Zitate in das **Exzerpt** übernommen werden.

1 Wähle aus dem Kapitel *Sachtexte lesen und verstehen* (S. 48–59) einen Sachtext zum Exzerpieren aus.

a Notiere die vollständige Quellenangabe des Textes als Überschrift.

b Formuliere die Fragestellung, unter der du den Text lesen wirst.

Tipp
Markiere nur im eigenen Buch oder auf Kopien.

c Markiere für deine Fragestellung wichtige Textstellen (z. B. durch Ausrufezeichen) sowie unklare Stellen (z. B. durch Fragezeichen).

d Arbeite die markierten Textstellen durch, kläre unbekannte Begriffe, Fachausdrücke und Fremdwörter.

e Fertige ein Exzerpt an. Notiere dazu alle für deine Fragestellung wichtigen Informationen bzw. Aussagen übersichtlich in Stichpunkten. Nutze eindeutige Abkürzungen und Zeichen (z. B. Symbole, Pfeile).

→ **S. 107:**
Gewusst wie: Zitieren

f Prüfe, welche besonders wichtigen Aussagen du als Zitate aufnehmen solltest. Setze Zitate sparsam ein und achte auf genaue Quellenangaben.

g Lies dein Exzerpt gründlich und prüfe, ab alles Wichtige zur Beantwortung deiner Frage richtig und verständlich notiert ist. Lies den Text ggf. noch einmal und überarbeite dein Exzerpt.

Tipp
Nutze ggf. Texte aus dem Fachunterricht.

2 Wähle zur Vorbereitung auf einen Vortrag einen geeigneten Sachtext aus und fertige ein weiteres Exzerpt an. Nutze dazu die Schrittfolge.

> **So kannst du einen Text exzerpieren**
> 1. Notiere die Quellenangabe und die Fragestellung, unter der der Text gelesen wurde.
> 2. Notiere die für deine Fragestellung wichtigen Informationen bzw. Aussagen in Stichpunkten. Achte dabei auf Übersichtlichkeit und eindeutige Abkürzungen und Zeichen.
> 3. Überlege, welche Textstellen du als Zitate wörtlich übernehmen solltest. Setze Zitate sparsam ein und achte auf genaue Quellenangaben.
> 4. Prüfe dein Exzerpt auf Vollständigkeit und Korrektheit. Überarbeite es, wenn nötig.

••• Konspekte anfertigen

> Das **Konspektieren** ist eine Methode der Texterschließung und eine mögliche Form, Textinformationen schriftlich festzuhalten. Das Anfertigen eines **Konspekts** hilft besonders bei schwierigen Texten, eine zusammenfassende **Übersicht über den Inhalt** zu erhalten. Der Konspekt folgt der inhaltlichen Gliederung (dem Gedankengang der Autorin bzw. des Autors) oder der Argumentation des Textes. Stärker als beim Exzerpt geht es beim Konspekt um die Wiedergabe der Struktur eines Gesamttextes.

1 Wähle für deine Facharbeit oder einen Vortrag einen Sachtext zum Konspektieren aus.

a Notiere die vollständige Quellenangabe des Textes als Überschrift.

b Überfliege den Text (orientierendes Lesen) und ermittle seine Struktur. Orientiere dich dabei an Absätzen, Teilüberschriften und Teilthemen.

Tipp
Formuliere ggf. eigene Teilüberschriften.

c Arbeite den Text abschnittsweise durch und erfasse die wesentlichen Informationen bzw. die Kernaussagen. Notiere zu jedem Abschnitt alle wichtigen Informationen bzw. Aussagen in Stichpunkten oder zusammenfassenden Sätzen.

d Prüfe, welche besonders wichtigen Stellen du als Zitate aufnehmen solltest. Setze Zitate sparsam ein und achte auf genaue Quellenangaben.

Tipp
Achte auch auf Übersichtlichkeit, eindeutige Abkürzungen und Zeichen (z. B. Symbole, Pfeile).

e Lies deinen Konspekt gründlich und prüfe, ab alle wichtigen Informationen bzw. Aussagen des Textes sachlich richtig und verständlich notiert sind. Lies den Text ggf. noch einmal und überarbeite deinen Konspekt.

2 Wähle für deine Facharbeit einen weiteren geeigneten Sachtext aus und fertige einen Konspekt an. Orientiere dich dazu an der Schrittfolge.

> **So kannst du einen Text konspektieren**
> 1. Notiere die Quellenangabe des Textes als Überschrift.
> 2. Gib die Struktur des Textes wieder. Übernimm dazu die Teilüberschriften oder benenne Teilthemen.
> 3. Arbeite den Text abschnittsweise durch, verdichte die Hauptinformationen und -aussagen zu Stichpunkten oder kurzen Sätzen und notiere sie. Achte dabei auf Übersichtlichkeit und eindeutige Abkürzungen und Zeichen (z. B. Symbole, Pfeile).
> 4. Übernimm besonders wichtige Stellen als Zitate. Setze Zitate sparsam ein und achte auf genaue Quellenangaben.

1 Verschaffe dir durch überfliegendes Lesen einen ersten Eindruck von dem Text und versuche, das Thema zu erfassen. Notiere es.

Export von Plastikabfällen

Undurchsichtige Praxis mit ökologischen und sozialen Folgen

Unsere Plastikabfälle werden nicht nur innerhalb Deutschlands entsorgt und verwertet. Ein beträchtlicher Teil wird exportiert. Insbesondere Exporte in Länder wie Malaysia oder die Türkei sind problematisch und müssen dringend reguliert werden.

5 Länder des globalen Nordens lagern nicht nur einen Großteil ihrer [...] Produktionsprozesse in den globalen Süden aus, sie entsorgen auch erhebliche Mengen ihres Abfalls in anderen Teilen der Erde. Ein bekanntes Beispiel sind die großflächigen Elektromülldeponien in afrikanischen Ländern. Mittlerweile steht aber auch der Export von Plastikmüll im Fokus. Durch Medienberich-
10 te und die Arbeit von Nichtregierungsorganisationen konnten auf Deponien in Südostasien, in der Türkei und in Osteuropa Plastikabfälle aus Deutschland und anderen industrialisierten Ländern nachgewiesen werden.

Deutschland lagert Abfallproblematik in andere Länder aus

Deutschlands Exporte von Kunststoffabfällen
(in Millionen Tonnen)

(Zahlen aus:
https://www.destatis.de
[20.11.2023].)

Wenn Kunststoffmüll aus Deutschland in zertifizierte Recyclinganlagen im Ausland exportiert wird,
15 geht er in die Berechnung der deutschen Recyclingquoten ein. Die Nachweis- und Kontrollsysteme sowie die Recyclinginfrastruktur in den Zielländern sind jedoch oftmals mangelhaft, sodass nur ein Teil der Abfälle tatsächlich recycelt wird. Der Rest wird
20 unter niedrigen Umweltstandards verbrannt, deponiert oder wild entsorgt. Dies hat ökologische Folgen in Form von Emissionen durch die Verbrennung und Einträgen von Plastik und Schadstoffen in die Natur, Gewässer und letztlich ins Meer.
25 Darüber hinaus leidet die lokale Bevölkerung an den Folgen der Luft-, Boden- und Gewässerverschmutzung vor Ort. Hinzu kommt, dass die exportierten Abfälle die ohnehin knappen Recyclingkapazitäten in Ländern wie Malaysia oder der Türkei belegen. Diese stehen dadurch nicht für die dort anfallenden Abfälle zur Verfügung. Deutschland
30 lagert somit nicht nur die eigene Abfallproblematik in andere Länder aus, sondern erschwert zusätzlich eine umweltfreundliche Abfallverwertung in den Zielländern. [...]

> **Deutschlands Export von Plastikabfällen**
> – 2021: ca. 720 000 Tonnen
> – 2022: ca. 734 000 Tonnen
> – das sind mehr als 10 % des in Deutschland erzeugten Plastikabfalls

Zielländer deutscher Plastikmüllexporte im Jahr 2022

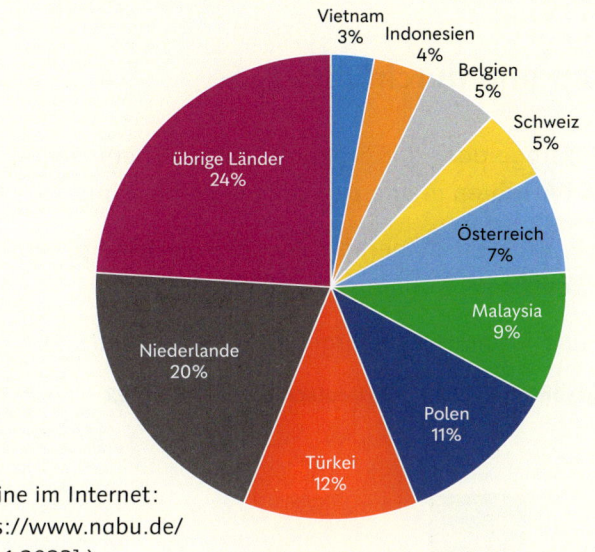

(Online im Internet:
https://www.nabu.de/
[20.11.2023].)

Können Plastikexporte stärker reguliert werden?

[…] Eine striktere Regulierung der Plastikmüllexporte hätte positive Effekte sowohl in den
35 Einfuhr- als auch in den Herkunftsländern. In den Importländern verringern sich die negativen ökologischen und sozialen Folgen, die mit der Einfuhr von Plastikabfällen einhergehen. In den Exportländern führt die Einschränkung
40 der Ausfuhren zu einer Stärkung der inländischen Kreislaufwirtschaft. Wenn deutscher Plastikabfall nicht mehr nach Südostasien oder in die Türkei exportiert werden kann, erhöht sich der Handlungsdruck, Abfälle zu
45 vermeiden und die Sortier- und Recyclingstrukturen innerhalb Deutschlands auszubauen.*

2 Beschreibe das Textbild. Beantworte dazu folgende Fragen.

1 Welche Textbausteine enthält der Text?
2 Welche Funktion haben diese Textbausteine jeweils?
3 Wie sind die Textbausteine angeordnet?
4 Wie stehen die Textbausteine inhaltlich zueinander?

3 Untersuche den inhaltlichen Aufbau des Fließtextes.

a Orientiere dich an den Absätzen und notiere das Wesentliche zu jedem Abschnitt in Stichpunkten.

b Formuliere die Hauptaussage des Fließtextes als Satz.

c Stelle die Ergebnisse aus den Aufgaben a und b als Schaubild dar.

4 Untersuche die Textbausteine genauer.

a Erkläre, was das Liniendiagramm verdeutlicht.

b Erläutere, was die Informationen im blauen Kasten aussagen. Stelle fest, ob und wie dadurch die Gesamtaussage des Liniendiagramms beeinflusst wird.

c Stelle einen Zusammenhang zwischen den Informationen aus dem Kasten und dem Fließtext her.

→ S. 347:
Lösung zum Test

d Formuliere, zu welchem Teilthema des Textes das Kreisdiagramm etwas aussagt. Notiere kurz seine Kernaussage.

Informationen suchen

Umfragen vorbereiten und durchführen

1 Im Jahr 2022 wurde eine Umfrage dazu durchgeführt, mit welchem Gefühl Menschen zwischen 18 und 64 Jahren in ihre persönliche Zukunft blicken.

a Denke über dich selbst nach: Würdest du gerne einen Blick in deine persönliche Zukunft werfen? Wie könnte sie wohl aussehen?

b Sieh dir das Diagramm an und formuliere die Ergebnisse dieser Umfrage.

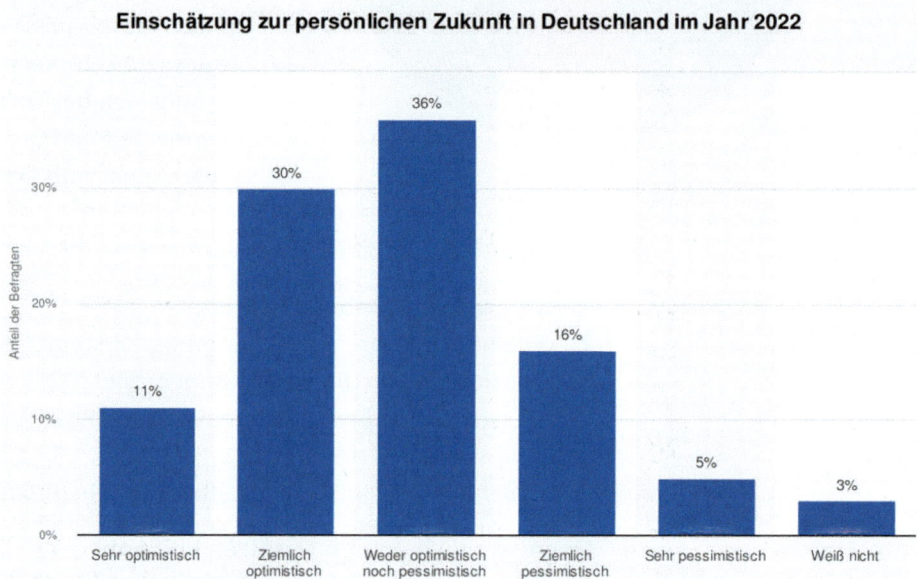

Einschätzung zur persönlichen Zukunft in Deutschland im Jahr 2022

(Aus: https://de.statista.com [20.11.2023].)

 c Stellt Vermutungen an, weshalb diese Umfrage wohl durchgeführt wurde.

> **Umfragen** sind eine Methode, um **anonym** Informationen über Meinungen, Einstellungen, Wissen und Verhalten von Menschen zu erhalten. Sie finden meist als Marktforschung, politische Umfragen, Befragungen in Unternehmen oder auch als Bildungsumfragen statt.
> Umfragen können mündlich oder schriftlich mithilfe eines **Fragebogens** durchgeführt werden. Die Umfragen sollten sich gut auswerten lassen. Zur Veranschaulichung der Ergebnisse eignen sich zum Beispiel Diagramme, Schaubilder oder Tabellen. Aus den gewonnenen Erkenntnissen lassen sich dann Maßnahmen ableiten, um Schwachstellen zu beseitigen, absehbare Trends auszubauen oder Verbesserungen durchzuführen.

Eine Umfrage planen

 2 Führt in der Klasse eine Umfrage zu euren Zukunftsvorstellungen durch.

a Einigt euch in der Klasse auf mögliche Ziele eurer Umfrage.

b Übertragt die Tabelle in eure Hefte. Ordnet den im Tabellenkopf genannten Arbeitsschritten passende Aktionen zu.

Schulleitung um Erlaubnis bitten   Daten erfassen

Diagramme erstellen   auf der Schulhomepage veröffentlichen

Fragebogen entwickeln   mündliche Umfrage oder Fragebogen

Erkenntnisse gewinnen   Ergebnisse in der Klasse vorstellen

Plakate anfertigen   Computerpräsentation erstellen

Planung	Durchführung	Auswertung	Präsentation
Ziel festlegen	Fragestellungen überlegen	Überblick über die Ergebnisse verschaffen	…
…	…	…	…

c Ergänzt bei jedem Arbeitschritt noch mindestens eine weitere Aktion.

Inhalt und **Form** eines **Fragebogens** muss man genau durchdenken.
Folgendes ist zu beachten:
- das Thema, die Befragenden und die Zielsetzung des Fragebogens nennen,
- eine kurze Anleitung zum Ausfüllen und Hinweise zur Abgabe aufnehmen,
- die Fragen eindeutig und möglichst einfach, konkret und kurz formulieren,
- möglichst keine Fremdwörter oder unbekannten Fachbegriffe verwenden,
- neutral formulieren und keine Antworten vorwegnehmen.

Grundsätzlich unterscheidet man:
- **offene Fragen (Ergänzungsfragen)**, bei denen keine Antwortmöglichkeiten vorgegeben werden, z. B.:
  Welchen Vorteil siehst du in der Nutzung von …?
- **geschlossene Fragen (Entscheidungsfragen)**, bei denen nur mit Ja oder Nein geantwortet werden kann, z. B.:
  Siehst du in der Nutzung von … einen Vorteil?
- **Multiple-Choice-Fragen**, bei denen mehrere Antworten zur Auswahl stehen.

Der Fragebogen sollte **ansprechend** gestaltet sein:
- nur gut lesbare Schriftarten und -größen verwenden,
- ausschließlich Bilder und Grafiken einsetzen, die zum Thema passen,
- die Fragen übersichtlich anordnen,
- ausreichend Platz zum Schreiben oder Ankreuzen geben.

3 Entwickelt einen Fragebogen für eure Umfrage. Orientiert euch dazu auch am Merkkasten auf S. 65.

a Wählt diejenigen Informationen aus, die für eure Befragung wichtig sein könnten. Begründet eure Auswahl.

Alter / Lieblingsfächer (maximal drei) / Sternzeichen / Geschwister / Geschlecht (männlich, weiblich, divers) / Hobbys

b Ordnet den Fragestellungen 1 bis 5 die Auswahlmöglichkeiten A bis E zu.

1 Wie oft denkst du über deine persönliche Zukunft nach?
2 Wenn ich an meine Zukunft im Allgemeinen denke, …
3 Über meine Zukunftsvorstellungen spreche ich mit …
4 Meine persönliche Zukunft macht mir Angst.
5 So sehe ich mich in zwanzig Jahren: …

A bin ich zuversichtlich / gerate ich in Panik / bleibe ich gelassen / …
B Freunden und Freundinnen / Eltern / Geschwistern / niemandem / …
C Ja. / Nein. / Ich weiß nicht.
D beruflich erfolgreich / mit einer eigenen Familie / zufrieden / …
E sehr oft / oft / selten / nie

c Entscheidet, welche drei der folgenden offenen Fragestellungen ihr in euren Fragebogen aufnehmen möchtet. Begründet eure Auswahl.

1 Wie sieht eine wünschenswerte Zukunft für dich aus?
2 Welche beruflichen Zukunftsvorstellungen hast du?
3 Was ist dir für deine persönliche Zukunft besonders wichtig?
4 Was macht dir im Hinblick auf deine Zukunft am meisten Angst?
5 Inwiefern beeinflussen deine Vorstellungen von der Zukunft dein jetziges Leben?
6 Wie wichtig ist es dir, dass sich deine Zukunftsvorstellungen erfüllen?
7 Wie sähe ein Leben ohne Zukunftsvorstellungen für dich aus?

d Überlegt euch weitere Fragestellungen und erweitert euren Fragebogen.

e Überlegt jeweils, um welche Art der Frage es sich handelt und wie sie auf dem Fragebogen gestaltet sein soll (Schreibzeilen, Kästchen zum Ankreuzen o. Ä.).

 4 Führt eure Umfrage durch.

a Befragt mithilfe eures Fragebogens Schülerinnen und Schüler eurer Klasse oder Schule zu ihren persönlichen Zukunftsvorstellungen.

b Wertet die Umfrage aus und präsentiert eure Ergebnisse auf der Schulhomepage oder in der Schulzeitung in einer angemessenen Form.

Interviews vorbereiten und führen

> Beim **Interview** (*engl.,* inter-: gegenseitig, view: Sicht, Sichtweise) steht entweder die bzw. der Befragte als Person im Mittelpunkt oder ihre bzw. seine Meinung, ihr bzw. sein Wissen sollen dargestellt werden. Fragen und Antworten werden wörtlich wiedergegeben.
> Die Fragen für das Interview müssen sorgfältig vorbereitet werden. Am besten eignen sich **offene Fragen (Ergänzungsfragen)**, da man sie ausführlich beantworten muss. **Geschlossene Fragen (Entscheidungsfragen)**, die nur mit Ja oder Nein beantwortet werden müssen, sind für Interviews weniger geeignet.

1 Kinder kommen heutzutage schon sehr früh in Kontakt mit (digitalen) Medien, die zweifellos einen Einfluss auf ihre Entwicklung haben. Ist eine frühe Mediennutzung die Basis für eine glückliche Kindheit?

a Sprecht darüber, was ihr unter einer „glücklichen Kindheit" versteht.

b Erinnere dich an deine eigene Kindheit. Wie war dein erster Kontakt mit einem digitalen Medium?

2 Ein Reporter hat ein Interview mit der Expertin Dr. Iren Schulz geführt.

a Lest Auszüge aus dem Interview.

Medien sind kein Fundament für eine glückliche Kindheit

Dr. Iren Schulz

Reporter: Digitale Kindheit, das ist das Thema [...]. Wir wollen mal schauen, wie digital sind unsere Kinder heute? Welche Auswirkungen haben digitale Geräte und Bildschirme auf die Entwicklung von Kindern? Vom kleinsten Alter bis zum Schulkind, bis hin zum Teenager. Hier darf ich
5   heute begrüßen Dr. Iren Schulz. Sie ist Kommunikationswissenschaftlerin und Medienpädagogin hier in Erfurt. Vielleicht können Sie sich ganz kurz vorstellen, Frau Dr. Schulz, was machen Sie genau?

Expertin: Mein Thema ist Medienkompetenz und Medienbildung, und das versuche ich in verschiedenen Formaten unter das Volk zu bringen. Also
10   sprich: Ich arbeite mit Kindern und Jugendlichen tatsächlich direkt. Ich mache Workshops, gehe ja auch in Schulen, bin dann auch in der freien Jugendarbeit unterwegs. Ich mache aber genauso auch Fortbildungen, zum Beispiel Elternabende, Fortbildungen für Lehrerinnen und Lehrer, für Erzieherinnen, also alle diejenigen, die [...] mit Kindern und Jugend-
15   lichen arbeiten und jetzt merken: Wir müssen was mit diesem Thema machen. [...]

Reporter: Wie beeinflusst die Mediennutzung die Entwicklung von Kindern? Spielt das Alter dabei eine Rolle?

Expertin: Bei dem, was Kinder in Medien verstehen können, spielt natürlich
immer das Alter eine Rolle. Kinder können *das* mit Medien machen und in
Medien verstehen, was ihre kognitive[1] Entwicklung auch zulässt. Also, es
ist immer gebunden an die jeweilige Entwicklungsstufe. [...]

Reporter: Kommen wir mal ein bisschen auf die Rolle der Eltern zu sprechen, die ja gerade auch für Kinder eine Vorbildfunktion mitbringen, in
dem, was sie tun, in dem, wie sie es tun. [...] Wie sieht es aus mit digitalen Medien? Sind die Eltern eigentlich fit in ihrem eigenen Umgang, um
den Kindern ein gutes Vorbild sein zu können?

Expertin: Das ist echt eine gute Frage. Also erst mal muss man sagen, Eltern
sind auch da Vorbilder, auf jeden Fall, vor allem bis zur Grundschule,
dann zum Wechsel [in die] 5. oder 6. Klasse. Bis dahin sind auf jeden Fall
das, was in der Familie stattfindet, und die Eltern die Hauptorientierungs-
punkte für Kinder. Da lerne ich und erlebe ich, wie soziales Leben funktioniert und eben auch Mediennutzung. Später kommen dann die Gleichaltrigen dazu. [...]

Reporter: Kommen wir noch einmal zurück zu den Menschen, auf denen
unser Hauptaugenmerk heute liegt, den Kindern. Einfach vielleicht noch
einmal abschließend die Frage: Was ist wichtig für Kinder, damit sie
glücklich sind?

Expertin: Kinder brauchen, um glücklich zu sein und sich gut entwickeln zu
können, einfach Bindungspersonen und sichere Bindungen und ein gutes
soziales Netzwerk. Das ist erst einmal ganz jenseits digitaler Medien. Aber
was man natürlich heute sagen muss, ist, dass uns diese digitalen Medien
eben die Möglichkeiten auch geben, diese Netzwerke zu pflegen und zu
etablieren. Also mit Freunden unterwegs zu sein, sich mit Freunden
auszutauschen, zu lernen, in einer Familie zu interagieren, Erfahrungen
und Erlebnisse zu dokumentieren, das ist eben alles auch medial durchzo-
gen. Insofern kann man sagen, dass Medien sicherlich da auch einen
großen Anteil haben. Aber sie bilden nicht das Fundament für eine glückliche Kindheit.

Reporter: [...] Wir haben einen ziemlich großen Exkurs gemacht von digitalen Medien über die Eltern, wie sie damit umgehen, wie man das am
besten dem Kind beibringen kann. Ich bedanke mich herzlich, dass Sie
heute Zeit für uns hatten und hier waren.

Expertin: Sehr gern, vielen Dank.*

[1] *kognitiv:* geistig

→ S. 254:
Sprache im
Wandel

b Welchen Eindruck habt ihr von dem Gespräch? Tauscht euch darüber aus,
woran man erkennt, dass es sich um mündliche Sprache handelt.

c Untersucht, wie der Anfang des Gesprächs aufgebaut ist.

d Fasst zusammen, was der Reporter im Gespräch erfahren hat.

e Beurteilt, ob der Reporter ein gutes Interview geführt hat. Unterbreitet ggf.
Verbesserungsvorschläge.

3 Tauscht euch darüber aus, welche Störfaktoren sich in einem Interview ergeben können und wie ihr darauf reagieren würdet.

Ein Interview vorbereiten, durchführen und auswerten

 4 Eure Schulzeitung widmet sich der Frage „Was soll an unserer Schule besser werden?". Interviewt dazu Klassensprecherinnen und Klassensprecher.

a Notiert, welche Ziele ihr mit dem Interview verfolgt. Welche Ergebnisse erwartet ihr und wie möchtet ihr sie im Anschluss präsentieren?

Tipp
Beginnt mit einer einfachen Frage.

b Bereitet euch vor. Recherchiert und besprecht Ideen und Meinungen zum Thema, erstellt Fragen für das Interview und ordnet sie.

c Verteilt die Aufgaben. Überlegt euch, wer das Interview führen soll, wer für die Aufnahme und die Auswertung verantwortlich sein soll.

d Führt das Interview und wertet es aus. Präsentiert die Ergebnisse in einer geeigneten Form.

e Besprecht im Anschluss, was gut lief und was man besser machen könnte.

 5 Führt ein weiteres Interview für die Schulhomepage. Wählt Aufgabe a oder b.

●○○ a Führt ein Interview zum Thema „Wie sollte unser Pausenhof gestaltet werden?". Orientiert euch am Vorgehen in Aufgabe 4.

●●○ b Führt ein Interview zu einem Thema, das euch bewegt. Nutzt die Schrittfolge.

So kannst du Interviews vorbereiten, führen und auswerten

1. Vorbereitung
   - Wähle ein Thema und geeignete Gesprächspartnerinnen und -partner aus. Vereinbare einen Gesprächstermin.
   - Recherchiere zum Thema (Fakten, Meinungen u. Ä.) und notiere Ziele deines Interviews. Überlege, welche Ergebnisse du erwartest und was mit den Ergebnissen passieren soll.
   - Formuliere Fragen. Achte dabei auf eine sinnvolle Reihenfolge.
   - Bereite deine Aufnahmegeräte vor.
2. Durchführung
   - Bitte um Erlaubnis für die Aufnahme.
   - Folge deinem Fragenkatalog.
   - Frage nach, wenn die Antwort nicht ausführlich oder verständlich ist.
3. Auswertung
   - Höre die Aufnahme mehrfach. Prüfe, ob deine Ziele erreicht sind.
   - Bereite das Interview für die Veröffentlichung vor. Schreibe alle Fragen und Antworten auf oder schneide die Aufnahmen so, dass sie als Audio oder Video veröffentlicht werden können.
   - Lass die Gesprächspartnerinnen und -partner die Endfassung noch einmal überprüfen. Bitte um ihre Erlaubnis zur Veröffentlichung.

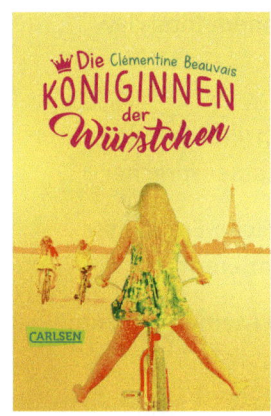

Clémentine Beauvais

Die Königinnen der Würstchen (Auszüge)

Wieder einmal hat im Internet die Wahl zur „Wurst des Jahres" stattgefunden. Doch diesmal ist Mireille nur auf Platz 3 gelandet, Platz 1 und 2 für das hässlichste Mädchen der Schule gingen an andere …

Erster Teil

1

Es ist so weit, die Ergebnisse sind auf Facebook erschienen: Ich bin die Bronze-Wurst des Jahres.

Ich bin fassungslos. Nachdem ich zwei Jahre hintereinander zur Wurst des Jahres in Gold gewählt worden bin, hielt ich mich für unschlagbar, aber das
5   war ein Irrtum.

Ich habe nachgesehen, wer Gold bekommen hat. Eine Neue aus der Zehnten, ich kenne sie nicht. Sie heißt Astrid Blomvall, hat blonde Haare, viele Pickel und schielt dermaßen, dass ihre linke Iris nur zur Hälfte zu sehen ist, der Rest hat sich dauerhaft hinter ihrem Augenlid versteckt. Die Entschei-
10   dung der Jury ist absolut nachvollziehbar.

Die Silberne Wurst wurde einer Kleinen aus der Siebten verliehen, Hakima Idriss. Auch sie ist in der Tat ziemlich hässlich, mit ihrem schwarzen Schnurrbart und dem Dreifachkinn, sie hat was von einem Hecht.

Unser lieber Freund Malo hat jedes Foto der achtzehn am Wettbewerb betei-
15   ligten Mädchen kommentiert. Mich hat er besonders gewürdigt:

„Die Konkurrenz war hart, aber für mich ist und bleibt Mireille Laplanche die unangefochtene Wurstkönigin. Ihr fetter Schwabbelhintern, ihre Hängebrüste, ihr Kartoffelkinn und die winzigen Schweinsäuglein haben sich für alle Zeiten in unser Gedächtnis eingegraben."
20   Es gab schon ziemlich viele *Gefällt mir* (78).

Ich habe meines hinzugefügt (79).

Dann bin ich ins Esszimmer runtergegangen und habe meiner Mutter verkündet: „Dieses Jahr bin ich die Bronze-Wurst!"

„Aha. Und, soll ich dir jetzt etwa gratulieren?"
25   „Tja, keine Ahnung. Wäre es dir lieber, ich hätte meinen Titel als Goldene Wurst behalten?"

„Am liebsten wäre es mir, man hätte dich überhaupt nie zur Wurst des Jahres ernannt." […]*

1 Welchen ersten Eindruck hast du von der *Ich*-Erzählerin Mireille? Wie scheint sie mit der Situation umzugehen? Formuliere Vermutungen.

2 Eines Tages treffen die drei Mädchen auf Malo, den Organisator der Wahlen, der ihnen eine Zeitung zuwirft. Lies, was auf Seite 1 der Zeitung berichtet wird.

7

[…]

30 Darf einem die WURST-WAHL wurst sein?

Ingrid, Fatima, Marielle.* Drei ganz normale Mädchen, aus der siebten und zehnten Klasse des Marie-Darrieussecq-Gymnasiums in Bourg-en-Bresse. Drei junge Mädchen, deren Namen von nun an jeder auf dem Schulhof kennt. Denn eine Facebook-Gruppe hat sie am letzten Mittwoch zu den

35 „Würsten des Jahres" gewählt, sprich: zu den Hauptgewinnerinnen eines Hässlichkeitswettbewerbs. […]

Hinter vorgehaltener Hand geben uns die Schüler zu verstehen, dass diese Wahl bereits zum dritten Mal stattgefunden hat, ohne dass sich jemand dafür einsetzt, dem ein Ende zu bereiten. „Für die Mädchen ist das natürlich

40 nicht so nett", räumt Siebtklässler Nathan* (13) ein, „aber davon stirbt man ja auch nicht. Das ist doch einfach nur lustig!" Alessia* und Orianne* sind da anderer Meinung: „Für uns ist das der totale Stress. Wir Mädchen strengen uns alle unheimlich an, um bloß nicht nominiert zu werden. Eine Nominierung wäre der Horror. Oberpeinlich."

45 Von uns befragt äußert die Schulleiterin Madame Moisneau zwar ihr Bedauern über diesen Wettbewerb, erklärt aber, dass ihr die Hände gebunden seien: „In dem Moment, wo sich die Sache im Internet abspielt, fällt das nicht mehr in den Zuständigkeitsbereich der Schule. Mit dem verantwortlichen Schüler wurde bereits gesprochen, doch leider müssen wir uns darauf

50 beschränken, an die Regeln des Zusammenlebens zu appellieren."

Aber wer genau ist denn nun dieser Schüler, der vor drei Jahren die Wahlen zur „Wurst des Jahres" ins Leben gerufen hat? Ein gut aussehender, selbstbewusster Zehntklässler namens Marco*, der uns versichert, diese Wahl sei für die Nominierten doch im Grunde eine Chance: „Wenn manche Mädchen

55 dadurch merken, dass sie mehr auf sich achten müssen, ist das doch eine gute Sache." Dementsprechend sollen sich die „Siegerinnen" der Vorjahre auch schon deutlich „gebessert" haben: „Bis auf eine, die auch dieses Jahr wieder unter den ersten drei gelandet ist, haben alle abgenommen und sich große Mühe gegeben. Ich glaube, vielen ist überhaupt erst durch diesen

60 Wettbewerb klar geworden, dass sie sich zu sehr haben gehenlassen." […]

* Vornamen von der Redaktion geändert […]*

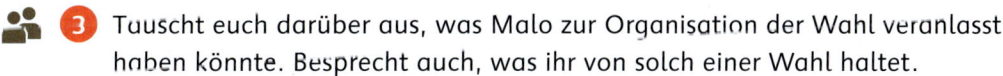

3 Tauscht euch darüber aus, was Malo zur Organisation der Wahl veranlasst haben könnte. Besprecht auch, was ihr von solch einer Wahl haltet.

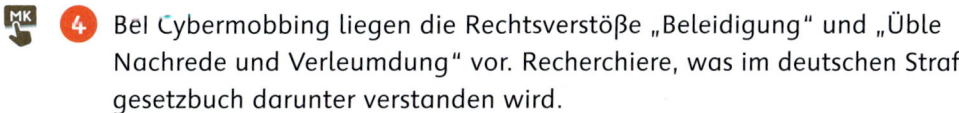

4 Bei Cybermobbing liegen die Rechtsverstöße „Beleidigung" und „Üble Nachrede und Verleumdung" vor. Recherchiere, was im deutschen Strafgesetzbuch darunter verstanden wird.

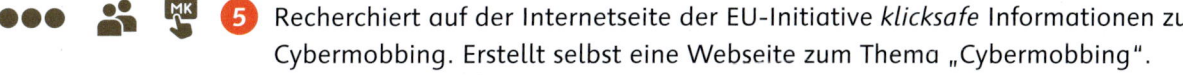

5 Recherchiert auf der Internetseite der EU-Initiative *klicksafe* Informationen zu Cybermobbing. Erstellt selbst eine Webseite zum Thema „Cybermobbing".

6 Lies, wie die drei Mädchen versuchen, sich nicht unterkriegen zu lassen.

Mireille, Astrid und Hakima machen sich mit Fahrrädern auf den Weg nach Paris. Um die Fahrt zu finanzieren, wollen sie unterwegs Würstchen verkaufen. Eine abenteuerliche, zugleich lustige und bewegende Reise beginnt, auf die auch die Medien schon bald aufmerksam werden.

19

[…] *Auszug aus dem Progrès[1], 11. Juli*

EXKLUSIV: Die drei „Würste des Jahres" werden Opfer einer Sabotage

Mireille Laplanche, Wortführerin der mittlerweile berühmten drei „Würste
65 des Jahres", hat dem Progrès exklusiv anvertraut, dass sie mit ihrem Zeitplan
ein wenig in Rückstand zu geraten drohen. Heute Morgen fanden die drei
ihre Fahrräder platt und die Bremskabel durchschnitten vor, offenbar ein Akt
des Vandalismus. Drei Fahrradmechaniker aus Nevers haben sich netterweise
freiwillig angeboten, den Mädchen zu helfen. Auf dem Zeltplatz, wo die
70 Teenager übernachtet haben, analysiert man bereits die Aufzeichnungen der
Überwachungskameras.
„Wir werden trotzdem pünktlich am 14. Juli in Paris sein", versichert uns
Mireille, die eine ausreichende Zeitreserve für solcherlei Vorkommnisse
eingeplant hat.
75 H. V.

@simonedegouges
Unterstützung für die #3würstedesjahres, die heute Nacht auf dem
Campingplatz in Nevers Opfer eines Sabotageaktes geworden sind!
Retweeted von 291 Personen

80 **@zarabelle**
Was muss das für ein Arsch sein, der so was macht #armesfrankreich
#französische Justiz

@campingnevers
Wir drücken den #3dreiwürstedesjahres unser tiefstes Bedauern aus.
85 Unbefugtes Eindringen absolute Seltenheit!
Sicherheitsvorkehrungen beispielhaft 1/2

@campingnevers
Die Übernachtung ist für die #3würstedesjahres natürlich kostenlos, eine
Untersuchung wird umgehend eingeleitet 2/2

90 **@mariedeparis**
Die Bürgermeisterin von Paris, Élise Michon, sichert den #3würstedesjahres
ihre Unterstützung zu und wünscht ihnen guten Wind nach #Paris.
Retweeted von 3021 Personen

[1] *der Progrès*: eine französische Zeitung

20

[…]

Heute Morgen haben Astrid, der Sonnenschein[2] und ich ein großes Erwachse-
nengespräch geführt und beschlossen, die Tragweite der ganzen Sache
vor Hakima geheim zu halten. Wir haben ihr nicht gesagt, dass die Stadtver-
waltung von Paris, auf Initiative einiger Abgeordneter, Senatoren und ein-
flussreicher Journalisten, getweeted hat, dass man uns schon *ungeduldig*
erwarte. […]

Das alles haben wir ihr verschwiegen, aber nicht, weil wir befürchten, dass
sie dann überheblich wird. Sondern weil es für jede Person, die uns toll,
mutig, intelligent und kämpferisch findet, eine andere gibt, die in irgend-
einem sozialen Netzwerk eifrig kundtut, dass wir fette hässliche Kühe sind,
Vogelscheuchen, […], hässlich wie die Nacht […].

Wer sind diese Leute? Das Rätsel bleibt ungelöst. Gibt es wirklich Menschen,
echte Menschen, die leben, essen, lachen und tanzen, die solche unfassbaren
Gemeinheiten schreiben? […]

Der Sonnenschein: „Hör auf, die Kommentare zu lesen, Mireille, sonst nehme
ich dir das Handy weg." […]

Da, das *Dingdong* einer Fahrradklingel: Ein paar Radfahrer haben uns erkannt …

„Salut, ihr drei Würste des Jahres!"

„Bravo, ihr drei!"

„Weiter so!"

„Alles frisch?"

„Ihr seid die Besten!"

Echte Menschen, die real existieren, scheinen uns alle zu mögen. Es liegt eine
solche Kluft zwischen den Äußerungen im Netz und denen der Leute, die uns
begegnen! […]

95
100
105
110
115

[2] Hakimas Bruder, genannt „der Sonnenschein", begleitet die Mädchen.

120 [...]
Die Journalisten stellen mir Fragen, die ich nur halb beantworte. *Haben Sie einen Verdacht, wer Ihre Räder sabotiert haben könnte?* Eine ganz miese Type. *Was genau haben Sie am 14. Juli vor? Hat das irgendeinen Zusammenhang zur Militärparade? Zum Feuerwerk? Zum Sturm auf die Bastille? Mireille, Sie*
125 *wirken ungewöhnlich reif für Ihr Alter – warum?*
„Keine Ahnung. Vielleicht macht Hässlichkeit uns reifer."

@bfm_tv
Wortführerin der #3würstedesjahres Mireille Laplanche, 15 Jahre: „Hässlichkeit macht uns reifer."
130 Retweeted von 4910 Personen

@madmoizelle
„Hässlichkeit macht uns reifer" … #3würstedesjahres – ja – befreien wir uns vom Schönheitskult!

@Genre!
135 Ich schlage den Hashtag #HässlichkeitMachtReif vor …Erzählt uns eure Geschichte! #3würstedesjahres
Retweeted von 249 Personen

@alexalaurentin
Als hässlicher Teenager habe ich gelernt, nicht zu schnell über andere zu
140 urteilen #HässlichkeitMachtReif #3würstedesjahres

@yannick1993
Von einem hübschen Gesicht fasziniert zu sein, okay, aber besser noch von einem klugen Kopf! #HässlichkeitMachtReif #3würstedesjahres

@leonardo
145 Also, ich finde, Hässlichkeit macht vor allem hässlich!! lol #3würstedesjahres
[...]*

7 Was haltet ihr von den Reaktionen der Menschen und Medien? Tauscht eure Meinungen darüber aus.

8 Verfasse selbst einen Tweet. Reagiere damit auf den Sabotageakt und den Hashtag *#HässlichkeitMachtReif #3würstedesjahres*.

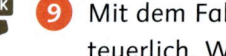 **9** Mit dem Fahrrad nach Paris zu fahren ist gleichermaßen originell wie abenteuerlich. Wenn du mehr über die Reise und ihren Ausgang wissen möchtest, besorge dir das Buch und lies es.

Wie wirken Social Media aus Sicht der jungen Menschen auf die Gesellschaft?

„Zukunft? Jugend fragen!" ist eine Studie, die das Bundesumweltministerium gemeinsam mit dem Umweltbundesamt herausgibt. Darin werden Jugendliche im Alter von 14 bis 22 Jahren befragt.

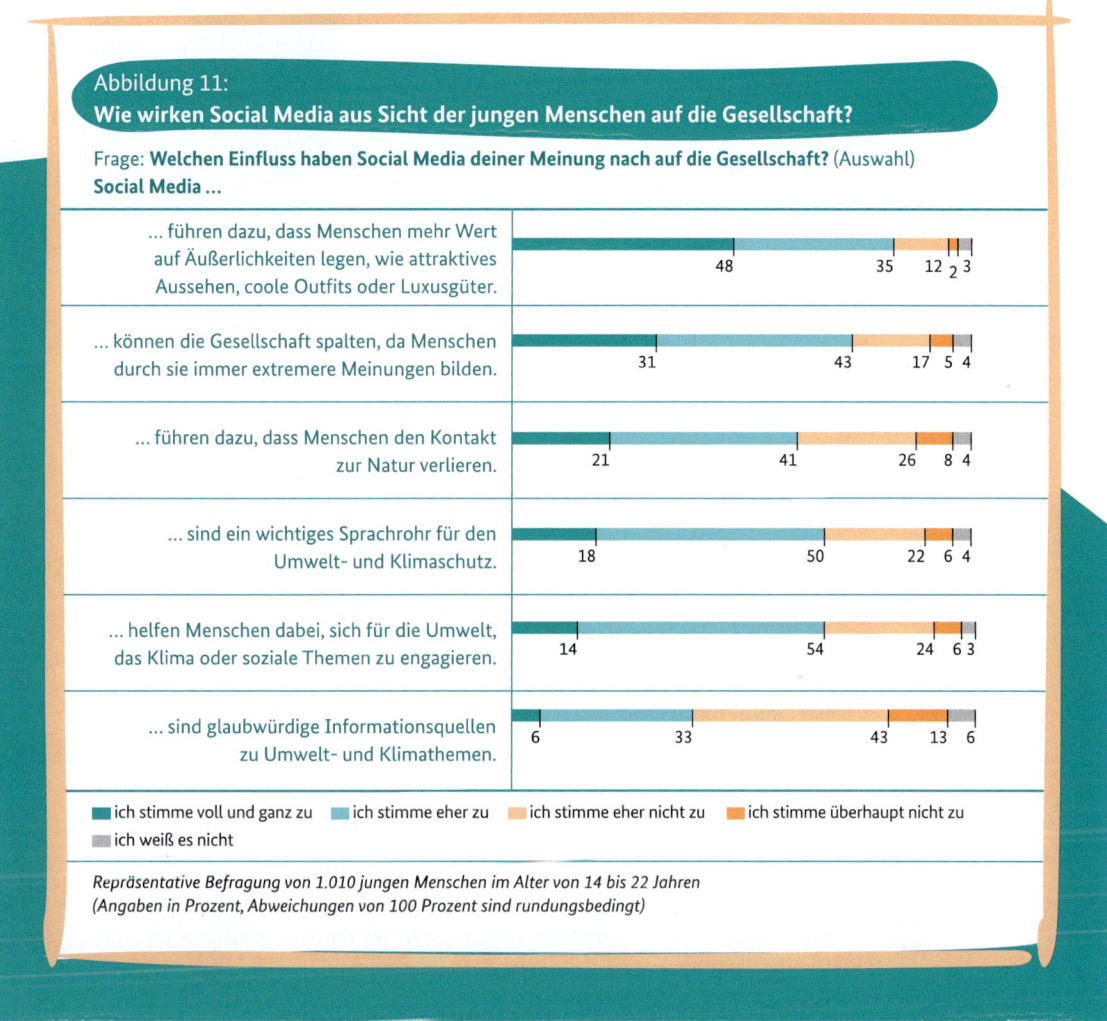

Abbildung 11:
Wie wirken Social Media aus Sicht der jungen Menschen auf die Gesellschaft?

Frage: **Welchen Einfluss haben Social Media deiner Meinung nach auf die Gesellschaft?** (Auswahl)
Social Media ...

Aussage	voll und ganz zu	eher zu	eher nicht zu	überhaupt nicht zu	weiß nicht
... führen dazu, dass Menschen mehr Wert auf Äußerlichkeiten legen, wie attraktives Aussehen, coole Outfits oder Luxusgüter.	48	35	12	2	3
... können die Gesellschaft spalten, da Menschen durch sie immer extremere Meinungen bilden.	31	43	17	5	4
... führen dazu, dass Menschen den Kontakt zur Natur verlieren.	21	41	26	8	4
... sind ein wichtiges Sprachrohr für den Umwelt- und Klimaschutz.	18	50	22	6	4
... helfen Menschen dabei, sich für die Umwelt, das Klima oder soziale Themen zu engagieren.	14	54	24	6	3
... sind glaubwürdige Informationsquellen zu Umwelt- und Klimathemen.	6	33	43	13	6

■ ich stimme voll und ganz zu ■ ich stimme eher zu ■ ich stimme eher nicht zu ■ ich stimme überhaupt nicht zu
■ ich weiß es nicht

Repräsentative Befragung von 1.010 jungen Menschen im Alter von 14 bis 22 Jahren
(Angaben in Prozent, Abweichungen von 100 Prozent sind rundungsbedingt)

1 Sieh dir die Grafik an. Nach welchen Einflüssen von Social Media auf die Gesellschaft wurden die Jugendlichen befragt? Welche Einflüsse von Social Media werden als die stärksten bewertet?

2 Fasst zusammen, wie die Jugendlichen den Einfluss von Social Media auf Umwelt- und Klimaschutz einschätzen.

3 Diskutiert darüber, wie Jugendliche über Social Media mehr Einfluss auf den Umwelt- und Klimaschutz nehmen können.

Heinrich Kämpchen (1847–1912)

Der Wald

O Wald mit deinen Hallen,
So kühn und hoch gebaut,
Mit deinem linden Säuseln,
Mit deinem Sturmeslaut. –

5 Will meine Kraft ermatten,
Ist mir die Brust erschlafft,
Du gibst mir Luft und Schatten
Und neue Lebenskraft. –

In deinem heil'gen Wehen
10 Vergess ich all mein Leid,
Wird mir der Odem[1] freier,
Wird mir die Seele weit. –

[1] *der Odem*: der Atem

Petra Marggraf

Ein Wald?

BAUManBAUManBAUM
– er steht –
Für Buntes wenig Raum
– es vergeht –

Gewachsen zum Zweck,
auf Nutzen bedacht:
Leben darin – weg.
Menschen(ge)Macht

1 Welche ersten Gedanken hast du zum Thema „Wald"?
Beschreibe deine Erfahrungen mit Wald.

2 Tauscht euch darüber aus, welche Beziehung das lyrische *Ich*
in den Gedichten jeweils zum Wald hat.

3 Das Gedicht von Petra Marggraf ist formal und sprachlich eigenwillig
konstruiert. Untersucht seinen Titel. Stellt Vermutungen an, weshalb
die Verfasserin ihn als Frage formuliert hat.

4 Untersucht, durch welche sprachlichen (stilistischen) Mittel die Wirkung und
Aussage des Gedichts „Ein Wald?" beeinflusst wird.

5 Untersucht, durch welche sprachlichen (stilistischen) Mittel die Wirkung und
Aussage des Gedichts „Der Wald" von Heinrich Kämpchen beeinflusst wird.

6 Verfasse ein eigenes Gedicht zum Thema „Wald". Illustriere deinen Text
passend. Gestaltet mit der Klasse eine Ausstellung eurer Gedichte im
Klassenraum oder Schulhaus.

Wunschberufe suchen

 1 Um eine Entscheidung über die berufliche Zukunft treffen zu können, braucht man umfangreiche Informationen.

a Überlegt, welche Möglichkeiten euch nach der 9. Klasse offenstehen.

  – Abschluss 10. Klasse
  – ...

 b Recherchiert im Internet Informationen zu Freiwilligendiensten. Notiert Voraussetzungen und Möglichkeiten der Durchführung.

Freiwilliges Soziales Jahr (FSJ) / Freiwilliges Ökologisches Jahr (FÖJ) / Bundesfreiwilligendienst (BFD) / Internationale Jugendfreiwilligendienste

Tipp
Nutzt zum Beispiel das Internetangebot des Bundesministeriums für Familie, Senioren, Frauen und Jugend.

c Tauscht euch darüber aus, ob ihr euch vorstellen könntet, einen Freiwilligendienst zu leisten.

FSJ beim Kinderturnen

2 Welche Berufsfelder gibt es überhaupt?

 a Tauscht euch darüber aus, welche Berufsfelder ihr bereits kennt. Erstellt eine Liste.

  – Landwirtschaft, Natur, Umwelt
  – Soziales, Pädagogik
  – ...

 b Recherchiere Informationen zu Berufsfeldern. Nutze dazu zum Beispiel die Website der Arbeitsagentur.

Tipp
Es können auch zwei bis drei Berufsfelder sein.

c Überlege, ob du schon eine Vorstellung davon hast, in welchem Berufsfeld du später arbeiten möchtest.

d Wähle ein Berufsfeld aus und informiere dich darüber, welche Berufe es in diesem Berufsfeld gibt. Notiere Stichpunkte in deinem Heft.

e Unterstreiche in deinen Aufzeichnungen die Berufe, die für dich interessant klingen.

3 Überlege dir, welche Interessen und Stärken du hast.

 a Recherchiere, welche Schulfächer, Interessen und Stärken für das Berufsfeld wichtig sind, das du dir ausgesucht hast. Schreibe sie in dein Heft.

b Schätze dich nun selbst ein. Übertrage die Tabelle in dein Heft und ergänze die linke und die mittlere Spalte.

Selbsteinschätzung	Wobei bemerkt? Wie trainiert?	Fremdeinschätzung
Meine Interessen • … • …	• … • …	Deine Interessen • … • …
Meine Stärken • … • …	• … • …	Deine Stärken • … • …

c Bitte Eltern, Freunde oder Lehrkräfte um eine Fremdeinschätzung. Vergleiche ihre Einschätzung in der rechten Spalte mit deiner Selbsteinschätzung in der linken Spalte.

d Prüfe, ob deine Interessen und Stärken mit den Anforderungen an das Berufsfeld übereinstimmen, das du dir ausgesucht hast.

4 Wähle einen Beruf, der zu dir passt.

a Überlege, in welchen Berufen deine Stärken und Interessen gebraucht werden.

b Lies das folgende Berufsbild und überlege, ob dieser Beruf für dich in Frage käme. Begründe deine Meinung.

Tipp
Nutze auch das Tool „Check-U" der Bundesagentur für Arbeit.

Fachkraft für Pflegeassistenz

Berufstyp:	Ausbildungsberuf
Ausbildungsart:	Schulische Ausbildung an Berufsfachschulen (landesrechtlich geregelt)
Ausbildungsdauer:	2–3 Jahre, mit Zusatzqualifikationen ggf. 4 Jahre
Lernorte:	Berufsfachschule und Praktikumsbetrieb

Was macht man in diesem Beruf?
Fachkräfte für Pflegeassistenz betreuen Menschen, die aufgrund ihres Alters, einer Behinderung oder Krankheit Unterstützung benötigen. Sie helfen den betroffenen Personen bei Verrichtungen des täglichen Lebens und fördern deren Eigenständigkeit, indem sie sie z. B. zu Bewegung und Beschäftigung
5 anleiten.
Unter Berücksichtigung sowohl pflegerischer als auch finanzieller Gesichtspunkte führen sie im ambulanten Bereich den Haushalt der zu Betreuenden.

Außerdem unterstützen und beraten sie die Familienangehörigen, z. B. im Umgang mit Pflegehilfsmitteln. Fachkräfte für Pflegeassistenz erledigen
10 Einkäufe, lagern und kontrollieren Lebensmittel und andere Haushaltswaren. Sie stellen Speisepläne auf, kochen und servieren das Essen. In Wohn-, Schlaf-, Sanitär- und Wirtschaftsräumen sorgen sie für Ordnung und Hygiene.

Wo arbeitet man?

Beschäftigungsbetriebe: [...]
15 • in Krankenhäusern
• in Alten- und Altenpflegeheimen
• in Einrichtungen zur Betreuung und Pflege von Menschen mit Behinderung
• bei ambulanten Alten- und Krankenpflegediensten
• in Privathaushalten pflegebedürftiger Personen
20 • bei kirchlich-sozialen Diensten

Arbeitsorte: [...]
• in Patientenzimmern und Sanitärräumen
• in Großküchen
• in Gruppen- und Aufenthaltsräumen
25 Darüber hinaus arbeiten sie ggf. auch
• in Privatwohnungen pflegebedürftiger Personen.

Welcher Schulabschluss wird erwartet?

Für die Ausbildung wird i. d. R. ein Hauptschulabschluss (je nach Bundesland auch Berufsreife, Berufsbildungsreife, erster allgemeinbildender Schulabschluss, erfolgreicher Abschluss der Mittelschule) vorausgesetzt.
30 Die Berufsfachschulen wählen Bewerber/-innen nach eigenen Kriterien aus.

Worauf kommt es an?

Anforderungen:
• Verantwortungsbewusstsein (z. B. für kranke und hilfsbedürftige Personen sorgen)
• Einfühlungsvermögen (z. B. im Umgang mit alten und kranken Personen)
35 • Kommunikationsfähigkeit (z. B. bei Gesprächen mit den zu betreuenden Menschen sowie deren Angehörigen, Teambesprechungen)
• psychische Stabilität (z. B. zur Wahrung einer professionellen Distanz im Umgang mit Menschen mit demenzbedingten Fähigkeitsstörungen oder schwierigen hilfsbedürftigen Personen)
40 • Sorgfalt (z. B. beim Dokumentieren der Pflegeleistungen oder Verwalten der persönlichen Daten der zu betreuenden Personen)

Schulfächer:
• Ethik (z. B. für die Betreuung hilfsbedürftiger Menschen)
• Deutsch (z. B. für Beratungsgespräche, für die Pflegedokumentation)
45 • Hauswirtschaftslehre (z. B. für die Zubereitung der Mahlzeiten und die Wäschepflege) [...]*

c Suche weitere Berufsbilder im Internet und prüfe, welcher Beruf zu dir passen könnte. Vergleiche deine Ergebnisse mit den Überlegungen in Aufgabe a.

5 Du hast einen Beruf gefunden und suchst nach einer Ausbildungsstelle.

a Lies den Merkkasten und suche Beispiele für die einzelnen Informations-möglichkeiten. Bedenke ihre Vor- und Nachteile.

> Bei der **Suche** nach einem **Ausbildungsplatz** muss man möglichst viele Angebote zur Informationsgewinnung nutzen:
> - **Annoncen** in Zeitungen: Stellenanzeigen von Firmen,
> - **Bundesagentur für Arbeit**: Informationen und Beratungsgespräche zu Berufen, Ausbildungswegen, Alternativen und freien Ausbildungsplätzen,
> - **Websites von Unternehmen:** Informationen zu Ausbildungsberufen und freien Ausbildungsplätzen,
> - **Ausbildungsmessen**: Informationen zu unterschiedlichen Branchen und Unternehmen sowie Angaben zur Ausbildungssituation,
> - spezielle **Internetportale**: Überblick über Ausbildungsplätze in einzelnen Regionen.

 b Lest die folgenden Stellenanzeigen. Tauscht euch darüber aus, welche der Anzeigen ihr für seriös haltet. Begründet eure Meinung.

Anzeige A

Zahnarztpraxis sucht Auszubildende
Zahnmedizinische/-r Fachangestellte/-r (m/w/d)
Ausbildungsbeginn: 1. August 20..

Diese Aufgaben warten auf dich:
- Organisation der Praxisabläufe,
- Sicherstellen der Nutzbarkeit der Geräte und Instrumente,
- Assistieren bei Patientenbehandlungen,
- Dokumentieren und Abrechnen der Behandlungen.
Diese Eigenschaften solltest du mitbringen:
- Sorgfalt und Zuverlässigkeit,
- Geschicklichkeit,
- Organisationsfähigkeit,
- Einfühlungsvermögen.
In diesem Beruf hast du sehr gute Zukunftsperspektiven.

Sende deine vollständigen Bewerbungsunterlagen an:
Zahnarztpraxis Weber
Frau Dr. Lydia Weber
Beispielstr. 16
04234 Leipzig

Anzeige B

Auszubildender als Fachlagerist (m/w/d)
In der globalisierten Welt boomt der Online-Handel. Du hast die
Möglichkeit, auch im Ausland eingesetzt zu werden und andere Länder zu
erkunden. Deine Aufgaben sind sehr abwechslungsreich und interessant.
Deshalb hast du als gelernter Fachlagerist sehr gute Berufsperspektiven.
Bewirb dich über unsere Webseite. Wir freuen uns!

Anzeige C

Ausbildung Zweiradmechatroniker (Fahrradtechnik, m/w/d) in Gotha
In unserem Fahrradladen wartest und reparierst du Fahrräder sowie deren
Teile oder passt Räder an die Wünsche der Kundinnen bzw. Kunden an.

Anforderungen:
– Sorgfalt und Geschicklichkeit
– Verantwortungsbewusstsein
– technisches Verständnis
– Orientierung auf Bedürfnisse der Kundinnen bzw. Kunden
– mindestens Hauptschulabschluss

Haben wir dein Interesse geweckt? Dann bewirb dich jetzt!

Radmanufaktur Gotha
Beispielgasse 78
99867 Gotha

Ansprechpartner:	Herr Sonntag
Ausbildungsbeginn:	1. September 20..
Bewerbung per E-Mail an:	bewerbung@radmanufaktur-beispiel.de
Erforderliche Unterlagen:	tabellarischer Lebenslauf
	Kopien der letzten drei Zeugnisse
	Praktikumsnachweise

c Untersuche, welche der angegebenen Informationen die Anzeigen enthalten.
Lege in deinem Heft eine Tabelle an und kreuze an.

1 Angaben der Firma über sich selbst
2 Bezeichnung des Ausbildungsberufs
3 Tätigkeiten bzw. Aufgaben der/des Auszubildenden
4 Anforderungen, die Bewerberinnen und Bewerber erfüllen müssen
5 Firmenname und -adresse, evtl. Ansprechpartnerin bzw. -partner
6 Art der Bewerbung (Post, E-Mail, online)

d Suche eine dich interessierende Stellenanzeige und analysiere sie nach dem
Muster in Aufgabe c.

Bewerbungen schreiben

> Zu den Unterlagen in einer Bewerbungsmappe gehören ein **Bewerbungs-schreiben** und ein **tabellarischer Lebenslauf** sowie Anlagen. Das Bewerbungsschreiben liegt oben und sollte Folgendes enthalten:
> - Bewerbungssatz,
> - Gründe für die Bewerbung,
> - Vorstellung der eigenen Person,
> - Bitte um persönliches Gespräch.

  1 Wiederholt, was ihr über Bewerbungsschreiben wisst. Überprüft, ob Saras Bewerbungsschreiben den Anforderungen an eine Bewerbung entspricht.

Sara Schmitz
Musterstraße 9
04231 Leipzig

Zahnarztpraxis Weber
Frau Dr. Lydia Weber
Beispielstr. 16
04234 Leipzig

Leipzig, 28. Januar 20..

**Bewerbung um einen Ausbildungsplatz
als Zahnmedizinische Fachangestellte**

Sehr geehrte Frau Dr. Weber,

Ihre Anzeige vom 15. Januar in der Online-Ausbildungsbörse hat mein Interesse geweckt. Sie suchen eine zuverlässige und geschickte Auszubildende, deshalb bewerbe ich mich für den Ausbildungsplatz.
Seit drei Jahren helfe ich zweimal in der Woche unserer Nachbarin im Haushalt und kaufe für sie ein. Außerdem bin ich im Leipziger Volleyballverein, trainiere zweimal wöchentlich und nehme an Wettkämpfen teil. Dadurch bin ich teamfähig, zuverlässig und kommunikativ. In meiner Freizeit bastle ich gern, besonders Origami, das schult die Geschicklichkeit. Zurzeit besuche ich die 9. Klasse der Goethe-Oberschule in Leipzig, die ich im Sommer mit dem Hauptschulabschluss verlassen werde. Erste Erfahrungen im Umgang mit Patientinnen und Patienten konnte ich während meines Betriebspraktikums in einer Arztpraxis sammeln.

Über die Möglichkeit, mich bei Ihnen persönlich vorzustellen, würde ich mich sehr freuen.

Mit freundlichen Grüßen

Sara Schmitz

Anlagen: Lebenslauf, Kopie des letzten Zeugnisses, Praktikumsnachweis

2 Untersucht das Bewerbungsschreiben aus Aufgabe 1.

 a Ordnet die Teile des Briefes den Textbausteinen zu. Lest euch eure Lösungen gegenseitig vor und vergleicht.

Bewerbungssatz: …
Gründe für die Bewerbung: …
Vorstellung der eigenen Person: …
Bitte um persönliches Gespräch: …

b Schreibt für jeden Textbaustein andere Formulierungen auf.

Bewerbungssatz: Hiermit bewerbe ich mich um …
…

→ **S. 320:**
Merkwissen: Mitteilungen verfassen

3 Verfasse selbst ein Bewerbungsschreiben.

a Entwirf ein Bewerbungsschreiben auf eine der Anzeigen aus Aufgabe 5 b (S. 80). Schreibe am Computer und prüfe kritisch, ob du dazu eine digitale Vorlage nutzen kannst. Achte darauf, dass das Schreiben die Anforderungen an einen offiziellen Brief erfüllt.

 b Überarbeitet eure Entwürfe in einer Schreibkonferenz.

4 Verfasse dein eigenes Bewerbungsschreiben.

Tipp
Nutze auch die Rechtschreibkorrektur des Textverarbeitungsprogramms.

a Suche eine Anzeige, die dich interessiert, und entwirf dein eigenes Bewerbungsschreiben. Lass jemanden Korrektur lesen und überarbeite das Schreiben anschließend. Schreibe eine Endfassung.

b Speichere dein Bewerbungsschreiben unter einem eindeutigen Dateinamen, sodass du es immer wieder verwenden und anpassen kannst.

5 Zu einer Bewerbung gehört in der Regel auch ein tabellarischer Lebenslauf.

 a Wiederholt, was ein Lebenslauf enthalten sollte, und vergleicht mit dem Merkkasten.

> Der **tabellarische Lebenslauf** enthält in kurzer und übersichtlicher Form alle persönlichen Angaben und Informationen, die für die Bewerbung von Bedeutung sind, z. B.:
> - Name,
> - Adresse,
> - Telefonnummer,
> - E-Mail-Adresse,
> - Geburtsdatum,
> - Schulbildung,
> - Kenntnisse,
> - Interessen.
>
> Ein Passfoto sowie Angaben zu Eltern und Geschwistern sind freiwillig. Man kann die Berufe der Eltern angeben, wenn sie aussagekräftig für die Bewerbung sind.

b Lies Saras tabellarischen Lebenslauf und prüfe, ob alle nötigen Angaben enthalten sind. Vergleiche mit dem Bewerbungsschreiben aus Aufgabe 1 (S. 82).

Lebenslauf

<u>persönliche Daten</u>

Name	Sara Schmitz
Adresse	Musterstraße 9
	04231 Leipzig
Telefon	0162 2083640
E-Mail	sara.schmitz@beispiel.de
Geburtsdatum	20. Januar 2010
Geburtsort	Halle/Saale
Familie	Vater: Heiner Schmitz, Busfahrer
	Mutter: Anne Schmitz, Einzelhandelskauffrau

<u>Schulbildung</u>

2025	voraussichtlich Hauptschulabschluss
seit 08/2020	Goethe-Oberschule, Leipzig
08/2016–07/2020	Grundschule am Walde, Leipzig

<u>Praktika</u>

05/2023	zweiwöchiges Betriebspraktikum in einer Arztpraxis

<u>Persönliche Fähigkeiten und Kompetenzen</u>

Fremdsprachen	Englisch (Schulnote: 2)
IT-Kenntnisse	Microsoft Office (sehr gut)
Hobbys	Basteln, z. B. Origami
	Leipziger Volleyballverein (Training, Wettkämpfe)

Leipzig, 28. Januar 20..

Sara Schmitz

c Überlege, welche persönlichen Fähigkeiten und Kompetenzen für Saras Bewerbung um eine Ausbildung als Zahnmedizinische Fachangestellte wichtig sein könnten.

6 Verfasse deinen eigenen tabellarischen Lebenslauf nach dem Muster aus Aufgabe 5 b.

Einen Lebenslauf verfassen

a Schreibe am Computer. Prüfe kritisch, ob du eine digitale Vorlage nutzen kannst, oder arbeite mit einer Tabelle bzw. mit Tabulatoren.

b Prüfe, ob alle wichtigen Angaben für die Bewerbung enthalten sind.

Tipp
Vermeide unnötige
Formatierungen.

c Prüfe die Formatierungen (Schriftart, Schriftgröße, Absätze, Hervorhebungen) und bearbeite sie, wenn nötig. Lebenslauf und Bewerbungsschreiben sollten einheitlich formatiert sein.

d Speichere deinen Lebenslauf unter einem eindeutigen Dateinamen, sodass du ihn immer wieder anpassen kannst.

> Einige Firmen bitten um eine **Bewerbung per E-Mail**. Dabei gelten die gleichen Richtlinien wie bei einem Brief. Folgendes sollte man beachten:
> - die E-Mail-Adresse der Empfängerin bzw. des Empfängers prüfen,
> - die eigene E-Mail-Adresse ggf. in eine seriöse ändern, z. B.: *Name. Vorname@maildomain.de,*
> - in die Betreffzeile schreiben: *Bewerbung um einen Ausbildungsplatz,*
> - das Bewerbungsschreiben als Text der E-Mail verfassen oder als Dokument in den Anhang geben,
> - den Namen in getippter Form und eventuell als digitale oder als gescannte Unterschrift unter das Schreiben setzen,
> - auf Smileys o. Ä. verzichten,
> - wenn gefordert, den Lebenslauf und weitere Unterlagen als Anhänge in gängigen Dateiformaten (Word, RTF, PDF) versenden (Größe der Anhänge in der Regel nicht mehr als 1 bis 3 MB).
>
> Um die Vollständigkeit und korrekte Formatierung der Bewerbung zu prüfen, sollte man die Mail zunächst an eine Freundin bzw. einen Freund oder sich selbst schicken.

7 Stelle dir vor, du bewirbst dich per E-Mail um einen Ausbildungsplatz.

a Suche eine Anzeige für eine Ausbildung, die dich interessiert.

b Entwirf den Text des Bewerbungsschreibens für die E-Mail in deinem Textverarbeitungsprogramm. Speichere die Datei, dann kannst du den Text später bearbeiten und wiederverwenden.

c Überarbeite dein Bewerbungsschreiben. Prüfe die Rechtschreibung und Grammatik sowie die Gestaltung deines Schreibens.

d Wenn möglich, schicke deine E-Mail-Bewerbung einschließlich Anhang an eine vertraute Person und bitte sie um eine Rückmeldung zu Inhalt und Form (ein Feedback). Überarbeite ggf. alles noch einmal.

Was habe ich gelernt?

8 Trage zusammen, was du über Bewerbungen gelernt hast. Prüfe, ob deine Bewerbungsunterlagen den Anforderungen entsprechen, und überarbeite sie.

Vorstellungsgespräche führen

Wenn man mit der schriftlichen Bewerbung überzeugen kann, wird man zu einem **Vorstellungsgespräch** eingeladen. Dabei wollen Arbeitgeberinnen bzw. Arbeitgeber einen Eindruck von der **Persönlichkeit** und den **Fähigkeiten** der Bewerberin bzw. des Bewerbers gewinnen und feststellen, ob die Person für die Ausbildung geeignet ist.

Der **Verlauf** eines Vorstellungsgesprächs entscheidet wesentlich darüber, ob man den Ausbildungsplatz bekommt. Deshalb sollte man sich gut darauf vorbereiten. Man sollte zum Beispiel Auskunft geben können über:

- sich selbst, eigene Interessen und den Berufswunsch,
- den Betrieb und seine Produkte bzw. Besonderheiten,
- den Ausbildungsberuf.

Außerdem sollte man sich schon vorher überlegen, welche Fragen man selbst stellen möchte, zum Beispiel zu konkreten Arbeitszeitregelungen und Anforderungen, zur zuständigen Berufsschule oder zum Ablauf des Ausbildungsjahres.

1 Stelle dir vor, du hast dich als Azubi für eine Ausbildung als Mechanikerin bzw. Mechaniker beworben und bereitest dich auf ein Vorstellungsgespräch bei den Verkehrsbetrieben der Stadt vor.

a Sieh dir die Homepage an und schreibe die wichtigsten Informationen über das Unternehmen heraus.

Unternehmen
Die Verkehrsbetriebe sind einer der größten Arbeitgeber der Stadt. Hier arbeiten ca. 5000 Beschäftigte in 180 Berufen. Wir planen, befördern, vermarkten, halten instand und bilden aus. Täglich befördern wir durchschnittlich 25 000 Fahrgäste und tragen durch weniger Autoverkehr zur Entlastung der Umwelt bei. Unsere Stadt wird lebendiger durch einen funktionierenden Nahverkehr.

Wir gestalten die Mobilität der Zukunft mit und investieren damit in eine lebenswerte Stadt.

b Schreibe heraus, was du in der folgenden Anzeige über die Ausbildung zur Mechanikerin bzw. zum Mechaniker erfährst.

New Tab   +   — ☐ ✕

Du hast Lust auf einen handwerklichen Beruf? Dann komm zu uns!
Mechaniker/-in für Reifen- und Vulkanisationstechnik
(Reifen- und Fahrwerktechnik, m/w/d)
Die Ausbildung hat viele Seiten. Du wartest, prüfst und reparierst
Fahrwerke, Lenkungen und Bremsanlagen, untersuchst Reifen auf ihre
Fahrtauglichkeit und sorgst damit für die Betriebssicherheit und Ein-
satzbereitschaft der Fahrzeuge. Du arbeitest auf einem unserer drei
Betriebshöfe und bist Teil eines großen Teams.
Ausbildungszeit: 3 Jahre

Was sind deine Aufgaben?
• Betriebssicherheit und Einsatzbereitschaft der Fahrzeuge herstellen
• Pflege von Fahrzeugen und Zubehör
Welche Voraussetzungen bringst du mit?
• Hauptschulabschluss
• gute Kenntnisse in Mathematik, Werken/Technik, Physik und Chemie
• handwerkliches Geschick und technisches Verständnis
• Sorgfalt und Verantwortungsbewusstsein
• gute körperliche Konstitution
Was erwartet dich?
• eine nach Ausbildungsjahr gestaffelte Ausbildungsvergütung
• die Möglichkeit, bei guten Leistungen deine Ausbildung zu verkürzen
• viele Benefits
Wie bewirbst du dich?
Bewirb dich online mit den folgenden Unterlagen:
• Lebenslauf
• letztes Schulzeugnis bzw. Abschlusszeugnis
• Praktikumsnachweis

Wir freuen uns auf deine Bewerbung!

---

c Bereite Fragen für das Vorstellungsgespräch vor und schreibe sie auf.

2 Bereite dich auf ein Vorstellungsgespräch bei einem Betrieb vor, der dich interessiert.

 a Sammle und notiere Informationen über den Ausbildungsberuf bzw. Ausbildungsbetrieb.

b Notiere Fragen, die du stellen möchtest.

Bei der **Vorbereitung auf ein Vorstellungsgespräch** ist auch auf Folgendes zu achten:
- Man muss sich informieren, wo das Gespräch stattfindet und wie man termingerecht dort hingelangt.
- Man muss Kleidung auswählen, die dem Ausbildungsplatz angemessen ist.
- Man muss für ein gepflegtes Erscheinungsbild sorgen (saubere Fingernägel, geputzte Schuhe u. Ä.).

 3 Was versteht man unter einem gepflegten Erscheinungsbild?

a Seht euch den Cartoon an. Tauscht euch darüber aus, was unter angemessener Kleidung und gepflegtem Erscheinungsbild zu verstehen ist.

b Stellt euch vor, ihr seid zu einem ganz bestimmten Vorstellungsgespräch eingeladen. Beratet euch gegenseitig, was ihr anziehen solltet.

4 Wie läuft ein Vorstellungsgespräch ab?

a Lies das folgende Gespräch.

Fr. Mai: Guten Morgen, mein Name ist Mai. Ich arbeite in der Personalabteilung. Schön, Sie kennen zu lernen!

Juri: Guten Morgen, ich bin Juri Petrow. Vielen Dank für Ihre Einladung.

Fr. Mai: Haben Sie gut hergefunden?

Juri: Ja, vielen Dank. Ich habe es ja nicht allzu weit.

Fr. Mai: Sehr schön. Dann sprechen wir doch über Sie. Bitte erzählen Sie etwas von sich. Was sind Ihre Lieblingsfächer?

Juri: Schon seit der Grundschule rechne ich gern. Außerdem interessiere ich mich für Naturwissenschaften. Am liebsten experimentiere ich im Unterricht, weil man Versuche aufbauen und durchführen darf. Ich arbeite gern handwerklich.

Fr. Mai: Warum möchten Sie eine Ausbildung zum Mechaniker für Reifen- und Vulkanisationstechnik machen?

Juri: Fahrzeuge haben mich schon immer interessiert, besonders die Lenkung und die Bremsanlage. Deshalb habe ich mich für die Fachrichtung Reifen- und Fahrwerktechnik entschieden.

Fr. Mai: Welche Fähigkeiten bringen Sie für diesen Beruf mit?

Juri: Ich bin sorgfältig und zuverlässig, was in diesem Beruf wichtig ist, denn es geht um die Betriebssicherheit der Fahrzeuge. Ich bin handwerklich geschickt, weil ich mit meinem Vater oft am Auto gebastelt habe. Daher habe ich auch ein gewisses technisches Verständnis.

Fr. Mai: Warum möchten Sie Ihre Ausbildung bei den Verkehrsbetrieben machen?

Juri: Die Verkehrsbetriebe sind ein großer Ausbildungsbetrieb. Das hat mich zu meiner Entscheidung veranlasst. Ich hoffe, dass ich viele verschiedene Betriebsteile kennen lernen werde. Außerdem habe ich in der 8. Klasse hier schon ein Betriebspraktikum absolviert, das mich in meinem Berufswunsch bestätigt hat.

Fr. Mai: Haben Sie Fragen?

Juri: Ja, ich wollte gern wissen, ob ich in der Ausbildung auch im Schichtdienst arbeiten werde.

Fr. Mai: Nein, Jugendliche unter 18 Jahren dürfen nur zwischen 6 und 20 Uhr arbeiten.

Juri: Und noch eine Frage: Besteht die Chance, nach meiner Ausbildung übernommen zu werden?

Fr. Mai: Ja, wir freuen uns, unseren Azubis nach einer erfolgreichen Ausbildung eine Übernahme anbieten zu können. Vielen Dank, das Gespräch mit Ihnen war sehr aufschlussreich. Wir werden uns im Laufe der nächsten Woche bei Ihnen telefonisch melden.

Juri: Vielen Dank, ich wünsche Ihnen einen schönen Tag!

Fr. Mai: Ihnen auch! Auf Wiedersehen!

Juri: Auf Wiedersehen!

 b Tauscht euch über euren ersten Eindruck aus, ob Juri das Gespräch gut gemeistert hat.

 c Vergleicht mit der Anzeige aus Aufgabe 1 b (S. 87), ob Juri die Anforderungen erfüllt.

5 Untersuche das Vorstellungsgespräch aus Aufgabe 4 a genauer.

a Untersuche den Aufbau des Gesprächs und vergleiche mit dem folgenden Merkkasten.

> Das **Vorstellungsgespräch** folgt häufig folgendem **Aufbau**:
> • Begrüßung,
> • Interview,
> • Gesprächsabschluss.
> Zum Abschluss des Gesprächs erfahren die Bewerberinnen bzw. Bewerber, wann sie über die Entscheidung des Unternehmens informiert werden. Gelegentlich bekommt man auch eine Rückmeldung über das Auftreten und das Gesprächsverhalten. Zu Hause sollte man unbedingt eine Gesprächsnotiz anfertigen. So behält man die Übersicht und lernt aus den Hinweisen.

b Ordne die folgenden Äußerungen den Gesprächsteilen aus dem Merkkasten auf S. 89 zu.

1 Welche Einstellung haben Sie zur Teamarbeit?

2 Guten Morgen. Haben Sie gut hergefunden?

3 Was wissen Sie über unseren Betrieb?

4 Wir werden Sie telefonisch über unsere Entscheidung informieren.

5 Warum möchten Sie bei uns eine Ausbildung machen?

6 Welche Vorstellungen haben Sie von der Ausbildung bzw. Ihrem zukünftigen Arbeitsalltag?

7 Warum sollten wir uns für Sie entscheiden?

8 Welche Erfahrungen konnten Sie während Ihres Praktikums sammeln?

9 Worauf führen Sie die Verbesserung Ihrer Note im Fach … zurück?

10 Danke, das Gespräch mit Ihnen war sehr interessant.

11 Beschreiben Sie Ihre Stärken und Schwächen.

12 Hatten Sie eine problemlose Anreise?

 c Überlegt, wie ihr die Fragen aus den Aufgaben 4a (S. 88) und 5b beantworten könnt.

 d Sammelt Wendungen für eine höfliche Begrüßung und Verabschiedung.

Guten Tag und vielen Dank für die Einladung …
Es hat mich gefreut, dass …
…

 6 Bereitet ein Vorstellungsgespräch mithilfe der Fragen aus den Aufgaben 4a (S. 88) und 5b vor. Nutzt dabei eure eigenen Angaben.

→ **S. 82:** Bewerbungen schreiben

a Bereitet eure Bewerbungsunterlagen vor, sortiert eure Notizen zum Ausbildungsberuf bzw. -betrieb und überlegt, welche Fragen im Vorstellungsgespräch gestellt werden könnten.

b Tragt Kriterien zur Einschätzung des Gesprächsverhaltens der Bewerberin bzw. des Bewerbers zusammen. Entwerft einen Beobachtungsbogen.

Name: …	++	+	–
ist vorbereitet			
…			

c Spielt eure Vorstellungsgespräche in der Klasse vor. Bewertet das Gesprächsverhalten der Bewerberin bzw. des Bewerbers fair und ehrlich.

Was habe ich gelernt? **7** Überprüft, was ihr über Vorstellungsgespräche gelernt habt. Tragt zusammen, was man bei der Vorbereitung, Durchführung und Auswertung beachten muss. Erstellt eine Checkliste.

Die zehn beliebtesten Ausbildungsberufe mit Hauptschulabschluss
(neu abgeschlossene Ausbildungsverträge in Deutschland im Jahr 2021)

(Zahlen aus:
https://de.statista.com)

1 Betrachte die Grafik genau und beschreibe, was auf der *x*-Achse und was auf der *y*-Achse dargestellt ist.

2 Fasse die Ergebnisse der Darstellung zusammen, indem du formulierst, welche Berufsfelder im Jahr 2021 am beliebtesten waren, welche weniger beliebt waren und welche kaum oder gar nicht im Ranking vorkommen.

Was geht Almanya

I have a dream

Mach dies, tu das, denn das passt zu dir,
und das ist nichts für dich, das ist Männerrevier.
Erzieher, Florist dagegen ist Frauensache,
ganz egal, ob ich das will oder gerne mache.
5   Die Sache ist die, es wird dir vorgeschrieben,
entscheidend sind aber nie deine Vorlieben.
Es geht um Klischees, um Werte und Normen,
Berufstraditionen, die deine Rolle formen.

Frau und Schiffsbau – No-Go!?
10   Mann und Erzieher – No-Go!?
Frau und Landwirt – No-Go!?
Mann und Pfleger – No-Go!?

Refrain:
I have a dream – just believe – I believe in you, and you believe in me.
15   I have a dream – just believe – that you can be what you want to be.

Um diese Rollen zu durchbrechen, das ist gar nicht leicht,
alles für alle bleibt bisher unerreicht.
Männer- oder Frauenberufe,
das ist nur in deinem Kopf – erklimme die nächste Stufe.
20   Gegen den Strom, gegen den Strom schwimmen,
das ist nicht immer leicht, aber du wirst gewinnen.
Mach den Job, den du willst, denn dann bist du frei!
Wir verändern Deutschland und du bist mit dabei.

Frau und Schiffsbau – No-Go!?
25   Mann und Erzieher – No-Go!?
Frau und Landwirt – No-Go!?
Mann und Pfleger – No-Go!?

Refrain
Lass uns gemeinsam diesen Weg gehn:
30 bei dem der Zusammenhalt wichtig ist, ja richtig ist.
Schau dir deine Welt an und dann weißt du,
dass auch du es schaffen kannst – du musst nur an dich glauben!
Typisch Mann – typisch Frau, was soll das bedeuten?
Wisst ihr auch nicht genau, die Alarmglocken läuten.
35 Wenn ich höre, Männer zeigen keine Gefühle –
ich bin ein Mann und ich weiß, was ich fühle.
Frauen und Technik ist eine Symbiose –
ich trage einen Rock, aber gern auch 'ne Hose.
Konstruiere ein Schiff und bau eine Rakete
40 und habe kein Problem mit Farbe und Tapete.

Refrain (2 x)

  1 Sucht im Internet das Video dieses offiziellen Songs zum Girls' & Boys' Day 2016. Tauscht euch darüber aus, wie ihr den Song findet.

2 Sucht noch weitere Berufe, die geschlechtertypisch sind.

3 Überlege, ob du einen Beruf ausüben könntest, der typisch für ein anderes Geschlecht ist.

4 Diskutiert, welche Berufe mit welchen Klischees behaftet sind. Sind diese Vorurteile berechtigt?

Nils Mohl

99 & 1 tipp zum selberbessermachen

hab vorletzte zweifel vor den letzten
befolg keinen rat der gut gemeint ist
es sei denn es wird ernst trau keinem hahn
der nicht nach sich selbst kräht gib den löffel
5   ab wenn du mehr als einen hast zähl nach

salz suppen hau eier in die pfanne
beiß ins gras sofern es schmeckt doch achte
auf die zähne füll halbleere gläser
trink aus vollen bis zur hälfte sei klug
10   bleib durstig & hör auf kein kommando

Wilhelm Busch (1832–1908)

Der fliegende Frosch

Wenn einer, der mit Mühe kaum
gekrochen ist auf einen Baum,
schon meint, dass er ein Vogel wär',
so irrt sich der.

1 Lest das Gedicht von Nils Mohl mehrfach und schreibt die Ratschläge als vollständige Sätze mit korrekter Zeichensetzung auf.

2 Tauscht euch darüber aus, wie die Ratschläge aus Nils Mohls Gedicht zu verstehen sind.

3 Nils Mohls Gedicht beruht auf bekannten Redewendungen. Suche so viele wie möglich heraus und erkläre, was sie bedeuten bzw. wann man sie verwendet.

4 Lies das Gedicht von Wilhelm Busch und überlege, welche Lehre es enthält. Formuliere die Lehre mit eigenen Worten.

Meg Rosoff

was wäre wenn (Auszüge)

*David, alias Justin, ändert seinen Namen, sein Aussehen und sein Leben.
Der Auslöser dafür ist ein Moment, der beinahe sein ganzes weiteres Dasein
bestimmt hätte.*

1

Die Aussicht hier oben ist gut. Ich kann die ganze Welt überblicken und sehe
alles.
Zum Beispiel einen fünfzehnjährigen Jungen und seinen kleinen Bruder.

2

Der kleine Bruder von David Case konnte seit Kurzem laufen, aber besonders
5 geübt war er noch lange nicht. Er wackelte an seinem Bruder vorbei zu dem
großen offenen Fenster in dessen Zimmer. Dort hangelte er sich mühsam aufs
Fensterbrett, zog sich zusammen wie eine Raupe, schob sich in die Hocke,
stand schließlich unsicher schwankend da und schaute feierlich auf den
fünfhundert Meter entfernten Kirchturm.
10 Gerade als er sich leicht nach vorn ins Leere beugte, flog ein großer schwarzer Vogel vorbei. Der Vogel hielt inne und warf dem kleinen Jungen einen
Blick aus seinen intelligenten roten Augen zu.
„Warum fliegst du nicht?", lockte der Vogel, und die Augen des Jungen
weiteten sich verzückt.
15 Unten auf der Straße stand reglos ein Windhund, der seinen eleganten hel-
len Kopf in Richtung der drohenden Katastrophe reckte. Gelassen änderte
der Hund die Haltung seiner Schnauze und schuf so ein unsichtbares Halte-
seil, das den Jungen ein paar Zentimeter zurückzog und wieder ins Gleichge-
wicht brachte. Das Kind war fürs Erste in Sicherheit, warf jedoch, weil ein
20 Vogel mit ihm gesprochen hatte, begeistert die Arme in die Luft und dachte:
Ja! Fliegen!
David hörte nicht, dass sein Bruder „fliegen" dachte. Etwas anderes ließ ihn
aufblicken. Eine Stimme. Ein Finger auf seiner Schulter. Lippen an seinem
Ohr.

25 So fängt es also an: Ein Junge steht am Abgrund des Todes. Ein anderer
Junge steht am Abgrund von etwas viel Komplizierterem.

Noch im Moment des Aufblickens erfasste David die gefährliche Situation
und rief „*Charlie!*", bevor er durchs Zimmer stürzte. Er packte das Kind am
Umhang seines Batman-Schlafanzugs, schloss es so fest in die Arme, dass er
30 ihm fast die Rippen brach, und sank, während er das Gesicht des Jungen in
die sichere Mulde unter seinem Kinn drückte, erleichtert zu Boden. [...]
„Was sollte das denn?", brüllte er. „Was um Himmels willen hast du dir
dabei nur gedacht?"

Na ja, sagte Charlie, ich fand es langweilig, immer nur mit meinen Spielsa-
35 chen zu spielen, und du hast mich nicht beachtet, da dachte ich mir, ich seh
mir mal die Welt näher an. Ich bin aufs Fenster geklettert, was nicht einfach
ist, und als ich das geschafft hatte, war ich irgendwie glücklich, umgeben
von nichts als Himmel, und plötzlich flog ein Vogel vorbei, schaute mich an
und sagte, ich könne fliegen, und weil noch nie ein Vogel mit mir geredet
40 hat, dachte ich mir, ein Vogel wird wohl wissen, wovon er redet, wenn es
ums Fliegen geht, und deshalb glaubte ich ihm. [...] und gerade als ich sprin-
gen und durch die Luft segeln wollte, hast du mich gepackt und mir ziemlich
wehgetan. Das hat mich sehr geärgert, denn jetzt ist meine Chance zu fliegen vorbei, obwohl ich es bestimmt gekonnt hätte.
45 Der kleine Junge erklärte dies alles langsam und deutlich, damit er auch
wirklich verstanden wurde.
„Vo-gel flieg" waren die Worte, die aus seinem Mund kamen.
David wandte sich ab, sein Herz raste. Es war sinnlos, sich mit einem Einjährigen unterhalten zu wollen. [...] Charlie war aufs Fenster geklettert, weil er
50 ein dummes Kind war, das offenbar nicht begriff, dass Vögel nicht sprechen
und Kinder nicht fliegen können.
Mein Gott, dachte David. Wäre ich zwei Sekunden langsamer gewesen,
dann wäre er tot. Mein Bruder wäre tot, aber *ich* wäre vor Schuld und Scham
erledigt und am Boden zerstört, und für den Rest meines Lebens würden mir
55 alle hinterherflüstern: *Das ist der Junge, der seinen Bruder auf dem Gewissen
hat.*

Zwei Sekunden. Nur zwei läppische Sekunden standen zwischen dem norma-
len, banalen Leben und der absoluten, totalen Katastrophe.
Er setzte sich hin, ihm schwirrte der Kopf. Warum war ihm der Gedanke noch
60 nie gekommen? Er könnte in einen Kanalschacht fallen, an einem Schlagan-
fall sterben. Das Rückenmark könnte ihm bei einem Autounfall durchtrennt
werden. Er könnte Vogelgrippe bekommen. Ein Baum könnte ihn erschlagen.
Es gab Kometen. Killerbienen. Fremde Armeen. Überschwemmungen. Serien-
mörder. Vergrabenen Atommüll. Ethnische Säuberungen. Invasionen von
65 Außerirdischen.

Oder einen Flugzeugabsturz.

Plötzlich sah er überall Katastrophen, Blutvergießen, den Untergang des
Planeten, das Ende der menschlichen Rasse, ganz zu schweigen von (um die
genaue Quelle seiner Angst zu benennen) möglichem eigenen Schmerz und
70 Leid.
Wer hätte sich ein derart trostloses Szenario ausdenken können?
Wer immer (oder was immer) es war, David spürte, wie sich seine Boshaftig-
keit einnistete und heimisch fühlte wie ein Raubvogel, der seine scharfen
Klauen in die zuckende graue Gallertmasse seines entsetzten Gehirns schlug.
75 Er nahm seinen Bruder in den Arm, drückte ihn schützend an sich und presste
ihm die Lippen aufs Gesicht.
Was wäre wenn …?
Die Frage ließ ihn nicht mehr los. Was wäre wenn …? Ihr Gewicht um-
schlang seine Knöchel und zog ihn nach unten.*

1 „Was wäre, wenn …?" Hast du dir die Frage auch schon einmal gestellt?
Denke über dich selbst nach und überlege, warum bzw. warum nicht.

→ S. 317:
Merkwissen:
literarisches Gespräch

2 Tauscht euch in einem literarischen Gespräch in der Klasse oder einer
Gruppe über den Text aus. Lest ihn dazu mehrfach und betrachtet einzelne
Textstellen genauer. Besprecht zum Beispiel:
– Was ließ David gerade noch rechtzeitig aufblicken?
– Wer könnte hier erzählen? Wessen Stimme hört man durch die von der
Autorin gewählten Erzählperspektiven?
– Welche Rolle spielt die Sichtweise des einjährigen Bruders für den Text?
– Was könnte der letzte Satz für den Fortgang der Geschichte bedeuten?

 3 Wenn dich interessiert, wie es David gelingt, sein Leben zu ändern, und wie
seine Umwelt darauf reagiert, besorge dir das Buch und lies es.

Präsentationen gestalten

In einer **Präsentation** informiert man andere möglichst anschaulich über ein bestimmtes Thema. Zur **Vorbereitung** einer Präsentation muss man Informationen sammeln und ordnen und übersichtliche Stichpunkte notieren, zum Beispiel auf Karteikarten oder kleinen Zetteln.

Durch **Anschauungsmaterial** gestaltet man den Vortrag interessanter und sorgt dafür, dass die Zuhörerinnen und Zuhörer ihm besser folgen können. Veranschaulichen kann man zum Beispiel mit Übersichten, Karten, Diagrammen, Fotos oder Videos. Man kann den Vortrag auch durch eine PowerPoint-Präsentation unterstützen, in der man die wichtigsten Informationen zusammenstellt und Anschauungsmaterialien zeigt.

1 Wiederhole die Arbeitsschritte zur Vorbereitung und zum Halten einer Präsentation.

Tipp
Recherchiere selbstständig, wenn dir die Schritte nicht mehr geläufig sind.

a Notiere in einer Mindmap die Schritte dazu.

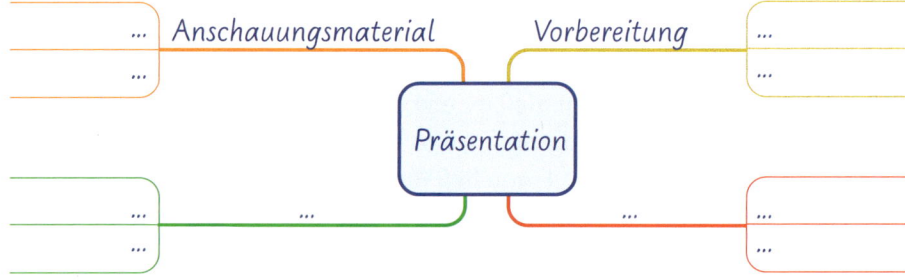

b Vergleicht und ergänzt eure Mindmaps.

2 Jede Zeit bringt außergewöhnliche Menschen hervor.

a Erschließt das folgende Zitat. Stellt Vermutungen darüber an, was die Autorin zu sagen versucht.

„Ich bin schwarz, ich bin eine Frau, ich bin aus den Südstaaten. Schaut mich an und schaut euch an. Warum sollte es irgendetwas geben, was ihr nicht könnt?"
Maya Angelou (Schriftstellerin, 1928–2014)

→ S. 107:
Gewusst wie: Zitieren

b Bereitet eine Präsentation über Maya Angelou vor. Recherchiert im Internet das Leben von Maya Angelou und die Zeit, in der sie gelebt hat. Notiert Stichpunkte in geeigneter Form. Denkt auch an vollständige Quellenangaben.

Eine Gliederung entwerfen

c Ordnet die in Aufgabe b gesammelten Informationen zu Maya Angelou sinnvoll. Arbeitet in einem gemeinsamen Dokument am Computer.

d Sucht Zwischenüberschriften und ergänzt sie in eurem Dokument. Ordnet dann die Unterpunkte und entwerft eine Gliederung eurer Präsentation.

e Überprüft noch einmal, ob alle wesentlichen Informationen enthalten sind.

 3 Eure Präsentation sollte das Publikum von der ersten Minute an fesseln.

a Prüft, ob die folgenden Einleitungen dazu geeignet sind, und begründet eure Einschätzung.

1 Heute halte ich euch einen Vortrag über Maya Angelou.
2 Maya Angelou war eine Bürgerrechtlerin aus den USA.
3 Schauspielerin, Poetin, Tänzerin, Rednerin – aber vor allem eine Frau, die ihre Stimme erhoben hat gegen Rassismus.
4 Ist das nicht ein Widerspruch: Frau, Schwarz und erfolgreich?

b Formuliert eure eigene Einleitung. Ihr könnt dazu eine der folgenden Möglichkeiten wählen.

1 Nutzt aktuelle Beispiele (Zeitung, Internet, …).
2 Zitiert die Aussage einer berühmten Persönlichkeit.
3 Beginnt mit einer rhetorischen Frage[1].
4 Verwendet eine Behauptung, die Widerspruch herausfordert.
5 Bezieht persönliche Erlebnisse ein.
6 Verwendet einen Vergleich.
7 Sucht nach Anekdoten oder kleinen Geschichten.

[1] *die rhetorische Frage:* ein sprachliches (stilistisches) Mittel, eine wirkungsvolle Frage, auf die keine Antwort erwartet wird

Anschauungs-material sammeln und gestalten

 4 Eine Präsentation lebt von Anschaulichkeit.

a Sucht im Internet nach geeignetem Anschauungsmaterial. Prüft, welche rechtlichen Regelungen ihr beachten müsst. Denkt auch daran, vollständige Quellenangaben zu notieren.

b Fügt nun Notizen zu eurem Anschauungsmaterial und eventuell benötigten Medien in euer Dokument aus Aufgabe 2 c (S. 98) ein. Überlegt und notiert, worauf ihr die Aufmerksamkeit der Zuhörenden lenken wollt.

Podcastausschnitt: … – unterstützt die Aussage, dass …
Rede vor Studentinnen und Studenten: … – zeigt, wie …

c Wählt eine der folgenden Formen, um die Inhalte eurer Präsentation für das Publikum anschaulich zu vermitteln. Gestaltet euer Begleitmaterial

1 Präsentationsfolien   4 Memoflip
2 Handout   5 Lernplakat
3 Mindmap   6 Steckbrief

→ **S. 107:**
Gewusst wie: Zitieren

d Wiederholt, was beim Zitieren und Angeben von Quellen zu beachten ist. Prüft, ob ihr alle Quellen vollständig und korrekt angegeben habt.

5 Besonders gelungene Präsentationen beziehen auch das Publikum mit ein.

a Lest dazu die folgenden Informationen.

In der Regel sollte die Rednerin bzw. der Redner das Publikum alle fünf Minuten mit einbeziehen, z. B. durch eine Bitte um Feedback, durch Abstimmungen oder rhetorische Fragen. Das sind Fragen, auf die man keine Antwort erhalten möchte. Dieses sprachliche (stilistische) Mittel verstärkt in erster Linie die Wirkung des Gesagten.

b Überlegt gemeinsam, wie ihr analog und/oder digital euer Publikum mit einbeziehen könnt. Achtet dabei auf den inhaltlichen Bezug. Notiert entsprechende Hinweise in eurem Dokument aus Aufgabe 2 c (S. 98).

 6 Entwerft den Schluss eurer Präsentation.

a Lest im Merkkasten, wie man einen interessanten Schluss gestalten kann.

> Auch der **Schluss** der **Präsentation** soll das Publikum noch interessieren und evtl. zur weiteren Beschäftigung mit der Sache anregen. Hierfür gibt es verschiedene Möglichkeiten:
> * Zusammenfassung des Vortrags durch Formulieren einer Kernaussage, z. B.: *Es ist wichtig, im Leben die eigenen Möglichkeiten auszuschöpfen, wie wir am Beispiel von Maya Angelou gesehen haben.*
> * Aufforderung zum Handeln, z. B.: *Lasst euch von niemandem sagen, dass ihr das nicht könnt. Legt los!*
> * eine Fragerunde anschließen,
> * ein besonderes Bild oder Video zeigen oder
> * für das Interesse danken.

b Formuliert eine Zusammenfassung eurer Präsentation in Form einer Kernaussage.

c Formuliert eine Aufforderung, die sich sinnvoll aus der Präsentation ergibt.

Die Präsentation üben und überarbeiten

 7 Übt eure Präsentation.

a Einigt euch, wer welchen Teil der Präsentation übernimmt, und erprobt den Vortrag mit allen Anschauungsmaterialien ein erstes Mal.

b Tauscht euch darüber aus, was bereits gut gelungen ist und worauf ihr noch besonders achten müsst.

Tipp
Übt vor dem Spiegel oder filmt euch mit dem Smartphone.

c Überlegt, was überarbeitet werden sollte, und ergänzt bzw. ändert eure Notizen und Anschauungsmaterialien.

d Übt eure Präsentation mehrfach. Achtet besonders auf freies Sprechen, Mimik, Gestik und geschickte Überleitungen zwischen den Gliederungspunkten.

8 Stellt eure Präsentationen in der Klasse vor und gebt euch gegenseitig freundliche und motivierende Rückmeldungen (Feedbacks).

9 Bereitet ein Projekt zum Thema „Außergewöhnliche Menschen aus verschiedenen Zeiten" vor.

→ S. 218:
Satzbau und
Zeichensetzung

a Wählt eine außergewöhnliche Persönlichkeit aus und bereitet eine Präsentation über ihr Leben vor, die ihr vor der Klasse haltet. Orientiert euch an der Schrittfolge.

> **So kannst du eine Präsentation vorbereiten**
> 1. Schreibe Fragen auf, die dir zu dem Thema einfallen. Notiere erste Ideen dazu in Stichpunkten.
> 2. Suche zum Beispiel in Bibliotheken oder im Internet Texte und Materialien zum Thema.
> 3. Entnimm den Texten und Materialien alle wichtigen Informationen, notiere sie stichpunktartig. Denke an vollständige Quellenangaben.
> 4. Ordne die Informationen, formuliere Teilüberschriften und entwirf eine Gliederung.
> 5. Notiere Stichpunkte zu allen Gliederungspunkten.
> 6. Bereite alle Anschauungsmaterialien vor (z. B. Bilder, Grafiken, Karten, Präsentationsfolien, Handouts) und ordne sie deinen Stichpunkten zu.
> 7. Formuliere Einleitung und Schluss in knappen Sätzen.
>   - Nenne in der Einleitung das Thema und wecke bei den Zuhörenden Interesse.
>   - Fasse am Schluss das Wesentliche knapp zusammen und bedanke dich für das Interesse.
> 8. Übe deine Präsentation mehrfach und stelle sicher, dass alle benötigten Medien funktionieren. Achte auf freies Sprechen und sinnvolle Erläuterungen zu deinen Folien und Materialien.

→ S. 102:
Gewusst wie:
Aktiv zuhören und
mitschreiben

b Stellt eure Präsentationen im Rahmen eines Projekttages vor. Hört euch gegenseitig aktiv zu und schreibt Wichtiges mit.

c Gebt euch gegenseitig Rückmeldungen (Feedbacks) zu Inhalt und Form der Präsentationen. Nutzt dafür eure Mitschriften.

d Bereitet ausgewählte Präsentationen für eine Ausstellung in der Schule oder eine Dokumentation auf der Schulhomepage auf. Überlegt, welche Darstellungsformen sich jeweils besonders eignen.

9 a Wählt zum Beispiel eine der folgenden Persönlichkeiten.
Albert Einstein (Wissenschaftler) / Amelia Earhart (Flugpionierin) /
Edward Snowden (Whistleblower) / Nelson Mandela (Bürgerrechtler) /
Maria Sibylla Merian (Naturforscherin) / Marie Curie (Wissenschaftlerin)

Aktiv zuhören und mitschreiben

Aktives Zuhören dient dem aufmerksamen und genauen Zuhören und dem besseren Verstehen. Dazu sollte man:
- sich auf das Zuhören vorbereiten,
- die Vortragende bzw. den Vortragenden ansehen,
- Rückmeldungen geben (nicken, den Kopf schütteln, die Stirn runzeln usw.),
- alles Wichtige, besonders Interessante oder Unklare mitschreiben,
- ggf. nachfragen.

Das **Mitschreiben** dient dem aktiven Zuhören und/oder dem gezielten schriftlichen Festhalten von Gehörtem in Abhängigkeit von einem besonderen Interesse an bestimmten Informationen oder einer speziellen Höraufgabe. Dabei kommt es darauf an,
- sich auf das Mitschreiben vorzubereiten,
- konzentriert und gezielt zuzuhören,
- Wesentliches von Unwesentlichem zu unterscheiden,
- Aussagen schnell und genau zusammenzufassen.

Um schnell mitschreiben zu können, sollte man:
- Stichpunkte formulieren, z. B.: *Maya Angelou: US-amerik. Bürgerrechtlerin u. Schriftstellerin, 1928 in Missouri geb.,*
- Abkürzungen verwenden, z. B.: *u., ca., usw.,*
- Zeichen bzw. Symbole wie Pfeile, Gedankenstriche, Nummerierungen, Aufzählungszeichen nutzen, z. B.: *Sängerin u. Tänzerin: tourte 1954–1955 durch Europa → lernte verschiedene Sprachen.*

Abschließend kann man **Wichtiges** verschiedenfarbig **markieren**.

1 Höre bei einer Präsentation in der Klasse aktiv zu und schreibe mit.

a Überlege vor der Präsentation, was du schon zum Thema weißt.

b Bereite dein Blatt für das Mitschreiben vor. Notiere das Thema und lass am rechten Rand ca. 5 cm Platz für Randnotizen, Fragen, Zusammenfassungen und Verweise.

c Höre während der Präsentation aktiv zu und schreibe das Wesentliche mit. Formuliere Stichpunkte und verwende Abkürzungen sowie Zeichen und Symbole.

d Überfliege zum Schluss noch einmal deine Notizen, markiere Wichtiges, korrigiere und ergänze deine Mitschrift.

2 Tauscht eure Mitschriften aus und gebt euch gegenseitig Hinweise zur Verbesserung.

Facharbeiten schreiben

> Eine **Facharbeit** ist eine zusammenhängende Arbeit zu einem ausgewählten **Thema**, in der man unter Beweis stellt, dass man sich mit einem bestimmten Thema intensiv und selbstständig auseinandersetzen kann.
> Zuerst muss man sich **Informationen** zum Thema **beschaffen**, anschließend das gesammelte **Material auswerten** und die **Ergebnisse** in schriftlicher Form geordnet **zusammenstellen**.
> Da das Verfassen einer Facharbeit aufwendig ist, sollte man seine Vorgehensweise langfristig planen.

1 Folgende Arbeitsschritte sind beim Schreiben einer Facharbeit nötig. Ordne sie in der richtigen Reihenfolge.

A Text entwerfen   **B** Material auswerten, Informationen ordnen

C Endfassung erstellen   **D** Material sammeln, Informationen suchen

E Quellenverzeichnis erstellen   **F** Gliederung entwerfen

G Inhaltsverzeichnis schreiben   **H** über das Thema nachdenken

I Text überarbeiten   **J** Selbstständigkeitserklärung verfassen

Das Thema auswählen

2 Bereite eine Facharbeit zum zentralen Thema „Sich für Menschenrechte aktiv einsetzen – früher und heute" vor.

a Grenze das Thema zuerst ein. Lies die Vorschläge und wähle ein Thema aus.

1 Bürgerrechtlerinnen und Bürgerrechtler der USA
2 Suffragetten – Frauen, die zu Beginn des 20. Jahrhunderts für ihr Wahlrecht kämpften
3 Widerstand im Exil während des Zweiten Weltkriegs
4 Flucht – Entscheidung zwischen Leben und Tod

b Tauscht euch in der Klasse über eure Themen aus. Begründet eure Wahl jeweils und bildet thematische Gruppen.

 c Führt ein Brainstorming zum Thema durch. Tauscht euch über eure Ergebnisse anschließend in der Klasse aus. Sammelt ggf. weitere mögliche Themen.

3 Entscheide dich für das Thema deiner Facharbeit.

a Wähle ein Thema aus Aufgabe 2 a aus oder formuliere ein eigenes Thema für deine Facharbeit. Beachte den Bezug zum zentralen Thema aus Aufgabe 2.

b Überlege, welche Frage oder Fragen du zu deinem Thema beantworten möchtest. Schreibe die Frage bzw. die Fragen auf.

c Unterstreiche in deiner Themenstellung und in deinen Fragen Schlüsselwörter.

Material sammeln

4 Sammle Informationen und Material zu deinem Thema.

a Überlege, wo du Informationen und Material für deine Facharbeit erhalten kannst.

b Recherchiere und sammle Informationen zu deinem Thema. Nutze dazu die Schlüsselwörter aus Aufgabe 3 c.

> **So kannst du Informationen recherchieren**
> 1. Stelle Schlüsselwörter für deine Suche in Bibliothekskatalogen und im Internet zusammen.
> 2. Sammle das gefundene Material.
>   • Wähle geeignete Bücher, Zeitschriften sowie Texte aus dem Internet aus und fertige dir Kopien, Scans bzw. Ausdrucke an.
>   • Lege dir auf dem Computer einen Ordner zum Sammeln des Materials an.
>   • Sammle alle Angaben zu den benutzten Büchern, Zeitschriften und Internetseiten (mit Abrufdatum) für das Quellenverzeichnis.
> 3. Lies die Texte und markiere wichtige Textstellen.
> 4. Notiere Stichpunkte zu wichtigen Informationen.

Das Material auswerten

5 Sichte und ordne dein Material.

a Stelle durch überfliegendes Lesen fest, welche Texte und Informationen du genauer auswerten möchtest.

→ **S. 60:**
Gewusst wie: Exzerpte anfertigen

b Lies die ausgewählten Texte und Informationen jetzt gründlich und notiere alle Fakten, die du für deine Facharbeit nutzen kannst.

→ **S. 107:**
Gewusst wie: Zitieren

c Überprüfe, ob du zu allen Texten, Informationen und Anschauungsmaterialien die genauen Quellenangaben notiert hast.

Eine Gliederung entwerfen

6 Ordne nun deine Ergebnisse und erstelle eine Gliederung.

a Denke erneut über das Thema nach und erfasse mögliche Unterthemen in einer Mindmap.

b Ordne die Unterthemen und schreibe eine Gliederung. Orientiere dich an folgendem Merkkasten.

Eine **Facharbeit** muss übersichtlich **gegliedert** sein. Die **Gliederung** muss während des Schreibens der Facharbeit ggf. überarbeitet und angepasst werden. In der Endfassung kann man sie dann als **Inhaltsverzeichnis** nutzen. Zu empfehlen ist eine Dezimalnummerierung, z. B.:

Gliederung		Beispiel	
1	Einleitung	1	Menschenrechte
2	Hauptteil	2	Kampf gegen Rassismus in den 1960er-Jahren
2.1	Teilüberschrift	2.1	Rassentrennung in den USA
2.2	Teilüberschrift	2.2	Kampf gegen Rassentrennung in den USA
2.2.1	Unterthema	2.2.1	Martin Luther King
2.2.2	Unterthema	2.2.2	Rosa Parks
2.2.3	Unterthema	2.2.3	Malcolm X
3	Schluss	3	Ergebnisse des Kampfes gegen Rassentrennung in den USA
4	Fazit	4	Schlussfolgerungen, Ausblick
5	Anhang	5	Anhang: Quellenverzeichnis, Selbstständigkeitserklärung

Einen Entwurf schreiben

7 Verfasse einen Entwurf deiner Facharbeit.

a Entwirf Einleitung, Hauptteil und Schluss. Schreibe am Computer und orientiere dich an deiner Gliederung.

b Ordne den Gliederungspunkten das Anschauungsmaterial zu und füge es sinnvoll in den Text ein.

Wie die Grafik zeigt, ...
Das Diagramm veranschaulicht ...
Auf den Fotos kann man erkennen, dass ...

Den Entwurf überarbeiten

8 Überarbeite den Textentwurf mehrfach an verschiedenen Tagen.

a Überprüfe dabei den Inhalt, den Zusammenhang der Textteile und die logische Aufeinanderfolge der Gliederungspunkte.

b Korrigiere die Wortwahl, den Satzbau, die Zeichensetzung und die Rechtschreibung.

→ **S. 107:**
Gewusst wie: Zitieren

c Prüfe, ob im Text alle Quellen exakt angegeben sind, und bereite das vollständige Quellenverzeichnis vor.

Zur **Facharbeit** gehören:
- ein Deckblatt,
- das Inhaltsverzeichnis,
- der Text und
- der Anhang (Quellenverzeichnis, Selbstständigkeitserklärung).

Der **Umfang** (ohne Anhang) beträgt in der Regel ca. 8–10 Seiten, die nur einseitig bedruckt und nummeriert werden. Man sollte eine gut lesbare Schriftart (Times New Roman, Arial oder Calibri, Schriftgrad 12, Zeilenabstand 1,5 Zeilen) wählen. Der linke Rand beträgt 4 cm, die übrigen jeweils mindestens 2 cm. Die Arbeit wird nach dem Ausdrucken in einen Hefter geheftet oder gebunden. Gegebenenfalls muss man spezielle Vorgaben und Anforderungen aus dem Fachunterricht beachten.

9 Erstelle nun die übrigen Teile deiner Facharbeit.

a Entwirf dein Deckblatt nach dem folgenden Muster am Computer.

Facharbeit
im Fach …
Thema: …
Verfasst von: …   Schuljahr: …
Betreuende Lehrkraft: …   Schule: …

b Nutze das folgende Muster für die Gestaltung deiner eigenen Selbstständigkeitserklärung am Computer.

Selbstständigkeitserklärung
Hiermit erkläre ich, dass ich die vorliegende Facharbeit ohne fremde Hilfe erstellt habe. Ich habe nur die im Quellenverzeichnis angeführten Quellen und Hilfsmittel benutzt. Alle wörtlich oder sinngemäß übernommenen Textteile sind gekennzeichnet.
(Ort, Datum)   (Unterschrift)

 10 Wenn möglich, tauscht eure Facharbeiten als Dateien untereinander aus und prüft sie auf Vollständigkeit, Verständlichkeit und sprachliche Korrektheit. Arbeitet ggf. in der Datei eures Textverarbeitungsprogramms, nutzt zum Beispiel die Kommentarfunktion und die Funktion „Änderungen nachverfolgen".

Was habe ich gelernt?

11 Überprüft, was ihr über das Schreiben von Facharbeiten gelernt habt. Erarbeitet eine Checkliste.

– Deckblatt korrekt und vollständig
– …

Zitieren

Um Herkunft und Wortlaut eines Zitats überprüfbar zu machen, muss man die **Quelle** angeben, innerhalb von Texten oder Präsentationen meist als **Kurzangabe**, das heißt, man nennt nur die Autorin bzw. den Autor, das Jahr der Veröffentlichung des Textes und die Seite.

Immer ist aber auch eine **vollständige Quellenangabe** erforderlich, entweder hinter bzw. unter dem Zitat oder bei längeren Texten bzw. Präsentationen in einem Quellenverzeichnis am Ende.

Bei vollständigen Quellenangaben ist zu unterscheiden:

Zitat aus einem Buch: Name, Vorname: Titel. (evtl. Übersetzung.) Ort: Verlag, Jahr, Seite(n).	*Aus: Favilli, Elena und Cavallo, Francesca: Good Night Stories for Rebel Girls. 100 außergewöhnliche Frauen. Aus dem Englischen von Birgitt Kollmann. München: Carl Hanser Verlag, 2017, S. 144.*
Zitat aus einer Zeitung oder Zeitschrift: Name, Vorname: Titel. Aus: Zeitung/Zeitschrift, Nr. bzw. Datum der Ausgabe, Seite(n).	*Lüken, Verena: Die rasante Maya Angelou: Wie sie zur Stimme der schwarzen Frauen wurde. Aus: EMMA, 4/2022 (Juli/August), S. 86.*
Zitat aus dem Internet: Name, Vorname (wenn vorhanden): Titel. Online im Internet: Internetadresse [Datum des Abrufs].	*Sickert, Maxi: Ein gefangener Vogel will singen. Online im Internet: https://www.zeit.de/online/2005/52/maxjazz [20.11.2023]. Maya Angelou. Online im Internet: https://www.suhrkamp.de/person/maya-angelou-p-15073 [20.11.2023].*

1 Suche in deinem Sprach- und Lesebuch nach Beispielen für die verschiedenen Möglichkeiten des Zitierens.

2 Wähle aus dem Text „Klimawandel einfach erklärt!" (Aufgabe 1a, S. 48) drei verschiedene Zitate aus. Notiere sie mit vollständiger Quellenangabe und mit Kurzangabe der Quelle.

Linn Skåber

Being Young – Uns gehört die Welt (Auszug)

Was ist das Beste an der Zeit zwischen Kindheit und Erwachsensein – und was das Schlimmste? […] Die preisgekrönte norwegische Autorin Linn Skåber hat Teenager zu ihrem Leben befragt. Aus diesen Interviews ist eine beeindruckende Sammlung von authentischen, literarischen Monologen geworden […].

27 Ich will nicht mehr

5 Ich bring das nicht mehr. Scheiß auf den ganzen Kram. Ich bin fertig. Will sie nicht. Stell sie auf den Flur. Du kannst sie haben. Hol sie nach dem Wochenende ab, oder am liebsten noch vorher.

Gebrauchte Jugendzeit, in gutem Zustand. Bei Abholung gratis.

Es ist nicht viel. Nur das hier. Alles, was du hier siehst. Kriegst du doch ins
10 Auto rein. Zwei oder drei Kartons, einige Sneakers-Paare, ein paar unbenutzte Freitagabende und ein Geschenkgutschein für Zara. Nimm den Kram einfach. Ich werde ihn doch nicht benutzen.

Das heißt, der eine Karton ist schwer. Dieser hier. Den müsst ihr sicher zu mehreren tragen. Sogar zu ziemlich vielen. Das ist der, auf dem „Erwartun-
15 gen" steht. Ich habe „vorsichtig" daraufgeschrieben, hier hinten, denn der Inhalt ist so leicht zerbrechlich, aber Scheiß drauf, das meiste ist ohnehin schon kaputt.
Du kannst vielleicht versuchen, es zu kleben? Vielleicht kannst du es wieder zusammensetzen? Als es neu war, war es ziemlich schön. Einmal war es
20 ziemlich schön.
Wenn du eines Abends nichts Besseres zu tun hast, zum Beispiel, und den Karton auf deinem Küchenboden auskippst und zusammensetzt, wie ein Puzzlespiel, kannst du sicher ein Gespür dafür kriegen, wie cool es war, wie neu es war. Einmal.
25 Es wird ja nie wieder wie neu, das ist dir und mir klar, aber wenn du vorsichtig und neugierig bist, kannst du die Stücke vorsichtig zusammensetzen, und du wirst Freitagnachmittage hervortreten sehen, Freunde, die vielleicht anrufen, Feste, zu denen ich vielleicht eingeladen werde, die Leute, die lächeln und von denen ich denke, sie hätten Interesse, Träume, die ich für
30 unerreichbar hielt, und die Sprungschanze hinten im Wald, wo ich dachte, ich würde küssen können. Alles ist da, nur in Scherben.

Ich bin nicht zu Hause, wenn du kommst. Ich bin in der Stadt unterwegs. Das bin ich oft. Gehe gegen sieben weg, und dann gehe ich einfach, bis ich das gelbe Licht sehe. Das gelbe Licht.
35 Es ist natürlich am besten, wenn es im Erdgeschoss ist. Dann brauche ich mich nur ein bisschen zu recken, um hineinzuschauen, aber ab und zu hatte ich auch schon gute Augenblicke im ersten oder im zweiten, aber dann

brauche ich einen Hang oder eine Felskuppe oder so – also etwas, auf dem ich stehen kann, meine ich. Und dann kommen die Gäste. Die Frauen haben

40 sich oft die Haare hochgesteckt, weil Freitag ist. Und man kann durch das Fenster sehen, dass sie gut riechen und höflich zueinander sind, sie küssen sich gegenseitig auf beide Wangen, und dann halten sie sich gegenseitig fest, an den Ellbogen, so als freuten sie sich so über das Wiedersehen, dass sie nicht loslassen wollen. Dann lassen sie doch los und bekommen hohe

45 Gläser mit etwas Perlendem und gelb Leuchtendem. Ich gehe dann immer ein Stück weiter, um besser sehen zu können, denn in der Regel gehen sie jetzt in ein anderes Zimmer. Es ist unglaublich, wie schön Licht sein kann, wenn es von den riesigen Kronleuchtern kommt. Gelb. Gelbes Licht. Und nun fangen sie an, am Tisch miteinander zu reden, und ich würde viel dafür

50 geben, im Haus zu sein und zu hören, was sie sagen, aber ich kann ja raten. Ich glaube, sie reden über Bücher, die sie gelesen, und über Theaterstücke, die sie gesehen haben, und über Krieg und Politik und Ex-Männer und Träume und Gefühle und Italien und Käse und Trump und ihre Arbeit.
Und niemand weint und hält anderen die Haare aus dem Gesicht, weil sie

55 kotzen, und niemand geht von anderen weg und lässt sie allein da stehen, und niemand findet andere blöd, weil sie vielleicht etwas Dummes gesagt haben, und niemand ruft am nächsten Tag nicht an.
Die sind nur ganz normal. Erwachsen.

60 Wer sagt, dass man muss? Wer entscheidet das? Ich will diese Jugendzeit nicht. Ich glaube, bei jemand anderem wird sie es besser haben. Sie steht da und sieht mich an wie eine dicke englische Bulldogge, mit sabbernder Schnauze und erwartungsvollem Blick: „Können wir eine Runde drehen? Können wir eine lustige Runde drehen? Passiert bald was? Passiert nicht bald mal was?"

65 Nein, tut es nicht. Rein gar nichts passiert. Mein Telefon klingelt nicht, die Uhr steht still, und das Wochenende ist eine zähe, bewegungslose Masse.

Mama und Papa glauben, ich bin auf einem Fest. Mama und Papa wissen nicht, dass ich aufgegeben habe. Sie wissen nichts von den Kartons, die ich nicht will, von der Bulldogge, die sabbert, von den Mädchen, die nicht anru-
70 fen, und von der ewigen Sehnsucht nach Gesprächen und gelbem Licht.

Jetzt gibt es da drinnen bald Nachtisch. Bald werden sie etwas servieren, für dessen Zubereitung sie lange gebraucht haben, und in die Hände klatschen und die Gastgeberin anlächeln.
Mein Telefon zeigt keine verpassten Anrufe, und es ist erst neun.

75 Nimm doch die Kartons, bitte. Nimm die Kartons, den Hund und die vielen Scherben. Ich gehe nach Hause und ins Bett und hoffe, dass ich wachse.

Schnell.

1 Welche Gedanken und Gefühle löst dieser Text bei dir aus? Was kannst du nachempfinden, was nicht? Formuliere erste Eindrücke.

2 Lies den Text noch einmal und stelle Vermutungen an, an wen sich die Stimme der Jugendlichen bzw. des Jugendlichen richten könnte. Begründe deine Annahmen.

3 Erkläre die Situationen, in der sich die literarische Figur befindet, und überlege, in welcher Stimmung sie ist. Begründe mithilfe von Textstellen.

4 Überlege, was der Text mit dem Titel des Buches „Being Young – Uns gehört die Welt" zu tun hat. Erläutere, ob und wie der Text für dich zu diesem Titel passt.

5 Wenn dich interessiert, wie andere Jugendliche auf ihr Leben blicken, besorge dir das Buch von Linn Skåber und lies es.

Amanda Gorman (geb. 1998)

Den Hügel hinauf (Auszug)

[…]
Sicher, es läuft längst nicht so prächtig, längst nicht perfekt,
was nicht heißt, dass wir den vollkommenen Bund zu schließen suchen.
Wir streben vielmehr nach Verbundenheit,
5   gemeinsamen Perspektiven und Zielen.
Ein Land für Menschen aller Art,
jeder Kultur und Lage, jeden Schlags.
Und so lenken wir den Blick nicht auf das,
was zwischen uns steht,
10 sondern auf das, was vor uns liegt.
Wir schließen die Gräben,
weil wir begreifen:
Soll an erster Stelle die Zukunft stehen,
müssen wir erst
15 von unseren Differenzen absehen.
Wir wollen nicht die Hand gegeneinander erheben,
sondern einander die Hände reichen.
Wir wollen ohne Hader in Harmonie leben.
Lasst die Welt wenigstens dies bezeugen:
20 Bei allem Gram, wir sind gewachsen.
Bei aller Not, wir haben gehofft.
Bei aller Ermüdung, wir haben uns bemüht.
Wir bleiben verbunden, werden überwinden.
Nicht weil keine Niederlagen mehr zu fürchten wären,
25 sondern weil wir nie wieder Zwietracht säen werden. […]*

1 Tauscht euch darüber aus, welche Bilder und Gefühle beim Lesen entstehen. Was ist ungewöhnlich oder wirft Fragen auf?

2 Lest den Ausschnitt noch einmal. Überlegt, wer das lyrische *Ich* sein könnte und welche Gedanken und Gefühle das lyrische *Ich* bewegen.

3 Die Dichterin spricht von *wir*. Tauscht euch darüber aus, wer das sein könnte.

→ **S. 238:**
Sprachliche
(stilistische) Mittel

4 Die Dichterin arbeitet mit sprachlichen (stilistischen) Mitteln. Suche sie heraus und erläutere Inhalt und Wirkung.

 5 Recherchiert im Internet Informationen zum Gedicht und zur Autorin. Besprecht, wie das euer Verständnis und die Deutung des Textes beeinflusst.

Frances Andreasen Østerfelt, Anja C. Andersen, Anna Blaszczyk

Marie Curie

Ein Licht im Dunkeln (Auszug)

Kapitel 1: 1867–1884

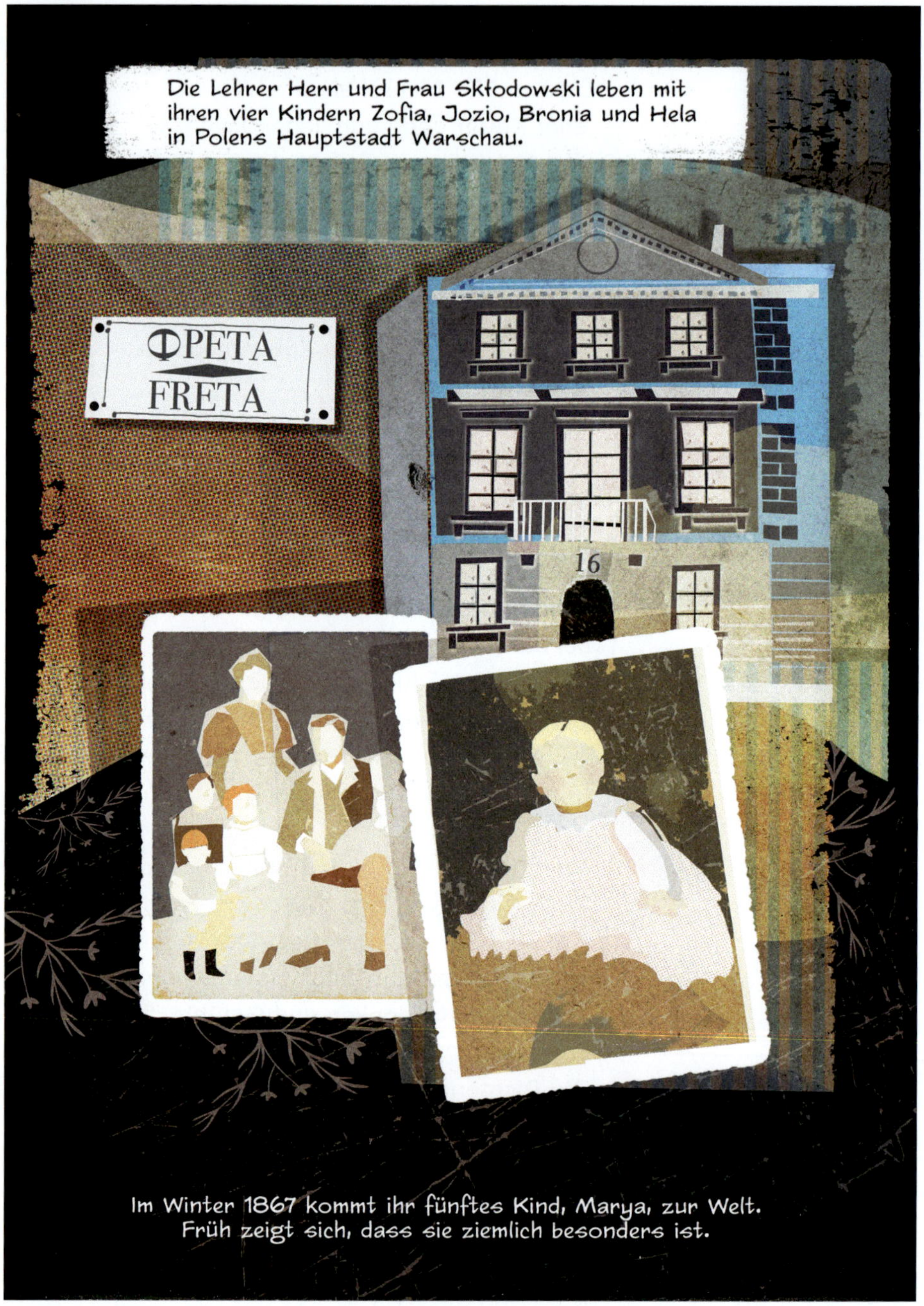

Die Lehrer Herr und Frau Skłodowski leben mit ihren vier Kindern Zofia, Jozio, Bronia und Hela in Polens Hauptstadt Warschau.

ΦPETA
FRETA

16

Im Winter 1867 kommt ihr fünftes Kind, Marya, zur Welt. Früh zeigt sich, dass sie ziemlich besonders ist.

Schon mit vier Jahren kann sie lesen,
später hilft sie ihren älteren Geschwistern
bei den Hausaufgaben.

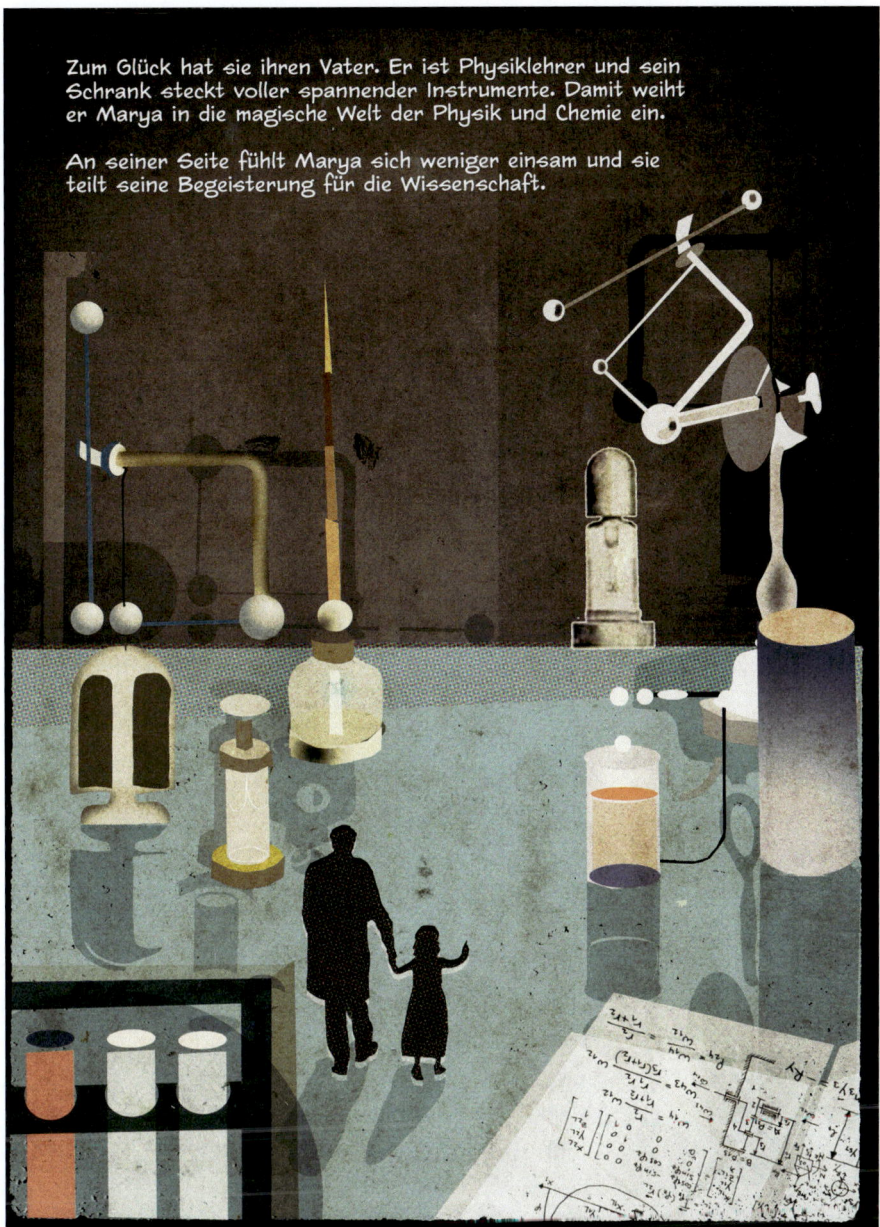

Zum Glück hat sie ihren Vater. Er ist Physiklehrer und sein Schrank steckt voller spannender Instrumente. Damit weiht er Marya in die magische Welt der Physik und Chemie ein.

An seiner Seite fühlt Marya sich weniger einsam und sie teilt seine Begeisterung für die Wissenschaft.

1 Tauscht euch über eure ersten Gedanken zur Graphic Novel aus.

2 Untersuche die Gestaltung der Graphic Novel. Was erzählt der Text mit welchen Mitteln und was erzählen die Bilder mit welchen Mitteln?

3 Entwirf für Marya einen inneren Monolog, in dem sie ihre Gedanken an ihre Mutter richtet. Beachte die Situation und die Gefühle des Kindes Marya.

4 Recherchiere den Lebenslauf von Marie Curie und bereite eine Präsentation über die Wissenschaftlerin vor.

Epische Texte hören und lesen

Epische Texte analysieren und interpretieren

 1 Analysiert und interpretiert eine Kurzgeschichte.

a Wiederholt zuerst, was ihr über Kurzgeschichten und die Analyse von epischen Texten wisst.

b Lest den folgenden Text oder lasst ihn euch vorlesen, wenn möglich.

Lew Tolstoi (1828–1910)

Der Sprung

Eine wahre Geschichte

Ein Schiff hatte eine Weltreise gemacht und war auf dem Weg nach Hause. Es war windstilles Wetter, und die ganze Besatzung befand sich auf Deck. Inmitten der Menge tollte ein großer Affe herum und amüsierte alle. Der Affe turnte, sprang hin und her, schnitt Grimassen und äffte die Menschen nach:
5 Man sah, er wusste, dass sich alle über ihn amüsierten, und er geriet dadurch noch mehr außer Rand und Band.
Er sprang an einen zwölfjährigen Jungen, den Sohn des Kapitäns, heran, riss ihm den Hut vom Kopf, setzte ihn sich selbst auf und kletterte geschwind auf den Mast. Alle lachten, und nur der ohne Hut gebliebene Junge wusste
10 nicht, ob er lachen oder sich ärgern sollte.
Der Affe setzte sich auf die unterste Rahe[1] des Mastes, nahm den Hut ab und begann mit Zähnen und Pfoten daran zu zerren. Er schien den Jungen necken zu wollen, zeigte auf ihn und schnitt ihm Grimassen. Der Junge drohte dem Affen und schrie ihn an, doch der Affe zerrte daraufhin nur noch wüten-
15 der am Hut. Die Matrosen bogen sich vor Lachen, aber der Junge bekam einen roten Kopf, warf seine Jacke ab und kletterte auf den Mast, dem Affen nach. Er hatte am Tau im Nu die unterste Rahe erklommen, aber im selben Augenblick, als er nach dem Hut greifen wollte, kletterte der Affe noch behänder und schneller als der Junge weiter nach oben.
20 „Warte nur, ich kriege dich schon!", schrie der Junge und kletterte höher. Der Affe lockte ihn wieder heran und kletterte dann noch höher hinauf; aber der Junge war jetzt in Wut geraten und blieb dem Affen auf den Fersen. So gelangten der Affe und der Junge in wenigen Augenblicken bis an die oberste Rahe. Nun streckte sich der Affe in seiner ganzen Länge aus, um-
25 klammerte mit der Hinterpfote das Tau und hängte den Hut am Ende der Rahe auf; dann kletterte er auf die Mastspitze, schnitt von dort Grimassen, fletschte die Zähne und freute sich. Vom Mast bis zum Ende der Rahe, wo der Hut hing, waren es zwei Arschin[2], sodass der Junge ihn unmöglich erreichen konnte, ohne den Mast und das Tau loszulassen.

[1] *die Rahe:* eine waagerechte Stange am Mast, an der ein Segel befestigt wird

[2] *der Arschin:* ein altes russisches Längenmaß, entspricht 71,1 cm

30 Aber der Junge war immer mehr in Wut geraten. Er ließ den Mast los und
betrat die Rahe. Vom Deck hatten alle zugesehen und darüber gelacht, was
der Affe und der Kapitänssohn anstellten; doch jetzt, als der Junge das Tau
losließ und mit nach beiden Seiten ausgebreiteten Armen die Rahe betrat,
erstarrten alle vor Entsetzen.

35 Nur ein Fehltritt – und er würde abstürzen und auf dem Deck zerschmettert
werden. Aber selbst dann, wenn er nicht fehltreten sollte und es ihm gelingen würde, bis an das Ende der Rahe zu kommen und den Hut an sich zu
nehmen – selbst dann würde es für ihn schwer sein, sich umzudrehen und bis
zum Mast zurückzugehen. Alle blickten schweigend hinauf und warteten,

40 was werden würde.

Plötzlich stieß jemand in der Menge
vor Entsetzen einen leisen Schrei aus.
Der Junge kam bei diesem Schrei zur
Besinnung, warf einen Blick nach
45 unten und begann zu schwanken.
In diesem Augenblick kam der
Kapitän des Schiffes, der Vater des
Jungen, aus seiner Kajüte aufs Deck.
Er brachte ein Gewehr mit, um
50 Möwen zu schießen. Als er seinen
Sohn auf dem Mast sah, legte er
schnell das Gewehr auf ihn an und
schrie ihm zu: „Ins Wasser! Spring
sofort ins Wasser! Sonst erschieße
55 ich dich!" Der Junge schwankte,
verstand aber nicht, was der Vater
rief. „Springe, oder ich erschieße
dich! … Eins, zwei …" Und im selben Augenblick, als der Vater „drei"
60 rief, sprang der Junge kopfüber
ins Meer.

Der Körper schlug wie eine Kanonenkugel klatschend aufs Wasser auf, und
die Wellen waren kaum über ihm zusammengeschlagen, da stürzten sich
auch schon zwanzig beherzte Matrosen vom Schiff ins Meer. Nach etwa
65 vierzig Sekunden – sie schienen allen endlos zu sein – tauchte der Körper des
Jungen wieder auf. Er wurde ergriffen und aufs Schiff gezogen. Nach einigen
Minuten ergoss sich aus dem Mund und der Nase des Jungen Wasser, und er
begann zu atmen.
Als der Kapitän dies sah, stieß er plötzlich einen Schrei aus, als müsste er
70 ersticken, und lief in seine Kajüte, damit niemand sah, wie er weinte.

c Tauscht euch darüber aus, warum es sich bei dem Text um eine Kurzgeschichte handelt. Besprecht eure ersten Überlegungen dazu.

Beim **Erschließen (Analysieren) epischer Texte** (Texte der **Gattung Epik**) muss man Inhalt und Form untersuchen, um daraus Aussagen und mögliche **Deutungen (Interpretationen)** abzuleiten. Dazu betrachtet man:
- die **Handlung**, indem man:
  – das zentrale Thema bzw. das (zu lösende) Problem bestimmt,
  – Handlungsschritte (zur Lösung des Problems) untersucht,
  – Handlungsorte und Handlungszeiten ermittelt,
- die **Figuren**, indem man:
  – äußere Merkmale (Gesamterscheinung, Einzelheiten, Besonderheiten),
  – innere Merkmale (Gedanken, Gefühle, Verhaltensweisen) ermittelt,
- die **Gestaltungsmittel**, indem man:
  – die **Erzählperspektive** ermittelt, z.B.: ob eine *Ich*-Erzählerin bzw. ein *Ich*-Erzähler oder eine *Sie*-Erzählerin bzw. ein *Er*-Erzähler spricht,
  – die **Zeitgestaltung** untersucht, z.B.: die Abfolge der Handlung (Rückblende, Vorausdeutung) und die Erzählgeschwindigkeit (Zeitraffung, Zeitdehnung),
  – die **sprachlichen (stilistischen) Mittel** bestimmt, z.B.: bildhafte Vergleiche und Bezeichnungen, z.B.: *kalt wie Eis, Hütte*, Metaphern, z.B.: *ein Blumenmeer*, abwechslungsreiche und genaue Bezeichnungen (Synonyme, Verben, Adjektive), z.B.: *schnell – hastig – eilig, flüstern, murmeln, riesig*, Personifizierungen, z.B.: *Freude ergriff von ihm Besitz.*

→ S.306:
Merkwissen:
erzählerisches Mittel

 2 Untersucht nun den Text aus Aufgabe 1b (S. 116) genauer.

Tipp
Notiert eure Untersuchungsergebnisse stichpunktartig.

a Lest den Text erneut und untersucht, wann und wo die Handlung stattfindet. Stellt ggf. Vermutungen an und belegt eure Aussage mithilfe von Textstellen.

b Tragt die wichtigsten Handlungsschritte zusammen. Formuliert sie möglichst kurz und genau.

c Untersucht die äußeren und inneren Merkmale der Figuren in der Kurzgeschichte. Tauscht euch darüber aus, wie ihr euch die Figuren vorstellt.

d Bestimmt, aus wessen Perspektive das Geschehen erzählt wird. Besprecht die Wirkung, die eurer Meinung nach davon ausgeht.

→ S.238:
Sprachliche
(stilistische) Mittel

e Untersucht, wie erzählt wird. Achtet vor allem auf die Wirkung sprachlicher (stilistischer) Mittel und die Mittel der Zeitgestaltung.

f Erklärt die Bedeutung des Schlusses der Kurzgeschichte und mögliche Wirkungen auf Leserinnen und Leser. Stellt Vermutungen an, welche Absicht der Autor der Geschichte verfolgt.

g Überprüft eure Einschätzung aus Aufgabe 1c (S.117). Begründet, dass es sich bei diesem Text um eine typische Kurzgeschichte handelt.

Eine Inhaltsangabe schreiben

3 Schreibe eine Inhaltsangabe zur Kurzgeschichte aus Aufgabe 1b (S. 116).

a   Wiederhole, was beim Verfassen einer Inhaltsangabe zu beachten ist.

Tipp
Die Quelle findest du im Quellenverzeichnis (S. 353).

b   Notiere den Autor und den Titel des Textes, die Textsorte, ggf. das Erscheinungsjahr, die Quelle und das Thema des Textes.

Autor: Lew Tolstoi   Titel: ...

c   Notiere Stichpunkte zu Handlungsort, -zeit und zu den wichtigsten Figuren. Nenne das zentrale Problem und die Handlungsschritte zu seiner Lösung.

d   Notiere Stichpunkte zu Besonderheiten des Textes wie zum Beispiel offene Fragen, die Lehre oder den Bezug zur Überschrift.

e   Schreibe nun einen Entwurf deiner Inhaltsangabe zur Kurzgeschichte. Lass einen breiten Rand für die Überarbeitung.

In der Kurzgeschichte „Der Sprung" von ...

f   Überarbeite deinen Entwurf und schreibe die Endfassung. Achte besonders auf knappe Formulierungen, Tempusformen (Zeitformen) und indirekte Rede.

4 Schreibe eine weitere Inhaltsangabe. Wähle Aufgabe a oder b.

●○○ a   Stelle dir vor, du möchtest die Fabel „Der Besitzer des Bogens" (Lesestoffe, S. 135) für das Literaturfest eurer Schule vorschlagen. Schreibe eine Inhaltsangabe. Orientiere dich am Vorgehen in den Aufgaben 2 und 3.

●●○ b   Stelle dir vor, du möchtest eine Geschichte für das Literaturfest an eurer Schule vorschlagen. Wähle aus den Lesestoffen einen epischen Text aus und schreibe dafür eine Inhaltsangabe. Nutze die Schrittfolge.

> **So kannst du eine Inhaltsangabe schreiben**
> 1. Denke über die Schreibaufgabe nach: Für wen und zu welchem Zweck fasst du den Inhalt zusammen?
> 2. Analysiere (erschließe) den Text gründlich.
> 3. Schreibe einen Entwurf. Lass einen breiten Rand zum Korrigieren.
>   • Nenne in der Einleitung die Autorin bzw. den Autor, den Titel und die Textsorte, evtl. das Erscheinungsjahr, die Quelle und das Thema.
>   • Stelle im Hauptteil dar, wer erzählt, nenne die Hauptfiguren, evtl. wichtige Nebenfiguren, Handlungsorte und -zeiten. Formuliere das zentrale Problem und die Handlungsschritte zu dessen Lösung.
>   • Fasse zum Schluss die Besonderheiten des Textes zusammen.
> 4. Überarbeite den Entwurf und schreibe die Endfassung.

Was habe ich gelernt?

5 Überprüfe, was du über das Analysieren eines epischen Textes gelernt hast. Stelle die Arbeitsschritte, die zur Analyse gehören, anschaulich dar.

Textbeschreibungen zu epischen Texten verfassen

In einer **Textbeschreibung** werden die Ergebnisse der Analyse epischer Texte zusammenhängend dargestellt. Eine Textbeschreibung gibt Auskunft über den Inhalt und die Besonderheiten (Form, Sprache) eines Textes. Die jeweils getroffenen Aussagen zum Text belegt man mit **Zitaten**. Eine Textbeschreibung sollte folgende **Bestandteile** aufweisen:

Einleitung:
- Name der Autorin bzw. des Autors,
- Textsorte, z. B.: *Kurzgeschichte, Erzählung, Roman*,
- Titel und Thema,

Hauptteil:
- Inhaltsangabe,
- Aufbau des Textes,
- Besonderheiten der Handlungsgestaltung,
- Erzählperspektive,
- wichtige Figuren und deren Merkmale,
- sprachliche (stilistische) Besonderheiten,
- Zeitgestaltung,
- Wirkung weiterer Gestaltungsmittel,

Schluss:
- eigene Meinungen, Gedanken, Gefühle, eventuell Leseempfehlung,
- weitere Auskünfte zur Autorin bzw. zum Autor und ggf. auch zur Entstehungsgeschichte des Textes.

1 Tauscht euch in der Klasse darüber aus, was eine Textbeschreibung von einer Inhaltsangabe unterscheidet.

 2 Wiederholt mithilfe des Merkkastens auf S. 58, was ihr über eine Textbeschreibung zu Sachtexten wisst. Besprecht, was bei einer Textbeschreibung zu literarischen Texten gleich und was anders ist.

Eine Textbeschreibung entwerfen

3 Verfasse eine Textbeschreibung zur Kurzgeschichte „Der Sprung" aus Aufgabe 1 b (S. 116). Schreibe zuerst einen Entwurf.

a   Lies die Kurzgeschichte noch einmal und entwirf die Einleitung.

Tipp
Nutze deine Ergebnisse aus den Aufgaben 2 und 3 (S. 118–119).

b   Beginne den Hauptteil deines Entwurfs mit einer kurzen Inhaltsangabe.

c   Stelle Besonderheiten der Handlung und des Aufbaus dar. Benenne die Erzählperspektive und beschreibe deren Wirkung.

d   Stelle dar, was man über die Figuren der Kurzgeschichte erfährt und wodurch man es erfährt. Führe geeignete Textstellen als Zitate an.

e   Benenne die sprachlichen Besonderheiten des Textes.

f Nenne Beispiele der Zeitgestaltung und erläutere, welche Bedeutung sie für die Geschichte haben.

g Formuliere eine eigene Meinung zum Text oder eine Leseempfehlung.

 h Überlege, ob du Informationen zum Autor oder zur Entstehungsgeschichte der Geschichte ergänzen solltest. Recherchiere ggf. und ergänze sie.

Eine Textbeschreibung überarbeiten

4 Überarbeite nun deinen Entwurf.

a Lies deinen Entwurf gründlich und prüfe, ob alle Aussagen richtig und ausreichend belegt sind. Achte besonders auf eine knappe Inhaltsangabe und genaue Angaben zu Handlungsschritten und Figuren.

b Prüfe, ob deine sprachlichen Formulierungen passend und verständlich sind. Achte auch auf die Tempusformen (Zeitformen) und die Verwendung von direkten Zitaten.

→ **S. 236:**
Mittel der
Satzverknüpfung

c Prüfe, ob die Sätze und Textteile sinnvoll miteinander verknüpft sind.

d Schreibe die Endfassung deiner Textbeschreibung.

Eine Textbeschreibung verfassen

5 Verfasse eine weitere Textbeschreibung. Wähle Aufgabe a oder b.

●○○ **a** Lies die Erzählung „Die Brücke" (Lesestoffe, S. 130–133). Entwirf deine Textbeschreibung. Orientiere dich am Vorgehen in den Aufgaben 3 und 4.

●●○ **b** Lies die Erzählung „Die Brücke" (Lesestoffe, S. 130–133) und verfasse eine Textbeschreibung dazu. Orientiere dich dabei an der Schrittfolge.

> **So kannst du eine Textbeschreibung zu epischen Texten verfassen**
> 1. Lies den Text und lass ihn auf dich wirken. Notiere deinen ersten Eindruck.
> 2. Lies den Text mehrmals und untersuche gründlich seinen Inhalt, die Form und sprachliche Besonderheiten. Notiere wichtige Textstellen als Zitate.
> 3. Verfasse einen Entwurf deiner Textbeschreibung.
>   • Schreibe die Einleitung.
>   • Beginne den Hauptteil mit der Inhaltsangabe und formuliere dann die Ergebnisse deiner Analyse.
>   • Schreibe den Schluss.
> 4. Überarbeite den Entwurf und schreibe die Endfassung.

Was habe ich gelernt?

6 Fasse die wichtigsten Merkmale von Inhaltsangabe und Textbeschreibung in einer Tabelle zusammen.

5a Nutze zum Beispiel den folgenden Beginn.
Die Erzählung „Die Brücke" von Reinhold Ziegler wurde 2001 erstmals veröffentlicht, und zwar in seinem Erzähl- und Gedichtband „Der Straßengeher" (Verlag Beltz & Gelberg, Weinheim). Die Geschichte handelt von …

Interpretationen zu epischen Texten verfassen

Das Ziel einer **Interpretation** ist es, mögliche Aussagen eines literarischen Textes herauszuarbeiten, d.h., den Text zu **deuten (interpretieren)**. Diese Deutungen müssen durch Textstellen (Zitate) belegt werden. Eine gründliche **Analyse** des Textes ist die Voraussetzung für das Verfassen einer Interpretation. Eine Textinterpretation schreibt man im Präsens. Sie sollte folgende **Bestandteile** aufweisen:

Einleitung:
- Name der Autorin bzw. des Autors, evtl. biografische Daten,
- Textsorte, Titel, Thema sowie erster Eindruck vom Text,

Hauptteil:
- kurze Inhaltsangabe,
- Interpretationshypothese(n)[1] zum Gesamttext: zusammenfassende Annahme(n) bzw. Deutung(en) zu zentralen Botschaften bzw. Aussagen,
- Begründung der Interpretationshypothese(n) durch: Darstellung und Deutung von Besonderheiten der Handlungs-, Orts-, Zeit- und Figurengestaltung und der Erzählperspektive, Darstellung und Deutung besonderer sprachlicher (stilistischer) Mittel und deren Wirkung,

Schluss:
- eigene Meinung zu dem in der Geschichte Dargestellten,
- Bezug zum eigenen Leben.

[1] *die Interpretationshypothese:* eine noch unbelegte Annahme für die Interpretation

 1 Vergleicht Textbeschreibung und Textinterpretation miteinander. Erklärt, was sie unterscheidet.

Eine Textinterpretation verfassen

2 Bereite eine Interpretation des Textes „Die Brücke" (Lesestoffe, S. 130–133) vor.

 a Setzt euch mit dem Text auseinander. Beantwortet die folgenden Fragen.

1 Welche Empfindungen, Gedanken und Gefühle weckt der Text?
2 Warum spricht euch die Erzählung (nicht) an?
3 Wodurch wird diese Wirkung eurer Meinung nach ausgelöst?
4 Welches Thema behandelt der Text?
5 Was wird auf der Brücke über die Vater-Sohn-Beziehung deutlich?
6 Warum sagen beide, dass sie von der Brücke „runtergeguckt" haben?
7 Warum handelt es sich bei der Brücke um eine Metapher?

Tipp
Achte auf die sinnvolle Einbindung und richtige Kennzeichnung von Zitaten.

b Wähle einige dir besonders wichtig erscheinende Textstellen aus und formuliere mögliche Deutungen dazu.

Die Beschreibung der Gangart des Vaters weist auf Gemeinsamkeiten zwischen Vater und Sohn hin: „Jan [...] bemerkte wie zum ersten Mal auch bei ihm (seinem Vater) dieses merkwürdige Schlenkern der Arme, für das er selbst so oft gehänselt wurde" (Z. 18–20). ...

c Überlege, welche Deutungen sich aus dem Gesamttext ableiten lassen. Formuliere eine oder mehrere Interpretationshypothese(n) zum Gesamttext.

Der Text zeigt insgesamt, dass …

d Überlege, wie sich deine Interpretationshypothese(n) begründen lassen. Notiere Stichpunkte. Beachte dabei die Handlungs-, Orts- und Zeitgestaltung, die Erzählperspektive und die Sprache der Erzählung.

Tipp
Nutze die Ergebnisse deiner Textbeschreibung (Aufgabe 5, S. 121).

3 Entwirf deine Interpretation.

a Verfasse die Einleitung.

Reinhold Zieglers Erzählung „Die Brücke" von 2001 überrascht vor allem durch …

b Schreibe den Hauptteil. Orientiere dich am Merkkasten auf S. 122 und beginne mit einer kurzen Inhaltsangabe.

c Verfasse den Schluss deiner Interpretation.

Der Text handelt von …

 d Vergleicht eure Entwürfe, überarbeitet sie und schreibt Endfassungen.

4 Verfasse eine weitere Interpretation. Wähle Aufgabe a oder b.

●●○ **a** Verfasse eine Interpretation der Fabel „Die ungleichen Regenwürmer" (Lesestoffe, S. 135). Orientiere dich dabei an der Schrittfolge.

> **So kannst du eine Textinterpretation verfassen**
> 1. Lies den Text und notiere deine Gedanken beim Lesen.
> 2. Untersuche den Text (Textanalyse).
>   - Fertige Notizen zum Inhalt an. Auf einer Textkopie kannst du wichtige Wörter und Textpassagen markieren.
>   - Untersuche den Text auf Besonderheiten. Analysiere Handlung, Aufbau, Erzählperspektive, Figuren, Sprache und Zeitgestaltung. Bestimme die Textsorte.
>   - Untersuche die Wirkung der Besonderheiten auf die Leserinnen und Leser.
> 3. Formuliere Deutungsansätze zu einzelnen Textstellen und eine zusammenfassende Interpretationshypothese zum Gesamttext. Notiere auch offene Fragen und Unklarheiten.
> 4. Ordne deine Notizen und schreibe einen Entwurf.
> 5. Überarbeite den Entwurf und schreibe die Endfassung.

●●● **b** Wähle aus den Lesestoffen (S. 130–135) einen kurzen epischen Text aus und verfasse eine Interpretation dazu.

Erzählen

Geschichten um- und weiterschreiben

> Das **Um- oder Weiterschreiben von Erzählungen** kann sowohl zum
> besseren Verstehen von Geschichten als auch zur Weiterentwicklung der
> eigenen Erzählfähigkeit und Erzählfreude beitragen. Dazu ist es erforder-
> lich, sich gründlich mit dem vorliegenden Text auseinanderzusetzen und
> den eigenen Text sinnvoll zu planen.
> Beim **Weiterschreiben** von Geschichten sollten sich Inhalt und Sprache
> möglichst reibungslos an den Beginn anschließen. Die Fortsetzung sollte
> dem Originaltext in Wortwahl und Satzbau ähneln. Immer muss die
> Geschichte logisch aufgebaut, einleuchtend und glaubhaft sein.
> Man kann Geschichten **umschreiben**, indem man zum Beispiel den Schluss
> oder einzelne Ereignisse und Handlungen ändert, innere Monologe oder
> Tagebucheinträge der Figuren verfasst, neue Figuren einfügt und/oder aus
> verschiedenen Perspektiven erzählt.

1 Bereite das Weiterschreiben eines Textes vor.

a Lies den folgenden Beginn der Erzählung von Lucy.

Im vergangenen Sommer verbrachte ich einen Teil meiner Ferien gemeinsam
mit meinen Eltern an der Ostsee. Wir wohnten in einer kleinen Pension nicht
weit vom Strand entfernt. Bereits am zweiten Tag lernte ich den Sohn unserer
Vermieterin kennen. Jan war 17 Jahre alt, sah gut aus und war mir nicht
5 unsympathisch. Da es mir zu langweilig wurde, jeden Tag stundenlang am
Strand zu liegen, verbrachte ich immer mehr Zeit mit Jan.
An einem sonnigen, aber windigen Nachmittag unserer letzten Urlaubswo-
che nahm mich Jan mit zum Jachthafen, wo er mir sein Segelboot zeigte. So
wie es aussah, hatte es schon einige Jahre auf dem Buckel. Auf mich machte
10 es keinen sehr vertrauenerweckenden Eindruck, aber das sagte ich Jan nicht.
Die Fahrkünste von Jan beeindruckten mich allerdings sehr. Als wir den
Hafen verlassen hatten, fasste ich Mut und fragte meinen „Kapitän", ob ich
auch einmal das Ruder in die Hand nehmen könnte. Ich hatte vorher noch
nie ein Segelboot gesteuert, aber ich hatte große Lust, es zu versuchen. Ohne
15 zu zögern, vertraute mir Jan das Ruder an und erklärte mir die wichtigsten
Manöver. Für ihn als Küstenbewohner war es selbstverständlich, dass ich
segeln konnte, aber für mich war es aufregend. Als wir eine Weile parallel
zum Strand gesegelt waren, sprang Jan plötzlich aus dem Boot und rief mir
vom Wasser aus zu: „Lucy, ich schwimme zurück zum Hafen, mal sehen, wer
20 zuerst dort ist." Ich bekam einen riesigen Schreck und schrie, er solle sofort
zurückkommen, aber Jan schien das nicht zu hören. Ich wurde immer pani-
scher und konnte keinen klaren Gedanken fassen. Was sollte ich nur tun?

b Überlege, ob du die Geschichte gern weiterlesen würdest. Begründe deine Meinung.

Den Beginn einer Erzählung untersuchen

2 Analysiere den Beginn der Erzählung genauer. Nutze dazu den Merkkasten auf S. 118.

a Untersuche die Handlung und die Figuren. Notiere dir Stichpunkte.

b Untersuche, wie im Text aus Aufgabe 1a Spannung erzeugt wird. Wiederhole mithilfe des Merkkastens, welche sprachlichen (stilistischen) Mittel dazu genutzt werden können.

> **Sprachliche (stilistische) Mittel** dienen dem interessanten, anschaulichen und spannenden Erzählen. Auch beim **Um-** und **Weiterschreiben** einer Erzählung sollte man gezielt sprachliche Mittel verwenden, damit das Geschehene besonders gut nachvollziehbar wird:
> - **treffende Verben**, z. B.: *schreien, fluchen, stottern, zittern,*
> - **anschauliche Adjektive und Nomen/Substantive**, z. B.: *raue See, steife Brise, eiskaltes Wasser, altes Segelboot,*
> - **Vergleiche**, z. B.: *kalt wie Eis, heiß wie Feuer, dunkel wie die Nacht,*
> - **wörtliche Rede**, z. B.: *Jan rief: „Lucy, ich schwimme zurück zum Hafen."*
> - **innerer Monolog** (Selbstgespräch), z. B.: *Ich fragte mich, was ich tun sollte. Werde ich es schaffen, an Land zu kommen?*
> - **Fragen stellen**, z. B.: *War das die einzige Möglichkeit, etwas zu tun?*
> - **wirkungsvolle Satzgestaltung**, z. B. Frage- und Ausrufesätze, variable Satzgliedstellung, anschauliche Adverbialbestimmungen.

c Untersuche im Text der Aufgabe 1a, welche der im Merkkasten genannten sprachlichen (stilistischen) Mittel verwendet werden.

 d Tauscht euch darüber aus, wie man in Erzählungen außerdem Spannung erzeugen kann. Notiert eure Ideen in Stichpunkten.

 e Vergleicht eure Ergebnisse mit den Vorschlägen im folgenden Merkkasten.

> Man kann in Erzählungen zusätzlich **Spannung** erzeugen, indem man:
> - wichtige Informationen zurückhält, damit die Leserinnen und Leser den Wunsch haben, den Ausgang der Geschichte zu erfahren,
> - Mittel der **Zeitgestaltung** gezielt einsetzt: Zeitdehnung, Zeitraffung, Rückblende, Vorausdeutung.

→ **S. 306:** Merkwissen: erzählerisches Mittel

f Prüft, ob im Text der Aufgabe 1a Mittel der Zeitgestaltung verwendet wurden.

Zeitdehnung: … *Rückblende: …*
Zeitraffung: … *Vorausdeutung: …*

Eine Erzählung weiterschreiben

3 Entwirf jetzt deine Fortsetzung der Erzählung aus Aufgabe 1 a (S. 124).

a Überlege, wie die Erzählung weitergehen könnte. Beantworte dazu folgende Fragen in Stichpunkten.

1 Welche Handlungsschritte sollen zum Schluss führen?
2 Welche Figuren möchtest du noch in den Text aufnehmen? Wie handeln, denken und fühlen die Figuren?
3 Wie soll die Geschichte enden?
4 Wie könnte die Überschrift lauten?

b Erarbeite einen Erzählplan (Handlungsstrahl) für die Fortsetzung der Erzählung nach folgendem Muster. Achte auf eine logische Abfolge.

Beginn   Handlungsschritt 1   Handlungsschritt 2   ...   Schluss

→ **S. 128:** Eindrücke wiedergeben – Schildern

c Entwirf Textteile für deine Erzählung. Wähle aus den folgenden Möglichkeiten zwei bis drei aus.

1 Beschreibe das Segelboot genau.
2 Beschreibe die Umgebung und das Wetter ausführlich.
3 Beschreibe eine Figur anschaulich.
4 Schildere in einem inneren Monolog, was eine Figur denkt und fühlt.
5 Füge einen Dialog zwischen Figuren ein, erfinde ggf. eine weitere Figur.
6 Formuliere den Schluss.

d Schreibe nun mithilfe deines Erzählplans (Handlungsstrahls) die Fortsetzung der Erzählung. Achte besonders auf eine treffende, emotionale Wortwahl. Lass einen breiten Rand für Überarbeitungen.

e Überarbeite den Entwurf deiner Erzählung. Orientiere dich dabei an den folgenden Fragen.

1 Habe ich eine logische Handlungsfolge hergestellt?
2 Habe ich Spannung erzeugt?
3 Habe ich das Geschehen (die Handlungsschritte) anschaulich dargestellt?
4 Habe ich die äußeren und inneren Merkmale der Figur bzw. der Figuren (ihr Aussehen, Handeln, Denken und Fühlen) anschaulich dargestellt?
5 Habe ich geeignete Mittel der Zeitgestaltung verwendet?
6 Habe ich geeignete sprachliche (stilistische) Mittel verwendet?

f Schreibe die Endfassung deiner Erzählung.

4 Schreibe eine weitere Erzählung. Wähle dazu einen der folgenden Anfänge aus und schreibe die Erzählung weiter. Gehe vor wie in den Aufgaben 2 und 3 (S. 125–126).

1 Kennt ihr das? Die Suche nach der ganz großen Liebe? Kann es die überhaupt geben? Ich war mir nicht sicher. Aber dann, ich wollte es zunächst nicht wahrhaben: Eines Tages stand sie vor mir – ausgerechnet auf unserem Schulhof.

2 Aylin saß vor ihrem Computer und chattete mit ihrer Freundin. Plötzlich klingelte es. „Wer kann das sein?", fragte sie sich. Als sie die Haustür öffnete, traute sie ihren Augen nicht.

3 Endlich! Schule aus, Wochenende in Sicht, genug Gründe für Cyril, bester Laune zu sein. Gleich wollte er noch Freunde treffen, also nur schnell die Schultasche loswerden und wieder weg. Kaum im Haus, lief Cyril blitzschnell die Treppe hoch, öffnete die Wohnungstür und blieb wie vom Blitz getroffen stehen. Was war das?

Eine Erzählung umschreiben

5 Bereite das Umschreiben des Textes aus Aufgabe 1 a (S. 124) vor. Erzähle aus der Perspektive von Jan.

a Lies die Geschichte noch einmal und notiere in Stichpunkten, wie Jan die Ereignisse erlebt haben und erzählen könnte.

b Entwirf die verschiedenen Textteile der Erzählung.

c Schreibe den Entwurf von Jans Erzählung, überarbeite ihn und stelle die Endfassung in der Klasse vor.

6 Schreibe eine weitere Erzählung um. Wähle Aufgabe a, b oder c.

●○○ a Ein Rettungsschwimmer beobachtet alles mit dem Fernglas. Führe ihn als neue Figur ein und schreibe die Geschichte aus Aufgabe 1 a (S. 124) aus seiner Sicht um.

●●○ b Schreibe deine Geschichte aus Aufgabe 3 um, indem du eine neue Figur einführst oder aus einer anderen Perspektive erzählst.

●●● c Wähle eine Erzählung aus den Lesestoffen deines Sprach- und Lesebuchs aus und schreibe sie um.

5 b Du kannst zum Beispiel die folgenden Textteile verfassen.
- Schreibe den Beginn aus Jans Sicht.
- Beschreibe das Boot aus Jans Sicht.
- Erzähle, was Jan dachte und fühlte, als er mit Lucy segelte.
- Erzähle, was Jan dachte und fühlte, als er Lucy allein ließ.
- Erzähle, was Jan hörte, dachte und tat, als er ans Ufer schwamm.

Eindrücke wiedergeben – Schildern

> Beim **Wiedergeben von Eindrücken (Schildern)** stellt man die Wahrneh-
> mungen, Gedanken, Gefühle und Einstellungen von Personen oder Figuren
> ausführlich und anschaulich dar. Das Schildern von Sinneswahrnehmungen
> (beim Hören, Sehen, Riechen, Schmecken, Tasten) trägt dazu bei, eine
> Erzählung zu beleben, z. B.:
> *Der Wind pfiff mir um die Ohren. Mir wurde schwarz vor Augen.*
> *Meine Hände fühlten sich taub an. Es roch nach Fisch und Tang.*

1 Häufig finden sich schildernde Passagen in der Literatur.

→ S. 70–74:
Lesestoffe

a Lies den folgenden Auszug aus einem Jugendbuch, das davon erzählt, wie
drei Mädchen mit dem Rad nach Paris fahren.

Clémentine Beauvais

Die Königinnen der Würstchen (Auszug)

[…] Am Nachmittag wird die Fahrt sehr viel anstrengender, vor allem wegen
der Hitze. Wir haben immer morgens und abends trainiert, aber in der Nach-
mittagssonne sind wir noch nie gefahren, einer heißen, hochmütigen Sonne,
die uns einfach unter ihrem Fuß zermalmt und nichts mit der kükengelben
5 Sonne zu tun hat, die einem fröhlich wie ein junger Hund das Gesicht leckt,
wenn man morgens um 6 aus der Haustür tritt, und ebenso wenig mit der
zahmen, entkräfteten Sonne der Sommerabende, die sich brav die Zähne
putzt und dann ab ins Bett.
Und spätestens dort, auf diesen schmalen holprigen Straßen, die sich durch
10 die Weinberge schlängeln – endlose Weinberge, einfach endlos – ohne den
Schatten eines Schattens, während der Anhänger, um kaum zwei Dutzend
Würstchen erleichtert, an uns zerrt […] und dicke Schweißtropfen uns die
Wirbelsäule hinunterlaufen, um sich am oberen Rand unserer Shorts zu
sammeln, […]; spätestens an diesem Punkt ist uns allen klar, dass diese Fahrt
15 kein Zuckerschlecken wird. […]*

b Untersuche, auf welche Weise die Wahrnehmungen und Gefühle der Figuren
geschildert werden. Nenne Textstellen, die besonders anschaulich sind.

→ S. 300:
Merkwissen:
Cluster

2 Cluster können beim Schreiben von Schilderungen helfen.

a Ergänze den Cluster. Wie heißt das Gefühl, das in der Mitte steht?

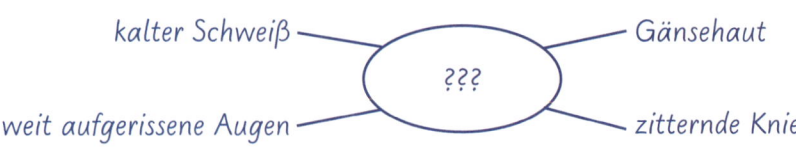

b Notiert mithilfe von Clustern Wortgruppen und Wendungen, die die folgenden Empfindungen möglichst genau ausdrücken.

1 Trauer   **4** Liebe
2 Freude   **5** Langeweile
3 Hass   **6** Begeisterung

 c Wählt eine der folgenden Situationen aus und schildert dazu eure Empfindungen, Wahrnehmungen, Gedanken und Gefühle. Nutzt einen Cluster.

1 einen Wettbewerb gewinnen   **4** ein Wintertag
2 mein Geburtstag   **5** die Silvesternacht
3 schlechtes Wetter   **6** Streit mit den Eltern

3 Schildere, wie sich folgende Dinge auf deiner Haut anfühlen.

1 eine kalte Fensterscheibe   **6** ein weicher Schwamm
2 eine glatte Kunstseide   **7** eine harte Bürste
3 ein derber Jeansstoff   **8** ein stacheliger Kaktus
4 die frische Bettwäsche   **9** eine große Brennnessel
5 eine kuschelige Wolle   **10** eine leichte Feder

1. Die Fensterscheibe fühlt sich kalt wie Eis an.
2. ...

4 Ergänze eine Erzählung durch Schilderungen. Wähle Aufgabe a oder b.

●●○ **a** Ergänze die Fortsetzung deiner Geschichte aus Aufgabe 3 (S. 126) oder deine Geschichte aus Aufgabe 5 (S. 127) durch Schilderungen. Überlege, welche Orte und Situationen sich anbieten. Nutze dazu die Schrittfolge.

> **So kannst du Eindrücke schildern**
> 1. Schließe die Augen und versetze dich in die Situation, die du schildern möchtest.
> 2. Notiere mögliche Eindrücke und Gefühle.
>   Was sieht man? Was riecht man? Was hört man? Was fühlt man?
>   Was schmeckt man? Woran erinnert man sich?
> 3. Ordne deine Notizen.
> 4. Schreibe einen Entwurf deiner Schilderungen und überarbeite ihn anschließend.
> 5. Schreibe die Endfassung.

●●● **b** Wähle einen Text aus den Lesestoffen (S. 130–137) aus und untersuche, ob er schildernde Passagen enthält. Überlege, wo sich Schilderungen einfügen lassen, und verfasse sie.

Reinhold Ziegler (1955–2017)

Die Brücke (2001)

Sie hatten nicht erwartet, dass es über eine solch gigantische Brücke auch
einen Fußweg geben könnte. Schon aus mehreren Kilometern Entfernung sah
man die Pfeiler in den Himmel stechen, die baumdicken Kabel bildeten ein
Netz, als wollte die Brücke nicht nur im hohen Bogen die Seinemündung
5 überqueren, sondern auch noch die Luft sieben, die von Paris aus übers Meer
entlassen wurde.

Doch Jans Mutter litt unter solcher Höhenangst, dass selbst ein Kaffeetrin-
ken auf dem häuslichen Balkon für sie mehr Stress als Erholung bedeutete,
für sie kam die Brücke nicht in Frage. Susan, Jans Schwester, schmollte seit
10 Paris, wo sie gerne noch ein paar Tage länger geblieben wäre, pubertierend
vor sich hin und zog beleidigt eine Stunde auf dem brütend heißen Parkplatz
der kleinen Wanderung zum Scheitel der Riesenbrücke vor.

Jan hatte nichts übrig für solche Kindereien. [...]

„Ich bin dabei!", sagte er deswegen, als ihn der Vater fragte, ob wenigstens
15 er mitkäme, denn der ließ nur ungern eine Gelegenheit aus, technische
Großtaten im Detail zu besichtigen.

Der Weg neben den Fahrspuren war zu schmal, um nebeneinander laufen zu
können. Jan folgte dem Rücken seines Vaters, bemerkte wie zum ersten Mal
auch bei ihm dieses merkwürdige Schlenkern der Arme, für das er selbst so
20 oft gehänselt wurde. Er versuchte, seine Arme unter Kontrolle zu bringen,
aber es war nur möglich, wenn er bewusst daran dachte. Sobald seine Gedanken sich mit anderen Dingen beschäftigten, mit dem leichten Beben, das
jeder Lastwagen verursachte, oder mit dem ohrenbetäubenden Lärm, den
die Fahrzeugflut von und nach Le Havre hier oben erzeugte, begannen seine
25 Arme wieder zu pendeln wie die Seile, die sie manchmal in der Turnstunde
von der Hallendecke gelassen hatten.

Jan musste lachen beim Gedanken daran, dass es ein Gen geben könnte,
das für unkontrolliertes Schlenkern von Unterarmen zuständig war. Es gab
mehr in diesen 75 Kilo Körpermasse, als die zwei Jahre Biochemie-Leistungs-
30 kurs vermitteln konnten, und für einen Augenblick dachte er an das, was er
unter Gott verstand oder verstehen wollte.

Mit dem da vorne hatte er nie über Gott gesprochen. Merkwürdig, er teilte
sich mit ihm das Schlenkern der Arme, aber jeder hatte seinen eigenen Gott,
wenn überhaupt.

35 Plötzlich drehte sich der Vater um, sah ihn an, lachte. So etwas wie Kleinbu-
benglück leuchtete für einen Moment in seinen Augen auf.

„Wir sind gleich oben!", schrie er durch den Lärm der Autos, die dicht an
dicht die Fahrbahn hinaufdrängten, und zeigte auf den Punkt, an dem sie die
Mitte der Brücke erreichen würden. Jan nickte, vielleicht lachte er auch
40 zurück, obwohl es ihm merkwürdig vorkam, seinen Vater lachen zu sehen.

Oben blieb der Vater stehen, stellte sich breitbeinig über die Dehnfuge, die den Scheitel der Brücke markierte, und schaute aufs Meer hinaus.

„Hättest du gedacht, dass es so schaukelt?", schrie er.

Jan schüttelte den Kopf. Jeder Lastwagen brachte die Brücke zum Schwingen

45 und wenn er abwärtsschaute, auf diese eine Ewigkeit tief unter ihm liegende Wasserfläche, konnte er die genetischen Bestandteile der mütterlichen Höhenangst im Bauch spüren.

„Ob man heil bleibt, wenn man runterjumpt?", fragte er.

„Ich würde es dich nicht probieren lassen!", rief der Vater zurück.

50 „Manchmal meine ich, ich müsste so etwas probieren!" Jan wollte ihm Angst machen, aber der Vater nickte.

„Manchmal meine ich, ich könnte keine Sekunde mehr weiterleben, wenn ich nicht sofort so was probiere – kannst du dir das vorstellen?"

Der Vater sah ihn an, zog die Unterlippe zwischen die Zähne, wie er es im-

55 mer tat, wenn er nicht wusste, ob es klug war, etwas auszusprechen. „Ich war nicht immer dreiundfünfzig, Jan, ich kenne das, ja!"

„Es ist nur die Angst, die einen zurückhält, oder?"

„Am Anfang, denke ich, ist es nur die Angst zu sterben, später ist es auch die Angst, jemanden im Stich zu lassen, zu versagen, wegzulaufen. Die Angst zu

60 sterben lässt nach, je näher du dem Tod kommst. Du begreifst mit der Zeit, dass du nicht drum herumkommst. Dann gibt es Nächte, in denen du glaubst, verrückt zu werden, weil schon so viel vorbei ist vom Leben, und dann kommt ein Morgen und ein Tag und du verlierst die Angst wieder." Er sah Jan an, zuckte die Schultern. So ist es eben, hieß das, kein Grund sich

65 aufzuregen.

„Ich wusste nicht, dass du solche Gedanken hast", sagte Jan.

Wieder zuckte der Vater die Schultern, dann ging er ganz nach vorne ans Geländer, neigte sich weit drüber, als wollte er sich in den weiten Luftraum zwischen Brücke und Wasser hineingleiten lassen.

70 „Wär doch 'n cooler Abgang, was?", schrie er.

Normalerweise hasste es Jan, wenn sein Vater so zu reden versuchte, wie er dachte, dass Jugendliche es täten. Das klang so nach Pädagogik, so nach trickreichem Einschleusen wohlüberlegter Erziehungskonzepte – in jedem Fall ein Grund, auf Abstand zu gehen. Aber diesmal ging er, ohne darüber nach-

75 zudenken, auf das Spiel ein, schnappte seinen Vater bei der Jacke, zog ihn mit einem Ruck zurück – vielleicht war es auch wirkliche Angst um ihn –, umgriff ihn von hinten mit beiden Armen und drückte ihn an sich. Sein Vater war einen Kopf kleiner als er, inzwischen bestimmt auch schwächer, sie hatten schon vor Jahren damit aufgehört, im spielerischen Raufen ihre Kraft

80 zu messen.

„Lass mich, lass mich!", schrie der Vater albern und wand sich hin und her.

„Ich muss es tun, ich kann nicht anders!"

Aber Jan hielt ihn hart im Klammergriff, bis der Vater seinen gespielten Widerstand aufgab.

85 Für einen endlosen Augenblick unerwarteten Glücks standen sie bewegungslos, dann drehte der Vater den Kopf zu ihm um, strahlte ihm ins Gesicht. Jan lachte zurück.

„Früher habe ich dich oft so festgehalten, wenn du wütend warst und rumgetobt hast – weißt du noch?"

90 Jan nickte. „Ich hab es gehasst, glaube ich."

„Schon möglich, aber ich hatte immer den Eindruck, du hast es auch irgendwie gebraucht – ist schon lange her, das letzte Mal, was?"

„Ich wüte nicht mehr."

Jan hatte immer noch die Arme um seinen Vater geschlungen. Auf dessen

95 Kopf, der direkt unter seinem Kinn lag, konnte er die kahlen Stellen der Kopfhaut sehen, fühlte unter seines Vaters Jacke den weichen Bauchansatz. Jetzt wäre der Moment, loszulassen, dachte er, doch er zog ihn noch fester an sich heran.

„Wenn du mal nicht mehr da bist, wird ein Loch in meinem Leben sein",

100 sagte er leise.

„Was ist?", schrie der Vater nach hinten.

Jan wusste nicht, ob er den Satz wiederholen sollte. Wusste nicht, ob es nicht lächerlich war, so etwas zu sagen, zu seinem Vater zu sagen, [...].

„Was ist?", rief der Vater wieder.

105 „Wenn du mal nicht mehr da bist, wird ein riesiges, verdammtes Loch in meinem Leben sein!", schrie er.

Der Vater wand sich aus Jans Armen und drehte sich zu ihm um, wischte sich mit einer Handbewegung die windzerzausten Haare nach hinten. Dann griff er hoch und strich auch seinem großen Sohn eine Strähne aus dem Gesicht.

110 „Das ist in Ordnung so", sagte er glücklich und nickte dabei, „das muss so
    sein."
    Noch einen Moment blieben sie ganz vorne an der Brüstung stehen, dann
    zog der Vater Jan weg. „Lass uns zurückgehen, die Mädels warten unten in
    der Hitze."
115 Langsam liefen sie den schmalen Fußpfad zurück, der Vater mit schlenkern-
    den Armen vorne, Jan mit seinen schlenkernden Armen hinterher. Als sie auf
    dem Weg zum Parkplatz waren, konnten sie wieder nebeneinandergehen.
    Die Mutter hatte sich mit Susan hinter dem Auto in den schütteren Schatten
    eines frisch gepflanzten Bäumchens gesetzt. Als die beiden antrotteten,
120 sprang sie auf.
    „Was habt ihr da oben denn so lange gemacht?", fragte sie ihren Mann ein
    wenig gereizt.
    „Runtergeguckt", sagte der Vater.
    Sie verdrehte die Augen, schüttelte genervt den Kopf. Dann sah sie Jan
125 fragend an.
    „Runtergeguckt!", sagte Jan und grinste.*

1 Im Text ist die Rede von einem „endlosen Augenblick unerwarteten Glücks"
(Z. 85). Kennst du auch solche Augenblicke unerwarteten Glücks? Überlege,
ob, wann, wo, mit wem du so etwas vielleicht schon erlebt hast

2 Lest im Text noch einmal nach, welcher Augenblick genau gemeint ist.
Tauscht euch darüber aus, worin das Glück in diesem Augenblick besteht.

3 Untersucht den Text genauer. Analysiert (erschließt) ihn schrittweise mithilfe
des Merkkastens (S. 118). Die Quelle findet ihr im Quellenverzeichnis (S. 353).

4 Wählt einige für euch wichtige Passagen aus und tauscht euch über mögliche Deutungen (Interpretationen) aus.

Lydia Dimitrow (geb. 1989)

Weg (2008)

Bis auf das Halstuch hatte sie alles mitgenommen. Es gab keinen Kafka mehr
auf dem Nachttisch, keinen abgestandenen Kräutertee in der Küche. Sie
hatte alles mitgenommen, bis auf das Halstuch, und vielleicht hing im
Schlafzimmer auch noch der schwere Duft ihres Parfüms. Vielleicht war es
5 aber auch nur seine Erinnerung.
Er hatte die Wohnungstür aufgeschlossen und es gleich gewusst. Denn beim
Reinkommen kein Jeff Buckley, kein Risotto. Und es war kälter als sonst. Alle
Fenster offen, als wäre sie weggeflogen, nicht weggegangen.
Das Bad war halb leer. Keine Parfümfläschchen mehr, kein Lockenstab, auch
10 der Duschvorhang fehlte. Der blaue Duschvorhang mit den roten Herzen. Er
hatte ihn nie gemocht. Die Schmuckschatulle stand nicht mehr unterm Spie-
gel. Es gab nur noch einen Kamm, keine Rundbürste mehr, weder klein noch
groß, nicht mal mittel, einfach weg, nur Zahnbürste und Aftershave. Ein
Shampoo für Männer. Damit die Haare nicht so schnell ausgehen.
15 Im Flur fehlte der rote Ledermantel. Den kleinen Schuhschrank neben dem
Schirmständer hatte sie einfach ganz mitgenommen.
Sie hatte die Bilder abgehängt. Im Wohnzimmer, im Schlafzimmer. Die
Bücher mitgenommen. Die Küche einfach nur kalt. Und leer. Ohne Risotto
und Kräutertee. Auch ohne Mikrowelle, aber das fiel ihm erst beim zweiten
20 Mal auf.
Er setzte sich hin und zählte die Videokassetten. Zwölf statt dreißig. Die CDs
waren weg. Nur noch Metallica.
Er saß da und suchte nach ihr. Aber da war nichts mehr. Nicht einmal die
Holzgiraffe aus Kenia, die eigentlich ihm gehörte. Nur noch das Halstuch auf
25 dem Sofa, das schwarze Halstuch, das sie nie gemocht hatte. Schließlich
hatte er es ihr geschenkt.
Er hörte, wie die Wohnungstür aufgeschlossen wurde. Er hörte die Schritte,
das Zögern, dann öffnete sich die zweite Tür.
Er stand nicht auf, er sah nicht auf. Er sagte: „Mama ist weg, Papa."

1 Wie empfindest du die Stimmung der Geschichte? Formuliere deine ersten
Eindrücke.

2 Untersuche genauer, in welcher Stimmung sich die Hauptfigur befinden
könnte. Nenne Textstellen, die deiner Meinung nach Hinweise darauf geben.
Überlege auch, was unklar bleibt.

3 Untersuche die Erzählperspektive und die Sprache der Geschichte. Überlege,
wie die erzählerische und sprachliche Gestaltung zur Stimmung beiträgt.

4 Weise nach, dass es sich bei der Erzählung um eine Kurzgeschichte handelt.

Franz Hohler (geb. 1943)

Die ungleichen Regenwürmer

Tief unter einem Sauerampferfeld lebten einmal zwei Regenwürmer und ernährten sich von Sauerampferwurzeln.

Eines Tages sagte der erste Regenwurm: „Wohlan, ich bin es satt, hier unten zu leben, ich will eine Reise machen und die Welt kennen lernen." Er packte

5 sein Köfferchen und bohrte sich nach oben, und als er sah, wie die Sonne schien und der Wind über das Sauerampferfeld strich, wurde es ihm leicht ums Herz, und er schlängelte sich fröhlich zwischen den Stängeln durch. Doch er war kaum drei Fuß weit gekommen, da entdeckte ihn die Amsel und fraß ihn auf.

10 Der zweite Regenwurm hingegen blieb immer in seinem Loch unter dem Boden, fraß jeden Tag seine Sauerampferwurzeln und blieb die längste Zeit am Leben.

Aber sagt mir selbst – ist das ein Leben?

Gotthold Ephraim Lessing (1729–1781)

Der Besitzer des Bogens (1759)

Ein Mann hatte einen trefflichen Bogen von Ebenholz, mit dem er sehr weit und sehr sicher schoss und den er ungemein wert-hielt. Einst aber, als er ihn aufmerksam betrachtete, sprach er: „Ein wenig zu plump bist du doch! Alle deine Zierde ist die

5 Glätte. Schade!" – Doch dem ist abzuhelfen, fiel ihm ein. „Ich will hingehen und den besten Künstler Bilder in den Bogen schnitzen lassen." – Er ging hin; und der Künstler schnitzte eine ganze Jagd auf den Bogen; und was hätte sich besser auf einen Bogen geschickt als eine Jagd?

10 Der Mann war voller Freuden. „Du verdienest diese Zierraten, mein lieber Bogen!" – Indem will er ihn versuchen; er spannt, und der Bogen – zerbricht.

1 Beide Texte formulieren keine eindeutige Lehre. Überlege, welche Lehre sich jeweils ableiten lässt, und schreibe sie in einem Satz auf.

2 Belege, dass es sich bei den Texten um Fabeln handelt.

→ S. 173:
Gewusst wie:
Biografische und
historische Fakten
einbeziehen

3 Lessings Fabel lässt sich der Epoche der „Aufklärung" zuordnen. Begründe diese Zuordnung.

4 Analysiere Lessings Fabel gründlich und verfasse eine Textinterpretation.

Lena Hach (geb. 1982)

Wanted. Ja. Nein. Vielleicht. (Auszüge)

Finn ist 15 und kurz vor den Ferien verlässt ihn seine Freundin. Obwohl sein Freund Moritz alles versucht, ihn von seinem Liebeskummer abzulenken, scheint der Sommer für Finn verloren. Doch dann trifft er auf Lara, das Zettelmädchen. Wer ist das Mädchen und warum verteilt sie diese Zettel in der Stadt?

Finn – 2

Liebeskummer ist wie ein Diamant; man sollte ihn mit Fassung tragen. (Marcel Pagnol)

Moritz' Analyse hat ergeben, dass ich an Liebeskummer der Stufe zehn leide. Viel schlimmer geht es nicht: Danach kommen nur noch elf und zwölf. Als
5 Orientierung dient eine offizielle Skala – für die Messung von Erdbeben. Ich habe ernste Zweifel, ob man das vergleichen kann. Aber laut Moritz macht es keinen Unterschied, ob die Erde erschüttert wird oder eine zarte Knabenseele. Das hat er wirklich gesagt: Zarte Knabenseele. […]

Seit mein Leiden sozusagen amtlich ist, schickt Moritz mir jeden Morgen eine
10 SMS mit einem klugen Spruch. Anfangs postete er die Sprüche auf meine Facebook-Pinnwand, aber dagegen habe ich protestiert. Immerhin kann auch Sofie lesen, was da steht. Falls es sie überhaupt interessiert. Ich bin jedenfalls nur noch online, ständig schaue ich nach, was es bei Sofie Neues gibt. Viel ist es nicht: Eine aus ihrem Karateverein schreibt irgendetwas über
15 ein Turnier, das nächsten Monat stattfinden soll. Sofies nervtötende Cousine Bea drückt hundert Knutscha auf die Pinnwand. Dann das Foto, das mir verrät, dass Sofie mit Hanna und Leonie Sonnenbrillen shoppen war. […] Sofie schmollt in die Kamera, die anderen auch, dreimal Duckface. Keine große Sache, kein neuer Lover oder so. Und trotzdem macht es mich fast
20 verrückt. Ich wäre gern dabei gewesen, hätte auf ihre Handtasche aufgepasst. Darin habe ich Übung.
Als ich Moritz von meiner Facebook-Recherche berichte, sagt er nur: „Du musst dich entfreunden. Unverzüglich."
Unverzüglich. Noch so ein Moritzwort. Ich verstehe, was er meint, aber das
25 kann ich echt nicht bringen. Wie sähe das denn aus? Völlig kindisch. Sofie und ich, wir haben uns ja nicht gestritten. Wir haben uns „im Guten" getrennt. […]

„Finn, wir müssen reden." Ein Satz wie aus einer Soap. Ein Satz, den ich nicht hören wollte. Und dann kamen noch so ein paar Sätze, die ich nicht hören
30 wollte: „Irgendwie ist die Luft raus. Das mit uns, das ist einfach öde geworden. Das hat nichts mit dir zu tun, na ja, vielleicht ein bisschen. Du hättest dir ja etwas Mühe geben können, dir auch mal was einfallen lassen, anstatt mir immer nur hinterherzudackeln. Du bist echt ein ganz Lieber, aber du hast einfach nichts Eigenes, Finn."

35 [...] Und schließlich ein Satz, den ich absolut nicht – unter gar keinen
Umständen – hören wollte: „Lass uns Freunde bleiben." Aber sie hat ihn
gesagt. Sofie hat den Satz tatsächlich gesagt. Und ich habe tatsächlich
genickt. Dabei war es nicht fair. Denn ich hatte mir ja was einfallen lassen.
[...]*

Lara – 1

40 „Manchmal habe ich den Eindruck, dass Lara ihre Umgebung gar nicht
wahrnimmt." Das hat die Schuster am Elternsprechtag zu meinem Vater
gesagt.
Dabei ist das natürlich Bullshit, denn ich nehme *alles* wahr. Jeden einzelnen
Mitesser auf der Schusternase, jeden Kommafehler, den sie übersieht – und
45 auch den Typen, der mir im Schwimmbad hinterhergelaufen ist. Auch wenn
ich mir das natürlich nicht habe anmerken lassen. Das war so ein Blasser, der
jetzt sicher mit einem fetten Sonnenbrand zu Hause sitzt und sich von Mama
eincremen lässt.
Ich verbrenne mich nie, ich bin ein Sommersonnenkind. Der Sonnenschein
50 meiner Eltern, vor allem meiner Mutter. Also strahle ich nur für sie. Sobald
ich nach Hause komme, knipse ich mein Lächeln an. Einen Energiesparmodus
gibt es nicht, und weil das auf Dauer sehr anstrengend ist, bin ich am liebsten unterwegs. Deshalb habe ich in den letzten Monaten auch alle sechs-
undzwanzig Freibäder der Stadt getestet [...].
55 Und wenn ich nicht gerade schwimme oder in der Bahn sitze oder mir Top-
3-Listen ausdenke, schreibe ich Abrisszettel. Mein Onkel nennt die Zettel
Kunst. Aber das darf man nicht so ernst nehmen, weil mein Onkel nämlich
ein Rad abhat – sagt zumindest meine Mutter. Was merkwürdig ist, weil sie
selbst ein Rad abhat. Oder zwei. Wenn man all die Räder, die in meiner
60 Familie fehlen, auf einen Haufen legen würde, könnte man einen Schrott-
platz aufmachen. Vielleicht sollte ich das mal meinem Vater vorschlagen,
dann hätte er noch mehr Arbeit, in die er sich stürzen kann.*

1 Wie stellst du dir die beiden Figuren vor? Untersuche, was man in den
Romanauszügen über sie erfährt.

2 Überlege, wovon der Roman handeln könnte. Untersuche, was bisher
passiert ist und was nur angedeutet ist oder ganz offenbleibt. Formuliere
Fragen, die sich für dich ergeben.

3 Erfinde ein mögliches Kapitel des Romans. Schildere zum Beispiel aus
Figurensicht, wie Finn und Lara sich begegnen. Oder erzähle aus Sicht von
Moritz, was er gegen Finns Liebeskummer unternimmt.

 4 Wenn du wissen möchtest, wovon der Roman tatsächlich handelt und was
auf den Abrisszetteln steht, besorge dir das Buch und lies es.

Lyrische Texte hören und lesen

Lyrische Texte analysieren und interpretieren

 1 Gefühle können in verschiedenen Medien ausgedrückt werden.

a Betrachtet die Fotos und tauscht euch darüber aus, welche Gefühle die Plakate ausdrücken.

 b Recherchiert im Internet die folgenden Lieder. Hört euch die Songs an und beschreibt die Wirkung auf euch.

    1 „Der letzte Song (Alles wird gut)" von Kummer

    2 „Liebe ist meine Rebellion" von Frida Gold

c Lest folgende Auszüge aus verschiedenen Gedichten und beschreibt, welche Gefühle darin ausgedrückt werden.

Magdalene Philippine Engelhard (1756–1831)

Mädchenklage

Oft hab ich mit Tränen,
Und innigem Sehnen,
    Verwünschet mein Geschlecht!
Es fesselt fast immer
Mich Arme ins Zimmer –
    Wie frei gehn die Männer! selbst Knabe und Knecht. [...]*

Johann Wolfgang von Goethe (1749–1832)

Prometheus

[…]
Wähntest[1] du etwa,
Ich sollte das Leben hassen,
In Wüsten fliehn,
5 Weil nicht alle Knabenmorgen-
Blütenträume[2] reiften?

Hier sitz' ich, forme Menschen
Nach meinem Bilde,
Ein Geschlecht, das mir gleich sei,
10 Zu leiden, weinen,
Genießen und zu freuen sich
Und dein nicht zu achten,
Wie ich.*

[1] *wähnen:* glauben

[2] *die Blütenträume:* die Träume von der Zukunft, die man als junger Mensch hat

Heinrich Friedrich Füger: Prometheus bringt den Menschen das Feuer (1817)

Gottfried August Bürger (1747–1794)

Der Bauer

An seinen Durchlauchtigen Tyrannen

[…]
Du Fürst hast nicht, bei Egg und Pflug,
Hast nicht den Erntetag durchschwitzt.
Mein, mein ist Fleiß und Brot! –

Ha! du wärst Obrigkeit von Gott?
Gott spendet Segen aus; du raubst!
Du nicht von Gott, Tyrann!*

d Versucht zusammenzufassen, welche Gefühle mit den Plakaten, Liedern und Gedichten eurer Meinung nach ausgedrückt werden.

2 Rebellion ist ein starkes Gefühl.

a Schlage den Begriff *Rebellion* nach und notiere eine Definition.

die Rebellion: ...

  b Tauscht euch darüber aus, welche Bedeutung der Begriff für die Gedichte, die Songs und die Fotos in Aufgabe 1 haben könnte.

1d Wählt aus den folgenden Wörtern für Gefühlsbeschreibungen aus.
Wut / Liebe / Enttäuschung / Hilflosigkeit / Sehnsucht / Hass / Hoffnung / Angst / Freude / Ärger / Verachtung / Zufriedenheit / Verzweiflung / Zuneigung / Vertrauen

c Besprecht, welche anderen Formen der Rebellion ihr kennt.
Nennt Beispiele und bewertet sie jeweils.

 d Kennt ihr das Gefühl der Rebellion? Besprecht, wogegen ihr schon einmal
rebelliert habt. Wogegen könntet ihr euch vorstellen zu rebellieren?

Ich habe schon einmal gegen … rebelliert, weil …
Ich könnte mir vorstellen, gegen … zu rebellieren, weil …
Ich kann mir nicht vorstellen, gegen etwas zu rebellieren, weil …
Ich bin nicht sicher, …

 3 Rebellion spielt auch in der Epoche des „Sturm und Drang"
eine große Rolle.

a Lest den Merkkasten und erklärt, welche Bedeutung das Rebellieren
in der Epoche des „Sturm und Drang" hatte.

→ S. 173:
Gewusst wie:
Biografische und
historische Fakten
einbeziehen

> In der **Epoche des „Sturm und Drang"** (ca. 1765–1785) begehrt Kunst
> gegen den Machtanspruch von Adel und Kirche, die erstarrten Verhaltens-
> normen der ständischen Gesellschaftsordnung sowie überholte Moralvor-
> stellungen auf. Anders als in der Epoche der „Aufklärung" werden Gefühle
> höher bewertet als der Verstand, es gibt die Vorstellung vom individuellen
> Genie, vorherrschend ist ein Idealbild vom einzelnen Menschen, der sich
> seine Regeln und Gesetze selbst schafft.
> Bevorzugte **Gattung** der Epoche des „Sturm und Drang" ist die **Dramatik**.
> Die festen Regeln des Dramas als Einheit von Ort, Zeit und Handlung
> werden aufgebrochen. In den Dramen wechseln jetzt häufig Ort und Zeit,
> es gibt turbulente Handlungen mit Massenszenen. Die Sprache ist in ihrer
> Form ungebunden, alltagsnah und gefühlsbetont.
> Die **Lyrik** der Epoche des „Sturm und Drang" ist hauptsächlich von der
> Erlebnislyrik bestimmt, in der Gefühle aus einem persönlichen Erleben
> heraus kraftvoll zum Ausdruck gebracht werden. Auch in der Lyrik wird
> bewusst mit den bis dahin üblichen Regeln der Dichtkunst und Sprache
> gebrochen.

b Tauscht euch über das Menschenbild in der Epoche des „Sturm und Drang"
aus. Was ist unter der „Vorstellung vom individuellen Genie" und einem
„Idealbild vom Menschen" zu verstehen?

 ●●● c Recherchiert weitere Informationen über das Menschenbild in der Epoche
des „Sturm und Drang" und tauscht euch darüber aus. Besprecht zum
Beispiel, welche Ideale euch ansprechen und welche ihr eher ablehnt.

d Welche Gedichtauszüge in Aufgabe 1 c (S. 138) könnt ihr der Epoche des
„Sturm und Drang" zuordnen? Begründet eure Meinungen mithilfe von
Textstellen. Orientiert euch am Merkkasten oben.

4 Lerne ein Gedicht der Epoche des „Sturm und Drang" kennen.

a Lies das folgende Gedicht. Wenn möglich, lass es dir vortragen.

Gottfried August Bürger (1747–1794)

Der Bauer (1773)

An seinen Durchlauchtigen Tyrannen

Wer bist du, Fürst, dass ohne Scheu
Zerrollen mich dein Wagenrad,
Zerschlagen darf dein Ross?

Wer bist du, Fürst, dass in mein Fleisch
5 Dein Freund, dein Jagdhund, ungebläut[1]
Darf Klau' und Rachen haun?[2]

Wer bist du, dass, durch Saat und Forst,
Das Hurra deiner Jagd mich treibt,
Entatmet, wie das Wild? –

10 Die Saat, so deine Jagd zertritt,
Was Ross und Hund und du verschlingst,
Das Brot, du Fürst, ist mein.

Du Fürst hast nicht, bei Egg und Pflug,
Hast nicht den Erntetag durchschwitzt.
15 Mein, mein ist Fleiß und Brot! –

Ha! du wärst Obrigkeit von Gott?
Gott spendet Segen aus; du raubst!
Du nicht von Gott, Tyrann!

1 *ungebläut: hier:* ungestraft
2 In den Strophen 1 und 2 wird auf mittelalterliche Bestrafungsmethoden angespielt, wie z. B. das Rädern.

b Beschreibe deine ersten Eindrücke von dem Gedicht.

Gedichte sind lyrische Texte der **Gattung Lyrik**, die sich durch eine besondere Gestaltung von Inhalt, Sprache und Form auszeichnen. In einer **Gedichtanalyse** untersucht man den Inhalt und die Form des Textes, um daraus Aussagen und mögliche **Deutungen (Interpretationen)** abzuleiten. Folgende Fragen können dabei helfen:

• Worum geht es **inhaltlich** in dem Gedicht? Was ist das **Thema**?
• Welche **Stimmung** geht von dem Gedicht aus?
• Wer ist das **lyrische Ich** (die lyrische Sprecherin bzw. der lyrische Sprecher)?
• Wie ist das Gedicht **formal** gestaltet?
• Wie ist das Gedicht **sprachlich** gestaltet?
• Was ist über die **Entstehungszeit** des Gedichts und die **Biografie** der Dichterin bzw. des Dichters bekannt?

5 Untersuche das Gedicht aus Aufgabe 4a jetzt genauer.

a Worum geht es in diesem Gedicht? Formuliere das Thema.

b Erschließe unbekannte Begriffe. Versuche, sie aus dem Zusammenhang zu erklären, oder schlage sie nach.

1. durchlauchtiger Tyrann: ...　　　　*2. ...*

c Betrachte das lyrische *Ich* genauer. Benenne, wer spricht und wogegen das lyrische *Ich* rebelliert.

d Gib mit eigenen Worten wieder, was der Bauer seinem Fürsten vorwirft.

 e Tauscht euch darüber aus, wie sich das Verhältnis zwischen Fürst und Bauer im Laufe der Strophen verändert.

> Hinsichtlich der **Form** und **Sprache** untersucht man im Gedichttext zum Beispiel:
> - **Verse** und **Strophen**, z.B.: Anzahl, Gestaltung bzw. Form, Zeilensprünge (Enjambement),
> - **Reime**, z.B.: Paarreim (a a b b), Kreuzreim (a b a b), umarmender Reim (a b b a),
> - **sprachliche (stilistische) Mittel**, wie:
>   - sprachliche Bilder, anschauliche Ausdrücke, z.B.: *leuchtende Augen*,
>   - Metaphern, z.B.: *ein Blätterdach*,
>   - Vergleiche, z.B.: *hell wie das Licht*,
>   - Personifizierungen, z.B.: *der Himmel weint*,
>   - Satzbau und Zeichensetzung, z.B.: *Im Herbst die Blätter bunt fallen*.

6 Untersuche die Form und die Sprache des Gedichts aus Aufgabe 4a (S. 141).

a Untersuche den äußeren Aufbau des Gedichts (Verse, Strophen, Reimschema). Welche Wirkung geht für dich von diesem Aufbau aus?

b Erkläre mithilfe des Merkkastens, wie es dem Dichter sprachlich gelingt, die kämpferische Haltung des Bauern auszudrücken.

c Lies den folgenden Merkkasten und beurteile, inwiefern der Titel des Gedichts ironisch zu verstehen ist.

> **Ironie** ist ein **sprachliches (stilistisches) Mittel** zur Bezeichnung von Aussagen, die etwas anderes, meist Gegenteiliges meinen. Ironie erkennt man am Tonfall oder am offensichtlichen Widerspruch zur Realität, z.B.:
> *Du bist ja wieder pünktlich!* (wenn jemand zu spät kommt)
> *Heute ist ja tolles Wetter!* (wenn schlechtes Wetter ist)

Textbeschreibungen zu lyrischen Texten verfassen

In einer **Textbeschreibung** werden die Ergebnisse der Analyse lyrischer Texte zusammenhängend dargestellt. Eine Textbeschreibung gibt Auskunft über den Inhalt und die Besonderheiten (Form, Sprache) eines Textes. Die jeweils getroffenen Aussagen zum Text belegt man mit **Zitaten**.
Eine Textbeschreibung sollte folgende **Bestandteile** aufweisen:

Einleitung:
• Name der Dichterin bzw. des Dichters,
• Textsorte, z.B.: *Gedicht, Ballade, Volkslied,*
• Titel und Thema,

Hauptteil:
• Inhaltsangabe,
• Aufbau des Gedichts (Verse, Strophen, Reimschema),
• sprachliche (stilistische) Besonderheiten,
• Wirkung weiterer Gestaltungsmittel,

Schluss:
• eigene Meinungen, Gedanken, Gefühle,
• weitere Auskünfte zur Dichterin bzw. zum Dichter und ggf. auch zur Entstehungsgeschichte des Gedichts.

1 Verfasse eine Textbeschreibung zum Gedicht „Der Bauer an seinen durchlauchtigen Tyrannen" aus Aufgabe 4a (S. 141). Orientiere dich dabei am Merkkasten.

Eine Textbeschreibung entwerfen

a Lies das Gedicht noch einmal und entwirf die Einleitung.

In dem Gedicht „Der Bauer an seinen durchlauchtigen Tyrannen", das Gottfried August Bürger 1773 geschrieben hat, ...

b Beginne den Hauptteil deines Entwurfs mit einer kurzen Inhaltsangabe.

Im Gedicht klagt ein lyrisches Ich ...

Tipp
Nutze deine Ergebnisse aus den Aufgaben 5 und 6 (S. 142).

c Stelle Besonderheiten des Aufbaus des Gedichts dar.

d Benenne die sprachlichen (stilistischen) Besonderheiten des Gedichts und ihre Wirkung.

e Prüfe, ob dein Entwurf der Textbeschreibung vollständig ist. Orientiere dich an den Merkkästen auf S. 141 und 143.

Eine Textbeschreibung überarbeiten
→ **S. 107:**
Gewusst wie: Zitieren

2 Überarbeite nun deinen Entwurf.

a Achte besonders auf sprachliche Formulierungen, die Tempusform (Zeitform) und die Verwendung von direkten Zitaten.

b Schreibe die Endfassung deiner Textbeschreibung.

Eine Textbeschreibung verfassen

3 Verfasse eine Textbeschreibung zum folgenden Gedicht. Orientiere dich am Vorgehen in den Aufgaben 1 und 2.

Julie Roquette (1763–1823)

Der Grund weiblicher Halsstarrigkeit

Halsstarrig nennen uns die Männer? –
Wisst ihr, ihr Herren Weiberkenner,
Warum wir's sind?
Wir, sonst so lenksam wie ein Kind,
Sonst milder wie die Täubchen sind,
Und wie die Lämmchen voll Geduld:
Der einzige verwünschte Knochen
Aus eurer bösen Seit gebrochen,
Hat alle Schuld.

4 Verfasse eine weitere Textbeschreibung. Wähle Aufgabe a oder b.

●●○ **a** Lies das Gedicht und verfasse eine Textbeschreibung. Nutze die Schrittfolge.

Johann Wolfgang von Goethe (1749–1832)

Ob ich dich liebe, weiß ich nicht (1770)

Ob ich dich liebe, weiß ich nicht.
Seh' ich nur einmal dein Gesicht,
Seh' dir ins Auge nur einmal,
Frei wird mein Herz von aller Qual.
Gott weiß, wie mir so wohl geschicht[1]!
Ob ich dich liebe, weiß ich nicht.

[1] *geschicht: hier:* geschieht

So kannst du eine Textbeschreibung zu lyrischen Texten verfassen
1. Lies den Text und lass ihn auf dich wirken. Notiere erste Eindrücke.
2. Lies den Text mehrmals und untersuche Inhalt, Form und sprachliche (stilistische) Besonderheiten. Notiere wichtige Textstellen als Zitate.
3. Verfasse einen Entwurf deiner Textbeschreibung. Schreibe die Einleitung. Beginne den Hauptteil mit der Inhaltsangabe und formuliere dann die Ergebnisse deiner Analyse. Entwirf den Schluss.
4. Überarbeite den Entwurf und schreibe die Endfassung.

●●● **b** Wähle aus den Lesestoffen (S. 151–156) ein Gedicht aus und verfasse eine Textbeschreibung.

4a Untersuche zum Beispiel die folgenden Punkte.
Inhalt: Grundstimmung, Thema, lyrisches *Ich*
Form: Strophen, Verse, Reime
sprachliche (stilistische) Besonderheiten: sprachliche Bilder, anschauliche Ausdrücke, Metaphern, Vergleiche, Personifizierungen, Besonderheiten in Satzbau und Zeichensetzung

Interpretationen zu lyrischen Texten verfassen

Das Ziel einer **Interpretation** ist es, mögliche Aussagen eines lyrischen Textes herauszuarbeiten, d. h., den **Text** zu **deuten (interpretieren)**. Die Deutungen müssen mithilfe von Textstellen (Zitaten) belegt werden. Eine gründliche **Analyse** des Gedichts ist die Voraussetzung für das Verfassen einer Interpretation.

Eine Textinterpretation schreibt man im Präsens. Sie sollte folgende **Bestandteile** aufweisen:

Einleitung:
- Name der Dichterin bzw. des Dichters, evtl. biografische Daten,
- Textsorte, z. B.: Gedicht, Ballade, Volkslied,
- Titel, Thema sowie erster Eindruck vom Text,

Hauptteil:
- kurze Inhaltsangabe,
- Interpretationshypothese(n)[1] zum Gesamttext: zusammenfassende Annahme(n) bzw. Deutung(en) zu zentralen Botschaften bzw. Aussagen,
- Begründung der Interpretationshypothese(n) durch: Darstellung und Deutung des Inhalts, der Form und der Sprache (sprachliche/stilistische Mittel) und deren Wirkung,

Schluss:
- eigene Meinung zu dem im Gedicht Dargestellten,
- Bezug zum eigenen Leben.

[1] *die Interpretationshypothese:* eine noch unbelegte Annahme für die Interpretation

 1 Lest die folgenden Informationen zum Prometheus-Mythos. Tauscht euch darüber aus, warum der Stoff für Goethe in der Epoche des „Sturm und Drang" interessant gewesen sein könnte.

Der griechische Halbgott Prometheus bringt den Menschen gegen den Willen des Göttervaters Zeus das Feuer. Zur Strafe wird er an einen Berg im Kaukasus-Gebirge geschmiedet und später von Herakles befreit.

Ein Gedicht analysieren und interpretieren

2 Analysiere und interpretiere das folgende Gedicht der Epoche des „Sturm und Drang".

a Lies das Gedicht oder lass es dir vortragen, wenn möglich.

Johann Wolfgang von Goethe (1749–1832)
Prometheus (1774)

Bedecke deinen Himmel, Zeus,
Mit Wolkendunst!
Und übe, Knaben gleich,
Der Disteln köpft,

5   An Eichen dich und Bergeshöhn!
Musst mir meine Erde
Doch lassen stehn,
Und meine Hütte,
Die du nicht gebaut,
10   Und meinen Herd,
Um dessen Glut
Du mich beneidest.

Ich kenne nichts Ärmer's
Unter der Sonn' als euch Götter.
15   Ihr nähret kümmerlich
Von Opfersteuern
Und Gebetshauch
Eure Majestät
Und darbtet[1], wären
20   Nicht Kinder und Bettler
Hoffnungsvolle Toren[2].

Da ich ein Kind war,
Nicht wusst', wo aus, wo ein,
Kehrte mein verirrtes Aug'
25   Zur Sonne, als wenn drüber wär'
Ein Ohr, zu hören meine Klage,
Ein Herz wie meins,
Sich des Bedrängten zu erbarmen.

Wer half mir wider
30   Der Titanen[3] Übermut?
Wer rettete vom Tode mich,
Von Sklaverei?
Hast du's nicht alles selbst vollendet,
Heilig glühend Herz?
35   Und glühtest, jung und gut,
Betrogen, Rettungsdank
Dem Schlafenden da droben?

Ich dich ehren? Wofür?
Hast du die Schmerzen gelindert
40   Je des Beladenen[4]?
Hast du die Tränen gestillet
Je des Geängsteten?
Hat nicht mich zum Manne geschmiedet
Die allmächtige Zeit
45   Und das ewige Schicksal,
Meine Herrn und deine?

1 *darben:* Not leiden, hungern
2 *der Tor:* veraltet für der Narr, der Dummkopf

3 *die Titanen:* Riesen in Menschengestalt, eine alte und mächtige Götterfamilie

4 *der Beladene: hier:* der Leidende

⁵ *wähnen:* glauben

⁶ *die Blütenträume:*
die Träume von der
Zukunft, die man als
junger Mensch hat

Wähntest⁵ du etwa,
Ich sollte das Leben hassen,
In Wüsten fliehn,
50 Weil nicht alle Knabenmorgen-
Blütenträume⁶ reiften?

Hier sitz' ich, forme Menschen
Nach meinem Bilde,
Ein Geschlecht, das mir gleich sei,
55 Zu leiden, weinen,
Genießen und zu freuen sich
Und dein nicht zu achten,
Wie ich.

b Stelle erste Vermutungen darüber an, worum es im Gedicht gehen könnte.

c Untersuche das Gedicht genauer. Benenne, wer das lyrische *Ich* ist und wogegen es rebelliert.

d Beschreibe den formalen Aufbau des Gedichts (Strophen, Verse, Reimschema, formale Auffälligkeiten). Notiere stichpunktartig, wie diese formalen Besonderheiten zur Aussage und Wirkung des Gedichts beitragen.

Das Gedicht besteht aus …
Die Anzahl der Verse …

→ **S. 238:**
Sprachliche
(stilistische) Mittel

e Untersuche, welche sprachlichen (stilistischen) Mittel im Gedicht verwendet werden und welche Wirkung diese haben.

f Wähle einige dir besonders wichtig erscheinende Textstellen aus und formuliere mögliche Deutungen dazu.

– *„Und übe, dem Knaben gleich, / Der Disteln köpft"* – wenig Respekt vor Zeus, passt zu „Sturm und Drang"
– …

g Versuche, eine zusammenfassende Interpretationshypothese zum Gesamttext abzuleiten, und formuliere sie.

Das Gedicht „Prometheus" ist ein typisches Gedicht der Epoche des
„Sturm und Drang", denn …
Im Gedicht rebelliert …

2f Falls es dir schwerfällt, geeignete Textstellen zu finden, achte besonders auf die Verse 11, 24–26, 33–34, 37, 50–51 und 55–57.

Eine Interpretation schreiben

3 Verfasse eine schriftliche Interpretation zum Gedicht „Prometheus".

a Schreibe die Einleitung. Lass einen breiten Rand zum Überarbeiten.

Das Gedicht „Prometheus" von ...

Tipp
Nutze deine Ergebnisse aus Aufgabe 2 (S. 145).

b Entwirf den Hauptteil. Orientiere dich am Merkkasten auf S. 145 und beginne mit einer kurzen Inhaltsangabe. Formuliere eine Interpretationshypothese und begründe sie.

Das Gedicht handelt von ...

c Verfasse den Schluss deiner Interpretation.

„Prometheus" ist ein Gedicht, das auch im 21. Jahrhundert nicht an Aktualität verloren hat. ...

 d Vergleicht eure Entwürfe und überarbeitet sie.

e Schreibe die Endfassung deiner Textinterpretation. Achte auf korrektes Zitieren.

4 Schreibe eine weitere Gedichtinterpretation. Wähle Aufgabe a oder b.

●●○ a Wähle eins der folgenden Gedichte: „Der Grund weiblicher Halsstarrigkeit" (Aufgabe 3, S. 144) oder „Ob ich dich liebe, weiß ich nicht" (Aufgabe 4 a, S. 144). Schreibe eine Interpretation zum Gedicht. Orientiere dich dabei an der Schrittfolge.

Tipp
Nutze deine Vorarbeiten zur Textbeschreibung aus den Aufgaben 3 und 4 (S. 144).

> **So kannst du eine Gedichtinterpretation verfassen**
> 1. Lies den Text und notiere deine Gedanken beim Lesen.
> 2. Untersuche den Text (Textanalyse).
>   • Fertige Notizen zum Inhalt an. Auf einer Textkopie kannst du wichtige Wörter und Textpassagen markieren.
>   • Untersuche den Text auf Besonderheiten.
>   • Analysiere die Grundstimmung, das lyrische *Ich*, die äußere Form (Strophen, Verse) und die sprachlichen (stilistischen) Mittel.
>   • Untersuche, welche Wirkung die Besonderheiten auf die Leserinnen und Leser haben.
> 3. Formuliere Deutungsansätze zu einzelnen Textstellen und eine Interpretationshypothese zum Gesamttext. Notiere auch offene Fragen und Unklarheiten.
> 4. Ordne deine Notizen und schreibe einen Entwurf.
> 5. Überarbeite den Entwurf und schreibe die Endfassung.

●●● b Wähle aus den Lesestoffen (S. 151–156) ein Gedicht aus und verfasse eine Gedichtinterpretation. Du kannst ggf. deine Vorarbeiten zur Textbeschreibung aus Aufgabe 4 (S. 144) nutzen.

5 Lyrik begegnet Menschen in vielfältigen Formen und unterschiedlichen Situationen, beispielsweise als Gedichte in Gedichtbänden, als Liedtexte im Radio oder als Slam-Texte auf der Bühne.

a Lest die folgende Information und nennt die wichtigsten Merkmale von Slam-Poetry. Ihr könnt auch eigene Erfahrungen und Kenntnisse einbeziehen.

Slam-Poetry verbreitete sich in den 1990er-Jahren in der Welt. Ein Poetry-Slam ist ein literarischer Wettbewerb zwischen Slam-Poetinnen und -Poeten, die selbst geschriebene Texte in einer bestimmten Zeit – meist fünf bis sechs Minuten – vortragen. Dabei nutzen sie ihre Stimme, Gestik und Mimik, dürfen aber keine Requisiten verwenden. Es gibt eine Jury und auch das Publikum kürt anschließend eine Siegerin bzw. einen Sieger.

Tipp
Sucht ein Video der Slam-Poetin im Internet und seht euch ihren Auftritt an.

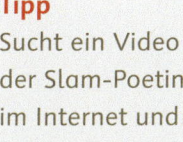

b Lest den folgenden Slam-Poetry-Text.

Paulina Behrendt (geb. 2001)
Ich mach lieber grün als blau

Heute hatten wir 37 Grad im Ort.
37 Grad. Auch morgen und übermorgen und überübermorgen.
Und das, liebe Leute, ist neuer Rekord.
Es ist heiß. Zu heiß. Und das seit Tagen.
5 Und die Antwort darauf ist nicht:
„Juhu, schon wieder hitzefrei und endlich mal Bikini tragen!"
Nein, die Antwort auf den Kältemangel
ist nichts weiter als: der Klimawandel.

Berge aus Abfall wachsen und wachsen.
10 Die Meere aus Plastik tätscheln und tasten.
Und die Wälder aus Holz? – verpassen und hassen.

Blaumachen. Das heißt, hier jetzt wegzuschauen.
Zu ignorieren, zu kaschieren und dann einfach abzuhauen.
Doch wer mutig ist, macht grün.
15 Der beginnt, sich mit der Umwelt zu versöhn'
und Ressourcen zu schonen,
anstatt ihren Verbrauch noch zu erhöhen.
Grünmacher sind Umweltschützer.

Umweltschützer? Ja, Umweltschützer.
20 Und jeder kann es sein,
denn es beginnt doch schon im Klein'.
Denn wo kommt was her? Und was steckt dort drin?
Wie wird's gemacht und gibt der Preis Sinn?

Paulina Behrendt

Was wird verbraucht? Und wer macht Gewinn?
25 Und nein, das ist nicht kompliziert.
Nur wenn man Siegel ignoriert.
Denn „fairen Handel" kann man kaufen.
Und an Mensch und Umwelt? Kann man glauben.
Also lass mal gegen Hitze kämpfen,
30 Lass mal den Verbrauch eindämpfen.
Mehrwegbecher:
Bäumeretter.
Jutetasche:
Oberklasse.
35 Glasflasche:
tolle Sache.
Meine Bluse? Die ist self-made.
Und mein Kaffee? Der ist fair-trade.

Und du fragst dich nun bestimmt,
40 wie man all das denn schaffen kann,
alles richtig zu machen,
über Ressourcen zu wachen
und neue Trends zu entfachen?
Aber darum geht's gar nicht.
45 Es geht hier nicht um „Alles richtig" und „Perfekt".
Es geht ums Mutigwerden und Respekt.
Für all das, was um uns ist.

37 Grad im Ort, das ist mein Grund.
Und deshalb setze ich hier heute meinen grünen Punkt.
50 Und tust du es auch
und schreckst nicht zurück vor möglicher Schwäche,
dann wird aus Punkten bald 'ne Fläche.

→ S. 317:
Merkwissen:
literarisches Gespräch

c Führt ein literarisches Gespräch durch. Analysiert und interpretiert das Gedicht. Besprecht zum Beispiel, wogegen das lyrische *Ich* rebelliert, an wen es sich richtet und wodurch das deutlich wird.

Tipp
Recherchiert
weitere Slam-
Poetry-Texte.

d Tauscht euch darüber aus, ob Slam-Poetry als moderne Sturm-und-Drang-Lyrik bezeichnet werden kann. Belegt eure Meinungen anhand des Textes aus Aufgabe b, bezieht ggf. auch eigene Beispiele ein.

Johann Wolfgang von Goethe (1749–1832)

Willkommen und Abschied (1785)

Es schlug mein Herz, geschwind zu Pferde!
Es war getan fast eh gedacht.
Der Abend wiegte schon die Erde,
Und an den Bergen hing die Nacht;
5 Schon stand im Nebelkleid die Eiche,
Ein aufgetürmter Riese, da,
Wo Finsternis aus dem Gesträuche
Mit hundert schwarzen Augen sah.

Der Mond von einem Wolkenhügel
10 Sah kläglich aus dem Duft hervor,
Die Winde schwangen leise Flügel,
Umsausten schauerlich mein Ohr;
Die Nacht schuf tausend Ungeheuer,
Doch frisch und fröhlich war mein Mut:
15 In meinen Adern welches Feuer!
In meinem Herzen welche Glut!

Dich sah ich, und die milde Freude
Floss von dem süßen Blick auf mich;
Ganz war mein Herz an deiner Seite
20 Und jeder Atemzug für dich.
Ein rosenfarbnes Frühlingswetter
Umgab das liebliche Gesicht,
Und Zärtlichkeit für mich – ihr Götter!
Ich hofft' es, ich verdient' es nicht!

25 Doch ach, schon mit der Morgensonne
Verengt der Abschied mir das Herz:
In deinen Küssen welche Wonne!
In deinem Auge welcher Schmerz!
Ich ging, du standst und sahst zur Erden
30 Und sahst mir nach mit nassem Blick:
Und doch, welch Glück, geliebt zu werden!
Und lieben, Götter, welch ein Glück!

1 Lies die letzten beiden Verse noch einmal. Welcher der beiden Ausrufe ist für dich der wichtigere? Begründe deine Meinung.

2 Lies das gesamte Gedicht noch einmal und erläutere den Zusammenhang zwischen den Schlussversen und dem Titel „Willkommen und Abschied".

3 Untersuche das Gedicht genauer und arbeite heraus, wie der im Titel ausgedrückte Gegensatz im Einzelnen ausgeführt wird. Nenne Textstellen.

4 Schreibe aus dem Gedicht Textstellen heraus, die Gefühle der Liebe zum Ausdruck bringen.

5 Suche weitere für dich wichtige formale und sprachliche (stilistische) Gestaltungsmittel heraus und interpretiere (deute) sie.

6 Bereite das Gedicht zum ausdrucksstarken Vorlesen vor.

Magdalene Philippine Engelhard (1756–1831)

Mädchenklage (1779)

Oft hab ich mit Tränen,
Und innigem Sehnen,
   Verwünschet mein Geschlecht!
Es fesselt fast immer
5 Mich Arme ins Zimmer –
   Wie frei gehn die Männer! selbst Knabe und Knecht.

Wie um sich zu schauen,
Ist Mädchen und Frauen
   Vom Schicksal vergällt.
10 Als Diener, als Lehrer,
Als Held, als Bekehrer,
   Als Kaufmann, durchreisen die Männer die Welt.

Dann forschen sie Länder,
Durchschauen behänder[1]
15   Das menschliche Herz.
Sehn Kronenbeehrte,
Und große Gelehrte;
   Und glückliche Völker, auch Völker voll Schmerz.

Sehn glänzende Heere –
20 Und brausende Meere,
   Mit Schiffen bepflanzt,
Sehen fruchtbare Felder,
Und schauernde Wälder;
   Und Klippen von silbernen Quellen umtanzt.

25 Sie klettern auf Höhen,
In Wolken zu stehen,
   Auf ewigem Eis.
Sie fahren in Schachten[2]
Das Erz zu betrachten;
30   Zu sehen des Bergknappen[3] fröhlichen Fleiß.

Und vielerlei Sitten,
Paläste und Hütten,
   Erblicken sie dann; –
Ich traure fast immer
35 Im einsamen Zimmer:
   O wär ich ein freier und fröhlicher Mann!

[1] *behände:* flink, geschickt

[2] *der Schacht:* das Bergwerk, die Grube

[3] *der Bergknappe:* ein Bergmann

Wenn strahlende Seen
In Heiden[4] nur stehen:
    Was spiegeln sie wohl?
40 O könnt es mir glücken,
Die Welt zu erblicken,
    So säng ich oft hoher Begeisterung voll!

Zwar könnt ich entfliehen,
Und Länder durchziehen,
45   Im männlichen Kleid;
Doch Weisheit und Feuer
Erkauft ich zu teuer,
    Denn weh mir! – Die Sittsamkeit[5] hätt ich entweiht!

Wie stürmen die Wellen,
50 So türmen, so schwellen
    Oft Leiden mein Herz.
Verlösche, mein Leben!
Dann dort werd ich schweben
    Auf Flügeln des Windes – und Traum wird mein Schmerz!

[4] *die Heide:* eher unfruchtbare Landschaft

[5] *die Sittsamkeit:* den guten Sitten entsprechend

1 Wer klagt hier worüber? Formuliere das zentrale Thema des Gedichts.

2 Untersuche das lyrische *Ich* genauer. Wie stellst du dir die lyrische Sprecherin vor? In welcher Stimmung ist sie? Belege mithilfe von Textstellen.

3 Lies folgende Informationen über das Frauenbild im 18. Jahrhundert und erkläre, warum der Inhalt des Gedichts für eine Autorin dieser Zeit so brisant ist.

Tipp
Recherchiere weitere Informationen über das Frauenbild im 18. Jahrhundert.

Autorinnen mussten unter grundlegend anderen Bedingungen schreiben als Autoren: Sie hatten in der Regel weniger Zugang zu Bildung – der Besuch eines Gymnasiums oder gar ein Studium war für sie lange schlicht nicht möglich. Und auch als beides für Frauen möglich wurde, hatten nur wenige die
5 Chance, diesen Weg zu gehen. Zudem stand es Frauen lange nicht zu, einen eigenen Beruf auszuüben und ernsthaft kreativ zu sein – ja, lange Zeit galten sie nicht einmal als vollwertige Individuen. Ihr Raum war in der Regel das Private. Von der Familie und den Ehemännern hing es maßgeblich ab, ob sie schreiben durften oder nicht. [...]
10 Das Werk von Autorinnen wurde lange nicht anerkannt, wurde höchstens als Unterhaltungsliteratur, nicht aber als Kunst bewertet. Gerade vor 1900 schrieben Frauen unter Bedingungen, die es eigentlich unmöglich machten zu schreiben, eben weil Frauen deutlich dem Mann untergeordnet waren. Und diese Bedingungen änderten sich nur langsam – und wirken bis heute
15 nach. [...]*

Christian Fürchtegott Gellert (1715–1769)

Die Freundschaft

Der Freund, der mir den Spiegel zeiget,
Den kleinsten Flecken nicht verschweiget,
Mich freundlich warnt, mich ernstlich schilt[1],
Wenn ich nicht meine Pflicht erfüllt:
5 Das ist ein Freund,
So wenig er es scheint!

Doch der, der mich stets schmeichelnd preiset,
Mir alles lobt, nie was verweiset,
Zu Fehlern mir die Hände beut[2],
10 Und mir vergibt, eh' ich bereut:
Das ist ein Feind,
So freundlich er auch scheint!

[1] *schilt:* schimpft, tadelt

[2] *beut: veraltet:* bietet

Matthias Claudius (1740–1815)

Abendlied (1779)

Der Mond ist aufgegangen
Die goldnen Sternlein prangen
　　Am Himmel hell und klar;
Der Wald steht schwarz und schweiget,
5 Und aus den Wiesen steiget
　　Der weiße Nebel wunderbar.

Wie ist die Welt so stille,
Und in der Dämmrung Hülle
　　So traulich und so hold!
10 Als eine stille Kammer,
Wo ihr des Tages Jammer
　　Verschlafen und vergessen sollt.

Seht ihr den Mond dort stehen? –
Er ist nur halb zu sehen,
15 　　Und ist doch rund und schön!
So sind wohl manche Sachen,
Die wir getrost belachen,
　　Weil unsre Augen sie nicht sehn. […]*

→ S. 173: Gewusst wie:
Biografische und
historische Fakten
einbeziehen

→ S. 317:
Merkwissen:
literarisches Gespräch

1 Beide Gedichte lassen sich der Epoche der „Aufklärung" zuordnen. Wiederhole, was Literatur dieser Epoche auszeichnet, und begründe die Zuordnung.

 2 Wählt eines der beiden Gedichte aus. Analysiert und interpretiert es in einem literarischen Gespräch.

Gotthold Ephraim Lessing (1729–1781)

Der Tanzbär (1751)

Ein Tanzbär war der Kett entrissen,
Kam wieder in den Wald zurück
Und tanzte seiner Schar ein Meisterstück
Auf den gewohnten Hinterfüßen.
5   „Seht", schrie er, „das ist Kunst; das lernt man in der Welt.
Tut es mir nach, wenn's euch gefällt
Und wenn ihr könnt!" – „Geh", brummt ein alter Bär,
„Dergleichen Kunst, sie sei so schwer,
Sie sei, so rar sie sei,
10   Zeigt deinen niedern Geist und deine Sklaverei."

Ein großer Hofmann sein,
Ein Mann, dem Schmeichelei und List
Statt Witz und Tugend ist;
Der durch Kabalen[1] steigt, des Fürsten Gunst erstiehlt,
15   Mit Wort und Schwur als Komplimenten spielt,
Ein solcher Mann, ein großer Hofmann sein,
Schließt das Lob oder Tadel ein?

[1] *die Kabale:* die Intrige, die Hinterlist

Gotthold Ephraim Lessing (1729–1781)

Der Adler und die Eule (1753)

Der Adler Jupiters[1] und Pallas'[2] Eule stritten.
„Abscheulich Nachtgespenst!" – „Bescheidner, darf ich bitten.
Der Himmel heget mich und dich;
Was bist du also mehr als ich?"
Der Adler sprach: „Wahr ist's, im Himmel sind wir beide;
Doch mit dem Unterscheide:
Ich kam durch eignen Flug,
Wohin dich deine Göttin trug."

[1] *Jupiter:* der oberste römische Gott
[2] *Pallas:* Pallas Athene, die griechische Göttin der Weisheit

→ S. 173:
Gewusst wie:
Biografische und
historische Fakten
einbeziehen

 1 Die Fabel ist in der Epoche der „Aufklärung" eine häufig gewählte Textsorte. Tauscht Vermutungen über die Gründe dafür aus.

2 Weise nach, dass es sich bei beiden Texten von Lessing um Fabeln handelt.

→ S. 317:
Merkwissen:
literarisches Gespräch

 3 Führt literarische Gespräche. Analysiert und interpretiert (deutet) die beiden Fabeln.

Gottlieb Konrad Pfeffel (1736–1809)

Der Igel (1780)

Der Löwe saß auf seinem Thron von Knochen
Und sann auf Sklaverei und Tod.
Ein Igel kam ihm in den Weg gekrochen.
Ha! Wurm! so brüllte der Despot
Und hielt ihn zwischen seinen Klauen,
Mit einem Schluck verschling ich dich!
Der Igel sprach: Verschlingen kannst du mich;
Allein du kannst mich nicht verdauen.

Christian Fürchtegott Gellert (1715–1769)

Das Kutschpferd (1746–48)

Ein Kutschpferd sah den Gaul den Pflug im Acker ziehn
Und wieherte mit Stolz auf ihn.
„Wenn", sprach es, und fing an, die Schenkel schön zu heben,
„Wenn kannst du dir ein solches Ansehn geben?
5   Und wenn bewundert dich die Welt?"
„Schweig", rief der Gaul, „und lass mich ruhig pflügen;
Denn baute nicht mein Fleiß das Feld:
Wo würdest du den Haber[1] kriegen,
Der deiner Schenkel Stolz erhält?"

10   Die ihr die Niedern so verachtet;
Vornehme Müßiggänger, wisst,
Dass selbst der Stolz, mit dem ihr sie betrachtet,
Dass euer Vorzug selbst, aus dem ihr sie verachtet,
Auf ihren Fleiß gegründet ist.
15   Ist der, der sich und euch durch seine Händ' ernährt,
Nichts Bessers als Verachtung wert?
Gesetzt, du hättest bessre Sitten:
So ist der Vorzug doch nicht dein.
Denn stammtest du aus ihren Hütten:
20   So hättest du auch ihre Sitten.
Und was du bist, und mehr, das würden sie auch sein,
Wenn sie wie du erzogen wären.
Dich kann die Welt sehr leicht, ihn aber nicht entbehren.

[1] *der Haber:* der Hafer

→ S. 173:
Gewusst wie:
Biografische und
historische Fakten
einbeziehen

 1 Untersucht Inhalt und Form der beiden Fabeln. Begründet, warum die
beiden Fabeln der Epoche der „Aufklärung" zugeordnet werden können.

2 Wähle eine Fabel aus. Verfasse eine Textbeschreibung oder eine Interpretation.

Dramenszenen hören und lesen

Dramenszenen erschließen und interpretieren

 1 Wiederholt, was ihr über dramatische Texte wisst. Vergleicht eure Ergebnisse anschließend mit dem Merkkasten.

> Das **Drama** ist ein literarischer Text der **Gattung Dramatik**, der zur Aufführung auf der Bühne verfasst ist. Es handelt sich also um ein Bühnenstück. Oft werden in Dramen **Konflikte** und deren Lösung behandelt.
>
> Ein **dramatischer Text** ist in Aufzüge (oder Akte) eingeteilt, die wiederum aus Szenen bestehen. Der dramatische Text besteht im **Haupttext** aus wörtlicher Rede, d.h. aus Monologen (Selbstgesprächen) und Dialogen (Zwiegesprächen) von Figuren. Zusätzlich gibt es oft Regieanweisungen, die Hinweise auf Ort und Zeit des Geschehens, die Gestaltung der Bühne und Requisiten sowie Handlungen und Sprechweise der Figuren geben. Regieanweisungen sind als **Nebentext** meist schräg gedruckt oder auf andere Weise vom Haupttext abgehoben.

→ **S. 173:**
Gewusst wie: Biografische und historische Fakten einbeziehen

2 Gotthold Ephraim Lessing schrieb 1779 das Drama „Nathan der Weise", eines der bedeutendsten Dramen der literarischen Epoche der „Aufklärung". Es wurde 1783 in Berlin uraufgeführt.

a Lies, welche wichtigen Figuren in Lessings Drama auftreten.

Gotthold Ephraim Lessing (1729–1781)
Nathan der Weise (1779/1783)

Ein dramatisches Gedicht in fünf Aufzügen
Personen (Auswahl)

1 *Sultan Saladin:* ein islamischer Herrscher, der 1187 Jerusalem eroberte

Sultan Saladin[1]
Sittah, dessen Schwester
Nathan, ein reicher Jude in Jerusalem
Recha, dessen angenommene Tochter
Daja, eine Christin, aber in dem Hause des Juden,
    als Gesellschafterin der Recha

2 *der Tempelherr:* ein Ritter und Mönch, ein Angehöriger des christlichen Templerordens (12.–14. Jahrhundert)

Ein junger Tempelherr[2] [...]

Die Szene ist in Jerusalem.*

b Tauscht euch darüber aus, in welcher Zeit und an welchem Ort die Handlung des Dramas spielt.

c Lies, was am Beginn des Dramas passiert.

Der Kaufmann Nathan kehrt von einer Reise nach Hause zurück. Er erfährt, dass sein Haus in Jerusalem gebrannt hat und seine Ziehtochter Recha von einem jungen Tempelherrn aus den Flammen gerettet wurde. Nathan möchte dem Tempelherrn dafür danken, dieser weist ihn jedoch zuerst ab. Als
5 Nathan den Tempelherrn zu sich einlädt, freunden sich die beiden an. Der Tempelherr erzählt, dass er nach einer verlorenen Schlacht als Einziger von Sultan Saladin am Leben gelassen wurde, weil er den Sultan an dessen verstorbenen Bruder Assad erinnert.
Sultan Saladin möchte gern Frieden zwischen Christen und Muslimen stiften,
10 die immer wieder erbittert um die Stadt Jerusalem kämpfen. Deshalb befiehlt er Nathan, in den Sultanspalast zu kommen. Er will sich von Nathans viel gerühmter Weisheit überzeugen. Nathan soll ihm erklären, welche Religion für ihn am überzeugendsten sei: die jüdische, die muslimische oder die christliche. Der Sultan lässt Nathan ein wenig Bedenkzeit und kehrt dann zu
15 seinem Gesprächspartner zurück.

d Lies den folgenden Auszug aus dem dritten Aufzug. Du kannst zusätzlich auch nach einer Hörfassung im Internet suchen und den Auszug anhören.

Dritter Aufzug. Siebenter Auftritt

Saladin und Nathan.

Saladin: (So ist das Feld hier rein!) Ich komm dir doch
    Nicht zu geschwind zurück? Du bist zu Rande
    Mit deiner Überlegung. – Nun so rede!
5   Es hört uns keine Seele.

Nathan: Möcht auch doch
    Die ganze Welt uns hören.

Saladin: So gewiss
    Ist Nathan seiner Sache? Ha! das nenn
10   Ich einen Weisen! Nie die Wahrheit zu
    Verhehlen! für sie alles auf das Spiel
    Zu setzen! Leib und Leben! Gut und Blut!

Nathan: Ja! ja! wann's nötig ist und nutzt.

Saladin: Von nun
15   An darf ich hoffen, einen meiner Titel,
    Verbesserer der Welt und des Gesetzes,
    Mit Recht zu führen.

Nathan: Traun[3], ein schöner Titel!
    Doch, Sultan, eh ich mich dir ganz vertraue,
20   Erlaubst du wohl, dir ein Geschichtchen zu
    Erzählen?

[3] *traun:* gewiss, wahrlich

Saladin: Warum das nicht? Ich bin stets
Ein Freund gewesen von Geschichtchen, gut
Erzählt.

25 **Nathan:** Ja, *gut* erzählen, das ist nun
Wohl eben meine Sache nicht.

Saladin: Schon wieder
So stolz bescheiden? – Mach! erzähl, erzähle!

Nathan: Vor grauen Jahren lebt' ein Mann in Osten,
30 Der einen Ring von unschätzbarem Wert
Aus lieber Hand besaß. Der Stein war ein
Opal, der hundert schöne Farben spielte,
Und hatte die geheime Kraft, vor Gott
Und Menschen angenehm zu machen, wer
35 In dieser Zuversicht ihn trug. Was Wunder,
Dass ihn der Mann in Osten darum nie
Vom Finger ließ; und die Verfügung traf,
Auf ewig ihn bei seinem Hause zu
Erhalten? Nämlich so. Er ließ den Ring
40 Von seinen Söhnen dem geliebtesten;
Und setzte fest, dass dieser wiederum
Den Ring von seinen Söhnen dem vermache,
Der ihm der liebste sei; und stets der Liebste,
Ohn Ansehn der Geburt, in Kraft allein
45 Des Rings, das Haupt, der Fürst des Hauses werde. –
Versteh mich, Sultan.

Saladin: Ich versteh dich. Weiter!

Nathan: So kam nun dieser Ring, von Sohn zu Sohn,
Auf einen Vater endlich von drei Söhnen;
50 Die alle drei ihm gleich gehorsam waren,
Die alle drei er folglich gleich zu lieben
Sich nicht entbrechen[4] konnte. Nur von Zeit
Zu Zeit schien ihm bald der, bald dieser, bald
Der dritte, – sowie jeder sich mit ihm
55 Allein befand, und sein ergießend Herz
Die andern zwei nicht teilten, – würdiger
Des Ringes; den er denn auch einem jeden
Die fromme Schwachheit hatte, zu versprechen.
Das ging nun so, solang es ging. – Allein
60 Es kam zum Sterben, und der gute Vater
Kömmt in Verlegenheit. Es schmerzt ihn, zwei
Von seinen Söhnen, die sich auf sein Wort
Verlassen, so zu kränken. – Was zu tun? –
Er sendet in geheim zu einem Künstler,
65 Bei dem er, nach dem Muster seines Ringes,

4 *sich nicht entbrechen:*
nicht vermeiden

Zwei andere bestellt, und weder Kosten
Noch Mühe sparen heißt[5], sie jenem gleich,
Vollkommen gleich zu machen. Das gelingt
Dem Künstler. Da er ihm die Ringe bringt,
70 Kann selbst der Vater seinen Musterring
Nicht unterscheiden. Froh und freudig ruft
Er seine Söhne, jeden insbesondre;
Gibt jedem insbesondre seinen Segen, –
Und seinen Ring, – und stirbt. – Du hörst doch, Sultan?

75 **Saladin** *(der sich betroffen von ihm gewandt)*:
Ich hör, ich höre! – Komm mit deinem Märchen
Nur bald zu Ende. – Wird's?

Nathan: Ich bin zu Ende.
Denn was noch folgt, versteht sich ja von selbst. –
80 Kaum war der Vater tot, so kömmt ein jeder
Mit seinem Ring, und jeder will der Fürst
Des Hauses sein. Man untersucht, man zankt,
Man klagt. Umsonst; der rechte Ring war nicht
Erweislich; – *(nach einer Pause, in welcher er des Sultans Antwort erwartet)*
85   Fast so unerweislich, als
Uns itzt[6] – der rechte Glaube.

Aufführung im Deutschen Theater, Berlin 2015
Sultan Saladin

Saladin: Wie? das soll
Die Antwort sein auf meine Frage? ...

Nathan: Soll
90 Mich bloß entschuldigen, wenn ich die Ringe
Mir nicht getrau zu unterscheiden, die
Der Vater in der Absicht machen ließ,
Damit sie nicht zu unterscheiden wären.

Saladin:
95 Die Ringe! – Spiele nicht mit mir! – Ich dächte,
Dass die Religionen, die ich dir
Genannt, doch wohl zu unterscheiden wären.
Bis auf die Kleidung, bis auf Speis und Trank!

Nathan: Und nur vonseiten ihrer Gründe nicht. –
100 Denn gründen alle sich nicht auf Geschichte?
Geschrieben oder überliefert! – Und
Geschichte muss doch wohl allein auf Treu
Und Glauben angenommen werden? – Nicht? –
Nun, wessen Treu und Glauben zieht man denn
105 Am wenigsten in Zweifel? Doch der Seinen?
Doch deren Blut wir sind? doch deren, die
Von Kindheit an uns Proben ihrer Liebe
Gegeben? die uns nie getäuscht, als wo
Getäuscht zu werden uns heilsamer war? –

110 Wie kann ich meinen Vätern weniger
Als du den deinen glauben? Oder umgekehrt. –
Kann ich von dir verlangen, dass du deine
Vorfahren Lügen strafst, um meinen nicht
Zu widersprechen? Oder umgekehrt.

⁷ das Nämliche:
das Gleiche

115 Das Nämliche⁷ gilt von den Christen. Nicht? –
Saladin: (Bei dem Lebendigen! Der Mann hat recht.
Ich muss verstummen.) [...]*

e Tauscht eure ersten Gedanken darüber aus, worum es in diesem Szenenausschnitt geht.

3 Erschließt den Dramenauszug jetzt genauer.

a Lest den Einführungstext (Aufgabe 2 c, S. 158) und den Auszug (Aufgabe 2 d,
S. 158) erneut und beantwortet die folgenden Fragen.

1 Wann und wo spielt die Handlung?
2 Welche Figuren treten auf?
3 Worüber sprechen sie?
4 Welches Problem steht im Mittelpunkt?
5 Welche Lösungsmöglichkeiten deuten sich an?

b Besprecht, wie ihr euch die auftretenden Figuren vorstellt. Begründet
eure Meinungen.

c Tauscht euch darüber aus, wie ihr euch den Handlungsort vorstellt.

4 Im Szenenausschnitt von Aufgabe 2 d (S. 158) spricht vor allem die Figur
Nathan, denn er erzählt eine Geschichte, die als Ringparabel berühmt
geworden ist.

a Lies zuerst im Merkkasten, was eine Parabel ist.

> Eine **Parabel** ist eine kurze lehrhafte Erzählung, die moralische und ethische
> Fragen aufwirft. Das vordergründig dargestellte Geschehen ist ein Gleichnis
> (eine vergleichende, meist bildhafte Darstellung) mit einer übertragenen,
> symbolischen Bedeutung.

b Lies den Beginn der Ringparabel (Zeilen 29–117) noch einmal und gib ihren
Inhalt mit eigenen Worten wieder.

c Besprecht, worin das Gleichnis besteht.

d Formuliert, welche Lehre man aus diesem Beginn der Ringparabel ziehen
kann.

e Stellt Vermutungen an, wie die Ringparabel weitergehen könnte.

5 Nathan setzt seine Erzählung fort.

a   Lies, wie es im siebenten Auftritt des dritten Aufzugs weitergeht.

Nathan: Lass auf unsre Ring'
Uns wieder kommen. Wie gesagt: Die Söhne
120 Verklagten sich; und jeder schwur dem Richter,
Unmittelbar aus seines Vaters Hand
Den Ring zu haben. – Wie auch wahr! – Nachdem
Er von ihm lange das Versprechen schon
Gehabt, des Ringes Vorrecht einmal zu
125 Genießen. – Wie nicht minder wahr! – Der Vater,
Beteu'rte jeder, könne gegen ihn
Nicht falsch gewesen sein; und eh er dieses
Von ihm, von einem solchen lieben Vater,
Argwohnen lass': eh müss' er seine Brüder,
130 So gern er sonst von ihnen nur das Beste
Bereit zu glauben sei, des falschen Spiels
Bezeihen; und er wolle die Verräter
Schon auszufinden wissen; sich schon rächen.

Saladin:
135 Und nun, der Richter? – Mich verlangt zu hören,
Was du den Richter sagen lässest. Sprich!

Nathan:
Der Richter sprach: Wenn ihr mir nun den Vater
Nicht bald zur Stelle schafft, so weis ich euch
140 Von meinem Stuhle. Denkt ihr, dass ich Rätsel
Zu lösen da bin? Oder harret ihr,
Bis dass der rechte Ring den Mund eröffne? –
Doch halt! Ich höre ja, der rechte Ring
Besitzt die Wunderkraft beliebt zu machen;
145 Vor Gott und Menschen angenehm. Das muss
Entscheiden! Denn die falschen Ringe werden
Doch das nicht können! – Nun; wen lieben zwei
Von Euch am meisten? – Macht, sagt an! Ihr schweigt?
Die Ringe wirken nur zurück? und nicht
150 Nach außen? Jeder liebt sich selber nur
Am meisten? – O so seid ihr alle drei
Betrogene Betrüger! Eure Ringe
Sind alle drei nicht echt. Der echte Ring
Vermutlich ging verloren. Den Verlust
155 Zu bergen, zu ersetzen, ließ der Vater
Die drei für einen machen.

Saladin: Herrlich! herrlich!

Nathan: Und also; fuhr der Richter fort, wenn ihr

Nicht meinen Rat, statt meines Spruches, wollt:

160 Geht nur! – Mein Rat ist aber der: Ihr nehmt

Die Sache völlig, wie sie liegt. Hat von

Euch jeder seinen Ring von seinem Vater:

So glaube jeder sicher seinen Ring

Den echten. – Möglich, dass der Vater nun

165 Die Tyrannei des *einen* Rings nicht länger

In seinem Hause dulden wollen! – Und gewiss;

Dass er euch alle drei geliebt, und gleich

Geliebt: indem er zwei nicht drücken mögen,

Um einen zu begünstigen. – Wohlan!

170 Es eifre jeder seiner unbestochnen

Von Vorurteilen freien Liebe nach!

Es strebe von euch jeder um die Wette,

Die Kraft des Steins in seinem Ring' an Tag

Zu legen! komme dieser Kraft mit Sanftmut,

175 Mit herzlicher Verträglichkeit, mit Wohltun,

Mit innigster Ergebenheit in Gott,

Zu Hülf'! Und wenn sich dann der Steine Kräfte

Bei euern Kindes-Kindeskindern äußern:

So lad ich über tausend tausend Jahre,

180 Sie wiederum vor diesen Stuhl. Da wird

Ein weisrer Mann auf diesem Stuhle sitzen

Als ich; und sprechen. Geht! – So sagte der

Bescheidne Richter.

Saladin: Gott! Gott!

185 **Nathan:**   Saladin,

Wenn du dich fühlest, dieser weisere

Versprochne Mann zu sein: …

Saladin *(der auf ihn zustürzt und seine Hand ergreift, die er bis zu Ende nicht wieder fahren lässt):*

190   Ich Staub? Ich Nichts?

O Gott!

Nathan: Was ist dir, Sultan?

Saladin: Nathan, lieber Nathan! –

Die tausend tausend Jahre deines Richters

195 Sind noch nicht um. – Sein Richterstuhl ist nicht

Der meine. – Geh! – Geh! Aber sei mein Freund. […]*

 b Formuliert den Rat des Richters mit eigenen Worten und erläutert die Folgen, die für die Söhne aus diesem Rat resultieren.

 c Tauscht euch darüber aus, was ihr von dem Rat des Richters haltet.

 d Schlussfolgert, was der Rat des Richters für die Frage des Sultans nach der wahren Religion bedeutet.

Die Figuren einer Dramenszene untersuchen

 1 Wiederholt mithilfe des folgenden Merkkastens, wie man literarische Figuren eines Dramas untersuchen kann.

> Um **Dramenszenen** zu **erschließen**, muss man die **Figuren** genau **untersuchen**. Dazu sollte man den dramatischen Text mehrmals lesen und sich fragen: Was erfährt man (nicht) über
> * **äußere Merkmale der Figur** (Aussehen, Alter, Kleidung usw.),
> * **innere Merkmale der Figur**, z. B.:
>   – die Lebensumstände (Freunde, Familie, Wohnung, Schule usw.),
>   – das Verhalten (zu Hause, bei Freunden, in bestimmten Situationen),
>   – Gedanken und Gefühle, Interessen usw.,
>   – die Sprache (Wortwahl, Ausdrucksweise, Sprechweise)
> und welche **Eigenschaften** lassen sich jeweils daraus ableiten?
> Bei der Analyse kann man sich am **Nebentext** und am **Haupttext** (**Figurenrede**), also an beschreibenden Aussagen der Figuren, orientieren. Man kann Eigenschaften einer Figur auch aus ihren Handlungen ableiten.
> Oft gibt ein Text keine eindeutigen Auskünfte. Man muss eigene Vorstellungen entwickeln. Am besten gelingt das, wenn man sich mit anderen darüber austauscht, zum Beispiel in einem **literarischen Gespräch.**

→ S. 317:
Merkwissen:
literarisches Gespräch

 2 Untersucht die Figuren in den Auszügen aus Lessings Drama „Nathan der Weise" (Aufgabe 2 d, S. 158, und Aufgabe 5 a, S. 162).

a Lest die Auszüge noch einmal. Besprecht, was man aus dem Dialog über die Beziehung zwischen Saladin und Nathan schließen kann. Begründet eure Meinungen mithilfe von Textstellen.

b Tauscht euch darüber aus, worin sich in den Auszügen aus Lessings Drama die Weisheit Nathans zeigt.

 3 Untersucht die Figur Nathan genauer. Analysiert und interpretiert dazu die Auszüge aus Aufgabe 2 d (S. 158) und Aufgabe 5 a (S. 162). Zieht auch den Einführungstext von Aufgabe 2 c (S. 158) heran.

Tipp
Stellt euch vor, ihr müsst einen Schauspieler und ein Kostüm für die Bühnenaufführung beschreiben.

a Besprecht, wie ihr euch die äußeren Merkmale der Figur Nathan vorstellt. Begründet eure Vorstellungen.

– *Gesamterscheinung: ...*
– *Einzelheiten: ...*
– *Besonderheiten: ...*

b Tragt zusammen, welche inneren Merkmale der Figur aus dem Text abzuleiten sind. Untersucht zuerst, ob Regieanweisungen oder direkte Aussagen Hinweise darauf geben.

c   Untersucht die Figurenrede gründlich. Überlegt, was man daraus über die Eigenschaften der Figur schließen kann. Begründet eure Vorstellungen mithilfe von Textstellen.

innere Merkmale:
— Lebensumstände: wohlhabender Kaufmann, ...
— Verhalten: ...
— Gedanken und Gefühle: ...
— Sprache: ...

 4   Ein dramatischer Text ist für die Aufführung verfasst. Deshalb kann man ihn oft leichter erfassen, wenn man ihn laut liest.

> **Tipp**
> Nutzt eine Text-kopie, fügt Lesehilfen ein und schreibt mögliche Regieanweisungen an den Rand.

a   Wählt Szenenausschnitte aus Aufgabe 2 d (S. 158) und Aufgabe 5 a (S. 162) aus und lest sie mehrfach laut in verteilten Rollen. Achtet auf mögliche Sprechweisen, das Sprechtempo und Pausen.

Saladin: (So ist das Feld hier rein!) Ich ...		*(verschwörerisch raunend, ironisch)*
Nathan:	Möcht ...	*(von seinem Sitz aufstehend, ruhig, sicher, deutlich)*
...		*(...)*

b   Besprecht eure Lesungen und begründet jeweils, warum ihr an bestimmten Stellen Sprechweisen ändert oder Pausen setzt.

5   Untersuche die Figur Saladin. Analysiere und interpretiere jeweils Auszüge aus Aufgabe 2 d (S. 158) und Aufgabe 5 a (S. 162). Ziehe auch den Einführungstext von Aufgabe 2 c (S. 158) heran. Wähle Aufgabe a, b, oder c.

●○○ **a**   Untersuche die Figurenrede und die Regieanweisungen (Haupt- und Nebentext). Stelle die äußeren und inneren Merkmale der Figur zusammen.

> **Tipp**
> Da es keine Hinweise auf das Äußere gibt, entwickle eigene Vorstellungen.

äußere Merkmale:
— Gesamterscheinung: ...
— Einzelheiten: ...
— Besonderheiten: ...

innere Merkmale:
— Lebensumstände: Sultan, Palast in ...
— Verhalten: ...
— Gedanken und Gefühle: ...
— Sprache: ...

●●○ **b**   Untersuche Haupt- und Nebentext und stelle die äußeren und inneren Merkmale der Figur zusammen. Nutze dazu den Merkkasten auf S. 164.

●●● **c**   Stelle äußere und innere Merkmale zusammen und charakterisiere die Figur.

Interpretationen zu Dramenszenen verfassen

 Lies, was im Laufe des Dramas passiert ist.

Der Tempelherr hat sich in Recha verliebt und will sie heiraten. Nathan reagiert zurückhaltend auf das Werben um seine Tochter. Daja erzählt dem Tempelherrn, dass Recha ein angenommenes christliches Waisenkind ist. Sie wurde in Nathans Haus aufgenommen, kurz nachdem dessen Familie von Christen getötet wurde.

 Saladin möchte der Liebe des Tempelherrn zu Recha eine Chance geben und lädt die beiden und Nathan in den Sultanspalast ein.

a Lest den Schluss des Dramas. Ihr könnt zusätzlich auch nach einer Hörfassung im Internet suchen und den Auszug hören.

Fünfter Aufzug. Letzter Auftritt

Nathan und der Tempelherr zu den Vorigen.

Saladin: Ah, meine guten lieben Freunde! – Dich,
    Dich, Nathan, muss ich nur vor allen Dingen
200   Bedeuten, dass du nun, sobald du willst,
    Dein Geld kannst wieder holen lassen! …

Nathan: Sultan! …

Saladin: Nun steh ich auch zu deinen Diensten …

Nathan: Sultan! …

205 **Saladin:** Die Karawan' ist da. Ich bin so reich
    Nun wieder, als ich lange nicht gewesen. –
    Komm, sag mir, was du brauchst, so recht was Großes
    Zu unternehmen! Denn auch ihr, auch ihr,
    Ihr Handelsleute, könnt des baren Geldes
210   Zu viel nie haben!

Nathan: Und warum zuerst
    Von dieser Kleinigkeit? – Ich sehe dort
    Ein Aug' in Tränen, das zu trocknen mir
    Weit angelegner ist. *(Geht auf Recha zu.)* Du hast geweint?
215   Was fehlt dir? – bist doch meine Tochter noch?

Recha: Mein Vater! …

Nathan: Wir verstehen uns. Genug! –
    Sei heiter! Sei gefasst! Wenn sonst dein Herz
    Nur dein noch ist! Wenn deinem Herzen sonst
220   Nur kein Verlust nicht droht! – Dein Vater ist
    Dir unverloren!

Recha: Keiner, keiner sonst!

Recha und Nathan

Tempelherr:

Sonst keiner? – Nun! so hab ich mich betrogen.

225 Was man nicht zu verlieren fürchtet, hat

Man zu besitzen nie geglaubt, und nie

Gewünscht. – Recht wohl! recht wohl! – Das ändert, Nathan,

Das ändert alles! – Saladin, wir kamen

Auf dein Geheiß. Allein, ich hatte dich

230 Verleitet: Itzt bemüh dich nur nicht weiter!

8 *gach:* jäh, ungestüm

Saladin: Wie gach[8] nun wieder, junger Mann! – Soll alles

Dir denn entgegenkommen? alles dich

Erraten?

Tempelherr: Nun du hörst ja! siehst ja, Sultan!

235 **Saladin:** Ei wahrlich! – Schlimm genug, dass deiner Sache

Du nicht gewisser warst!

Tempelherr: So bin ich's nun.

Saladin: […] *(Auf Recha zugehend, um sie dem Tempelherrn zuzuführen.)*

Komm, liebes Mädchen,

240 Komm! Nimm's mit ihm nicht so genau. Denn wär

Er anders; wär er minder warm und stolz:

Er hätt es bleiben lassen, dich zu retten.

Du musst ihm eins fürs andre rechnen. – Komm!

Beschäm ihn! tu, was ihm zu tun geziemte!

245 Bekenn ihm deine Liebe! trage dich ihm an!

Und wenn er dich verschmäht; dir's je vergisst,

Wie ungleich mehr in diesem Schritte du

Für ihn getan, als er für dich … Was hat

Er denn für dich getan? Ein wenig sich

250 Beräuchern lassen! ist was Rechts! – so hat

Er meines Bruders, meines Assad, nichts!

9 *die Larve:* die Maske

So trägt er seine Larve[9], nicht sein Herz.

Komm, Liebe …

Sittah: Geh! geh, Liebe, geh! Es ist

255 Für deine Dankbarkeit noch immer wenig;

Noch immer nichts.

Nathan: Halt, Saladin! halt, Sittah!

Saladin: Auch du?

Nathan: Hier hat noch einer mitzusprechen … […]

260 **Saladin:**   Wer?

Nathan: Ihr Bruder!

Saladin: Rechas Bruder?

Nathan: Ja!

Recha: Mein Bruder?

265 So hab ich einen Bruder?

Tempelherr *(aus seiner wilden stummen Zerstreuung auffahrend)*:
Wo? wo ist

Er, dieser Bruder? Noch nicht hier? Ich sollt
Ihn hier ja treffen.

270 **Nathan:** Nur Geduld! […]
Ihr seid kein Stauffen!

Tempelherr: Wer bin ich denn?

Nathan: Heißt Curd von Stauffen nicht!

Tempelherr: Wie heiß ich denn?

275 **Nathan:** Heißt Leu von Filnek. […]
Kann doch wohl sein,

Dass jener Nam' Euch ebenfalls gebührt.

Tempelherr: Das sollt ich meinen! – (Das hieß Gott ihn sprechen!)

Nathan: Denn Eure Mutter – die war eine Stauffin.

280 Ihr Bruder, Euer Ohm[10], der Euch erzogen,
Dem Eure Eltern Euch in Deutschland ließen,

10 *der Ohm:* der Onkel

Als, von dem rauen Himmel dort vertrieben,
Sie wieder hierzulande kamen: – Der
Hieß Curd von Stauffen; mag an Kindes statt

285 Vielleicht Euch angenommen haben! – […]

Tempelherr: […] – Aber, aber –
Was hat mit diesem allen Rechas Bruder
Zu schaffen?

Nathan: Euer Vater …

290 **Tempelherr:** Wie? auch den
Habt Ihr gekannt? Auch den?

Nathan: Er war mein Freund.

Tempelherr:
War Euer Freund? Ist's möglich, Nathan! …

295 **Nathan:** Nannte
Sich Wolf von Filnek; aber war kein
Deutscher …

Nathan und der Tempelherr

Tempelherr: Ihr wisst auch das?

Nathan: War einer Deutschen nur

300 Vermählt; war Eurer Mutter nur nach Deutschland
Auf kurze Zeit gefolgt …

Tempelherr: Nicht mehr! Ich bitt
Euch! – Aber Rechas Bruder? Rechas Bruder …

Nathan: Seid Ihr!

305 **Tempelherr:** Ich? ich ihr Bruder?

Recha: Er mein Bruder?

Sittah: Geschwister!

Saladin: Sie Geschwister!

Recha *(will auf ihn zu)*: Ah! mein Bruder!

Tempelherr *(tritt zurück)*:

310 Ihr Bruder!

Recha *(hält an, und wendet sich zu Nathan)*:

Kann nicht sein! nicht sein! – Sein Herz

Weiß nichts davon! – Wir sind Betrieger! Gott!

Saladin *(zum Tempelherrn)*:

315 Betrieger? wie? Das denkst du? kannst du denken?

Betrieger selbst! Denn alles ist erlogen

An dir: Gesicht und Stimm und Gang! Nichts dein!

So eine Schwester nicht erkennen wollen! Geh!

Tempelherr *(sich demütig ihm nahend)*:

320 Missdeut auch du nicht mein Erstaunen, Sultan!

Verkenn in einem Augenblick, in dem

Du schwerlich deinen Assad je gesehen,

Nicht ihn und mich! *(Auf Nathan zueilend.)*

Ihr nehmt und gebt mir, Nathan!

325 Mit vollen Händen beides! – Nein! Ihr gebt

Mir mehr, als Ihr mir nehmt! unendlich mehr!

(Recha um den Hals fallend.)

Ah meine Schwester! meine Schwester!

Nathan: Blanda

330 Von Filnek!

Tempelherr: Blanda? Blanda? – Recha nicht?

Nicht Eure Recha mehr? – Gott! Ihr verstoßt

Sie! gebt ihr ihren Christennamen wieder!

Verstoßt sie meinetwegen! – Nathan! Nathan!

335 Warum es sie entgelten lassen? sie!

Nathan: Und was? – O meine Kinder! meine Kinder! –

Denn meiner Tochter Bruder wär mein Kind

Nicht auch, – sobald er will? […]

Saladin: Nathan, auf ein Wort! ein Wort! –

340 *([…] Nathan und Saladin sprechen leiser.)*

Hör! hör doch, Nathan! Sagtest du vorhin

Nicht –?

Nathan: Was?

Saladin: Aus Deutschland sei ihr Vater nicht

345 Gewesen; ein geborner Deutscher nicht.

Was war er denn? wo war er sonst denn her?

Nathan: Das hat er selbst mir nie vertrauen wollen.

Aus seinem Munde weiß ich nichts davon.

Saladin:

350 Und war auch sonst kein Frank? kein Abendländer?

Nathan: O! dass er der nicht sei, gestand er wohl. –

Er sprach am liebsten Persisch …

Saladin: Persisch? Persisch?

Was will ich mehr? – Er ist's! Er war es!

355 **Nathan:**   Wer?

Saladin: Mein Bruder! ganz gewiss! Mein Assad! ganz

Gewiss!

Nathan: Nun, wenn du selbst darauf verfällst: –

Nimm die Versichrung hier in diesem Buche!

360 *(Ihm das Brevier[11] überreichend.)*

11 *das Brevier*: ein Gebets-
buch, das Nathan von
einem Klosterbruder
erhalten hatte

Saladin *(es begierig aufschlagend)*

Ah! seine Hand! Auch die erkenn ich wieder!

Nathan: Noch wissen sie von nichts! Noch steht's bei dir

Allein, was sie davon erfahren sollen!

365 **Saladin** *(indes er darin geblättert)*:

Ich meines Bruders Kinder nicht erkennen?

Ich meine Neffen – meine Kinder nicht?

Sie nicht erkennen? ich? Sie dir wohl lassen?

(Wieder laut.)

370 Sie sind's! sie sind es, Sittah, sind! Sie sind's!

Sind beide meines … deines Bruders Kinder!

(Er rennt in ihre Umarmungen.)

Sittah *(ihm folgend)*:

Was hör ich! – Konnt's auch anders, anders sein! –

375 **Saladin** *(zum Tempelherrn)*:

Nun musst du doch wohl, Trotzkopf, musst mich lieben!

(Zu Recha.)

Nun bin ich doch, wozu ich mich erbot?

Magst wollen, oder nicht!

380 **Sittah:**   Ich auch! ich auch!

Saladin *(zum Tempelherrn zurück)*:

Mein Sohn! mein Assad! meines Assads Sohn!

Tempelherr: Ich deines Bluts! – So waren jene Träume,

Womit man meine Kindheit wiegte, doch –

385 Doch mehr als Träume! *(Ihm zu Füßen fallend.)*

Saladin *(ihn aufhebend)*:   Seht den Bösewicht!

Er wusste was davon, und konnte mich

Zu seinem Mörder[12] machen wollen! Wart!

(Unter stummer Wiederholung allerseitiger Umarmungen fällt der Vorhang.)

Saladin und Sittah

12 Saladin ließ alle
Tempelherren ermorden
und schenkte nur diesem
einen sein Leben.

b Beschreibt eure Eindrücke von dieser Szene. Benennt auch eventuelle Unklar-
heiten und Irritationen, formuliert ggf. Fragen.

c Tauscht euch darüber aus, ob ihr einen solchen Schluss erwartet hattet.
Überlegt und besprecht, warum ihr die eine oder andere Erwartung hattet.

d Betrachtet das Szenenfoto. Stellt Vermutungen an, welche Stelle der Schlussszene hier erfasst ist. Begründet eure Vermutungen anhand des Textes.

Das Ziel einer **Interpretation** ist es, mögliche Aussagen einer Dramenszene herauszuarbeiten, d. h., den Text zu **deuten (interpretieren)**. Diese Deutungen müssen mithilfe von Textstellen (Zitaten) belegt werden. Eine gründliche **Analyse** einer Dramenszene ist die Voraussetzung für das Verfassen einer Interpretation.

Eine Textinterpretation schreibt man im Präsens. Sie sollte folgende **Bestandteile** aufweisen:

Einleitung:
- Name der Autorin bzw. des Autors, evtl. biografische Daten,
- Textsorte, Titel, Thema sowie erster Eindruck von der Dramenszene,

Hauptteil:
- kurze Inhaltsangabe,
- Interpretationshypothese(n)[1] zur Dramenszene: zusammenfassende Annahme(n) bzw. Deutung(en) zu zentralen Botschaften bzw. Aussagen,
- Begründung der Interpretationshypothese(n) durch Darstellung und Deutung von Besonderheiten der Handlungs-, Orts-, Zeit- und Figurengestaltung, Darstellung und Deutung besonderer sprachlicher (stilistischer) Mittel und deren Wirkung,

Schluss:
- eigene Meinung zu dem in der Dramenszene Dargestellten,
- Bezug zum eigenen Leben.

[1] *die Interpretationshypothese:* eine noch unbelegte Annahme für die Interpretation

Eine Dramenszene analysieren

3 Analysiert und interpretiert die Schlussszene von Lessings Drama „Nathan der Weise" (Aufgabe 2 a, S. 166).

a Nennt die Figuren, die am Schluss des Dramas vorkommen. Stellt die Verwandtschaftsbeziehungen zwischen diesen Figuren in einer Figurenkonstellation dar.

b Ermittelt, was man über die Handlungszeit und den Handlungsort erfährt, bzw. äußert eure Vorstellungen darüber.

c Gebt den Handlungsverlauf zusammenfassend wieder.

d Untersucht die Regieanweisungen und die Figurenrede und leitet daraus Deutungen über Eigenschaften der auftretenden Figuren ab.

e Untersucht die Dialoggestaltung in dieser Dramenszene. Achtet besonders auf die sprachlichen (stilistischen) Mittel, die in der Dramenszene verwendet wurden, und beschreibt mögliche Wirkungen.

→ S. 238:
Sprachliche (stilistische) Mittel

f Wählt einige euch besonders wichtig erscheinende Textstellen aus und formuliert Deutungsansätze dazu.

„Und warum zuerst / Von ..." – Nathan ist Geld weniger wichtig als ...

3 e Verwendet die folgenden Fachbegriffe.
Vers / Zeilensprung (Enjambement) / Metapher / Umstellungen der Satzglieder / Ausruf / Weglassen von Wörtern (Ellipse) / schnelle Wechselrede (Stichomythie)

→ **S. 173:**
Gewusst wie:
Biografische und
historische Fakten
einbeziehen

g Deutet die Schlussszene hinsichtlich Lessings Ansicht zu Religion und Menschlichkeit.

h Versucht, eine zusammenfassende Interpretationshypothese zum gesamten Textauszug abzuleiten, und formuliert sie.

Die Schlussszene vermittelt die Botschaft, dass ...

Eine Interpretation entwerfen und überarbeiten

4 Verfasse eine schriftliche Interpretation der Schlussszene von Lessings Drama „Nathan der Weise" (Aufgabe 2a, S. 166).

a Schreibe die Einleitung. Lass einen breiten Rand zum Überarbeiten.

Tipp
Nutze die Vorarbeiten aus Aufgabe 3.

b Entwirf den Hauptteil. Orientiere dich am Merkkasten und beginne mit einer Inhaltsangabe. Formuliere eine Interpretationshypothese und begründe sie.

c Verfasse den Schluss deiner Interpretation.

 d Vergleicht eure Entwürfe und überarbeitet sie.

e Schreibe die Endfassung deiner Textinterpretation.

5 Verfasse eine weitere Interpretation. Wähle Aufgabe a oder b.

 a Verfasse eine Interpretation zur berühmten Ringparabel. Lies und analysiere dazu noch einmal die Auszüge aus Aufgabe 2d (S. 158) und Aufgabe 5a (S. 162). Orientiere dich an der Schrittfolge.

> **So kannst du eine Interpretation einer Dramenszene verfassen**
> 1. Lies die Dramenszene und notiere deine Gedanken beim Lesen.
> 2. Untersuche den Text (Textanalyse).
>   • Fertige Notizen zum Inhalt an. Auf einer Textkopie kannst du wichtige Wörter und Textpassagen markieren.
>   • Untersuche den Text auf Besonderheiten (Textanalyse). Analysiere Handlung, Figuren und Sprache. Bestimme die Textsorte.
>   • Untersuche, welche Wirkung die Besonderheiten haben.
> 3. Formuliere Deutungsansätze zu einzelnen Textstellen und eine Interpretationshypothese zur gesamten Szene. Notiere offene Fragen und Unklarheiten.
> 4. Ordne deine Notizen und schreibe einen Entwurf.
> 5. Überarbeite den Entwurf und schreibe die Endfassung.

b Wähle aus den Lesestoffen (S. 183–188) eine Dramenszene aus und verfasse eine Interpretation dazu.

3h Ihr könnt eine der beiden Interpretationshypothesen auswählen.
 1 Die Schlussszene zeigt, dass es nicht auf Herkunft und Religion ankommt, sondern auf Menschlichkeit und Toleranz, wie Nathan sie vorlebt und mit dem Gleichnis seiner Ringparabel verdeutlicht.
 2 Die Schlussszene zeigt, dass Herkunft, Erziehung, Traditionen und Vorurteile unser Bild von Menschen und unseren Glauben beeinflussen, letztlich aber Toleranz und Menschlichkeit am wichtigsten sind.

Biografische und historische Fakten einbeziehen

Das Einbeziehen **biografischer** und/oder **historischer Fakten** ermöglicht ein tieferes Verständnis literarischer Werke. Meist lassen literarische Werke Merkmale der **literarischen Epoche** erkennen, in der sie verfasst wurden. Um ein Werk im geschichtlichen Zusammenhang zu erfassen, kann man:
- sich über die historischen Sachverhalte der Entstehungszeit informieren,
- Themen oder Motive des Werkes und die Zugehörigkeit zu einer literarischen Epoche untersuchen,
- sich über die Biografie der Autorin bzw. des Autors informieren,
- überlegen, welche ihrer bzw. seiner persönlichen Erfahrungen vermutlich in das literarische Werk eingeflossen sind.

1 Lies den folgenden Text. Nenne Schlüsselbegriffe, die die Epoche „Aufklärung" charakterisieren.

Die Aufklärung

Die Aufklärung bezeichnet eine geistige Strömung, die besonders das 18. Jahrhundert in ganz Europa prägte. Sie bewirkte vor allem in Politik, Wissenschaft, Kunst und Literatur eine neue Denkweise, die auf das eigenständige Denken und die Vernunft des Einzelnen zielte. Der Begriff *Aufklä-*
5 *rung* bedeutet so viel wie *Aufhellung* oder *Lichtwerden*.
Immanuel Kant formulierte 1784 in einer Abhandlung den Leitsatz der Aufklärung: „Habe Mut, dich deines eigenen Verstandes zu bedienen." (Kant, Immanuel: Beantwortung der Frage: Was ist Aufklärung? Aus: Berlinische Monatsschrift, 1784, H. 12, S. 481.) Die Epoche der Aufklärung war durch ein
10 aufstrebendes Bürgertum und den Niedergang des Adels gekennzeichnet. Charakteristische Gedanken dieser Zeit waren religiöse Toleranz, Bildung der unteren Schichten und Rechtsprinzipien wie die folgenden: Jeder Mensch ist frei geboren und hat das Recht auf Leben, Freiheit, Eigentum und das Streben nach Glück. Die Gedanken der Aufklärung brachen sich in der Französischen
15 Revolution von 1789 bis 1799 Bahn und waren sehr wichtig für die Entstehung der heutigen Demokratie.
In der Literatur bestand die Aufklärung als Epoche von ca. 1720 bis 1800. Sowohl der Roman als auch das Theater entwickelten sich weiter. Gotthold Ephraim Lessings Dramen, u. a. „Emilia Galotti", „Minna von Barnhelm" und
20 „Nathan der Weise", waren wegweisend für das deutsche Theater. Weitere bedeutende Vertreter der Epoche waren u. a. Johann Christoph Gottsched, Johann Joachim Winckelmann und Christoph Martin Wieland.

Immanuel Kant

2 Erläutere, welche Merkmale der Epoche „Aufklärung" sich in den von dir gelesenen Szenen aus „Nathan der Weise" finden.

 3 Recherchiere die Biografie von Gotthold Ephraim Lessing. Stelle Bezüge zum Drama „Nathan der Weise" her. Präsentiere deine Ergebnisse vor der Klasse.

Die Entstehung des Dramas „Nathan der Weise"

Während seiner Zeit als Bibliothekar in Wolfenbüttel veröffentlichte Lessing 1774 die bibelkritische Schrift einer befreundeten Familie unter dem Titel „Fragmente eines Ungenannten". Lessing ging es dabei in erster Linie um die Freiheit, religionskritische Ansichten öffentlich diskutieren zu dürfen. Er legte
5 seine Meinung dar, die sich vor allem gegen starre und unnachgiebige Glaubensvorschriften der christlichen Kirche richtete.

Die Reaktion darauf war stark, viele Gegenschriften erschienen. Der Hamburger Hauptpastor J. M. Goeze wurde dabei zu einem von Lessings bekanntesten Gegnern. Zwischen den beiden entwickelte sich ein heftiger, öffentlich
10 ausgetragener Streit, der sogenannte „Fragmentenstreit".

Der Streit wurde im Juli 1778 von der Zensur verboten und die herzogliche Regierung untersagte Lessing jegliche Veröffentlichung seiner theoretischen Schriften. Da beschloss er, die Auseinandersetzung auf der Theaterbühne weiterzuführen.

15 Ende 1778 begann Lessing mit der Arbeit am „Nathan", im Mai 1779 stellte er ihn fertig. Die Uraufführung fand 1783, zwei Jahre nach Lessings Tod, statt.

Die Handlung verlegte Lessing ins 12. Jahrhundert nach Jerusalem. Jerusalem war die Stadt der drei Weltreligionen: Christentum, Judentum, Islam.
20 Sultan Saladin hatte Jerusalem im Jahre 1187 erobert. Das war der Anlass für den dritten Kreuzzug, zu dem die katholische Kirche aufgerufen hatte, um die heiligen Stätten in Palästina von der Herrschaft der „Heiden" zu befreien. Saladin und der englische König Richard Löwenherz schlossen 1192 einen Waffenstillstand. Dadurch konnten die drei Religionen in Jerusalem eine Zeit
25 lang friedlich miteinander leben.

Die Kreuzzüge waren gegen alle Nichtchristen gerichtet und betrafen damit auch die Juden, die im Mittelalter unter schwierigen Bedingungen lebten. Sie waren gezwungen, sich Schutzbriefe zu beschaffen, um sich niederlassen zu dürfen. In den Städten mussten sie – getrennt von den Christen – in bestimm-
30 ten Vierteln (Ghettos) leben und durften nur bestimmte Berufe ausüben. Gerade die Juden Jerusalems waren in der damaligen Zeit nachweislich ausgesprochen arm.

Lessing nahm allerdings das vorherrschende Klischee seiner Zeit auf, indem er in seinem Drama Nathan als wohlhabenden Kaufmann darstellte. Les-
35 sings Verdienst war es aber, dass er zum ersten Mal seit vielen Jahrhunderten eine jüdische Figur positiv zeichnete. Er stattete die Figur Nathan mit den Zügen des jüdischen Philosophen und Aufklärers Moses Mendelssohn aus, mit dem er befreundet war. Mendelssohn, Lessing und der Verleger Friedrich Nicolai bildeten das „Dreigestirn der Berliner Aufklärung". Mendelssohn war
40 es, der Lessing durch sein unermüdliches Eintreten für die Gleichstellung der Juden in der Gesellschaft, für Toleranz sowie für die Gleichberechtigung aller Konfessionen zu dem Stück „Nathan der Weise" inspirierte.

Nathan der Weise.
Ein
Dramatisches Gedicht,
in fünf Aufzügen.

Introite, nam et heic Dii sunt!
APVD GELLIVM.

Von
Gotthold Ephraim Lessing.

Mit Churfürstl. Sächsischem Privilegio.

Berlin,
bey Christian Friedr. Voß und Sohn,
1779.

Die von Sultan Saladin gestellte zentrale Frage, welche der drei Religionen
die wahre sei, lässt Lessing durch Nathan mit der sogenannten Ringparabel
45 beantworten. Sie bildet das inhaltliche und formale Kernstück des Dramas.
Als Quelle nutzte Lessing eine Novelle aus dem „Dekameron" von Giovanni
Boccaccio. Die drei Ringe versinnbildlichen in anschaulicher Weise die drei
Weltreligionen Christentum, Judentum und Islam, wobei Lessing das Publikum zu der Erkenntnis führen möchte, dass sich Religion stets durch prakti-
50 sche Humanität, Toleranz und mitfühlendes Handeln beweisen muss. In der
letzten Szene sind schließlich die drei Religionen in einer Familie vereint –
eine geradezu märchenhafte Auflösung des Geschehens.

Moses Mendelssohn

Gotthold Ephraim
Lessing

Friedrich Nicolai

 ❶ Tauscht euch darüber aus, warum Lessing die Handlung ins Jerusalem des
12. Jahrhunderts verlegte.

 ❷ Recherchiert Informationen über Moses Mendelssohn. Nutzt zum Beispiel
die Webseite der Mendelssohn-Gesellschaft.

❸ Erkläre, woran man in Lessings Drama Bezüge zwischen dem Philosophen
und Aufklärer Mendelssohn und der Figur Nathan erkennt.

Bevor wir gläubig sind, sind wir Menschen

Der Regisseur Andreas Kriegenburg[1] im Gespräch

Jürgen Büsselberg: Herr Kriegenburg, warum den „Nathan" [in der heutigen Zeit]? Ist es die Frage nach der wahren Religion, die hier gestellt wird?

Andreas Kriegenburg: Lessing stellt im „Nathan der Weise" gar nicht so sehr die Frage nach der Vorherrschaft einer bestimmten oder der größeren Richtigkeit einer bestimmten Religion. Er plädiert vielmehr dafür, einen Schritt zurück zu tun und zu sagen, als Fundament der Religion gibt es den Humanismus[2]. Das heißt, bevor wir gläubig sind, sind wir Menschen. […] Diesem Verweis auf das humanistische Fundament jeglicher Religion, dem versuchen wir zu folgen.

J. B.: […] Welche Fragen haben Sie diskutiert mit Ihrem Team für diese Inszenierung am Deutschen Theater?

A. K.: […] Wenn man „Nathan der Weise" heute inszeniert, stellt sich die Frage, wie […] stellt man die eigene Arbeit in den gleichen Raum, der im Moment angefüllt ist von Schreckensnachrichten, angefüllt von dem immer wieder dokumentierten Barbarischen, zu dem Menschen fähig sind, motiviert aus religiösen Motiven oder nur verbrämt[3] mit religiösen Zielen. Wir haben lange überlegt, wie viel Raum wir der Gestaltung, der Abbildung dieser Barbarei geben. Letztendlich war unsere Entscheidung, eher den utopischen[4] Motiven Lessings zu folgen und den unwahrscheinlichen, märchenhaften Möglichkeiten, die Lessing beschreibt. […]

J. B.: Sie haben ja vorhin schon gesagt, es geht auch Lessing gar nicht so sehr um die wahre Religion, sondern um den Humanismus. Dieser Frage nach der wahren Religion weicht Nathan ja auch aus mit der berühmten Ringparabel. Die kann man ja auch überhaupt nicht weglassen, ohne Ringparabel funktioniert kein „Nathan", oder?

A. K.: Natürlich nicht, abgesehen davon ist es eine wunderbare Szene mit einer wunderbaren Erzählung. […] Außerdem ist es eine wirklich faszinierende Geschichte, die ja gar nicht sagt, dass der oder der recht hat. Sie sagt: Die Frage ist ganz falsch. Man sollte der Frage entgehen, weil wir akzeptieren müssen, dass wir in etwas hineingeboren sind, und danach streben müssen, uns selbst immer weiter zu befragen. Aber zu fragen, ob die andere Religion falsch ist, ist unrichtig, ganz heikel. Es ist viel richtiger, permanent[5] meine Religion zu überprüfen, also den eigenen Ring zu überprüfen. Bringt mein Ring, bringt meine Religion mich dem Menschen näher […]?*

[1] *Andreas Kriegenburg:* inszenierte 2015 „Nathan der Weise" am *Deutschen Theater* in Berlin.

[2] *der Humanismus:* eine Lebensgestaltung, in der man sich um Menschenwürde und freie Persönlichkeitsentfaltung bemüht
[3] *verbrämt:* bemäntelt, maskiert
[4] *utopisch:* wirklichkeitsfern, idealisierend

[5] *permanent:* ständig

1 Schreibe die Kernaussagen des Regisseurs Andreas Kriegenburg heraus und versuche, sie mit eigenen Beispielen zu erläutern.

2 Beziehe persönlich Stellung zu den Aussagen von Andreas Kriegenburg.

Mirjam Pressler

Nathan und seine Kinder (Auszüge)

Im Roman „Nathan und seine Kinder" (2009) hat Mirjam Pressler Themen und Figuren der Weltliteratur aufgenommen und für Jugendliche neu bearbeitet. Wie in Lessings Drama „Nathan der Weise" (1779) geht es im Roman vor allem um Menschlichkeit und Toleranz. Die Handlung spielt 1192 in Jerusalem zur Zeit der Kreuzzüge. In jedem Kapitel kommt eine der Figuren zu Wort. Zuerst lernt man Geschem kennen, der nach einem Brand in Nathans Haus auf seinen Herren trifft.

Geschem

[...]

„Komm, setz dich zu mir", sagte Nathan. Seine Stimme klang freundlich. [...] „Wie heißt du eigentlich, Junge?", fragte er.

Es gibt Fragen, bei denen mir das Blut aus dem Kopf strömt und mein Mund
5 so trocken wird, dass mir die Zunge am Gaumen klebt. Diese Fragen sind: Wie heißt du? Wer ist dein Vater? Aus welcher Stadt stammst du? Wenn mir jemand solche Fragen stellt, tue ich, als hätte ich sie nicht gehört, oder ich drehe mich um und laufe weg. Aber vor meinem Herrn konnte ich nicht davonlaufen, ihm musste ich antworten. Ich senkte den Kopf. „Ich heiße
10 Jeled", sagte ich, „Junge."

„Das ist doch kein Name", sagte er. „Welchen Namen hat dir dein Vater gegeben?"

Ich zuckte mit den Schultern und wagte nicht, den Kopf zu heben. „Nun?", wiederholte er, als ich schwieg.

15 [...] „Ich habe keinen Vater und keine Mutter", sagte ich. „Ich habe keine Familie und keinen Namen. Ich weiß nicht, wer ich bin."

Nun schwieg Nathan ebenfalls. Nach einer Weile fragte er: „Wie bist du in mein Haus gekommen?"

Ich hob den Kopf. „Elijahu[1] hat mich gefunden, als ich krank war", sagte ich.
20 „Er war es, der mich gefunden und zu Zipora gebracht hat." [...]

„Zipora hat mich in der Küche behalten", sagte ich. „Ich gehe ihr zur Hand, ich begleite sie auf den Markt, ich fege die Küche, ich schlachte die Hühner, ich hole Wasser aus der Zisterne, ich ... ich ..." Mehr fiel mir nicht mehr ein. Demütig und beschämt senkte ich vor Nathans forschendem Blick den Kopf.

25 „Gott möge es Elijahu und Zipora ins Buch des Lebens schreiben, was sie an dir getan haben", sagte Nathan und legte mir die Hand auf den Arm. Ich zuckte zusammen, aber er zog seine Hand nicht zurück. Im Gegenteil, sein Griff wurde fester. Ich spürte die Wärme seiner Hand durch meinen Ärmel und ein seltsames Gefühl ergriff mich. So hatte mich noch nie jemand be-
30 rührt. Mein erster Impuls war zu fliehen, aber ich blieb sitzen, überließ mich diesem Gefühl.

[1] *Elijahu:* Nathans Verwalter und treuer Gefährte

„Möchtest du einen Namen haben?", fragte Nathan auf einmal mit einer sehr sanften Stimme.

Ich erschrak. „Was für einen Namen?", fragte ich.

Er lachte leise. „Such dir einen aus."

35 Ich zog meinen Arm aus seiner Hand und drehte verlegen das Gesicht zur Seite. „Ich weiß noch nicht einmal, ob ich Hebräer oder Muslim bin", brach es aus mir heraus. „Oder vielleicht sogar Christ."

Wieder lachte Nathan. „Christ wohl nicht", sagte er. „Aber egal, wer deine Eltern waren, ein Mensch braucht einen Namen. Such dir etwas aus, was dir besonders viel bedeutet. Den Namen eines Baums oder eines starken Tieres. Oder lieber Glück? Frieden? Was magst du denn am liebsten?"

„Regen", sagte ich. „Wasser, das vom Himmel fällt. Wasser, das jedes Feuer löscht."

Diesmal lachte er lauter. „Gut", sagte er, stand auf und legte mir die Hand auf den Kopf, als wolle er mich segnen. „Dann wirst du in Zukunft also Geschem heißen, Regen. Und weil wir alle Abrahams Söhne sind, heißt du Geschem Ben Abraham oder Geschem Ibn Ibrahim, je nachdem, wer dich nach deinem Namen fragt." Er strich mir über die Haare, flüchtig, wie Elijahu mir manchmal über die Haare strich, eine Berührung, bei der es mir die Tränen in die Augen trieb und ich mich wie ein kleines Kind fühlte. Irgendwie getröstet und doch besonders verlassen. Ich senkte den Kopf noch tiefer, und Nathan sagte: „Ich muss mich jetzt hinlegen, Geschem, ich bin nicht mehr der Jüngste und ich habe eine anstrengende Reise hinter mir. Und dazu der Schreck, dass ich fast meine Tochter verloren hätte. Schlaf gut, Geschem, Gott bewahre dein Herz und gebe dir morgen früh deine Seele zurück."

Er drehte sich um und ging mit müden Schritten und gebeugten Schultern auf das Haus zu. Ich schaute ihm nach, bis er in der Tür verschwunden war. Dann lag ich auf meinem Fell und starrte hinauf in den Himmel, an dem die Sterne glitzerten, und lauschte dem leisen Säuseln der Blätter über mir. Ab

60 und zu schrie ein Nachtvogel oder es bellte ein Hund und in der Ferne heulten Schakale, sonst war es still. Ich war aufgewühlt, und es dauerte lange, bis ich einen klaren Gedanken fassen konnte. So einfach war das also. Ich hatte einen Namen. In Zukunft würde ich antworten können, wenn mich jemand nach meinem Namen fragt. „Ich heiße Geschem", würde ich sagen.

65 „Geschem Ben Abraham."

Es brauchte ja niemand zu wissen, dass es nicht mein Vater war, der mir diesen Namen gegeben hatte, sondern Nathan, mein Herr, den man in Jerusalem auch den Weisen nennt.*

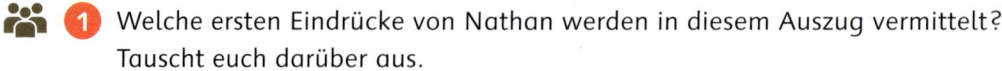
1 Welche ersten Eindrücke von Nathan werden in diesem Auszug vermittelt? Tauscht euch darüber aus.

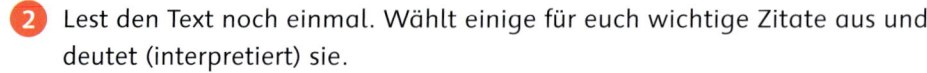
2 Lest den Text noch einmal. Wählt einige für euch wichtige Zitate aus und deutet (interpretiert) sie.

3 Lest, was Elijahu erzählt, Nathans Verwalter und treuer Gefährte.

Elijahu

[…] „Geschem braucht einen Menschen, der sich um ihn kümmert", hörte ich
70 Nathan sagen. „Er hat keinen Vater und du hast keinen Sohn."
Ich zuckte zusammen. Wie könnte er, ein Findling, mir einen Sohn ersetzen?
„Er weiß nicht, wer er ist und aus welcher Stadt er kommt", sagte ich langsam und voller Widerstreben. „Ich habe ihn gefragt, wo er gelebt hat. Er
sagt, mal hier, mal da, aber nirgendwo lange und oft genug auch auf der
75 Straße, man hat ihn immer wieder weggeschickt. Manchmal hat er bei Juden
gelebt und manchmal bei Muslimen. Und er hat sich jedes Mal als Jude oder
als Muslim gefühlt, sagt er, je nachdem, wo er gerade war. Verstehst du,
Nathan, er weiß nicht, was er ist, er ist entweder das eine oder das andere
oder beides nicht."
80 Nathan legte mir die Hand auf den Arm. „Jeder braucht einen Platz in der
Welt, einen Ort, an den er gehört, und Menschen, in deren Mitte er Gebor-
genheit findet. Niemand kann in den Räumen dazwischen leben, da muss er
abstürzen. Wenn Geschem nicht weiß, was er ist, kann er doch genauso gut
ein Jude sein, falls er das will. Schließlich sind wir alle Abrahams Kinder."
85 Ich erschrak. Nathans Worte kamen mir ketzerisch vor. Gefährlich.
Er schien meine Verwirrung zu spüren. „Ich frage mich manchmal, was uns zu
Menschen macht", sagte er. „Gott ist unerreichbar, und wir können ihm nur
dadurch nahe sein, dass wir seine Geschöpfe lieben. Das ist es, was er von
uns fordert, und das ist es, was unserem Leben Sinn und Bedeutung gibt."
90 Er lächelte.
Ich schwieg, ich konnte nicht lächeln, und ich wusste nicht, was ich sagen
sollte. Darüber musste ich erst einmal nachdenken. […]*

4 Denkt ebenfalls über Nathans Worte nach. Wählt Textstellen aus und deutet
(interpretiert) seine Aussagen.

5 Auch in Mirjam Presslers Roman wird die Ringparabel erzählt. Lies, wie
Al-Hafi, ein Freund Nathans im Dienst Saladins, die Situation erlebt.

Al-Hafi

[…] Saladin empfing uns im Rosengarten […].
Nathan verneigte sich vor dem Sultan, tief, aber nicht zu tief, und als ein
95 Diener Stühle für uns brachte, setzte er sich so vorsichtig auf die Kante, als
wolle er sich bereithalten, um gleich aufspringen und fliehen zu können. […]
Saladin beobachtete ihn gespannt, mit funkelnden Augen, ein Raubtier auf
der Lauer.
Nach einigen belanglosen Förmlichkeiten sagte Saladin plötzlich: „Du
100 nennst dich also Nathan. Nathan der Weise."
Er hat das Spiel eröffnet, dachte ich, das war der erste Schachzug.

Nathan machte den Gegenzug, er schüttelte den Kopf. „Ich nenne mich nicht so."

„Dann nennt dich das Volk so", sagte Saladin, und als Nathan nicht antwor-
¹⁰⁵ tete, fuhr er fort: „Ich hätte den Mann, den das Volk den Weisen nennt, schon längst kennen lernen sollen. Schließlich kann es sich kein Herrscher leisten, auf Weisheit zu verzichten."

[…] „Genug damit. Warum, Jude, glaubst du, habe ich dich rufen lassen?"
Nathan hob den Kopf, den er bescheiden gesenkt hatte. Niemand wagt es,
¹¹⁰ dem Sultan frech ins Gesicht zu schauen. „Ich bin Kaufmann", sagte er vor-
sichtig […] „Vielleicht soll ich dir einen Dienst erweisen? Es wäre mir eine Ehre, dem Sultan das zu besorgen, was er benötigt."

Saladin stieß ein kurzes, spöttisches Lachen aus. „Ich habe alles, was ich brauche." Dann wurde er plötzlich wieder ernst. „Nein, Jude, mich quält eine
¹¹⁵ Frage, die mir in dieser Stadt die wichtigste zu sein scheint. Und da du im Ruf stehst, so weise zu sein, hoffe ich, dass du sie mir beantworten kannst. Sage mir, welcher Glaube ist der richtige? Wer hat recht, der Muslim, der Jude oder der Christ?" […]

Saladin beachtete mich nicht. Er hatte den Blick auf Nathan geheftet, der
¹²⁰ jetzt die Augen öffnete und sagte: „Ich bin ein Jude."

[…] „Und ich ein Muslim", sagte er. „Und der Patriarch ein Christ. Drei Religionen in einer Stadt. Sage mir, welche du für die wahre hältst." […]

Nathan war blass geworden und Saladin erhob sich. „Denke darüber nach, Jude", sagte er. „Nimm dir Zeit, ich bin gleich wieder da." Mit einem selbst-
¹²⁵ zufriedenen Lächeln verließ er den Rosengarten und betrat den Palast. Er konnte es sich leisten, seinem Gegner eine Denkpause zu gewähren. […]

Saladin kam zurück. „Nun, Jude, hast du eine Antwort auf meine Frage gefunden?" Er setzte sich Nathan gegenüber, schlug ein Bein über das andere, legte die Hände zusammen. […]

¹³⁰ Nathan wiegte bedächtig den Kopf hin und her. „Manche Dinge lassen sich nur durch ein Gleichnis erklären. Erlaubst du mir, Sultan, eine Geschichte zu erzählen?" […]

„[…] Höre, großer Sultan: Vor vielen Jahren lebte ein Mann, der besaß einen Ring von unschätzbarem Wert. […] Diesem Ring nun wohnte eine geheime
¹³⁵ Kraft inne, nämlich dass er jeden, der ihn in diesem Glauben trug, vor Gott und den Menschen angenehm machte. Der Mann, der Besitzer des Rings, hinterließ diesen seinen kostbarsten Besitz dem Sohn, der ihm der liebste war, und verfügte in seinem Testament, dass dieser ihn wiederum seinem liebsten Sohn vermachen solle. […]

¹⁴⁰ Auf diese Art wurde der Ring von einem geliebten Sohn auf den nächsten vererbt […], bis er schließlich an einen Mann geriet, der drei Söhne hatte, die ihm gleich lieb waren. […] Als er alt wurde und spürte, dass seine Zeit bald zu Ende ging, tat ihm das Herz weh bei dem Gedanken, zwei seiner Söhne enttäuschen zu müssen. Deshalb ließ er heimlich einen Künstler kommen und
¹⁴⁵ beauftragte ihn, zwei Ringe herzustellen, die dem echten so sehr glichen,

dass niemand sie unterscheiden könne. So geschah es. Sogar der Vater konnte nicht mehr erkennen, welcher Ring der echte war. Und als seine letzte Stunde nahte, rief er seine Söhne einzeln zu sich, […], segnete einen jeden und gab ihm einen Ring. Dann starb er."

150 „[…] Nach seinem Tod zeigte jeder der drei Söhne seinen Ring vor, jeder behauptete, den rechten zu haben. Sie stritten, sie riefen Gott als Zeugen an, aber alles war vergebens. Die drei Ringe sahen vollkommen gleich aus." Saladin runzelte die Stirn. „Du willst sagen, das sei die Antwort auf meine Frage? Aber deine Geschichte hat einen Haken, Jude, die drei Religionen

155 unterscheiden sich sehr deutlich voneinander, vom Gottesdienst bis hin zu den Speisegesetzen."

„Aber sie unterscheiden sich nicht im Wichtigsten, im Glauben an Gott, der Himmel und Erde geschaffen hat, und in seinem Gebot, die Menschen zu lieben und Gutes zu tun. Alles andere, die Gebete, die Speisevorschriften,

160 die Traditionen, sind nur Überlieferung, sind Geschichten."

[…] „Und welche der Geschichten ist wahr?"

Nathan stieß einen Ton aus, einen leisen, klagenden Seufzer. […] „Woher soll man das wissen, großer Sultan? Ich bin Jude, ich glaube meinen Vätern, die gesagt haben, ihr Ring sei der rechte. Du glaubst deinen und der Patriarch

165 seinen. Wie könnte ich meinen Vätern weniger glauben als deinen? Oder umgekehrt. Das gilt natürlich auch für die Christen." […]

Ich sah, wie sich Saladins Gesichtsausdruck veränderte. Erst war er zornig, dann hoben sich seine Mundwinkel und ein Lächeln breitete sich auf seinem Gesicht aus. „Nathan, man nennt dich wahrlich nicht umsonst den Weisen",

170 sagte er langsam.

„Die Geschichte ist noch nicht wirklich zu Ende", fuhr Nathan fort. „Die Söhne zogen vor den Richter, und jeder schwor, den Ring von seinem Vater persönlich bekommen zu haben, kurz vor seinem Tod, zusammen mit seinem Segen." […]

175 Saladin beugte sich vor. „Und wie urteilte der Richter?"

„Er war ein weiser Richter. Er sprach: ‚Ich bin nicht dazu da, um Rätsel zu lösen. […] Aber soll der rechte Ring nicht die Kraft besitzen, seinen Träger vor Gott und den Menschen angenehm zu machen? Nun denn, das wird das Rätsel wohl lösen. Wen lieben zwei von euch am meisten? Der muss dann
180 doch der Besitzer des echten Rings sein.' Die zerstrittenen Söhne schwiegen und sahen sich betreten an, und der Richter sagte: ‚Keiner der Ringe macht seinen Besitzer angenehmer als die beiden anderen? So ist also keiner der Ringe echt? […]'" […]
Saladin lachte. „Was für eine wunderbare Geschichte. Und wie ging es
185 weiter?"

„Der Richter sagte: ‚Ich gebe euch einen Rat, kein Urteil. Nehmt die Sache, wie sie ist. Soll jeder glauben, er sei im Besitz des rechten Rings. Denn eines steht fest, euer Vater hat euch geliebt, alle drei. Seid dankbar für diese Liebe und bemüht euch, den Beweis für die Echtheit eures Rings zu erbringen, […].
190 Ich lade euch wieder vor diesen Richterstuhl, in tausend Jahren. Dann sitzt hier vielleicht ein weiserer Richter, als ich einer bin.'"
Nathan schwieg. Nach einer ganzen Weile sagte er leise: „Vielleicht, großer Sultan, bist du ja dieser versprochene weisere Richter …" […]
[…] Ich sah, wie Saladin aufsprang, wie er Nathans Hand ergriff und nicht
195 mehr losließ. Tränen standen ihm in den Augen, er war noch immer so leicht zu rühren wie als Knabe, und ich wusste wieder, warum ich ihn früher geliebt hatte, nicht nur gefürchtet.
[…] Ich begleitete Nathan hinaus.
„Nathan", sagte ich, „du hast das Spiel gewonnen."
200 Er schaute mich an und lächelte traurig. „Du irrst dich, mein Freund. Es war kein Sieg, es war höchstens ein Remis. Es war nur eine Geschichte, nur ein Traum." Seine Stimme wurde etwas lauter, feierlicher, sein Blick war in die Ferne gerichtet, als er fortfuhr: „Ich habe einen Traum, dass sich eines Tages die Menschheit erheben und die wahre Bedeutung ihres Glaubensbekennt-
205 nisses ausleben wird. Ich habe einen Traum, dass eines Tages die Söhne von Juden, Muslimen und Christen miteinander am Tisch der Brüderlichkeit sitzen können. Ich habe einen Traum, dass sich selbst diese Stadt eines Tages in eine Oase der Freiheit und der Gerechtigkeit verwandeln wird." Seine Stimme senkte sich, wurde leiser. „Aber es ist nur ein Traum. Die Wirklichkeit ist
210 eine andere."*

6 Die zentralen Aussagen der Ringparabel gleichen denen in Lessings Drama „Nathan der Weise". Belege das mithilfe von Textstellen.

7 Lest noch einmal, wie dieses Kapitel endet. Tauscht euch in der Klasse darüber aus, welche Bedeutung Nathans Worte für euch heute haben.

Friedrich Schiller (1759–1805)

Die Räuber. Ein Schauspiel (Auszüge)

Der alte Graf Maximilian von Moor hat zwei Söhne: den älteren, hübschen, großmütigen Karl und den jüngeren, hässlichen, bösartigen Franz. Karl von Moor schreibt dem Vater einen reuevollen Brief mit der Bitte um Vergebung für sein wildes Studentenleben. Doch Franz von Moor fängt den Brief ab. Er hasst seinen Bruder aus tiefstem Herzen, unter anderem weil dieser das Herz der schönen Amalia erobert hatte, in die sich auch Franz verliebt hat.

Erster Akt. Erste Szene

Franken. Saal im Moorischen Schloss.
Franz. Der alte Moor.
[…]

Franz: Die Post ist angekommen – ein Brief von unserm Korrespondenten[1] in
5   Leipzig –

Der alte Moor *(begierig)*: Nachrichten von meinem Sohne Karl? […]

Franz: Wenn Ihr krank seid – nur die leiseste Ahndung habt, es zu werden, so lasst mich – ich will zu gelegnerer Zeit zu Euch reden. *(Halb vor sich.)* Diese Zeitung[2] ist nicht für einen zerbrechlichen Körper.

10 **Der alte Moor:** Gott! Gott! was werd ich hören?

Franz: Lasst mich vorerst auf die Seite gehn und eine Träne des Mitleids vergießen um meinen verlornen Bruder – ich sollte schweigen auf ewig – denn er ist Euer Sohn; ich sollte seine Schande verhüllen auf ewig – denn er ist mein Bruder. […]

15 **Der alte Moor:** O Karl! Karl! Wüsstest du, wie deine Aufführung das Vaterherz foltert! Wie eine einzige frohe Nachricht von dir meinem Leben zehn Jahre zusetzen würde – mich zum Jüngling machen würde – da mich nun jede, ach! – einen Schritt näher ans Grab rückt! […]

Franz *(nimmt den Brief aus der Tasche)*: Ihr kennt unsern Korrespondenten!
20   Seht! Den Finger meiner rechten Hand wollt' ich drum geben, dürft ich sagen, er ist ein Lügner, ein schwarzer, giftiger Lügner – – Fasst Euch! Ihr vergebt mir, wenn ich Euch den Brief nicht selbst lesen lasse – Noch dürft Ihr nicht alles hören.

Der alte Moor: Alles, alles – mein Sohn, du ersparst mir die Krücke.

25 **Franz** *(liest)*: „Leipzig, vom 1. Mai. – Verbände mich nicht eine unverbrüchliche Zusage, dir auch nicht das Geringste zu verhehlen, was ich von den Schicksalen deines Bruders auffangen kann, liebster Freund, nimmermehr würde meine unschuldige Feder an dir zur Tyrannin geworden sein. Ich kann aus hundert Briefen von dir abnehmen, wie Nachrichten dieser Art
30   dein brüderliches Herz durchbohren müssen; mir ist's, als säh ich dich schon um den Nichtswürdigen, den Abscheulichen" – – *(Der alte Moor verbirgt sein Gesicht.)* Seht, Vater! ich lese Euch nur das Glimpflichste – „den Abscheulichen in tausend Tränen ergossen", – ach, sie flossen –

---

[1] *der Korrespondent: hier:* der Briefpartner

[2] *die Zeitung: hier:* die Nachricht

35 stürzten stromweis von dieser mitleidigen Wange – „mir ist's, als säh ich schon deinen alten, frommen Vater totenbleich" – Jesus Maria! Ihr seid's, eh ihr noch das Mindeste wisset?

Der alte Moor: Weiter! Weiter!

Franz: „Totenbleich in seinen Stuhl zurücktaumeln und dem Tage fluchen, an
40 dem ihm zum ersten Mal *Vater* entgegengestammelt ward. Man hat mir nicht alles entdecken mögen, und von dem Wenigen, das ich weiß, erfährst du nur Weniges. Dein Bruder scheint nun das Maß seiner Schande erfüllt zu haben; [...]. Gestern um Mitternacht hatte er den großen Entschluss, nach vierzigtausend Dukaten Schulden" – ein hübsches Taschengeld, Vater – „nachdem er zuvor die Tochter eines reichen Bankiers allhier
45 entjungfert und ihren Galan³, einen braven Jungen von Stand, im Duell auf den Tod verwundet, mit sieben andern, die er mit in sein Luderleben⁴ gezogen, dem Arm der Justiz zu entlaufen." – Vater! Um Gottes Willen, Vater! Wie wird Euch?

Der alte Moor: Es ist genug. – Lass ab, mein Sohn!

50 **Franz:** Ich schone Eurer – „Man hat ihm Steckbriefe nachgeschickt, die Beleidigten schreien laut um Genugtuung, ein Preis ist auf seinen Kopf gesetzt – der Name Moor" – Nein! meine armen Lippen sollen nimmermehr einen Vater ermorden! *(Zerreißt den Brief.)* Glaubt es nicht, Vater! Glaubt ihm keine Silbe!

55 **Der alte Moor** *(weint bitterlich)*: Mein Name! Mein ehrlicher Name!

Franz *(fällt ihm um den Hals)*: Schändlicher, dreimal schändlicher Karl! Ahndete mir's nicht⁵, da er, noch ein Knabe, den Mädels so nachschlenderte, mit Gassenjungen und elendem Gesindel auf Wiesen und Wegen sich herumhetzte, den Anblick der Kirche, wie ein Missetäter das Gefängnis,
60 floh, und die Pfennige, die er Euch abquälte, dem ersten, dem besten Bettler in den Hut warf, während dass wir daheim mit frommen Gebeten und heiligen Predigtbüchern uns erbauten? [...] O, dass er Moors Namen nicht trüge! [...]

Der alte Moor: Oh – meine Aussichten! Meine goldenen Träume!

65 **Franz:** Das weiß ich wohl. Das ist es ja, was ich eben sagte. Der feurige Geist, der in dem Buben lodert, sagtet Ihr immer, der ihn für jeden Reiz von Größe und Schönheit so empfindlich macht; diese Offenheit, die seine Seele auf dem Auge spiegelt, diese Weichheit des Gefühls, die ihn bei jedem Leiden in weinende Sympathie dahinschmelzt, dieser männliche
70 Mut, der ihn auf den Wipfel hundertjähriger Eichen treibet und über Gräben und Palisaden und reißende Flüsse jagt, dieser kindische Ehrgeiz, dieser unüberwindliche Starrsinn und alle diese schönen glänzenden Tugenden, die im Vatersöhnchen keimten, werden ihn dereinst zu einem warmen Freund eines Freundes, zu einem trefflichen Bürger, zu einem Helden,
75 zu einem *großen, großen* Manne machen. – Seht Ihr's nun, Vater! – der feurige Geist hat sich entwickelt, ausgebreitet, herrliche Früchte hat er getragen. [...] Nun also – wenn Ihr dieses Sohnes Euch entäußertet? [...]

³ *der Galan:* der Liebhaber

⁴ *das Luderleben:* ein sittenloses Leben

⁵ *ahndete mir's nicht:* ahnte ich nicht

Der alte Moor: Du willst, ich soll meinen Sohn verfluchen?

Franz: Nicht doch! nicht doch! – Euren Sohn sollt Ihr nicht verfluchen. [...]

80 **Der alte Moor:** Ich will ihm schreiben, dass ich meine Hand von ihm wende.

Franz: Da tut Ihr recht und klug daran.

Der alte Moor: Dass er nimmer vor meine Augen komme.

Franz: Das wird eine heilsame Wirkung tun. [...] Halt! noch ein Wort, Vater! Eure Entrüstung, fürchte ich, möchte Euch zu harte Worte in die Feder

85 werfen, die ihm das Herz zerspalten würden – und dann – glaubt Ihr nicht, dass er das schon für Verzeihung nehmen werde, wenn Ihr ihn noch eines eigenhändigen Schreibens wert haltet? Darum wird's besser sein, Ihr überlasst das Schreiben mir. [...]

Der alte Moor: Schreib ihm, dass die väterliche Brust – Ich sage dir, bring

90 meinen Sohn nicht zur Verzweiflung! *(Geht traurig ab.)*

Franz *(mit Lachen ihm nachsehend)*: Tröste dich, Alter, du wirst ihn nimmer an diese Brust drücken, [...] – da müsst ich ein erbärmlicher Stümper sein, wenn ich's nicht einmal so weit gebracht hätte, einen Sohn vom Herzen des Vaters loszulösen, und wenn er mit ehernen Banden daran geklam-

95 mert wäre – Ich hab einen magischen Kreis von Flüchen um dich gezogen, den er nicht überspringen soll – Glück zu, Franz! Weg ist das Schoßkind – der Wald ist heller. Ich muss diese Papiere vollends aufheben, wie leicht könnte jemand meine Handschrift kennen! *(Er liest die zerrissenen Briefstücke zusammen.)* – Und Gram wird auch den Alten bald fortschaffen –

100 und ihr[6] muss ich diesen Karl aus dem Herzen reißen, wenn auch ihr halbes Leben dran hängen bleiben sollte.

Ich habe große Rechte, über die Natur ungehalten zu sein, und bei meiner Ehre! ich will sie geltend machen. – Warum bin ich nicht der Erste aus Mutterleib gekrochen? Warum nicht der Einzige? Warum musste sie mir

105 diese Bürde von Hässlichkeit aufladen? Gerade mir? [...]

Nein! nein! Ich tu ihr Unrecht. Gab sie uns doch Erfindungsgeist mit, setzte uns nackt und armselig ans Ufer dieses großen Ozeans *Welt* – Schwimme, wer schwimmen kann, und wer zu plump ist, geh' unter! Sie gab mir nichts mit; wozu ich mich machen will, das ist nun meine Sache.

110 Jeder hat gleiches Recht zum Größten und Kleinsten, Anspruch wird an Anspruch, Trieb an Trieb und Kraft an Kraft zernichtet. Das Recht wohnet beim Überwältiger, und die Schranken unserer Kraft sind unsere Gesetze. [...]*

6 Gemeint ist Amalia, die Angebetete von Karl.

❶ Erschließe die Handlung des Szenenausschnitts. Gib die Entwicklung des Gesprächs zwischen Vater und Sohn mit eigenen Worten wieder.

❷ Charakterisiere die Figur Franz von Moor mithilfe des Dramenauszugs.

3 Karl von Moor wartet sehnsüchtig auf Antwort von seinem Vater.
Lies die Auszüge aus der zweiten Szene des ersten Aktes.

Erster Akt. Zweite Szene

Schenke an den Grenzen von Sachsen. Karl von Moor in ein Buch vertieft.
115 *Spiegelberg trinkend am Tisch.*

[…]

Moor *(nimmt ihn lächelnd bei der Hand)*: Kamerad! Mit den Narrenstreichen
ist's nun am Ende.

Spiegelberg *(stutzig)*: Pfui, du wirst doch nicht gar den verlorenen Sohn
120 spielen wollen! Ein Kerl wie du, der mit dem Degen mehr auf die Gesichter gekritzelt hat, als drei Substituten[7] in einem Schaltjahr ins Befehlbuch
schreiben! […]

Moor: Und du schämst dich nicht, damit groß zu prahlen? Hast nicht einmal
so viel Scham, dich dieser Streiche zu schämen?

125 **Spiegelberg:** Geh, geh! Du bist nicht mehr Moor. […]

Moor: Glück auf den Weg! Steig du auf Schandsäulen zum Gipfel des
Ruhms. Im Schatten meiner väterlichen Haine, in den Armen meiner Amalia lockt mich ein edler Vergnügen. Schon die vorige Woche hab ich meinem Vater um Vergebung geschrieben, hab ihm nicht den kleinsten Um-
130 stand verschwiegen, und wo Aufrichtigkeit ist, ist auch Mitleid und Hilfe.
Lass uns Abschied nehmen, Moritz. Wir sehen uns heut, und nie mehr. Die
Post ist angelangt. Die Verzeihung meines Vaters ist schon innerhalb
dieser Stadtmauern.

(Schweizer, Grimm, Roller, Schufterle, Razmann treten auf.)

135 **Roller:** Wisst ihr auch, dass man uns auskundschaftet?

Grimm: Dass wir keinen Augenblick sicher sind, aufgehoben[8] zu werden?

Moor: Mich wundert's nicht. Es gehe, wie es will! saht ihr den Schwarz
nicht? sagt er euch von keinem Brief, den er an mich hätte? […]

(Schwarz tritt auf.)

140 **Moor** *(fliegt ihm entgegen)*: Bruder! Bruder! den Brief! den Brief!

Schwarz *(gibt ihm den Brief, den er hastig aufbricht)*: Was ist dir? Wirst du
nicht wie die Wand?

Moor: Meines Bruders Hand! […]

([…] Moor lässt den Brief fallen und rennt hinaus. Alle fahren auf.)

145 **Roller** *(ihm nach)*: Moor! Wo 'naus, Moor? was beginnst du?

Grimm: Was hat er, was hat er? Er ist bleich wie die Leiche.

Schweizer: Das müssen schöne Neuigkeiten sein! Lass doch sehen!

Roller *(nimmt den Brief von der Erde und liest)*: „Unglücklicher Bruder!" Der
Anfang klingt lustig. „Nur kürzlich muss ich dir melden, dass deine Hoff-
150 nung vereitelt ist – du sollst hingehen, lässt dir der Vater sagen, wohin
dich deine Schandtaten führen. Auch, sagt er, werdest du dir keine Hoffnung machen, jemals Gnade zu seinen Füßen zu erwimmern, wenn du
nicht gewärtig sein wollest, im untersten Gewölb seiner Türme mit Wasser

[7] *der Substitut:* ein Gehilfe
der Stadtschreiber

[8] *aufgehoben: hier:*
ausgehoben, entdeckt

und Brot so lang traktiert zu werden, bis deine Haare wachsen wie Adlers-
155 federn und deine Nägel wie Vogelsklauen werden. Das sind seine eigene
Worte. Er befiehlt mir, den Brief zu schließen. Leb wohl auf ewig!
Ich bedaure dich –

Franz von Moor."

Schweizer: Ein zuckersüßes Brüderchen! In der Tat! – Franz heißt die
160 Kanaille?

Spiegelberg *(sachte herbeischleichend)*: Von Wasser und Brot ist die Rede?
Ein schönes Leben! Da hab ich anders für euch gesorgt! Sagt ich's nicht,
ich müsst am Ende für euch alle denken?

Schweizer: Was sagt der Schafskopf? der Esel will für uns alle denken?

165 **Spiegelberg:** Hasen, Krüppel, lahme Hunde seid ihr alle, wenn ihr das Herz
nicht habt, etwas Großes zu wagen!

Roller: Nun, das wären wir freilich, du hast recht – aber wird es uns auch aus
dieser vermaledeiten Lage reißen, was du wagen wirst? wird es? –

Spiegelberg *(mit einem stolzen Gelächter)*: Armer Tropf! Aus dieser Lage
170 reißen? hahaha! – aus dieser Lage reißen? – [...] Zu Helden, sag ich dir, zu
Freiherrn, zu Fürsten, zu Göttern wird's euch machen!

Razmann: Das ist viel auf einen Hieb, wahrlich! Aber es wird wohl eine
halsbrechende Arbeit sein, den Kopf wird's wenigstens kosten.

Spiegelberg: Es will nichts als den Mut [...] Mut, sag ich, Schweizer! Mut!
175 Roller, Grimm, Razmann, Schufterle! Mut! –

Schweizer: Mut? Wenn's nur das ist – Mut hab ich genug, um barfuß mitten
durch die Hölle zu gehn.

Schufterle: Mut genug, mich unterm lichten Galgen mit dem leibhaftigen
Teufel um einen armen Sünder zu balgen.

180 **Spiegelberg:** So gefällt mir's! [...] Also denn! *(Er stellt sich mitten unter sie
mit beschwörendem Ton.)* Wenn noch ein Tropfen deutschen Heldenbluts in
euren Adern rinnt – kommt! Wir wollen uns in den böhmischen Wäldern
niederlassen, dort eine Räuberbande zusammenziehen und – Was gafft ihr
mich an? – Ist euer bisschen Mut schon verdampft? [...]

185 **Roller:** Sachte nur! sachte! Wohin? [...] Auch die Freiheit muss ihren Herrn
haben. Ohne Oberhaupt ging Rom und Sparta zugrunde.

Spiegelberg *(geschmeidig)*: Ja – haltet – Roller sagt recht. Und das muss ein
erleuchteter Kopf sein. Versteht ihr? Ein feiner politischer Kopf muss das
sein! [...]

190 **Roller:** Wenn sich's hoffen ließe – träumen ließe – Aber ich fürchte, er wird es
nicht tun. [...] Und leck ist das Ganze, wenn er's nicht tut. Ohne den Moor
sind wir Leib ohne Seele.

Spiegelberg *(unwillig von ihm weg)*: Stockfisch!

Moor *(tritt herein in wilder Bewegung und läuft heftig im Zimmer auf und
195 nieder, mit sich selber)*: Menschen – Menschen! falsche, heuchlerische
Krokodilbrut! Ihre Augen sind Wasser! Ihre Herzen sind Erz! Küsse auf
den Lippen! Schwerter im Busen! [...] Bosheit hab ich dulden gelernt,

9 *die Megäre:* nach der griech. Mythologie eine der drei Rachegöttinnen

kann dazu lächeln, wenn mein erboster Feind mir mein eigen Herzblut zutrinkt – aber wenn Blutliebe zur Verräterin, wenn Vaterliebe zur
200 Megäre[9] wird, o so fange Feuer, männliche Gelassenheit! verwilde zum Tiger, sanftmütiges Lamm, und jede Faser recke sich auf zu Grimm und Verderben.

Roller: Höre, Moor! Was denkst du davon? Ein Räuberleben ist doch auch besser als bei Wasser und Brot im untersten Gewölbe der Türme? [...]

205 **Moor:** Es ist unglaublich, es ist ein Traum, eine Täuschung – So eine rührende Bitte, so eine lebendige Schilderung des Elends und der zerfließenden Reue – die wilde Bestie wär in Mitleid zerschmolzen! Steine hätten Tränen vergossen, und doch – [...] oh, dass ich durch die ganze Natur das Horn des Aufruhrs blasen könnte, Luft, Erde und Meer wider das Hyänengezücht
210 ins Treffen zu führen!

Grimm: Höre doch, höre! Vor Rasen hörst du ja nicht.

Moor: Weg, weg von mir! [...] Aus meinen Augen, du mit dem Menschengesicht! – Ich hab ihn so unaussprechlich geliebt! so liebte kein Sohn, ich hätte tausend Leben für ihn – *(Schäumend auf die Erde stampfend.)* Ha!
215 wer mir itzt ein Schwert in die Hand gäb, dieser Otterbrut eine brennende Wunde zu versetzen! wer mir sagte, wo ich das Herz ihres Lebens erzielen, zermalmen, zernichten – er sei mein Freund, mein Engel, mein Gott – ich will ihn anbeten!

Roller: Eben diese Freunde wollen wir ja sein, lass dich doch weisen!
220 **Schwarz:** Komm mit uns in die böhmischen Wälder! Wir wollen eine Räuberbande sammeln, und du –
(Moor stiert ihn an).

Schweizer: Du sollst unser Hauptmann sein! du musst unser Hauptmann sein! [...]

225 **Moor:** Wer blies dir das Wort ein? Höre, Kerl! *(indem er Schwarzen hart ergreift)* Das hast du nicht aus deiner Menschenseele hervorgeholt! Wer blies dir das Wort ein? Ja, bei dem tausendarmigen Tod! das wollen wir, das müssen wir! der Gedanke verdient Vergötterung – *Räuber* und *Mörder*! – So wahr meine Seele lebt, ich bin euer Hauptmann!
230 **Alle** *(mit lärmendem Geschrei)*: Es lebe der Hauptmann! [...]*

4 Erläutere mithilfe von Textstellen, wie Karl auf den Brief reagiert.

5 Charakterisiere die Figur Karl von Moor anhand des Szenenauszugs.

6 Weise anhand der beiden Auszüge aus Schillers Drama nach, dass es sich um ein Werk der Epoche des „Sturm und Drang" handelt.

Wortarten und Wortformen

Die Wortarten im Überblick

lateinische Bezeichnung	deutsche Bezeichnung	Art der Veränderung	Beispiele
veränderbare (flektierbare) Wortarten			
Nomen/Substantiv	Hauptwort, Sachwort	deklinierbar	*Jacke, Rock, Socken, wegen des Kleides*
Artikel	Geschlechtswort	deklinierbar	*der, die, das; ein, eine, ein*
Pronomen	Fürwort	deklinierbar	
• Personalpronomen	• persönliches Fürwort		*ich, du, er/sie/es; wir, ihr, sie*
• Possessivpronomen	• besitzanzeigendes Fürwort		*mein, dein, sein/ihr; unser, euer, ihr*
• Relativpronomen	• bezügliches Fürwort		*der, die, das; welcher, welche, welches*
• Demonstrativpronomen	• hinweisendes Fürwort		*dieser, jener*
• Interrogativpronomen	• Fragefürwort		*Wer? Was für ein? Welcher?*
• Indefinitpronomen	• unbestimmtes Fürwort		*jeder, man, etwas*
• Reflexivpronomen	• rückbezügliches Fürwort		*sich, uns, mich*
Adjektiv	Eigenschaftswort	deklinierbar, komparierbar	*klug, freundlich, liebevoll*
Verb • Vollverb • Hilfsverb • Modalverb	Tätigkeitswort, Zeitwort	konjugierbar	*sprechen, lieben* *haben, sein* *dürfen, können, wollen, sollen, müssen, mögen*
unveränderbare (nicht flektierbare) Wortarten			
Präposition	Verhältniswort		*an, auf, ohne, für, mit*
Adverb	Umstandswort		*gern, dort, immer*
Konjunktion	Bindewort		*und, oder, weil*
Interjektion	Empfindungswort, Ausrufewort		*ah, ach, oh weh*

Nomen/Substantive

 Nomen/Substantive gehören zu den flektierbaren (veränderbaren) Wortarten. Untersuche die Nomen im folgenden Text. Wähle Aufgabe a oder b.

●●○ **a** Bestimme Numerus (Zahl), Genus (Geschlecht) und Kasus (Fall) der unterstrichenen Nomen. Benenne, woran du es erkannt hast.

Tipp
Nutze die Ersatzprobe (S. 245).

Zum Tragen von <u>Herrenhosen</u> brauchte die <u>Malerin</u> Rosa Bonheur 1857 noch eine <u>Erlaubnis</u> der Polizei. Frauen im <u>Herrenanzug</u> lösten um 1910 handfeste <u>Skandale</u>
5 aus. Damals waren Hosen noch ein <u>Kleidungsstück</u> des <u>Mannes.</u> Die <u>Schauspielerin</u> Marlene Dietrich machte sie auch unter Frauen populär. Heute gehört der Hosenanzug in einigen
10 Berufen und im Alltag zum Dresscode aller Menschen.

von Herrenhosen: Plural, feminin (die Herrenhose), Dativ (von ihnen, Ersatzprobe: von ihm)
...

Marlene Dietrich, um 1931

●●● **b** Bestimme Numerus, Genus und Kasus aller Nomen im Text von Aufgabe a.

Nomen/Substantive bezeichnen Lebewesen, Gegenstände, Orte, Ereignisse, Erscheinungen, Gefühle, Prozesse und vieles mehr. Man schreibt sie **mit großem Anfangsbuchstaben**. Nomen haben ein **Genus** (das grammatische Geschlecht: maskulin, feminin, neutrum) und lassen sich **deklinieren**, d. h., sie ändern den **Numerus** (die Zahl: Singular, Plural) und den **Kasus** (den Fall: Nominativ, Genitiv, Dativ, Akkusativ). Über den Kasus der Nomen entscheiden Verben und Präpositionen, z. B.:
Zum geschminkten Gesicht <u>trägt</u> meine Schwester Baggy-Jeans, ob <u>in</u> der Schule, <u>beim</u> Einkauf oder <u>während</u> des Wanderns.
Nomen können mit einem oder mehreren **Begleitwörtern** (Artikel, Adjektiv, Pronomen, Numerale) auftreten und **nominale Wortgruppen** bilden. Das Nomen ist jeweils der Kern der nominalen Wortgruppe und steht immer an deren Ende. Deshalb hilft auch die **Erweiterungsprobe**, Nomen zu erkennen, z. B.:
meine Schwester
meine <u>ältere</u> Schwester
meine <u>rebellische</u> <u>ältere</u> Schwester

2 Ergänzt die Wörter in Klammern im richtigen Kasus (Fall). Lest die Sätze laut vor und bestimmt den Kasus der eingesetzten Nomen.

> **Tipp**
> Achtet auf die unterstrichenen Verben und Präpositionen.

1 Absatzschuhe wurden <u>von</u>   <u>für</u> gestaltet. (Männer, Männer)

2 Man <u>denkt an</u>   , der 1599 nach Europa <u>schickte</u>.
(der persische Herrscher Shah Abbas I., berittene Gesandte)

3 Sie sollten Bündnisse <u>gegen</u> schließen.
(der osmanische Vielvölkerstaat)

4 Wegen   konnten diese Reiter aufrecht im Steigbügel stehen.
(die hohen Absätze ihrer Schuhe)

5   am   gefiel das.
(die Adligen, französischer Hof)

6   hielten sie für   .
(der hohe Absatz, ein Symbol der Männlichkeit)

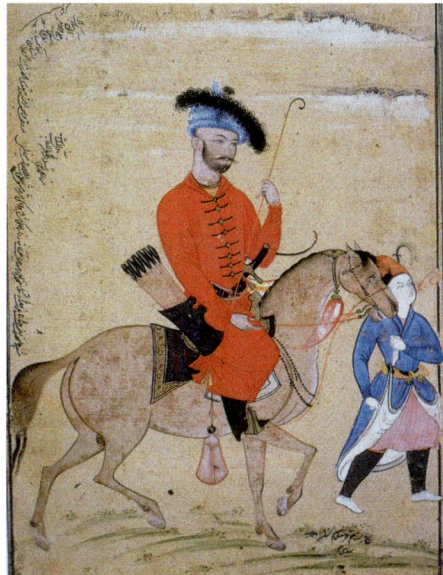

Shah Abbas I.

1. … von Männern für Männer … (Von wem? – Dativ, …)
2. …

3 Gestalte folgenden Satz aussagekräftiger, indem du die Nomen zu nominalen Wortgruppen erweiterst. Wähle Aufgabe a oder b.

● ○ ○   **a** Wähle passende Adjektive aus und erweitere das unterstrichene Nomen zur nominalen Wortgruppe. Schreibe mindestens zwei Sätze auf.

Frauen tragen wieder <u>Röcke</u>.
kurz / gemustert / lang / einfarbig / weit

Frauen tragen wieder kurze, gemusterte <u>Röcke</u>. …

● ● ○   **b** Wähle passende Wörter und Wortgruppen aus und erweitere beide Nomen zu jeweils möglichst umfangreichen nominalen Wortgruppen. Schreibe mindestens zwei Sätze auf.

Frauen tragen wieder Röcke.

modeinteressiert / selbstbewusst / jung / älter / kurz / lang / einfarbig / bis zum Knöchel reichend / weit / gemustert / schmal geschnitten

Modeinteressierte Frauen …

---

2 Präpositionen mit Akkusativ: *für, gegen*
Präpositionen mit Dativ: *von, am (an dem*
Präpositionen mit Genitiv: *wegen*
Verben mit Dativ: *gefallen*
Verben mit Akkusativ: *schicken, denken an, halten (für)*

4 Gestalte weitere Sätze, indem du Nomen zu nominalen Wortgruppen erweiterst. Wähle Aufgabe a oder b.

●○○ **a** Setze die Wörter in Klammern in die Lücken ein. Passe sie dabei in Numerus (Zahl), Genus (Geschlecht) und Kasus (Fall) an die Bezugsnomen an.

1 High Heels trugen ___ Männer bis zum Ende des 18. Jahrhunderts. (reich)
2 Dem ___ Adligen gefiel die Schuhmode mit ___ Absatz.
(modisch interessiert, hoch)
3 Damals trugen Frauen aller Schichten in Europa Schuhe mit ___ Absatz.
(flach)
4 Den ___ Damen gefielen die ___ Absätze der Herrenschuhe. (adlig, hoch)
5 Zur ___ Damenmode gehörte das Tragen von ___ Reifröcken.
(damalig, ausladend)

1. High Heels trugen reiche Männer bis ...
2. ...

→ **S. 298:**
Merkwissen:
Attribut

●●○ **b** Wähle das Bezugsnomen und setze die Wörter in Klammern als vorangestelltes Attribut ein. Passe dabei die Attribute in Numerus (Zahl), Genus (Geschlecht) und Kasus (Fall) an ihr Bezugsnomen an.

1 Schuhe mit Absatz trugen in Europa damals Frauen aller Schichten.
(flach)
2 Den Damen gefielen die Absätze der Herrenschuhe. (adlig, hoch)
3 Zur Mode für Damen gehörte das Tragen von Reifröcken. (damalig, adlig)
4 Schuhe mit Absatz passten viel besser dazu. (schmal, hoch)
5 Diese Schuhmode führte zu Absätzen. (neu, immer höher und schmaler)
6 Erst im 19. Jahrhundert wurden High Heels zum Symbol für das Geschlecht. (weiblich)

> Eine Besonderheit im Deutschen ist, dass im Satz jedes Wort zum **Nomen/ Substantiv** werden kann. Man spricht dann von einer **Nominalisierung/ Substantivierung**. Um sie zu erkennen, hilft ebenfalls die **Erweiterungsprobe**, z. B.:
>
> *beim Anziehen*   *das Grün*
> *beim morgendlichen Anziehen*   *das helle Grün*
> *beim schnellen morgendlichen Anziehen*   *das leuchtend helle Grün*

5 Groß- oder Kleinschreibung? Wähle Aufgabe a, b oder c.

●○○ **a** Schreibe folgende Sätze in der korrekten Groß- oder Kleinschreibung in dein Heft. Unterstreiche die Begleitwörter.

Achtung, Fehler!

Unser netter nachbar aus dem dritten stock fällt durch häufiges tragen eines knielangen kilts auf. So nennt man diese schottischen wickelröcke, die bis zum Knie reichen.

●●○ **b** Schreibe folgende Sätze in der korrekten Groß- oder Kleinschreibung in dein Heft. Markiere die Begleitwörter.

Unser netter nachbar aus dem dritten stock fällt durch häufiges tragen eines knielangen kilts auf. So nennt man diese karierten schottischen wickelröcke, die hierzulande etwas außergewöhnliches sind.

●●● **c** Schreibe folgende Sätze in der korrekten Groß- oder Kleinschreibung in dein Heft. Markiere die nominalen Wortgruppen.

1 die rockmode für den mann ist nichts ungewöhnliches.
2 für die römer waren lange tuniken etwas sehr typisches.
3 in vielen orientalischen ländern hat das tragen langer, weiter gewänder eine jahrhundertealte tradition.

6 Setze die Wörter in Klammern in die Lücken ein. Prüfe jeweils, ob das Wort nominalisiert werden muss.

1 Modegeschäfte ▨ Schaufensterpuppen als Werbeträger. (nutzen)
2 Das ▨ lebensgroßer Modepuppen in Schaufenstern hat Tradition. (aufstellen)
3 Zum ▨ dieser Gliederpuppen verwendete man Holz und Kunststoff. (herstellen)
4 Regelmäßiges ▨ der Modepuppen gehört zum Tagesgeschäft. (umkleiden)
5 Bis ins 14. Jahrhundert lässt sich das ▨ mit Modepuppen zurückverfolgen. (arbeiten)

7 Entscheide, ob in folgenden Sätzen eine Nominalisierung vorliegt.

a Prüfe, ob das Wort in Klammern jeweils als Verb oder Nominalisierung in die Sätze einzusetzen ist. Begründe deine Entscheidung.

1 a Das ▨ langer Haare zum Dutt ist modern. (frisieren)
   b Meine Freunde ▨ ihre langen Haare am liebsten zum Dutt. (frisieren)
2 a Wir ▨ mit Modestereotypen. (spielen)
   b Unser ▨ mit Modestereotypen provoziert Erwachsene. (spielen)
3 a Dieses ▨ mit farbigen Fingernägeln macht Riesenspaß. (provozieren)
   b Mit lackierten Fingernägeln kann man wunderbar ▨. (provozieren)

b Schreibe die nominalen Wortgruppen aus Aufgabe a auf und erweitere sie durch möglichst viele Begleitwörter. Unterstreiche die Begleitwörter.

1. a) das beliebte aufwendige Frisieren
2. ...

8 Verwende das Adjektiv in Klammern in der richtigen Form als Nominalisierung. Achte auf das unbestimmte Zahlwort als Begleitwort.
Schreibe die Sätze in dein Heft.

1 Das ist wirklich etwas ▮▮▮. / Ich habe viel ▮▮▮ gesehen. /
Das ist nichts ▮▮▮. (neu)

2 Über ihn hörten wir wenig ▮▮▮. / Wir wünschen alles ▮▮▮. /
Das hat etwas ▮▮▮. (gut)

1. Das ist wirklich etwas Neues. ...
2. ...

9 Groß- oder Kleinschreibung? Wähle Aufgabe a oder b.

●○○ **a** Prüfe, auf welches Wort sich das unterstrichene Begleitwort bezieht. Schreibe die Sätze richtig in dein Heft. Unterstreiche in den betreffenden Wortgruppen die Nomen bzw. Nominalisierungen mit ihren Begleitwörtern.

1 <u>Die</u> ausgefallenen / Ausgefallenen Kostüme auf dem Laufsteg begeisterten alle.

2 <u>Das</u> jüngste / Jüngste Model trug <u>eine</u> besondere / Besondere Frisur.

3 Die neue Show war <u>etwas</u> besonderes / Besonderes.

4 Musikalisch bot die Show jedoch <u>nichts</u> neues / Neues.

5 Dennoch gab es <u>viel</u> interessantes / Interessantes zu erleben.

6 Man sah <u>viele</u> glückliche /Glückliche Gesichter.

1. <u>Die ausgefallenen Kostüme</u> auf dem Laufsteg
...

2. ...

●●○ **b** Schreibe die Sätze richtig in dein Heft. Unterstreiche in den betreffenden Wortgruppen die Nomen bzw. Nominalisierungen mit ihren Begleitwörtern.

1 Das aufregendste / Aufregendste war sein Spiel mit Dresscodes.

2 Die ausgesprochen schönen / Schönen Rüschenhemden begeisterten alle.

3 Eine besonders witzige / Witzige Frisur war der 40 cm hohe Haarturm.

4 Die Show ist wirklich etwas ganz besonderes / Besonderes.

5 Musikalisch bot die Show jedoch nichts neues / Neues.

6 Dennoch gab es viel interessantes / Interessantes zu erleben.

1. <u>Das Aufregendste</u> war ...
2. ...

Pronomen

> **Pronomen** sind **Stellvertreter** oder **Begleitwörter** von **Nomen/Substantiven**. Sie sind **deklinierbar** und übernehmen **Genus** (Geschlecht), **Numerus** (Zahl) und **Kasus** (Fall) des Nomens, das sie vertreten bzw. auf das sie sich beziehen, z. B.:
> *Ich mag* meinen *Mantel. Ich ziehe* ihn *gern an.*
> (maskulin, Singular, Akkusativ)

 ① Wiederholt, welche Pronomen ihr kennt. Wählt Aufgabe a oder b.

→ S. 189:
Die Wortarten
im Überblick

●○○ **a** Bestimmt alle unterstrichenen Pronomen und entscheidet, ob sie als Begleitwort oder als Stellvertreter von Nomen/Substantiven auftreten.

  1 Erinnerst <u>du</u> <u>dich</u> daran, <u>wer</u> <u>diese</u> Kleidung für <u>meinen</u> Bruder ausgesucht hat?
  2 <u>Es</u> ging um Hosen, <u>die</u> <u>er</u> allein an- und ausziehen kann.
  3 <u>Jemand</u>, <u>der</u> im Rollstuhl sitzt, braucht <u>keine</u> Hosentaschen am Po.

●●○ **b** Ermittelt in den folgenden Sätzen alle Pronomen, bestimmt sie und entscheidet, ob sie als Begleitwort oder Stellvertreter von Nomen auftreten.

  1 Erinnerst du dich daran, wer diese Kleidung für meinen Bruder ausgesucht hat?
  2 Es ging um Hosen, die er allein an- und ausziehen kann.
  3 Jemand, der im Rollstuhl sitzt, braucht keine Hosentaschen am Po.
  4 Das wissen Modedesignerinnen und Modedesigner aus Wien.
  5 Ihr Label ist auf Mode für Menschen spezialisiert, die auf einen Rollstuhl angewiesen sind.
  6 Sie bieten Hosen mit großen Taschen vorne auf den Oberschenkeln an.
  7 Ihre Firma hat auch Kleider für Menschen, die einen Rollstuhl nutzen.

Tipp
In den ersten drei Sätzen sind die Reflexivpronomen unterstrichen.

② Wiederhole, was du über Reflexivpronomen weißt. Ermittle das Nomen bzw. Personalpronomen, auf das sich die Reflexivpronomen jeweils beziehen.

  1 Kleinwüchsige Menschen müssen <u>sich</u> beim Kleidungskauf immer noch zwischen der Kinderabteilung und Maßgeschneidertem entscheiden.
  2 „Damit wollte ich <u>mich</u> nicht abfinden", sagt Siri (24).
  3 „Also habe ich <u>mir</u> Schnitte ausgedacht und mein Bruder, der Schneider ist, hat <u>sich</u> an die Nähmaschine gesetzt.
  4 Mein Bruder hat <u>sich</u> nach der Schneiderlehre entschlossen, ein Modelabel zu gründen.
  5 Wir konzentrieren uns auf Mode für Menschen mit Kleinwuchs.
  6 Kleinwüchsige Menschen unterscheiden sich natürlich auch in ihren Proportionen und ihren Ansprüchen ans Material oder an einen schicken Schnitt."

3 Bildet Sätze in der 1., 2. und 3. Person Singular und Plural mit den folgenden Verben.

sich beeilen / sich entscheiden / sich konzentrieren / sich merken / sich weigern / sich freuen / sich irren / sich entschließen

Ich beeile mich. Du beeilst dich doch hoffentlich! Er beeilt sich einfach nie. Wir beeilen ...

●○○ **4** Setze die unterstrichenen Nomen im Singular ein und passe die Relativpronomen in Genus (Geschlecht) und Numerus (Zahl) an.

Tipp
In allen Sätzen musst du auch die finite Verbform anpassen.

1 Die Schnitte, nach denen wir T-Shirts nähen, sind variabel.
2 Anzüge, die wir für Personen im Rollstuhl nähen, sollen chic aussehen.
3 Die Kleider, die man aus glattem Material näht, können verrutschen.
4 Deshalb verwenden wir Stoffe, die nicht so leicht verrutschen.
5 Die Materialien, aus denen wir Jeans nähen, sind strapazierfähig.

1. Der Schnitt, nach dem wir T-Shirts nähen, ...
2. ...

Tipp
Denke an die Kommasetzung.

5 Relativpronomen leiten Relativsätze ein. Verwende den jeweils zweiten Satz als Relativsatz und schreibe die Satzgefüge in dein Heft.

1 Ist der Mantel überhaupt waschbar? Den Mantel trägt er seit Wochen.
2 Blinde Personen können die Pflegehinweise nicht lesen. Die Pflegehinweise sind eingenäht.
3 Wo wurde das T-Shirt hergestellt? Das T-Shirt würde sie gern kaufen.
4 Für Menschen mit Sehbehinderung sind die Angaben zu Größe, Material oder Inhaltsstoffen oft nicht lesbar. Die Angaben stehen auf jeder Verpackung.

1. Ist der Mantel, den er ...

Tipp
Nutze die Ersatzprobe.

6 Relativpronomen *das* oder Konjunktion *dass*? Begründe deine Entscheidung.

1 Wir alle wissen,   Knöpfe eine gute Feinmotorik erfordern.
2 Das Problem,   manche Menschen mit Knöpfen haben, ist bekannt.
3 Viele denken,   der Reißverschluss die ideale Alternative zum Knopf sei.
4 Ein Produkt,   uns allen das Leben erleichtert, ist der Klettverschluss.
5 Leder ist ein Material,   sich für Magnetverschlüsse eignet.
6 Meist vergessen wir,   jeder Verschluss einen Erfinder oder eine Erfinderin hat.
7 Wichtig ist uns vor allem,   der Verschluss funktioniert.

3 Verwendet die folgenden Muster.
ich ... mich / du ... dich / er ... sich / sie ... sich / es ... sich / wir ... uns / ihr ... euch / sie ... sich

7 Indefinitpronomen verweisen auf unbestimmte Personen, Dinge oder Ereignisse. Sucht Beispiele dafür in folgendem Text.

Den Erfinder des Klettverschlusses kennt vermutlich niemand. Aber irgendwer hat ihn erfunden und zum Patent angemeldet. Manche wissen, dass es irgendetwas mit Kletten und Hundefellen zu tun hatte. Der Erfinder George de Mestral (1907–1990) berichtete, dass er seinem Jagdhund nach jedem Waldspaziergang etliche Kletten aus dem Fell ziehen musste. Das brachte ihn auf die Idee.

 8 Verwendet Indefinitpronomen. Tauscht euch über den Unterschied in der Bedeutung aus.

Tipp
Es gibt mehrere Lösungen.

a Ersetzt die unterstrichenen Wortgruppen durch verschiedene Indefinitpronomen und besprecht den Bedeutungsunterschied.

alle / mehrere / einige / etliche / man / jemand / kein / niemand

1 Anfangs begeisterte der Klettverschluss <u>kaum Designerinnen und Designer</u> in der Modebranche.

2 Sein Ratschgeräusch fand <u>die Mehrzahl der</u> Leute unangenehm.

3 Dann nutzte die USA-Weltraumbehörde NASA den Klettverschluss, um im Raumschiff <u>die gesamte Palette der</u> Werkzeuge zu befestigen.

4 Von <u>nicht einem einzigen</u> Astronauten gab es Beschwerden, dass sich die Werkzeuge abgelöst hätten und herumgeflogen wären.

b Setzt passende Indefinitpronomen in die Lücken ein.

alle / mehrere / einige / etliche / man / jemand / kein / niemand

1 Unter dem Mikroskop sah George de Mestral, dass ▨ Klettenblüten von einem Kranz elastischer Häkchen umgeben sind.

2 ▨ Jahre vergingen, in denen der Schweizer Ingenieur ▨ Materialien ausprobierte.

3 In ▨ Versuchen mit Nylon blieben seine Haken- und Schlaufenbänder wie Kletten aneinander kleben.

4 1951 kennt ▨ als das Jahr der Patentanmeldung des Klettverschlusses.

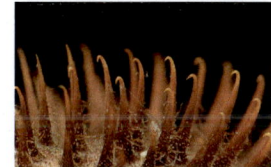

Tipp
Es gibt mehrere Lösungen.

9 Überarbeite den folgenden Text. Gestalte ihn mithilfe von Pronomen flüssiger und vermeide unnötige Wiederholungen.

Kim (17) wollte immer Schneider werden. Heute kleidet Kim Sessel, Fahrzeugsitze, Konsolen, Türen mit Bezügen, Polstern oder Planen ein. Früher nannte man Kims Beruf „Sattler/-in" und heute heißt der Beruf „Fahrzeuginterieur-Mechaniker/-in". Gerade bezieht Kim die Fahrzeugsitze eines Lkw mit Leder. Das Leder musste Kim aussuchen, zurechtschneiden und nähen. Das Verdeck für ein Cabrio werden die Azubis nächste Woche nähen und montieren. Darauf freuen sich die Azubis schon.

Verben

Tempusformen (Zeitformen)

1 Wiederhole, welche Tempusformen (Zeitformen) es gibt. Notiere alle Tempusformen, die du kennst, und ergänze jeweils einen Beispielsatz. Vergleiche dann mit dem folgenden Merkkasten.

> **Verben** lassen sich **konjugieren**, das heißt nach Person, Numerus (Zahl), Tempus (Zeit), Modus (Aussageweise) sowie Aktiv und Passiv verändern. Verben bilden mithilfe finiter (gebeugter) und infiniter (ungebeugter) Verbformen **Tempusformen** (Zeitformen). Die Tempusformen drücken aus, wann Vorgänge bzw. Handlungen ablaufen und ob sie noch andauern, schon abgeschlossen oder immer gültig sind.
> Die wichtigsten Tempusformen sind:
>
> **einfache Tempusformen** (<u>finite</u> Verbform)

Präsens	Sie <u>näht</u> ein Kleid. Sie <u>benutzt</u> die Nähmaschine. Sie <u>beginnt</u> morgen mit der Arbeit.	Gegenwart (andauernd; immer gültig) Zukunft
Präteritum	Er <u>erfand</u> den Klettverschluss.	Vergangenheit (abgeschlossen)

zusammengesetzte Tempusformen (mindestens zwei Verbformen: <u>finite</u> + <u>infinite</u> Verbform, z. B.: Infinitiv, Partizip II)

Perfekt	Er <u>hat</u> lange an dieser Entwicklung <u>geforscht</u>. Ihm <u>ist</u> die Idee nach Spaziergängen mit seinem Hund <u>gekommen</u>.	Vergangenheit (abgeschlossen)
Plusquamperfekt	Er <u>hatte</u> lange <u>gesucht</u>, bis er das richtige Material fand. Ihm <u>war</u> die Idee nach Spaziergängen mit seinem Hund <u>gekommen</u>, als er Kletten aus dessen Fell entfernen musste.	Vergangenheit (bereits vorher abgeschlossen)
Futur I	Der Klettverschluss <u>wird</u> seinen Siegeszug <u>antreten</u>.	Zukunft
Futur II	Der Klettverschluss <u>wird</u> seinen Siegeszug <u>angetreten</u> <u>haben</u>.	Zukunft (abgeschlossen)

2 Verben lassen sich konjugieren (beugen). Sie verändern sich nach den Merkmalen Numerus (Zahl), Tempus (Zeit), Modus (Aussageweise) sowie Aktiv und Passiv.

a Suche aus dem Text Beispiele für eine Veränderung der Verben nach diesen drei Merkmalen heraus. Die Verbformen sind unterstrichen.

Restaurator Pawel S. erklärte uns, man müsse Rüstungen aus dem 15. bis 18. Jahrhundert auch als Männerrobe aus Eisen verstehen. Jeder weiß, dass Rüstungen eine Schutzfunktion hatten. Sie wurden getragen, um den Körper im Kampf zu schützen. Aber sie haben auch die Mode ihrer Zeit widergespiegelt. Das hätte ich nie gedacht! „Vergleicht die Puffärmel auf dem Gemälde von 1680 mit denen der Rüstung hier!", werden wir aufgefordert.

b Schätze ein, welche Veränderungen du sicher erkannt hast.

3 Untersuche die Tempusformen im Text der Aufgabe 2a genauer.

a Bestimme, ob es einfache oder zusammengesetzte Tempusformen sind. Ermittle dazu zuerst die finite Verbform.

→ S. 338:
Merkwissen: Verb

b Bestimme, aus welchen Verbformen die zusammengesetzten Tempusformen jeweils bestehen.

4 Ergänze die Tempusformen. Wähle Aufgabe a oder b.

●●○ **a** Setze die Verben in Klammern in der geforderten Tempusform ein. Nenne die finiten und die infiniten Verbformen.

1 Eine Rüstung ▮▮▮ zwei Funktionen. (erfüllen, Präteritum)
2 Rüstungen ▮▮▮ dem Schutz des Ritters im Kampf ▮▮▮. (dienen, Plusquamperfekt)
3 Zugleich ▮▮▮ sie seinen gesellschaftlichen Rang. (zeigen, Präteritum)
4 Rüstungen ▮▮▮ aber auch Meisterwerke des Handwerks des Plattners (Schmiedes). (sein, Präsens)
5 Einfache Ritter ▮▮▮ Rüstungen „von der Stange" ▮▮▮. (tragen, Perfekt)

●●● **b** Bilde Sätze in der geforderten Tempusform. Bestimme einfache oder zusammengesetzte Tempusformen und begründe.

1 Eine Rüstung / zwei Funktionen / erfüllen sollen (Präteritum)
2 Sie / schützen müssen / den Ritter im Kampf / und sie / zeigen sollen / seinen gesellschaftlichen Rang (Präteritum)
3 Rüstungen / man / auch als Meisterwerke des Handwerks des Plattners (Schmiedes) / ansehen (Perfekt)
4 Die Prunkrüstung der Fürsten / man / mit einem Maßanzug / vergleichen können (Präsens)
5 Einfache Ritter / Rüstungen „von der Stange" / tragen (Perfekt)

5 Vergleicht die folgenden Satzpaare miteinander.

a Bestimmt, ob die Sätze eine Handlung in der Vergangenheit, Gegenwart oder Zukunft ausdrücken. Untersucht, worin sich die Sätze a und b formal voneinander unterscheiden.

1 a Er wird das Buch lesen.
 b Er wird es bis morgen gelesen haben.
2 a Er wird den Film zeigen.
 b Nächstes Jahr wird er ihn gezeigt haben.
3 a Er wird ins Kino gehen.
 b Er wird wohl ins Kino gegangen sein.

b Futur I oder Futur II? Ordnet die Verbformen aus Aufgabe a zu. Orientiert euch am folgenden Merkkasten.

> **Verbformen** im **Futur II** werden selten gebraucht. Mit ihrer Hilfe kann man Folgendes ausdrücken:
> * Zustände, Vorgänge und Tätigkeiten, die in der Zukunft abgeschlossen sein werden, immer mit einer Zeitangabe, z. B.:
>   *Nächstes Jahr <u>wirst</u> du deinen Abschluss <u>gemacht</u> <u>haben</u>.*
> * Vermutungen über abgeschlossene Zustände, Vorgänge und Tätigkeiten in der Vergangenheit, z. B.:
>   *Warum ist Gabor nicht hier? Er <u>wird</u> wohl keine Einladung <u>erhalten</u> <u>haben</u>.*
> Das Futur II wird mit der finiten Verbform des Hilfsverbs *werden* + Partizip II eines Vollverbs + Infinitiv von *haben* oder *sein* gebildet, z. B.:
> *Ich <u>werde</u> im Mai als Model <u>angefangen</u> <u>haben</u>. Er <u>wird</u> dort <u>gewesen</u> <u>sein</u>.*

●○○ **6** Drücke mit Verbformen im Futur II aus, dass etwas in der Zukunft abgeschlossen sein wird. Ergänze jeweils *haben* oder *sein*.

1 Bis 12 Uhr mittags wird der junge Mann in die Rüstung gestiegen ____.
2 In erstaunlich kurzer Zeit wird er die Rüstung angelegt ____.
3 Zur nächsten Feier wird die Stadt ein Ritterturnier organisiert ____.
4 Bis Jahresende werde ich mir die Ausstellung angesehen ____.
5 Bis dahin werden wir mehrmals dorthin gegangen ____.

1. Bis 12 Uhr mittags wird der junge Mann in die Rüstung gestiegen sein.
2. ...

6 Verben der Bewegung bilden Perfekt, Plusquamperfekt und Futur II in der Regel mit Formen von *sein*, z. B.:
ich bin gegangen, er war geflogen, du wirst geschwommen sein.

7 Bilde Sätze, mit denen du etwas in der Zukunft Abgeschlossenes ausdrückst. Schreibe die Sätze in dein Heft und markiere die Tempusform.

1 beim nächsten Fasching / mein kleiner Bruder / als Ritter / sich verkleiden
2 bis dahin / wir / ihm / eine Ritterrüstung aus Pappe / bauen
3 zur Feier / er / seinen Helm mit aufklappbarem Visier / aufsetzen
4 wir / abends / seinen Auftritt / in einer Video-aufnahme / dokumentieren
5 zum Ende der Party / er / bereits / einschlafen

1. Beim nächsten Fasching wird sich mein kleiner Bruder ...
2. ...

8 Drückt eure Vermutungen mithilfe des Futurs II aus. Wählt Aufgabe a oder b.

●○○ **a** Bestimmt in den Sätzen die finiten und die infiniten Verbformen. Formuliert dann die Sätze in Futur II um.

1 Luca hat sich wohl an unsere Verabredung gehalten.
2 Er ist wohl in die Ausstellung gegangen.
3 Er hat wohl nicht sein Handy verloren.
4 Er hat bestimmt für die Fotoerlaubnis bezahlt.
5 Er hat vielleicht keine Fotoerlaubnis bekommen.
6 Sicherlich hat er vor dem Gebäude einige Fotos gemacht.

1. Luca hat sich wohl an unsere Verabredung gehalten.
Luca wird sich wohl ...
2. ...

●●○ **b** Formuliert Aussagen im Futur II.

1 Luca / wohl / an unsere Verabredung / sich halten
2 er / wohl / heute / in die Ausstellung / gehen
3 er / bestimmt / für die Fotoerlaubnis / bezahlen
4 er / sicherlich / sein Handy / in die Ausstellung / mitnehmen
5 vielleicht / er / keine Fotoerlaubnis / bekommen
6 sicherlich / er / vor dem Gebäude / einige Fotos / machen
7 bestimmt / Luca / an unser Fotoprojekt / denken

1. Luca wird sich wohl an unsere Verabredung gehalten haben.
2. ...

Modusformen

Verben bilden **Modusformen** (Formen der Aussageweise):
- Verbformen im **Indikativ** (Wirklichkeitsform) verwendet man,
  um Tatsachen und direkte (wörtliche) Rede wiederzugeben, z. B.:
  *In einigen Berufen trägt man Uniform. „Ich liebe meine Uniform", sagt Mia,
  die Schornsteinfegerin.*
- Verbformen im **Konjunktiv I** (Möglichkeitsform) verwendet man,
  um Äußerungen anderer Personen als indirekte (nicht wörtliche) Rede
  wiederzugeben, v. a. im offiziellen Sprachgebrauch, z. B.:
  Laut Handwerkskammer seien Zimmerleute sehr stolz auf ihre Uniform.
- Mit Verbformen im **Konjunktiv II** (Möglichkeitsform) lassen sich Wünsche,
  Vorstellungen, Ratschläge oder Empfehlungen oder irreale Vorgänge in
  der Vergangenheit ausdrücken, z. B.:
  Er wäre gern Zimmermann geworden.
  Wenn er Zimmermann geworden wäre, hätte er die Berufskleidung getragen.
- Mit dem **Imperativ** (Befehlsform) gibt man Aufforderungen, Befehle,
  Bitten oder Warnungen wieder, z. B.:
  Zieh deine Uniform an! Passen Sie bitte auf! Sei vorsichtig! Seid leise!

 1 Sucht im Text für alle vier Modusformen je ein Beispiel und begründet deren Verwendung. Orientiert euch am Merkkasten.

„Seht mal, da kommt ein Glücksbringer!", rufen die Leute, wenn sie Mia sehen. Das motiviere sie, erklärt die junge Schornsteinfegerin. Die Berufsklei-dung verrät auch Ivos Beruf. Sein Vater erzählt, Zimmerleute hätten den Jungen von klein auf fasziniert. Als Kind habe er am liebsten mit Holz gespielt, bestätigt Ivo. Nein, er würde nicht tauschen wollen, gibt er zu.

 2 Tauscht euch aus, wer im Text der Aufgabe 1 wie zu Wort kommt. Nennt die Modusform, in der die Rede jeweils wiedergegeben wird.

 3 Drückt einen irrealen (unwirklichen) Vergleich aus. Ergänzt die Sätze, indem ihr aus den Sätzen in Klammern Nebensätze im Konjunktiv II bildet. Prüft jeweils, wo man die Ersatzform mit *würde* bevorzugen sollte.

1 In diesem Kleid musst du schreiten, als   .
(Du steckst in einem Reifrock.)

2 Kerzengerade saßen die Damen in ihrem Korsett, als ob   .
(Sie haben ein Messer verschluckt.)

3 In dieser Daunenjacke hat man das Gefühl, als   . (Man schwebt.)

4 In dem Anzug solltest du gehen, als   . (Du steckst in einer Rüstung.)

*1. In diesem Kleid musst du schreiten, als stecktest du in einem Reifrock.
(ungebräuchlich) – In diesem Kleid musst du schreiten, als würdest du ...*

4 Verschiedene Modusformen des Verbs werden auch bei der direkten und indirekten Redewiedergabe benötigt. Wiederholt, wie direkte Rede in indirekte Rede umformuliert wird.

a Lest in folgendem Merkkasten, was bei der Wiedergabe von direkter Rede in indirekter Rede zu beachten ist.

Indirekte Rede wird v.a. in offiziellen und schriftlichen Texten mithilfe des **Konjunktivs I** wiedergegeben. Dabei muss jeweils auch die **Tempusform** (Zeitform) beachtet werden, z. B.:

direkte Rede (Modusform Indikativ)	**indirekte Rede** (Modusform Konjunktiv I)
Präsens *„Ich trage Jeans."*	**Präsens** *Er sagte, er trage Jeans.*
Präteritum: *„Ich trug Jeans."* **Perfekt**: *„Ich habe Jeans getragen."* **Plusquamperfekt**: *„Ich hatte Jeans getragen."*	**Perfekt** *Er sagte, er habe Jeans getragen.*
Futur I *„Ich werde Jeans tragen."*	**Futur I** *Er sagte, er werde Jeans tragen.*

Sind die Formen im Konjunktiv I und Indikativ gleich oder werden die Konjunktivformen selten gebraucht, kann man auf den **Konjunktiv II** oder die Form von **würde + Infinitiv** ausweichen, um deutlich zu machen, dass man indirekte Rede wiedergibt, z. B.:

„Sie tragen Jeans."	*Er sagte, sie tragen Jeans.* (Konjunktiv I = Indikativ)
	Er sagte, sie trügen Jeans. (ungebräuchlich)
	Er sagte, sie würden Jeans tragen.
„Sie haben Jeans getragen."	*Er sagte, sie haben Jeans getragen.* (Konjunktiv I = Indikativ)
	Er sagte, sie hätten Jeans getragen.

Indirekte Rede kann man auch mit dem **Indikativ** in einem **Nebensatz mit dass** wiedergeben, z. B.:

Er sagt, dass er Jeans trägt. Er sagt, dass er Jeans getragen hat.
Er sagt, dass er Jeans getragen hatte. Er sagt, dass er Jeans tragen wird.

---

b Erprobt die Beispielsätze aus der Tabelle im Merkkasten im Plural. Achtet auf die richtige Tempusform (Zeitform).

„Wir tragen Jeans."   *Sie sagen, sie tragen Jeans.* (Konj. I = Indikativ)
                         Sie sagen, sie ...

„Wir trugen ..."   *...*

5 Übt das Umformulieren in indirekte Rede. Wählt Aufgabe a, b oder c.

 a Formuliert die direkte Rede in indirekte Rede um. Erprobt verschiedene Formen und achtet dabei auf die unterstrichenen Tempusformen (Zeitformen).

Tipp
Ihr müsst auch die Pronomen anpassen.

1 Ronny sagt: „Ich <u>habe</u> mich bei einer Modelagentur <u>beworben</u>."
2 Simon und Luca sagen: „Wir <u>hatten</u> uns schon oft dort <u>beworben</u>."
3 Jan sagt: „Kostümbildner <u>arbeiten</u> am Theater oder beim Film."
4 Linh sagt: „Meine Mutter <u>arbeitete</u> in einer Änderungsschneiderei."
5 Shirin sagt: „Ich <u>werde</u> ein Praktikum in einer Maßschneiderei <u>absolvieren</u>."

1. Ronny sagt, er habe sich ...
2. ...

 **b** Formuliert die direkte Rede in indirekte Rede um. Erprobt verschiedene Formen und achtet dabei auf die Tempusformen (Zeitformen).

Tipp
Es gibt mehrere Lösungen.

1 Alex sagt: „Mein Vater fertigt auf Wunsch Lederschuhe an."
2 Alex sagt: „Mein Vater hat Maßschuhe angefertigt."
3 Alex sagt: „Meine Eltern fertigen auf Wunsch Lederschuhe an."
4 Leyla sagt: „Früher gingen meine Tanten zum Maßschneider."

Modistin

5 Lucie erklärt: „Ich kann mir eine Ausbildung zur Modistin vorstellen."
6 Anna und Maja erklären: „Wir hatten uns zunächst für eine Lehre zur Modistin entschieden."
7 Shirin sagt: „Ich werde ein Praktikum in einer Maßschneiderei absolvieren."

 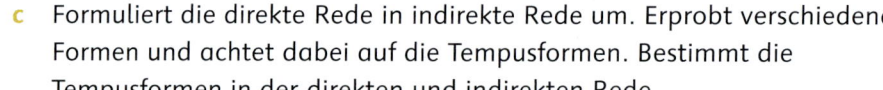 **c** Formuliert die direkte Rede in indirekte Rede um. Erprobt verschiedene Formen und achtet dabei auf die Tempusformen. Bestimmt die Tempusformen in der direkten und indirekten Rede.

1 Laura sagte: „Felix ist Goldschmied."
2 Max erzählte: „Mein Vater ist Schuhmacher gewesen."
3 Majas Mutter teilte uns mit: „Ich habe jetzt eine Schneiderwerkstatt eröffnet."
4 Yasin kündigte an: „Ich werde eine Sattlerlehre beginnen."
5 Shirin sagte: „Ich will ein Praktikum in einer Maßschneiderei absolvieren."
6 Alex erzählte: „Ich war schon vor meiner Bewerbung als Model zu Modenschauen gegangen."

1. Laura sagte, Felix <u>sei</u> Goldschmied. (Präsens)
2. ...

Aktiv- und Passivformen

 1 Wiederholt, was ihr über Aktiv- und Passivformen der Verben wisst.

a Bestimmt die unterstrichenen Verbformen als Aktiv- oder Passivform.

Jedes Jahr <u>werden</u> weltweit Schönheitswettbewerbe <u>veranstaltet</u>. Der erste Wettbewerb in den USA <u>wurde</u> 1921 <u>organisiert</u>. Am 8. September 1921 <u>gewann</u> eine 16-Jährige den Titel „Miss America". Der Bürgermeister von Atlantic City <u>hat</u> der Gewinnerin den Titel mit einem Preisgeld <u>überreicht</u>.

b Bestimmt die Passivformen in den folgenden Sätzen. Begründet eure Entscheidung mithilfe ihrer Bildung und ihrer Funktion.

Mit dem Schönheitswettbewerb wurde die Attraktivität des Ortes an der Ostküste der USA für Touristinnen und Touristen erhöht. Nicht jede Frau durfte zur Misswahl antreten. Nur weiße unverheiratete, kinderlose Frauen waren zugelassen worden. Diese Vorgaben wurden nach Protesten später geändert.

„Miss America" 1921

Von den meisten Verben kann man eine Aktivform und eine Passivform bilden. Will man betonen, wer handelt, verwendet man die **Aktivform**, z. B.:
Unsere Stadt <u>führt</u> eine Miss-Wahl <u>durch</u>. Sie <u>hat</u> die Miss-Wahl <u>durchgeführt</u>.
Ist unwichtig oder unbekannt, wer handelt, nutzt man die **Passivform**, z. B.:
Präsens: *Eine Miss-Wahl <u>wird</u> <u>durchgeführt</u>.*
Präteritum: *Eine Miss-Wahl <u>wurde</u> <u>durchgeführt</u>.*
Perfekt: *Eine Miss-Wahl <u>ist</u> <u>durchgeführt worden</u>.*
Plusquamperfekt: *Eine Miss-Wahl <u>war</u> <u>durchgeführt worden</u>.*
Futur: *Eine Miss-Wahl <u>wird</u> <u>durchgeführt werden</u>.*
Soll die Akteurin bzw. der Akteur in Passivsätzen doch genannt werden, schließt man das mit *von* an, z. B.:
Eine Miss-Wahl wurde <u>von unserer Stadtverwaltung</u> durchgeführt.

2 Verwende Passivformen.

Tipp
Prüfe, ob die handelnden Personen genannt werden müssen.

a Formuliere folgende Sätze im Aktiv in Sätze mit Passivformen um. Achte auf die Tempusform (Zeitform).

1 Viele kritisieren die Schönheitswettbewerbe für Kinder.
2 Man schickt die Mädchen mit Make-up und Stilettos auf die Bühne.
3 Tierfreunde organisierten einen Schönheitswettbewerb für Katzen.
4 In R. hat man einen Schönheitswettbewerb für Kaninchen veranstaltet.
5 Liebhaber küren in Wettbewerben die schönsten Oldtimer.

1. Die Schönheitswettbewerbe für Kinder <u>werden</u> (von vielen) ...
2. ...

b Bilde Sätze mit Passivformen in den in Klammern genannten Tempusformen.

1 der Sinn von Schönheitswettbewerben / diskutieren / immer wieder (Präsens)

2 2001 / erstmalig / organisieren / eine Miss-Earth-Wahl (Perfekt)

3 erst 2018 / für Frauen / streichen / das Schaulaufen im Bikini (Präteritum)

4 in einem Wettbewerb / küren / heute / der schönste Mann unseres Bundeslandes (Perfekt)

Man unterscheidet zwei **Passivformen**:

- Das **Vorgangspassiv** betont den Ablauf der Handlung. Es wird mit dem Hilfsverb *werden* + **Partizip II** eines anderen Verbs gebildet, z. B.: *Der Schönheitswettbewerb wird durchgeführt.*

- Das **Zustandspassiv** nennt den neuen Zustand als Ergebnis einer vorhergegangenen Handlung. Es wird mit dem Hilfsverb *sein* + **Partizip II** eines anderen Verbs gebildet, z. B.: *Der Schönheitswettbewerb ist durchgeführt.*

Tempus (Zeit)	Vorgangspassiv	Zustandspassiv
Präsens	*Die Wahl wird durchgeführt.*	*Die Wahl ist durchgeführt.*
Präteritum	*Die Wahl wurde durchgeführt.*	*Die Wahl war durchgeführt.*
Perfekt	*Die Wahl ist durchgeführt worden.*	*Die Wahl ist durchgeführt gewesen.*
Plusquamperfekt	*Die Wahl war durchgeführt worden.*	*Die Wahl war durchgeführt gewesen.*
Futur I	*Die Wahl wird durchgeführt werden.*	*Die Wahl wird durchgeführt sein.*

---

3 Übe Passivformen.

a Suche aus den Sätzen die Passivformen heraus. Entscheide, ob es sich um Vorgangspassiv oder Zustandspassiv handelt.

1 Der Bühnenaufbau für die Miss-Wahl ist abgeschlossen.

2 Die Scheinwerfer sind eingestellt worden.

3 Die Verstärkeranlage war schon aufgebaut worden.

4 Die Licht- und Tonproben wurden verschoben.

5 Der Strom war zeitweilig abgestellt.

6 Die Miss-Wahl ist leider abgesagt.

b In folgenden Sätzen sollen die Vorgänge betont werden. Ergänze die Verben im Vorgangspassiv. Achte auf die Tempusformen (Zeitformen).

aufbauen / liefern / einstellen / verschieben /
herstellen / absagen / informieren

1 Das Bühnenbild [   ] gerade [   ].
2 Die Verstärkeranlage [   ] schon gestern [   ].
3 Die Scheinwerfer [   ] morgen [   ].
4 Auch die Tonprobe [   ] [   ].
5 Zuerst muss aber die Stromversorgung wieder [   ] [   ].
6 Wenn die Miss-Wahl doch [   ] [   ], müssen die Leute [   ] [   ].

 4 Formuliert die Aktivsätze in Passivsätze um. Bildet zuerst das Vorgangspassiv und danach das Zustandspassiv.

> **Tipp**
> Überlegt, welcher Zustand jetzt erreicht ist.

1 Die Jury-Präsidentin hat den Schönheitswettbewerb eröffnet.
2 Die Veranstalter haben die Presse eingeladen.
3 Zur Miss-France-Wahl hatte man Frauen, die größer als 1,65 m waren, ausgeschlossen.
4 Das Reglement haben die Organisatoren nun geändert.
5 Die Schönheitsideale anderer Zeiten und Kulturen hat man in Gemälden, Fotos und Skulpturen dokumentiert.

1. Der Schönheitswettbewerb ist von der Präsidentin eröffnet worden.
Er ist (jetzt) eröffnet.
2. …

5 Überarbeite den Text schriftlich. Nutze verschiedene Passivformen. Prüfe, ob die handelnde Person genannt werden muss.

Eine Gewichtheberin gewinnt einen der wichtigsten Schönheitswettbewerbe Englands. Sarah Davies verlieh man 2018 den Titel „Miss Intercontinental England". Früher haben viele Sarah Davies wegen ihrer Muskeln gemobbt. Heute schätzen Sportfans sie als erfolgreiche Profi-Gewichtheberin. Und jetzt verehren Mädchen und Frauen die junge Britin als Schönheitskönigin.

 6 Formuliere die Sätze schriftlich ins Passiv um. Entscheide, ob die handelnde Person genannt werden sollte.

In Saudi-Arabien sollen Interessierte jedes Jahr das schönste Kamel krönen. Die Kamelrennen und Beauty-Wettbewerbe trägt man am Stadtrand von Riad aus. Beim letzten Wettbewerb mussten die Organisatoren zwölf Kamele ausschließen. Die Besitzer hatten den Tieren Botox gespritzt und die Haut gestrafft. Auch rasierte Kamele dürfen die Organisatoren nicht zulassen.

Adjektive

1 Im folgenden Text geht es um ein Kleidungsstück.

a Nenne die Wörter, die es genauer beschreiben.

→ **S. 296:**
Merkwissen: Adjektiv

Kurze Hosen tragen wir im Sommer oder beim Sport. 1971 kreierten Frauen in kurzen und kürzesten Hosen einen neuen Modestil. Die Stewardessen der Southwest Airlines in den USA mussten die knappen Shorts sogar im Dienst tragen. Die superkurzen Hotpants haben sich auch in Deutschland durchgesetzt. Viele Frauen haben zuerst abgeschnittene Jeans als Hotpants getragen.

b Weise anhand der Funktion und Form nach, dass die beschreibenden Wörter zur Wortart *Adjektiv* gehören.

2 Setze die Adjektive in Klammern in der richtigen Form in die Lücken ein.

Tipp
Prüfe, ob auch die Komparativ- oder Superlativform passt.

a Passe das Adjektiv in Genus (Geschlecht), Numerus (Zahl) und Kasus (Fall) dem Bezugsnomen/-substantiv an.

   1 1971 griffen die _____ Mädchen und Frauen entschlossen zur Schere. (modebewusst)
   2 Radikal kürzten sie ihre _____ Jeans. (alt)
   3 Zu den _____ Shorts trug man _____ Stiefel. (knapp, hoch)
   4 Hotpants gaben den Frauen einen _____ Bewegungsspielraum als Miniröcke. (größer)
   5 Beim Radfahren und Arbeiten waren die _____ Hosen besser geeignet als Miniröcke. (kurz)
   6 Mit Samt und Seide kamen auch _____ Stoffe zum Einsatz. (edel)
   7 In der _____ Herrenmode setzte sich der _____ Trend nicht durch. (konservativ, neu)

●●● b Drei weitere Adjektive in den Sätzen der Aufgabe a beschreiben Verben näher. Nenne sie.

3 Adjektive lassen sich komparieren (steigern).

a Bestimme, was in den folgenden Sätzen miteinander verglichen wird. Untersuche, wie der Vergleich sprachlich ausgedrückt wird.

   1 Wegen der vielen Taschen sind Cargohosen praktischer als Jeans.
   2 In dieser Saison trägt man die Hosen länger als in der vorigen.
   3 Skinny Jeans sitzen genauso eng wie Leggings.
   4 In den 1970er-Jahren waren Schlaghosen beliebter als in den 1980er-Jahren.
   5 Leinenhosen verkauften sich weniger gut als Cordhosen.
   6 Jeans sind bei Männern genauso beliebt wie Jogginghosen.

b   Entscheide, ob in den Sätzen aus Aufgabe a Gleichheit oder Ungleichheit ausgedrückt wird. Begründe deine Entscheidung mithilfe des folgenden Merkkastens.

Adjektive lassen sich **komparieren** (steigern) (Nomen: die **Komparation**). Sie bilden drei Komparationsstufen:

den **Positiv** (die Grundstufe)	den **Komparativ** (die Mehrstufe)	den **Superlativ** (die Meiststufe)
Dies ist eine <u>dünne</u> Bluse.	Die andere ist eine <u>dünnere</u> Bluse.	Dies ist die <u>dünnste</u> Bluse.
Dieses Kleid trocknet <u>schnell</u>.	Jenes Kleid trocknet <u>schneller</u> als dieses.	Aber das Kleid hier trocknet <u>am schnellsten</u>.

Mithilfe von Adjektiven kann man **Vergleiche** ausdrücken:
- Bei **Gleichheit** verwendet man den **Positiv** (die Grundstufe) **+ wie**, z. B.: *Das weiße Shirt ist <u>genauso schick wie</u> das schwarze.*
- Bei **Ungleichheit** verwendet man den **Komparativ** (die Mehrstufe) **+ als**, z. B.: *Größe XS sitzt <u>enger als</u> Größe S.*

---

 4   Vergleicht die Kleidungsstücke hinsichtlich ihrer Kürze, Länge, Weite und ihres Tragekomforts. Verwendet die folgenden Muster.

Die Jeans ist fast genauso lang / weit wie die braune Hose.
Der gelbe Rock ist kürzer / enger als der gepunktete Rock.

 5   *Wie* oder *als*? Sucht das Adjektiv heraus und bestimmt die Komparationsstufe (Steigerungsstufe). Setzt dann das richtige Vergleichswort ein.

1   Sind Männer in Modefragen weniger experimentierfreudig ⬚ Frauen?
2   Ältere Menschen tragen heute genauso häufig Jeans ⬚ junge Leute.
3   Viele tragen lieber Sneaker ⬚ Mokassins.
4   Manche interessieren sich heute stärker für die Herstellungsbedingungen ⬚ früher.
5   Fast Fashion lehne ich ebenso stark ab ⬚ Fast Food.

Präpositionen

> **Präpositionen** gehören zu den **unveränderbaren** (nicht flektierbaren) **Wortarten**. Sie drücken **räumliche, zeitliche oder andere Beziehungen** aus, z.B.: *in, vor, unter, über, hinter, seit, für, mit*.
> Präpositionen fordern einen bestimmten **Kasus (Fall)**, den man sich einprägen sollte, z.B.: *mit, nach, von, seit, aus, zu, bei* → Dativ, *gegen, ohne, für* → Akkusativ, *trotz, während, wegen, mittels* → Genitiv
> So genannte **Wechselpräpositionen** (*an, auf, hinter, in, neben, über, unter, zwischen*) können den Dativ oder den Akkusativ fordern. Den **Kasus** (Fall) bestimmt allein das Verb, z.B.:
> *Lilly* <u>*setzt sich*</u> *in den bequemen Kinosessel.* (Wohin? Akkusativ)
> *Jurek und Paul* <u>*sitzen*</u> *im (in dem) Parkett.* (Wo? Dativ)
> In der Umgangssprache werden Präpositionen und Artikel oft zusammengezogen, z.B.: *am (an dem), beim (bei dem, ins (in das)*.

1 Verwende die im Merkkasten genannten Präpositionen in Sätzen. Unterstreiche die Präpositionen und die nachfolgenden Nomen/Substantive mit ihren Begleitwörtern.

Er probiert das Shirt <u>*mit dem Aufdruck an*</u>*. (Dativ) Immer* <u>*nach*</u> *…*

2 Einige Verben verlangen bestimmte Präpositionen.

a Suche in jedem Satz das Verb und die dazugehörige Präposition. Bilde jeweils den Infinitiv, schreibe ihn mit der Präposition auf und bestimme den Kasus (Fall), den die Präposition verlangt.

1 Man hat sich an die Zuordnung Mädchen und Pink gewöhnt.
2 Aber ich ärgere mich über dieses Klischee.
3 Früher stand Rot für Männer und Blau für Frauen.
4 In Japan verbindet man Purpur traditionell mit dem Kaiser.
5 Schwarz gehört in westlichen Ländern zu einer Beerdigung.
6 In Indien erwartet man von Trauernden weiße Kleidung.
7 Die Farbe Grün steht in vielen Ländern für Hoffnung.
8 Die Farbe Blau verbinden viele mit Himmel, Wasser und Weite.

1. sich gewöhnen an (jemanden/etwas) – Akkusativ
2. …

b Bilde mit folgenden Verben und Präpositionen Sätze.

sich orientieren an / sich beschweren über / sich drücken vor / träumen von / sich bedanken für / sich bedanken bei / sich beraten mit / warten auf

2 a und b Dativ: *aus, bei, mit, von, zu*
Akkusativ: *für, gegen, ohne*
Dativ oder Akkusativ: *auf, an, vor, über*

3 Die Wechselpräpositionen in den folgenden Sätzen fordern den Dativ oder den Akkusativ. Wähle den passenden Artikel aus. Nutze die Frageprobe.

1 In rosafarbenen Trikots erschien Juventus Turin 1897 <u>auf</u> ▯ (dem / den) Platz.
2 Die Spieler von Juventus Turin liefen in Rosa <u>auf</u> ▯ (dem / den) Platz.
3 Der Fotograf steht in Indien <u>vor</u> ▯ (der / die) Braut im roten Sari.
4 Der Fotograf stellt sich <u>vor</u> ▯ (dem / den) Bräutigam in Schwarz oder Braun.
5 In China trug die Braut früher Rot. Heute steht sie in Weiß <u>neben</u> ▯ (dem / den) Bräutigam.

Tipp
Bilde jeweils zuerst den richtigen Kasus (Fall) des Artikels.

4 Artikel und Präposition können zu einem Wort verschmelzen. Setze die verschmolzenen Wörter in der richtigen Form in die Lücken ein.

1 Kaufhäuser nutzten lebensgroße Figuren aus Wachs ▯ Zwecke der Werbung. (zu + der)
2 Die menschenähnlichen Kleiderpuppen wurden ▯ Schaufenster gestellt. (in + das)
3 Sie zogen Laufkundschaft an und waren gut ▯ Geschäft. (für + das)
4 Mit ihnen sollte der Einkauf ▯ Vergnügen werden. (zu + das)
5 Seit 1960 verwendet man Fiberglas ▯ Herstellung der Puppen. (zu + die)

1. zu dem Zwecke – zum Zwecke
2. …

5 Kennt ihr diese Redewendungen?

a Setzt die richtigen Präpositionen mit verschmolzenen Artikeln in die Lücken ein. Tauscht euch über die Bedeutung der Redewendungen aus.

1 das Wasser steht jemandem bis ▯ Hals
2 jemanden ▯ Licht führen
3 jemanden ▯ Glatteis führen
4 ▯ Abseits stehen
5 etwas ▯ Knie brechen
6 ▯ Pantoffel stehen
7 mit seiner Meinung ▯ Berg halten
8 ▯ Sache kommen
9 etwas ▯ Namen nennen
10 ▯ Fettnäpfchen treten

b Wählt fünf Redewendungen aus und verwendet sie in Sätzen.

Josi kam gleich zur Sache. …

5 a Verwende folgende Präpositionen mit verschmolzenen Artikeln.
aufs / beim / hinterm / hinters / ins / im / übers / unterm / zum / zur

Adverbien

> **Adverbien** sind eine **unveränderbare** (nicht flektierbare) **Wortart**.
> Sie geben an, wann, wo, wie und warum etwas geschieht. Adverbien treten
> im Satz als Attribut oder als Adverbialbestimmung auf, z. B.:
> *Sein <u>sehr</u> schräges Outfit gefällt mir.* (Attribut)
> *Diesen schicken Mantel kannst du <u>hier</u> anprobieren.* (Adverbialbestimmung)
> Einige Adverbien ersetzen ganze Wortgruppen oder Teilsätze, z. B.:
> *<u>Wegen seiner Krankheit</u> bleibt er zu Hause. <u>Deswegen</u> bleibt er zu Hause.*
> *<u>Weil er krank ist,</u> bleibt er zu Hause. <u>Krankheitshalber</u> bleibt er zu Hause.*

1 In folgenden Sätzen treten Adverbien als Lokal-, Temporal-, Kausal- und
Modalbestimmungen auf. Wähle Aufgabe a, b oder c.

●○○ **a** Bestimme, ob die unterstrichenen Adverbien eine Angabe zu Ort, Zeit, Grund
oder Art und Weise machen. Nutze die Frageprobe.

1 Mont Klamott nennen die Leute <u>hier</u> in Alto Hospicio
den Kleiderberg in der Atacama-Wüste.

2 <u>Dort</u> werden <u>tagein</u>, <u>tagaus</u> 20 Tonnen gebrauchter oder
unverkaufter Altkleidung abgeladen.

3 <u>Deshalb</u> gilt Chile als Hauptimporteur von Altkleidung in
Lateinamerika.

1. Wo nennen die Leute ...? hier (Ort)
2. ...

●●○ **b** Suche die Adverbien heraus und untersuche, was sie angeben. Nenne jeweils
die Adverbialbestimmung. Nutze die Frageprobe.

1 Mont Klamott nennen die Leute hier in Alto Hospicio den Kleiderberg
in der Atacama-Wüste.

2 Dort werden tagein, tagaus 20 Tonnen gebrauchter oder unverkaufter
Altkleidung abgeladen.

3 Deshalb gilt Chile als Hauptimporteur von Altkleidung in Lateinamerika.

4 Beinahe jeden Tag erreichen Schiffe mit Textilmüll aus Europa und
den USA den Hafen an der Pazifikküste.

5 Etwa 60 Prozent werden sofort zum Weiterverkauf aussortiert.

6 Der Rest wird anschließend angezündet, um wieder Platz für neue Ware
zu schaffen.

7 Neuerdings verarbeitet eine Firma in Alto Hospicio einen sehr kleinen Teil
des Textilmülls zu Isoliermaterial.

●●● **c** Ermittle und bestimme alle Adverbien in den Sätzen der Aufgabe b.
Untersuche, ob sie als Adverbialbestimmung oder als Attribut auftreten.

2 Adverbien können die Bedeutung von Wörtern verstärken oder abschwächen.

a Nenne das Wort, auf das sich in den folgenden Sätzen die unterstrichenen Adverbien beziehen.

1 Tania mag <u>sehr</u> / <u>besonders</u> weite Kleider.
2 Yuri kümmert sich <u>einigermaßen</u> / <u>sehr</u> zuverlässig um seine Geschwister.
3 Dein Bruder hat <u>recht</u> / <u>überaus</u> lockiges Haar.
4 Lucie lässt sich das Haar immer <u>sehr</u> / <u>extrem</u> kurz schneiden.
5 Lara ändert <u>ziemlich</u> / <u>äußerst</u> schnell ihre Meinung.
6 Ben bemüht sich um ein <u>halbwegs</u> / <u>ziemlich</u> gepflegtes Äußeres.

 b Entscheidet, ob die unterstrichenen Adverbien in den Sätzen von Aufgabe a verstärkend oder abschwächend wirken.

 3 Verändert die Aussagen der Sätze: Verstärkt die Aussagen bzw. schwächt sie ab. Probiert dabei einige der folgenden Adverbien aus.

sehr / ziemlich / halbwegs / überaus / größtenteils / besonders / äußerst / fast / absolut / vergleichsweise / kaum / einigermaßen / beinahe

1 Svenja trägt ▓▓▓ gern ihren ▓▓▓ weiten Ledermantel zu einem ▓▓▓ engen Kleid. Rot steht ihr ▓▓▓ gut.
2 Miriam liebt ihre ▓▓▓ hohen Stiefel und ihre ▓▓▓ weiten Hosen.
3 Lara hat einen ▓▓▓ unauffälligen Kleiderstil. Sie interessiert sich ▓▓▓ wenig für Mode.
4 Minh erscheint ▓▓▓ immer in ▓▓▓ sauberer Kleidung. Schwarz steht ihm ▓▓▓ gut.
5 Luka legt keinen ▓▓▓ großen Wert auf sein Äußeres. Seine Hemden sind ▓▓▓ selten gebügelt.

Präpositionaladverbien werden aus Adverbien und Präpositionen gebildet, z. B.: *wo / da / hier* + *bei / durch / für / mit / von / zu* →
dabei, wodurch, hierfür, damit, wovon, hierzu.
Beginnt die Präposition mit einem Vokal, wird bei *wo* und *da* ein Fugen-*r* eingefügt, z. B.: *wo / da* + *an / aus / auf / in* → *da<u>r</u>an, wo<u>r</u>aus, da<u>r</u>auf, wo<u>r</u>in.*
Mit Präpositionaladverbien kann man **Wiederholungen vermeiden**.
Sie ersetzen Präpositionalgruppen, z. B.:
Nachmittags gehe ich zum Training. <u>Nach dem Training</u> gehe ich zu Tom. →
Nachmittags gehe ich zum Training. <u>Danach</u> gehe ich zu Tom.
Mit Präpositionaladverbien kann man auch **Fragesätze einleiten**, z. B.:
Sie träumt vom (von dem) Meer. – <u>Wovon</u> träumt sie?
Er wartet auf den Brief. – <u>Worauf</u> wartet er?
Über die Präposition und das Präpositionaladverb entscheidet das Verb, z. B.:
Sie <u>träumt vom</u> (von dem) Meer. – Sie träumt <u>davon</u>. <u>Wovon</u> träumt sie?
Er <u>wartet auf</u> den Brief. – Er wartet <u>darauf</u>. <u>Worauf</u> wartet er?

4 Vermeide Wiederholungen im Text mithilfe von Präpositionaladverbien. Orientiere dich an der Präposition zum Verb.

1 Ich interessiere mich für Mode und Vitja interessiert sich auch sehr für Mode.

2 Ich sollte die Karten für die Modemesse kaufen. Aber dann hatte ich viel zu tun, sodass ich nicht an die Karten gedacht habe.

3 Um den Termin für das Fotoshooting wollte sich Vitja kümmern, aber er hatte keine Zeit. Um das Fotoshooting muss ich mich nun bemühen.

4 Ich hoffe, ihr lacht nicht über meine neue Frisur. Vitja hat sich über meine neue Frisur lustig gemacht.

5 Vitja meint, er kann andere mit seinen coolen Sprüchen beeindrucken. Mich kann er mit seinen coolen Sprüchen nicht hinters Licht führen.

1. Ich interessiere mich für Mode und Vitja interessiert sich auch sehr dafür.
2. ...

5 Ergänze das passende Präpositionaladverb als Fragewort. Wähle Aufgabe a oder b.

●○○ **a** Bestimme im ersten Satz jeweils die Präposition, die das Verb verlangt. Wähle dann das richtige Präpositionaladverb als Fragewort aus und setze es in die Lücken ein.

1 Ich denke an den Fototermin. ____ denkst du gerade?
(worauf / woran)

2 Wir beschäftigen uns mit Mode. ____ beschäftigt ihr euch?
(womit / wovon)

3 Ich träume vom Modeln. ____ träumst du?
(wofür / wovon)

4 Er hat nach dem Weg gefragt. ____ hat er gefragt?
(worin / wonach)

5 Ich freue mich schon auf die fertigen Fotos. ____ freust du dich?
(wofür / worauf)

1. Ich denke an den Fototermin. Woran denkst du gerade?
2. ...

●●○ **b** Setze ein Präpositionaladverb als Fragewort in die Lücken ein. Orientiere dich an der Präposition zum Verb.

1 Ich denke an den Fototermin. Und du, ____ denkst du?

2 Ich freue mich auf die Party und du, ____ freust du dich?

3 Über meine Frisur hat er sich aufgeregt? Und ____ noch?

4 Sie spricht vom Modeln und ____ spricht sie sonst noch?

5 Er beschäftigt sich mit Fotografie und ____ noch?

---

4 Bilde Präpositionaladverbien aus: *da* + *um* / *für* / *über* / *an* / *mit*. Überlege auch, ob ein Fugen-*r* eingefügt werden muss.

Konjunktionen

1 Wiederhole, was du über Konjunktionen weißt. Bestimme die Konjunktionen in den folgenden Sätzen und sage, was sie im Satz leisten.

1 Modedesignerinnen und -designer verstehen zunehmend, dass es keinen Durchschnittsmenschen gibt.

2 Weil die potenziellen Kundinnen und Kunden unterschiedlich sind, werden auch die Models immer vielfältiger.

3 Models mit Beinprothese oder mit Downsyndrom sind auf dem Laufsteg zu sehen, aber sie sind bisher noch Ausnahmen.

4 Weil immer noch zu wenig auf Vielfalt geachtet wird, stehen sowohl das Design als auch die Modeindustrie in der Kritik.

Konjunktionen sind Bindewörter und eine **unveränderbare** (nicht flektierbare) **Wortart**. Sie verbinden Wörter, Wortgruppen und Sätze miteinander.

Nach ihrer **Bedeutung** unterscheidet man:

- **aufzählende Konjunktionen**, z.B.: *und, oder, sowohl ... als auch ..., weder ... noch ..., entweder ... oder ...,*
- **entgegenstellende Konjunktionen**, z.B.: *aber, jedoch, doch.*

Nach ihrer **Funktion** unterscheidet man:

- **nebenordnende Konjunktionen**: Sie verbinden gleichrangige Wörter, Wortgruppen und Teilsätze miteinander, z.B.:
  Designer <u>und</u> Model. Designer <u>oder</u> Model. Er näht, <u>aber</u> sie entwirft die Schnitte. Er näht <u>und</u> sie entwirft die Schnitte.
- **unterordnende Konjunktionen**: Sie leiten Nebensätze ein, z.B.:
  Tim hoffte, <u>dass</u> er Model wird. <u>Als</u> er Model wurde, war er 17.

Tipp
Es gibt bei einigen Sätzen mehrere Lösungen.

2 Setze passende Konjunktionen in die Lücken ein.

1 Das Einstiegsalter zum Modeln liegt zwischen 16 ▭ 18 Jahren.

2 Er musste sich entscheiden: Schule ▭ Laufsteg.

3 Diese Modelagentur sucht ▭ Jugendliche ▭ Erwachsene.

4 Sie suchen Models, groß ▭ klein, zwischen 15 ▭ 60 Jahren.

5 ▭ das Alter ▭ irgendwelche „Makel" seien Ausschlusskriterien, heißt es dort.

6 Das Angebot gefiel ▭ mir ▭ meinen Eltern.

7 Ein erstes Treffen findet ▭ in der Agentur ▭ bei einem Fotoshooting statt.

8 ▭ erfahrene Models ▭ Neulinge werden anwesend sein.

9 Man kann sich mit anderen austauschen ▭ von deren Erfahrungen hören ▭ erst einmal einfach nur zuschauen.

3 Ergänze folgende Sätze.

Tipp
Achte auf die
Stellung der finiten
Verbform. In den
Sätzen 1 bis 3 ist
sie unterstrichen.

a Wähle die jeweils passende Konjunktion aus und setze sie in die Sätze ein.

1 Finn trägt Sportkleidung, _____ Mode <u>interessiert</u> ihn nicht. (denn / weil)

2 Hassan ging zum Casting, _____ Freunde ihn überredet <u>hatten</u>. (und / weil)

3 _____ Siri ziemlich schüchtern <u>ist</u>, arbeitet sie als Model. (sondern / obwohl)

4 Siri ist ziemlich schüchtern, _____ sie arbeitet als Model. (doch / obwohl)

5 _____ Maja eine Hautallergie hat, kann sie keine Wollpullover tragen. (aber / weil)

6 Maja passt auf, _____ sie bei der Show keine Kleidung aus Wolle tragen muss. (doch / dass)

7 Moa hat das Downsyndrom _____ in Schweden ist sie als Model bekannt. (und / da)

8 Moa hat das Downsyndrom, _____ sie möchte als Model arbeiten. (doch / obwohl)

b Untersuche, ob die eingesetzte Konjunktion jeweils einen Hauptsatz oder einen Nebensatz einleitet. Begründe deine Entscheidung.

Tipp
Achte auf die
Kommasetzung.

4 Verbinde die Sätze zu einer Satzreihe. Wähle dafür eine passende Konjunktion aus und schreibe zwei Beispielsätze in dein Heft.

aber / denn / doch / und / oder / jedoch / hingegen / sondern

1 Ninia ist mit 1,38 m Körpergröße kleinwüchsig. Die junge Frau ist als Moderatorin und Schauspielerin in der Öffentlichkeit präsent.

2 Ninia möchte Mode nicht nur für kleinwüchsige Menschen präsentieren. Jede Frau ist auf ihre eigene Art besonders.

3 Jillian bewegt sich im Rollstuhl fort. Sie ist bei einer großen Modelagentur unter Vertrag.

4 Bei ihren Präsentationen steht meist der Rollstuhl im Vordergrund. Jillian möchte wegen ihrer Ausstrahlung und der präsentierten Kleidung wahrgenommen werden.

Tipp
Es gibt bei einigen
Sätzen mehrere
Lösungen.

5 Verbinde die Sätze zu einem Satzgefüge. Wähle dafür die passenden Konjunktionen aus und schreibe die Sätze in dein Heft.

obwohl / weil / dass / als / wenn / während / trotzdem / da

1 Viele denken das. Models müssen makellos sein.

2 In letzter Zeit ändert sich das. Die Menschen sind alle unterschiedlich.

3 Ich finde es schön. Nicht alle Menschen sind gleich.

4 Vielen ist es klar. Jeder Mensch ist auf seine eigene Art besonders.

5 Mario Galla wurde ein Topmodel. Er hat eine Beinprothese.

6 Nadine Schneider ist kleinwüchsig. Sie möchte als Model durchstarten.

1. Viele denken, dass Models makellos sein müssen.   *2. …*

Interjektionen

1 Comics leben von umgangssprachlichen Wendungen und Ausrufen.

a Lies die Texte in den Sprechblasen laut vor.

b Tauscht euch darüber aus, wie die Sprechtexte auf euch wirken.

> **Interjektionen** sind eine **unveränderbare** (nicht flektierbare) **Wortart**. Sie geben Ausrufe oder Empfindungen wie Überraschung, Enttäuschung, Freude oder Ärger wieder und werden durch Satzzeichen abgegrenzt, z. B.:
> *Wow*, was für 'n cooles Shirt! *Tja*, Pech gehabt! *Eh*, geht's noch?
> *Oje*, was ist denn hier los?

2 Interjektionen können unterschiedliche Empfindungen wiedergeben.

a Lest die Interjektionen und entscheidet, was sie ausdrücken.

Iiiih! / Ach nee! / Boah! / Äääh! / Olala! / Ahaaa! / Ah ja! / Na ja! / Hoho!

b Verwendet die Interjektionen in kurzen Äußerungen und prüft, ob eure Einschätzung zutreffend ist.

3 Gestaltet die folgenden mündlichen Äußerungen lebendiger.

Tipp
Es gibt mehrere
Lösungen.

a Ergänzt die Äußerungen mit einer Interjektion. Probiert verschiedene aus.

1   ! Was ist denn da passiert?
2   ! Das sieht ja eklig aus!
3   , das sieht dir ganz zauberhaft!
4   , ich hab dich was gefragt!
5   , hast du Tomaten auf den Augen?
6   , das war vielleicht anstrengend!

b Womit wird die jeweilige Wirkung erreicht? Tauscht euch dazu aus.

---

2 a Wählt aus den folgenden Empfindungen aus.
Angst / Enttäuschung / Ekel / Überraschung / Freude / Anerkennung

Satzbau und Zeichensetzung

Bau des einfachen Satzes

Die Satzglieder im Überblick

1 Erarbeite eine Übersicht über die Satzglieder.

a Bestimme die Satzglieder im folgenden Satz. Übertrage dazu die Tabelle in dein Heft und ergänze die fehlenden Satzglieder.

Wir streiken für besseren Klimaschutz.

Satzglied	Frage	Beispiel
Subjekt	Wer? Was?	Wir
…	…	…

 b Ergänzt den Satz aus Aufgabe a mit weiteren Satzgliedern und Satzgliedteilen und tragt sie in eure Tabellen ein.

 c Bildet einen Satz zum Thema „Klimaschutz" mit möglichst vielen Satzgliedern. Stellt ihn in der Klasse vor und lasst die Satzglieder bestimmen.

d Vergleiche deine Tabelle mit dem Merkkasten auf S. 220.

2 Bestimme die Satzglieder.

a Bestimme in den folgenden Sätzen die unterstrichenen Satzglieder und Satzgliedteile. Nutze dafür die Frageprobe und die Tabelle aus Aufgabe 1a.

1 Der Journalist Christian Nürnberger <u>hat</u> in den letzten Jahren mehrere Bücher über mutige Menschen <u>geschrieben</u>.

2 Diese Menschen haben sich <u>für Frieden, Freiheit und Menschenrechte</u> eingesetzt.

3 <u>Im Vorwort seines Buches</u> schrieb <u>Christian Nürnberger</u> <u>interessante</u> Gedanken zu dem Begriff „Mut" auf: „Von Natur aus sind <u>die meisten</u> feige. […]

4 Wer Mut beweist, riskiert etwas, gefährdet sich, setzt <u>seine Karriere</u> aufs Spiel, seine Gesundheit, seine Freiheit, sein Leben. […]

5 Immer dort, wo ein Samenkörnchen Mut <u>in den Boden</u> fällt und <u>ausnahmsweise</u> mal aufgeht, verändert sich <u>die Welt</u>" (Nürnberger, 2023, S. 10–11).

6 Christian Nürnberger erzählt <u>die Geschichten</u>, um zu zeigen, wie Menschen <u>ihre Angst</u> überwanden.

1b Verwendet zum Beispiel die folgenden Wortgruppen.
jeden Freitag / vor dem Hauptbahnhof / nach dem Unterricht / in unserer Kreisstadt

●●● **b** Bestimme weitere Satzglieder bzw. Satzgliedteile der Sätze von Aufgabe a. Nutze die in den Aufgaben 1a und b erarbeitete Tabelle.

→ **S. 244:**
Gewusst wie:
Grammatische Proben
nutzen

3 Satzglieder kann man mithilfe der Umstellprobe ermitteln.

a Ermittle in den folgenden Sätzen die Satzglieder. Nutze die Umstellprobe.

1 Nürnbergers drittes Buch „Mutige Menschen" ist 2023 erschienen.

2 Auch in diesem Buch erzählt der Autor von Menschen aus verschiedenen Ländern.

3 Alle im Buch Porträtierten haben die Wandlung vom Feigling zum mutigen Menschen durchgemacht.

4 Sie überwanden ihre Angst und setzten sich für andere ein.

5 Die erste Geschichte berichtet von einer französischen Frau.

6 Simone de Beauvoir wurde 1908 in Paris geboren.

7 Sie ging in eine katholische Privatschule und legte dort ihr Abitur ab.

8 Nach dem Abitur studierte sie Philologie und Mathematik.

9 Sie schrieb ihre Diplomarbeit 1928–29 über den Universalgelehrten Gottfried Wilhelm Leibniz.

10 1949 veröffentlichte sie das Buch „Le Deuxième Sexe".

11 Dieses Buch wurde später in Deutschland unter dem Titel „Das andere Geschlecht" veröffentlicht.

12 Seit dieser Zeit stärkten ihre Ideen viele Frauen auf der Welt beim Kampf um Gleichberechtigung.
(Vgl. Nürnberger, 2023, S. 11–23.)

1. Nürnbergers drittes Buch „Mutige Menschen" | ist | ...
2. ...

b Untersuche, in welchen Sätzen das Subjekt und in welchen ein anderes Satzglied am Anfang steht.

1. Nürnbergers drittes Buch „Mutige Menschen" | ist | ... (Subjekt)
2. ...

c Setze in allen Sätzen das Subjekt an die erste Stelle. Welche Wirkung entsteht dadurch?

2. Der Autor | erzählt | ...

d Untersuche, wie sich die Wirkung des Satzes verändert, wenn du ein anderes Satzglied an die erste Stelle setzt.

1. 2023 | ist | ...
2. ...

●●● **e** Bestimme alle Satzglieder in den Sätzen aus Aufgabe a mithilfe des Merkkastens auf S. 220.

4 Wende dein Wissen über Satzglieder an.

a   Lies den folgenden Merkkasten.

lateinische Bezeichnung	deutsche Bezeichnung	Frage	Beispiel
Subjekt	Satzgegenstand	Wer? Was?	*Der Journalist*
Prädikat	Satzaussage	Was wird ausgesagt?	*hält*
Objekt	Ergänzung		
• Dativobjekt	• im 3. Fall	Wem?	*uns*
• Akkusativobjekt	• im 4. Fall	Wen? Was?	*einen Vortrag.*
• Präpositionalobjekt	• mit Präposition	Womit? …	*Er befasst sich <u>mit</u> <u>mutigen Menschen</u>.*
• Genitivobjekt	• im 2. Fall	Wessen?	*Er erinnert sich <u>eines</u> <u>bekannten Mannes</u>.*
Adverbialbestimmung	Umstandsbestimmung		*Der Journalist arbeitet*
• Temporalbestim- mung	• der Zeit	Wann? Wie lange? …	*heute den ganzen Tag*
• Lokalbestimmung	• des Ortes	Wo? …	*zu Hause.*
• Kausalbestimmung	• des Grundes	Warum? Wozu? …	*<u>Wegen der Fertigstellung des Vortrags</u> arbeitet er*
• Modalbestimmung	• der Art und Weise	Wie?	*ohne Unterbrechung.*
Attribut (Satzgliedteil)	Beifügung	Was für ein(e)?	*<u>Seine</u> Texte über <u>mutige</u> Menschen <u>der heutigen Zeit</u> sind interessant.*

b   Suche eigene Beispiele. Bilde Sätze mit möglichst vielen Satzgliedern und Attributen und bestimme sie.

c   Erprobe, wie sich die Aussage und Wirkung deiner Sätze verändert, wenn du Satzglieder umstellst.

●●● **5** Was bedeutet Mut für dich? Verfasse einen kurzen Text und erläutere, was du für mutig hältst. Achte auf eine sinnvolle Satzgliedstellung.

Bau des zusammengesetzten Satzes

Die Satzreihe (die Parataxe)

1 Hauptsätze können Satzreihen (Satzverbindungen) bilden.

a Überlege, wo in den folgenden Satzreihen ein Komma stehen muss bzw. kann. Schreibe die entsprechenden Stellen in dein Heft.

Achtung, Fehler!

1 Nelson Mandela bekämpfte das menschenverachtende System in Südafrika und deshalb musste er 27 Jahre im Gefängnis verbringen.

Nelson Mandelas
Gefängniszelle

2 In dieser Zeit konnte er nur von der Befreiung der Schwarzen träumen doch dann ging sein Traum in Erfüllung.

3 Mandela lehnte im Februar 1985 das Angebot einer Freilassung ab denn die war an die Bedingung geknüpft, auf den bewaffneten Kampf zu verzichten.

4 Schon während seiner Haft war er für die unterdrückten Menschen ein Held doch nach der Befreiung wurde er von der ganzen Welt gefeiert. (Vgl. Nürnberger, 2023, S.95–119.)

1. ... in Südafrika(,) und deshalb ...   2. ...

b Unterstreiche im Heft die Konjunktionen, durch welche die einzelnen Hauptsätze aus Aufgabe a miteinander verbunden sind.

1. ... in Südafrika(,) <u>und</u> deshalb ...   2. ...

Zusammengesetzte Sätze bestehen aus zwei oder mehreren Teilsätzen. Sind die Teilsätze Hauptsätze und damit gleichrangig bzw. nebengeordnet, bilden sie eine **Satzreihe** (Satzverbindung), auch **Parataxe** genannt.
Hauptsätze erkennt man daran, dass die finite (gebeugte) Verbform an zweiter Satzgliedstelle steht. Die Hauptsätze lassen sich **unverbunden** aneinanderreihen oder mit einer nebenordnenden **Konjunktion** oder einem **Adverb** verbinden, z. B.:
Mandela kämpfte gegen die Rassentrennung, er saß 27 Jahre im Gefängnis.
Mandela kämpfte gegen die Rassentrennung, <u>deshalb</u> saß er 27 Jahre im Gefängnis.
Hauptsätze werden durch **Komma** voneinander getrennt, es sei denn, sie sind durch *und* oder *oder* verbunden, dann ist das Komma freigestellt, z. B.:
Mandela kämpfte gegen die Rassentrennung(,) <u>und</u> er saß 27 Jahre im Gefängnis.
Man kann Fehler vermeiden, indem man Teilsätze immer durch Komma abgrenzt.

2 Bilde Satzreihen (Parataxen).

a Verbinde die Hauptsätze mithilfe einer passenden Konjunktion oder eines Adverbs. Entscheide, wo ein Komma gesetzt werden muss. Die finiten Verbformen sind jeweils unterstrichen.

1 Den größten Teil seiner Freiheitsstrafe verbrachte Nelson Mandela auf der Gefängnisinsel Robben Island. Einige Jahre war er auch im Gefängnis Pollsmoor und im Victor-Vester-Gefängnis in Paarl inhaftiert.

2 Die US-amerikanische Regierung unter Ronald Reagan setzte Mandela 1988 auf eine Liste der unerwünschten Personen. Auch in Großbritannien wurde er als „Terrorist" bezeichnet.

3 Der ANC (African National Congress) verstärkte den Kampf um Mandelas Freilassung. Durch den internationalen Druck wurde er 1990 freigekämpft.

4 Erst im Jahr 2008 strich man Mandela in den USA von der Terroristenliste. Bereits 1993 hatte er gemeinsam mit dem südafrikanischen Staatspräsidenten de Klerk den Friedensnobelpreis erhalten.

 b Erprobt und erläutert, in welchen Sätzen verschiedene Konjunktionen möglich sind. Wie verändert sich die Bedeutung des Satzes?

3 Drücke die inhaltliche Beziehung zwischen den Teilsätzen mit einer Konjunktion oder einem Adverb aus.

Tipp
Achte auf die Stellung der finiten Verbformen.

a Verbinde die Teilsätze zu Satzreihen und setze, wenn nötig, ein Komma.

1 Im Februar 1990 wurde Mandela aus dem Gefängnis entlassen. Das Verbot des ANC wurde aufgehoben.

2 Erstmals kommt es zu Verhandlungen zwischen Schwarzen und Weißen. Mandela möchte alle Menschen in Südafrika versöhnen.

3 Die Verbrechen der Apartheid wurden mithilfe einer Kommission aufgearbeitet. Der Prozess war lang und oftmals schmerzhaft.

4 Die ersten allgemeinen Wahlen fanden im April 1994 statt. Nelson Mandela wurde zum ersten schwarzen Präsidenten Südafrikas gewählt. (Vgl. Nürnberger, 2023, S. 119–121.)

b Bestimme, ob die Hauptsätze durch eine Konjunktion oder ein Adverb verbunden sind.

---

2 a Wähle aus den folgenden Konjunktionen oder Adverbien aus.
Konjunktionen: *und / aber / oder / sondern / statt*
Adverbien: *doch / jedoch / dann / daher / deswegen*

3 a und b Konjunktionen: *und / aber / denn / oder / sondern / sowohl ... als auch ... / weder ... noch ...*
Adverbien: *allerdings / außerdem / deshalb / deswegen / dadurch / dafür*

Das Satzgefüge (die Hypotaxe)

1 Im Buch „Mutige Menschen" wird auch Bertha von Suttner vorgestellt.

a Schreibe die Sätze ab und setze die notwendigen Kommas. In den ersten beiden Sätzen sind die finiten Verbformen unterstrichen.

1 *die Komtess: veraltet:*
die unverheiratete Tochter
eines Grafen

1 Das Palais Kinsky in Prag in dem die Komtess[1] Bertha <u>aufwuchs</u> <u>ist</u> eines der schönsten Rokoko-Schlösser der böhmischen Hauptstadt.

2 Berthas Vorfahren <u>gehörten</u> zu den protestantischen Adligen die sich gegen den Kaiser <u>auflehnten</u>.

3 Indem sie die kaiserlichen Beamten aus dem Fenster der Prager Burg warfen zeigten sie ihre Unzufriedenheit.

4 Dieses Ereignis das als „Prager Fenstersturz" in die Geschichte einging lieferte den Anlass für den Dreißigjährigen Krieg.

5 Wie Bertha später selbst sagte verfügte sie durch ihre Komtessen-Erziehung über alle Voraussetzungen dass sie „schön, dumm und keusch" werden würde.

Das Palais Kinsky, heute Nationalgalerie Prag

6 Stattdessen wurde aus ihr eine Schriftstellerin und Friedensaktivistin die mit einem sieben Jahre jüngeren Mann in den Kaukasus durch-brannte die dort in ärmlichsten Verhältnissen lebte und die eigenhändig den Fußboden schrubbte.

7 Man möchte gern erfahren wodurch sich ihr Leben so veränderte. (Vgl. Nürnberger, 2023, S. 180–181.)

8 Im Jahr 1889 veröffentlichte sie ihren Roman „Die Waffen nieder!" der bis heute zu den wichtigsten Antikriegsromanen gehört.

b Markiere in den abgeschriebenen Nebensätzen aus Aufgabe a die Einleite-wörter und unterstreiche die finiten Verbformen doppelt.

1. Das Palais Kinsky in Prag, in dem die Komtess Bertha aufwuchs, ist ...
2. ...

c Bestimme die Einleitewörter der Nebensätze.

1. ..., in dem ... (Präposition + Relativpronomen)
2. ...

d Lies den Merkkasten auf S. 224 und überprüfe, welchen Abhängigkeitsgrad die Nebensätze in Aufgabe a haben.

1. Das Palais Kinsky in Prag, in dem die Komtess Bertha aufwuchs, ist ... (Ns 1. Grades)
2. ...

Ein **Satzgefüge**, auch **Hypotaxe** genannt, besteht mindestens aus einem **Hauptsatz** (Hs) und einem **untergeordneten Nebensatz** (Ns), die durch **Komma** voneinander getrennt werden. In den meisten Fällen besteht eine **Abhängigkeit 1. Grades**, z. B.:

Bertha träumte davon,

dass sie ein sorgloses Leben führen würde. (Ns 1. Grades)

Ist in **mehrfach zusammengesetzten Sätzen** einem Nebensatz 1. Grades ein weiterer Nebensatz untergeordnet, so spricht man von einem **Nebensatz 2. Grades**, z. B.:

Bertha musste als Erzieherin in der Familie von Suttner arbeiten,

nachdem ihre Mutter das Erbe ihres Mannes, (Ns 1, 1. Grades, Teil 1)

der bereits vor Berthas Geburt gestorben war, (Ns 2, 2. Grades)

verspielt hatte. (Ns 1, 1. Grades, Teil 2)

Hs,   Ns 1 (Teil 1),   Ns 2,   Ns 1 (Teil 2).

In mehrfach zusammengesetzten Sätzen kann es auch **Nebensätze 3. oder 4. Grades** geben, z. B.:

Die Mutter wollte Bertha in Wien in die Gesellschaft einführen,

damit sie sich einen reichen Mann suchen kann, (Ns 1. Grades)

der dafür sorgt, (Ns 2. Grades)

dass sie und ihre Mutter materiell abgesichert sind. (Ns 3. Grades)

2 Untersuche die folgenden Sätze aus dem Buch von Christian Nürnberger.

a Schreibe aus den Satzgefügen alle Nebensätze heraus. Markiere die Einleitewörter und unterstreiche die finiten Verbformen doppelt.

1 „Manchmal besteht das Glück eines Menschen darin, dass ihm das Schicksal versagt bleibt, wonach er sich am heftigsten sehnt. […]

2 So eine Persönlichkeit, die jahrzehntelang nach einem ganz anderen Leben strebte […], war die am 9. Juni 1843 in Prag geborene Bertha von Suttner.

3 Das Leben, das ihr vorschwebte, war das des europäischen Hochadels […]." (Nürnberger, 2023, S. 179–180.)

4 Beinahe hätte Bertha ein solches Leben geführt, weil sie mit ihrem berühmten Namen, der Bertha Sophia Felicita Gräfin Kinsky von Chinic und Tettau lautete, zu den vornehmsten Geschlechtern Böhmens gehörte.

5 Als sich Bertha von Suttner im Laufe ihres Lebens für den Frieden engagierte, bekam sie dafür 1905 den Friedensnobelpreis, der erstmals einer Frau verliehen wurde.

1. …, dass ihm das Schicksal versagt bleibt, wonach er sich am heftigsten sehnt.

2. …

b Bestimme den Grad der Abhängigkeit der Nebensätze aus Aufgabe a und zeichne die Satzbilder.

1. *Hs, Ns 1 (1. Grades), Ns 2 (2. Grades).*
2. *...*

c Recherchiert im Internet, ob es in eurer Region eine Bertha-von-Suttner-Schule gibt. Lest auf der Homepage nach, wann, wie und warum die Schule zu ihrem Namen gekommen ist.

3 Nebensätze können unterschiedliche Funktionen haben.

a Lies den folgenden Merkkasten.

Ein **Nebensatz** erfüllt für den Satz, von dem er abhängig ist, die **Funktion eines Satzgliedes oder Satzgliedteils** (Attribut). Man nennt ihn deshalb **Gliedsatz** oder **Gliedteilsatz** (Attributsatz).

Subjektsatz	*Wer sich für das Leben anderer einsetzt*, ist sicherlich kein Feigling. (Wer ist kein Feigling?) *Dass Nelson Mandela endlich freigelassen wurde*, freute viele Menschen weltweit. (Was freute viele Menschen weltweit?)
Objektsatz	Simone de Beauvoir wurde dafür angefeindet, *dass sie sich feministisch äußerte*. (Wofür wurde sie angefeindet?) Sie wusste nicht, *ob sich das Leben der Frauen wirklich ändern würde*. (Was wusste sie nicht?)
Adverbial-satz	Bertha von Suttner veröffentlichte 1889 den Roman „Die Waffen nieder!", *weil sie selbst die Schrecken des Krieges erlebt hatte*. (Warum veröffentlichte sie den Roman?) *Als sie 46 Jahre alt war*, veröffentlichte sie den Roman „Die Waffen nieder!". (Wann veröffentlichte sie den Roman?)
Attributsatz (Gliedteil satz)	Der Roman „Die Waffen nieder!", *der großes Aufsehen erregte*, machte Bertha von Suttner zu einer der prominentesten Vertreterinnen der Friedensbewegung. (Was für ein Roman?) Dieses Buch gegen den Krieg, *das in 12 Sprachen übersetzt wurde*, war ihr größter Erfolg. (Was für ein Buch?)

b Untersuche, welche Satzgliedfunktion alle unterstrichenen Nebensätze in den folgenden Sätzen haben. Nutze den Merkkasten auf S. 225.

1 Der Vater von Bertha von Suttner, <u>der schon vor ihrer Geburt gestorben war</u>, musste sich als dritter Sohn einer adligen Familie auf einen militärischen Beruf beschränken.

2 Ihre Mutter, <u>die das Erbe des Vaters bald in Kasinos verspielt hatte</u>, stammte aus der Familie von Körner.

3 Bertha, <u>die sehr wissbegierig war</u>, erhielt eine sehr gute Bildung.

4 1873 musste sie eine Stellung als Erzieherin der vier Töchter des Freiherrn von Suttner, <u>der in Wien lebte</u>, annehmen.

5 Dort verliebte sie sich in den Sohn Arthur, <u>der sieben Jahre jünger war</u>.

6 Gemeinsam mit ihm, <u>den sie 1876 heimlich geheiratet hatte</u>, reiste sie zu einer befreundeten Fürstin in den Kaukasus.

7 Arthur, <u>den seine Eltern wegen der Heirat mit Bertha enterbt hatten</u>, konnte ihr kein sorgloses Leben bieten.

8 Neun Jahre, <u>welche die beiden unter schwierigen finanziellen Verhältnissen verbrachten</u>, hielten sie sich mit dem Schreiben von Zeitungsartikeln und Unterhaltungsromanen sowie durch Übersetzungen über Wasser. (Vgl. Nürnberger, 2023, S. 181–192.)

●●● **c** Die Sätze enthalten außer den Nebensätzen auch weitere Attribute. Schreibe fünf Attribute zusammen mit ihrem Beziehungswort heraus. Unterstreiche die Attribute.

4 Nebensätze lassen sich nach ihren Merkmalen einteilen und bestimmen. Lies folgenden Merkkasten.

Einteilung der Nebensätze nach			
der Stellung zum übergeordneten (Teil-)Satz (Hs, Ns)	der Art des Einleitewortes	dem Grad der Abhängigkeit vom übergeordneten (Teil-)Satz (Hs, Ns)	der Funktion, d. h. dem Satzgliedwert
• Vordersatz Ns, Hs. • Zwischensatz Hs, Ns, Hs. • Nachsatz Hs, Ns.	• Konjunktionalsatz (z. B.: *dass, weil, als, nachdem*) • Relativsatz (z. B.: *der, die, das; welcher, welche, welches*) • Fragewortsatz (z. B.: *wo, wann, wie*)	• Nebensatz 1. Grades Hs, Ns. • Nebensatz 2. Grades Hs, Ns 1, Ns 2.	• Gliedsatz – Subjektsatz – Objektsatz – Adverbialsatz • Gliedteilsatz (Attributsatz)

5 Untersuche folgende Sätze genauer. Wähle Aufgabe a, b oder c.

●○○ **a** Schreibe die folgenden Sätze ab und setze die fehlenden Kommas. Unterstreiche die Nebensätze und markiere die Einleitewörter.

Achtung, Fehler!

1 Zu den Personen die in Christian Nürnbergers Buch über mutige Menschen vorgestellt werden gehört auch Martin Luther.

2 Als er 1483 geboren wurde schrieb man seinen Namen noch *Luder*.

3 Erst 1512 legte er fest dass er Luther genannt werden wollte was so viel wie „der Befreite" bedeutet.

4 1498 schickten ihn die Eltern auf das Franziskanerstift Eisenach wo er eine Ausbildung erhielt die ihn prägte.

5 Als er 18 Jahre alt war begann er sein Studium an der Universität Erfurt.

6 Wer in dieser Zeit studieren wollte musste recht wohlhabende Eltern haben.

7 Sein Vater der als Hüttenmeister im Kupferschieferbergbau in Mansfeld arbeitete hatte einen kleinen Wohlstand erworben.

8 Nachdem Martin Luther seine Eltern besucht hatte wurde er auf dem Rückweg von Mansfeld nach Erfurt von einem schweren Gewitter überrascht das ihm Angst machte.

9 Dieses Erlebnis bewegte ihn dazu dass er sein Leben Gott weihen und Mönch werden wollte.
(Vgl. Nürnberger, 2023, S. 59–65.)

Denkmal in Lutherstadt Wittenberg

1. *Zu den Personen,* [die] *in Christian Nürnbergers Buch über mutige Menschen vorgestellt werden, gehört auch Martin Luther.*
2. ...

●●○ **b** Schreibe die Sätze aus Aufgabe a ab. Setze die fehlenden Kommas, unterstreiche die Nebensätze und markiere die Einleitewörter. Bestimme die Nebensätze mithilfe des Merkkastens auf S. 226 nach:
   – ihrer Stellung zum übergeordneten Satz/Teilsatz,
   – der Art des Einleiteworts,
   – dem Grad ihrer Abhängigkeit vom Hauptsatz.

1. *Zu den Personen,* [die] *in Christian Nürnbergers Buch über mutige Menschen vorgestellt werden, gehört auch Martin Luther.*
   (Zwischensatz, Relativsatz, Ns 1. Grades)
2. ...

●●● **c** Schreibe die Sätze aus Aufgabe a ab. Setze die fehlenden Kommas, unterstreiche die Nebensätze und bestimme sie nach:
   – ihrer Stellung zum übergeordneten Satz/Teilsatz,
   – der Art des Einleiteworts,
   – dem Grad ihrer Abhängigkeit vom Hauptsatz,
   – ihrer Funktion (dem Satzgliedwert).

6 Ergänze die folgenden Sätze und bestimme die Nebensätze.
Wähle Aufgabe a, b oder c.

●○○ **a** Schreibe die Sätze ab und ergänze sinnvolle Nebensätze. Achte auf die
Kommasetzung. Unterstreiche die Nebensätze, rahme die Einleitewörter ein
und bestimme den Grad der Abhängigkeit.

Tipp
Fakten findest du
auf S. 218–227.

Achtung, Fehler!

1 Ein mutiger Mensch ist jemand, der ▢ .
2 Die erste Geschichte des Buches, das ▢ , erzählt von der französischen
 Frau Simone de Beauvoir, die ▢ .
3 Über Nelson Mandela habe ich erfahren dass ▢ .
4 Er wurde zu lebenslänglicher Haft verurteilt weil ▢ .
5 Bertha von Suttner wuchs in Prag auf wo ▢ .
6 Weil ▢ wurde ihr Traum von einem Leben in Reichtum nicht wahr.
7 Später heiratete sie Arthur von Suttner der ▢ .
8 Bertha von Suttner die ▢ erhielt 1905 den Friedensnobelpreis.
9 Martin Luther wollte Mönch werden nachdem ▢ .

1. Ein mutiger Mensch ist jemand, ⎡der⎤ sich für andere einsetzt.
 (Ns 1. Grades)
2. ...

●●○ **b** Schreibe die Sätze aus Aufgabe a ab, ergänze sinnvolle Nebensätze und
unterstreiche sie. Bestimme die Nebensätze nach den Kriterien des Merkkastens zur Einteilung der Nebensätze auf S. 226.

1. Ein mutiger Mensch ist jemand, der sich für andere einsetzt.
 (Nachsatz, Relativsatz, Ns 1. Grades, Attributsatz)
2. ...

●●● **c** Schreibe die folgenden Sätze ab und ergänze sinnvolle Nebensätze.
Bestimme die Nebensätze nach den Kriterien des Merkkastens auf S. 226.

Achtung, Fehler!

1 Höchste Anerkennung verdienen Menschen die ▢ weil ▢ .
2 Es ist wichtig dass ▢ wenn ▢ .
3 Oft fragen sich Menschen deren ▢ wie ▢ .
4 Manche finden sich in Gruppen zusammen weil ▢ wenn ▢ .
5 Während ▢ bleiben andere eher passiv weil ▢ .

Tipp
Suche eine geeig-
nete Überschrift.

7 Stelle selbst einen Menschen oder eine Gruppe von Menschen vor,
die Anerkennung verdienen.

a Schreibe einen kurzen Text für die Schulzeitung oder die Schulhomepage.
Achte auf einen abwechslungsreichen Satzbau und sinnvolle
Satzverknüpfungen.

b Überarbeite deinen Text und schreibe die Endfassung. Achte auf
die Kommasetzung in zusammengesetzten Sätzen.

Zeichensetzung

Die Kommasetzung im Überblick

Regel	Beispiel
Die Kommasetzung im einfachen Satz Ein **Komma muss** gesetzt werden bei:	
Aufzählungen von Wörtern und Wortgruppen, wenn diese nicht durch *und, oder, sowie, sowohl ... als auch ..., weder ... noch ...* verbunden sind,	*Simone de Beauvoir lebte in Paris, Marseille und Rouen.*
nachgestellten Erläuterungen (auch in Form von Datumsangaben und Appositionen),	*Am Montag, dem 9. Mai 1994(,) wurde Nelson Mandela, der Kämpfer gegen Apartheid, zum ersten schwarzen Präsidenten Südafrikas gewählt.*
Infinitivgruppen (erweiterte Infinitive mit *zu*), wenn die Infinitivgruppe	
• durch Wörter wie *um, ohne, (an)statt, außer* oder *als* eingeleitet ist,	*Nelson Mandela setzte sich, ohne sein Leben zu schonen, für die Entrechteten ein.*
• sich auf ein Nomen/Substantiv bezieht,	*Er kämpfte für das Ziel, aus Südafrika ein Land mit gleichen Rechten für alle zu machen.*
• sich auf Wörter wie *daran, darauf* oder *es* bezieht,	*Sein Leben lang hat er darum gerungen, die Apartheid zu besiegen.*
Partizipgruppen, wenn sie als nachgestellte Erläuterung auftreten.	*Luther ist unterwegs, müde dahinstolpernd.*
Die Kommasetzung im zusammengesetzten Satz Durch **Komma** abgetrennt werden:	
in Satzgefügen **Nebensätze** vom Hauptsatz bzw. einem weiteren Nebensatz.	*Weil sich Bertha von Suttner für den Frieden, der ihr wichtig war, mutig einsetzte, erhielt sie 1905 den Friedensnobelpreis.*
gleichrangige Hauptsätze einer Satzreihe, wenn diese nicht durch *und, oder, sowie* verbunden sind.	*Sie wurde 1843 als Gräfin Kinsky in Prag geboren, aber ihre Kindheit war nicht sehr glücklich(,) und sie strebte bald nach einem anderen Leben.*
Komma bei Anreden, Ausrufen, Ausdrücken einer Stellungnahme Durch **Komma** abgetrennt werden:	
Anreden,	*Hallo(,) Max, ich empfehle dir dieses Buch.*
besonders hervorgehobene **Ausrufe** und **Ausdrücke einer Stellungnahme**.	*Ach, du kennst es? Ja, ich habe es schon. Tatsächlich, das ist das Buch!*

1 Wiederhole, was du über nachgestellte Erläuterungen in Form von Appositionen weißt.

a Schreibt die folgenden Sätze ab (evtl. mit dem Computer) und setzt die fehlenden Kommas.

Achtung, Fehler!

1 *die Apartheid:*
die Rassentrennung
2 *Rolihlahla: der Unruhe-stifter,* ein Vorname der
Xhosa

1 Nur wenige Menschen nehmen für den Kampf um die Freiheit Nachteile zum Beispiel bei der Karriere, der Versorgung mit Gütern und dem Zugang zur Bildung in Kauf.

2 Nelson Mandela ein Mann aus dem Volk der Xhosa in Südafrika kämpfte unter Einsatz seines Lebens, gefährdete seine Gesundheit und widersprach gefürchteten Autoritäten.

3 In Südafrika dem Land der Apartheid[1] wurde er geboren, studierte Jura und arbeitete aktiv im ANC der südafrikanischen Befreiungsbewegung „African National Congress".

4 Der junge Nelson eigentlich Rolihlahla[2] hatte sechs Geschwister: drei Schwestern und drei Brüder.

5 Im Alter von neun Jahren verlor er seinen Vater den Königsberater Gadla Henry Mandela.

6 Seine Mutter konnte nicht mehr angemessen für ihren Sohn sorgen und gab ihn zu Jongintaba dem Regenten der Xhosa.

7 Der Regent gleichzeitig der Vormund Mandelas erzog ihn gemeinsam mit seinem leiblichen Sohn Justice.

8 Mandela damals 22 Jahre alt riskierte um der Freiheit willen den Bruch mit der Tradition und mit seiner Familie.
(Vgl. Nürnberger, 2023, S. 95–100.)

Tipp
In einigen Sätzen gibt es mehrere Möglichkeiten.

b Füge die in Klammern angegebenen nachgestellten Erläuterungen sinnvoll in die Sätze ein. Achte auf die Kommasetzung.

1 Der 1910 gegründete Staat Südafrika verabschiedete schon drei Jahre später ein Gesetz über das Verbot von Landerwerb durch Schwarze als Grundlage für die Apartheid.
(im Jahr 1913)

2 Man führte zahlreiche Privilegien für Weiße ein.
(zum Beispiel „Nur-für-Weiße-Türen")

3 Durch ein weiteres Gesetz wurde die Bewegungsfreiheit der Schwarzen eingeschränkt.
(das sogenannte Passgesetz)

4 Schwarze Menschen sollten von bestimmten Orten ferngehalten werden.
(zum Beispiel von Städten)

5 Mit der Zeit wurden diese Gesetze immer fragwürdiger.
(spätestens mit dem Beginn der Entkolonialisierung nach dem Zweiten Weltkrieg)

1. Der 1910 gegründete Staat Südafrika verabschiedete schon drei Jahre später, im Jahr 1913, ein Gesetz ...

2 In den folgenden Sätzen sind Infinitivgruppen enthalten. Schreibe die Sätze ab, unterstreiche die Infinitivgruppen und setze die notwendigen Kommas.

1 Schon 1913 wurde in Südafrika ein Gesetz über das Verbot von Landerwerb durch Schwarze als Grundlage für die Apartheid verabschiedet um die Rassentrennung zu zementieren: Schwarze hatten kein Wahlrecht, Mischehen waren verboten und das Land wurde in schwarze und weiße Wohngebiete aufgeteilt.

2 Aber mit dem Beginn der Entkolonialisierung nach dem Zweiten Weltkrieg wurde es fragwürdig solche Gesetze aufrechtzuerhalten.

Eingang ins Apartheid-Museum in Johannesburg

3 Die weißen Herren begannen nun damit ihren Machtanspruch zu festigen.

4 Es war für alle anderen verboten durch eine „Nur-für-Weiße-Tür" zu gehen.

5 Es war ein Verbrechen in einem „Nur-für-Weiße-Bus" zu fahren oder keinen Pass bei sich zu haben.

6 Der Staat hat Passgesetze erlassen um die Schwarzen von den Städten fernzuhalten.

7 Apartheid bedeutete dadurch 15 Millionen Schwarze durch vier Millionen Weiße zu unterdrücken.
(Vgl. Nürnberger, 2023, S. 104–106.)

8 Apartheid bedeutete auch Schwarze dauerhaft von Bildung und sozialem Aufstieg auszuschließen.

3 Folgende Sätze enthalten Partizipgruppen. Schreibe die Sätze ab, unterstreiche die Partizipgruppen und setze die fehlenden Kommas.

1 Kaum gegründet führte der Staat Südafrika ein Gesetz über das Verbot von Landerwerb durch Schwarze als Grundlage für die Apartheid ein.

2 Schwarze hatten kein Wahlrecht, Mischehen waren verboten und das Land wurde die Rassentrennung zementierend in schwarze und weiße Wohngebiete aufgeteilt.

3 Privilegien sollten gesichert werden den Machtanspruch der weißen Herren festigend. (Vgl. Nürnberger, 2023, S. 104–106.)

4 Von Bildung ausgeschlossen war für Schwarze kaum sozialer Aufstieg möglich.

5 Die weißen Machthaber beanspruchten das Land für sich nahezu ohne Einschränkung regierend.

6 Erst nach und nach durch Menschen wie Nelson Mandela ermutigt lehnten sich immer mehr gegen die Apartheid auf.

7 Das Unrecht nicht länger hinnehmend schlossen sie sich der Anti-Apartheid-Bewegung an.

Die Zeichensetzung beim Zitieren

 1 Für Vorträge, Facharbeiten u. Ä. kann man verschiedene Materialien nutzen.

a Tauscht euch darüber aus, bei welchen der folgenden Materialien ihr eine Quelle angeben müsst.

1 ein Foto

2 eine Audiodatei mit einer Rede

3 einen Filmausschnitt

4 ein Zitat aus einer Rede

5 biografische Fakten aus dem Internet

6 von KI[1] erzeugte Textbausteine

[1] *KI:* Künstliche Intelligenz

b Wiederholt mithilfe des Merkkastens, was ihr bereits über das Zitieren wisst.

> Ein **Zitat** ist die wörtliche Wiedergabe einer Textstelle in einem anderen Text, z. B. in einer Facharbeit oder einem Vortrag.
> Ein **direktes (wörtliches) Zitat** muss buchstabengetreu übernommen und in **Anführungszeichen** gesetzt werden. Auslassungen werden durch eckige Klammern mit drei Punkten gekennzeichnet. Das Zitat sollte mit einem **einleitenden Satz** in den eigenen Text eingebunden werden, z. B.:
> *Christian Nürnberger beginnt das Vorwort zu seinem Buch mit den Worten:*
> *„Mut ist etwas Sonderbares. Man hält die Sache für klar und denkt nicht weiter darüber nach […]" (Nürnberger, 2023, S. 7). (wörtliches Zitat)*
> *Nürnberger bezeichnet Mut in seinem Vorwort als „etwas Sonderbares" (Nürnberger, 2023, S. 7). (teilweise wörtliches Zitat)*
> Ein **indirektes (nicht wörtliches, sinngemäßes) Zitat** ist die sinngemäße Wiedergabe von Gedanken anderer. Indirekte Zitate können durch die Verwendung des Konjunktivs I oder entsprechende Begleitsätze gekennzeichnet werden, z. B.:
> *Christian Nürnberger schreibt in seinem Buch, er wolle mit seinen Geschichten keine Heldenverehrung betreiben, sondern es gehe darum, zu zeigen, dass der Mut der kleinen Leute nicht vergeblich ist (vgl. Nürnberger, 2023, S. 11).*
> Bei beiden Zitierformen ist eine **Quellenangabe** erforderlich.

→ **S. 202:** Verben: Modusformen

2 Untersuche die Sätze 1 bis 3 und ordne sie den Beschreibungen A bis C zu.

1 Nürnberger schreibt, es habe immer mutige Menschen gegeben.

2 Christian Nürnberger schreibt, es gibt „eigentlich gar keine mutigen Menschen, denn wer keine Angst hat, braucht keinen Mut. Und wer ihn bräuchte, hat ihn nicht."

3 Christian Nürnberger schreibt: „Mut ist wohl keine Sache des Willens und des bewussten Entschlusses […]."

A Der Satz gibt die Rede einer Person direkt (wörtlich) wieder.

B Der Satz gibt indirekt die fremde Rede wieder.

C Der Satz zitiert nur Teile einer fremden Rede direkt (wörtlich).

3 Übe das Zitieren aus dem Buch „Mutige Menschen".

a Lies den Beginn des ersten Kapitels.

Im Jahr 1949 ereignete sich etwas Außergewöhnliches, nur merkte es die Welt nicht. Es erschien ein Buch. Geschrieben von einer Frau. Die hieß Simone de Beauvoir. Heute, aus der Rückschau, wissen wir, dass diese Simone de Beauvoir nicht einfach nur ein Buch geschrieben, sondern eine Weltrevolution angestoßen hatte.
Allerdings hat es viele Jahre gedauert, bis die Welt darauf aufmerksam wurde, und noch länger, bis sich auf der Welt wegen dieses Buches etwas änderte. […] (Nürnberger, 2023, S. 17–18).*

b Schreibe ein bis zwei Sätze über den Beginn des ersten Kapitels. Nutze dazu mindestens ein direktes und ein indirektes Zitat.

c Gib die Quellen deiner Zitate exakt an. Füge sie jeweils als Kurzangabe in deine Sätze ein und ergänze darunter die vollständige Quelle mit korrekter Zeichensetzung. Nutze dazu die folgenden Angaben und orientiere dich am Merkkasten auf S. 234.

Nürnberger, Christian / 2023 / Gabriel Verlag / Mutige Menschen – für Frieden, Freiheit und Menschenrechte / Stuttgart / S. 17–18

Zitate verwenden

4 Stelle das Buch „Mutige Menschen" kurz vor und verwende dabei Zitate.

a Ordne die einleitenden Sätze 1 bis 3 den jeweiligen Zitaten A bis C zu.

Luthers Zelle im Augustinerkloster Erfurt

1 Christian Nürnberger beschreibt das Leben Martin Luthers so:
2 Über die Auswirkungen ihres Buches „Die Waffen nieder!" auf das Leben der Friedensaktivistin Bertha von Suttner berichtet der Autor:
3 Der Autor stellt dar, wie Nelson Mandela, der aus wohlhabenden Verhältnissen stammt, den Weg in den Widerstand findet:
A „Obwohl die Augustiner ein Bettelorden sind, ist das Kloster vermögend. […] Dennoch wird der Novize Martin Luder zum Betteln über die Dörfer geschickt, damit er die Lebensweise Jesu und seiner Jünger am eigenen Leib erfahre" (Nürnberger, 2023, S. 67).
B „Nelsons Bewusstsein beginnt sich zu ändern, als es 1946 zu einem der größten Streiks in der südafrikanischen Geschichte kommt. […] Er besucht die Streikenden in den Minen und führt Gespräche mit Gewerkschaftern" (Nürnberger, 2023, S. 102).
C „Plötzlich ist sie als Rednerin auf Weltfriedenskongressen gefragt. Zu Abrüstungskonferenzen, Pazifistentreffen und Gründungen von Friedensgruppen wird sie eingeladen. Und ihr Buch verkauft sich immer weiter" (Nürnberger, 2023, S. 198).

---

3 b Nutze den folgenden Satzanfang.
Christian Nürnberger stellt im ersten Kapitel seines Buches „Mutige Menschen" Simone de Beauvoir vor. Er schreibt über sie, „dass diese …"

b Stelle das Buch in einem kurzen Text vor. Nutze die Ergebnisse der Aufgabe a und notiere unter deinem Text die Quelle mithilfe des folgenden Merkkastens.

Um Herkunft und Wortlaut von **Zitaten** überprüfbar zu machen, muss man die **Quelle** angeben. Dazu gibt es verschiedene Möglichkeiten:

Bei **direkten (wörtlichen) Zitaten**:

- als **Kurzangabe** innerhalb von Sätzen und Texten und **Verweis** ins Quellenverzeichnis, wo die ausführliche Angabe zu finden ist, z. B.:
  Nürnberger schreibt: *„Mut ist etwas Sonderbares" (Nürnberger, 2023, S. 7).*
- **in Klammern** hinter einem Zitat, v. a. bei einzeln gesetzten Zitaten, z. B.:
  „Mut ist etwas Sonderbares" (Nürnberger, Christian: Mutige Menschen – für Frieden, Freiheit und Menschenrechte. Stuttgart: Gabriel Verlag, 2023, S. 7).
- als **Fußnote** am Ende der Seite bzw. eines Textes, z. B.:
  „Mut ist etwas Sonderbares."[1]

[1] *Nürnberger, Christian: Mutige Menschen – für Frieden, Freiheit und Menschenrechte. Stuttgart: Gabriel Verlag, 2023, S. 7.*

Bei **indirekten (sinngemäßen) Zitaten** steht vor der Quellenangabe *vgl.* (vergleiche), um deutlich zu machen, dass nur sinngemäß übernommen wurde, z. B.:

Christian Nürnberger schreibt in seinem Buch, dass er mit seinen Geschichten keine Heldenverehrung betreiben will (vgl. Nürnberger, 2023, S. 11).

Am Ende eines Textes, für den man Quellen genutzt hat, muss ein **Quellenverzeichnis** (Literaturverzeichnis) stehen, in dem alle verwendeten Quellen vollständig aufgeführt sind. Dabei ist zu unterscheiden:

Buch: Name, Vorname: Titel: ggf. Untertitel. (Autorin/Autor der Übersetzung, wenn nötig.) Ort: Verlag, Jahr.	*Nürnberger, Christian: Mutige Menschen – für Frieden, Freiheit und Menschenrechte. Stuttgart: Gabriel Verlag, 2023.*
Zeitung oder Zeitschrift: Name, Vorname: Titel. Aus: Zeitung/ Zeitschrift, Nr. bzw. Datum der Ausgabe, Seite/Seiten des Artikels.	*Whistleblower-Gesetz gebilligt: Schutz für Hinweisgeber. Aus: Berliner Zeitung, 12.05.2023, S. 11.*
Internet: (Verfasserin/Verfasser, wenn vorhanden:) Titel. Online im Internet: Internetadresse [Datum des Abrufs].	*Stiftung Luthergedenkstätten in Sachsen-Anhalt: Luthers Geburtshaus. Online im Internet: https:// www.luthermuseen.de/museen/ luthers-geburtshaus [16.02.2023].*

---

 c Auch bei der Nutzung von Informationen oder Textbausteinen, die durch künstliche Intelligenz (z. B. digitale Textgeneratoren) erzeugt wurden, sind genaue Quellenangaben erforderlich. Recherchiert und besprecht in der Klasse, welche Vorgaben oder Empfehlungen dazu gelten.

Ein Quellenverzeichnis erstellen

5 Stelle dir vor, du hast für einen Vortrag Zitate aus folgenden Quellen genutzt. Sortiere die Angaben in der richtigen Reihenfolge und schreibe sie mit der korrekten Zeichensetzung in alphabetischer Ordnung für dein Quellenverzeichnis auf. Orientiere dich am Merkkasten auf S. 234.

1 Bertha von Suttner: Kämpferin für den Frieden / Hamann, Brigitte / 2015 / Piper Verlag / S. 13 / München, Zürich

2 Martin Luther und Katharina von Bora: Der rebellische Mönch, die entlaufene Nonne und der größte Bestseller aller Zeiten / S. 22 / 2017 / Berlin / Insel Verlag / Nürnberger, Christian und Gerster, Petra

3 Beyer, Susanne / Streitet euch! Warum ich Gespräche mit Andersdenkenden für nötig halte / Der Spiegel / 01/2023 / S. 20

4 Permanent Record: Meine Geschichte / Aus dem Amerikanischen von Kay Greiners / S. 34 / Snowden, Edward / Frankfurt am Main / 2019 / S. Fischer Verlag

5 Bierling, Stephan / Nelson Mandela: Rebell, Häftling, Präsident / München / Verlag C. H. Beck / 2018 / S. 51

1. Hamann, Brigitte: Bertha von Suttner: Kämpferin für den Frieden. ...
2. ...

→ **S. 98:** Präsentationen gestalten

6 Stelle in einem Vortrag einen Menschen vor, den du besonders schätzt.

a Wähle eine Person aus, zum Beispiel aus Politik, Musik, Sport oder Kunst und Literatur.

b Recherchiere über sie im Internet und fertige Notizen an. Nutze auch direkte und indirekte Zitate und halte die Quellen exakt fest. Falls du Bilder nutzt, denke auch dabei an die Quellenangaben.

c Ordne und gestalte deine Notizen und Anschauungsmaterialien für den Vortrag. Gestalte ggf. eine PowerPoint-Präsentation und achte auch dabei auf Quellenangaben.

d Erstelle das vollständige Quellenverzeichnis. Ergänze es ggf. am Ende deiner Präsentation oder gestalte es als Handout.

e Haltet eure Vorträge in der Klasse und tauscht euch darüber aus.

Was habe ich gelernt?

7 Überprüfe, was du über das Zitieren gelernt hast. Gehe dazu folgende Schritte:
- Stelle eine Checkliste mit den wichtigsten Kriterien für korrektes Zitieren zusammen.
- Prüfe mithilfe der Checkliste, ob deine Quellenverzeichnisse zu Vorträgen oder schriftlichen Arbeiten im Fachunterricht vollständig und korrekt sind.

Satz- und Textgestaltung

Mittel der Satzverknüpfung

 1 Texte entstehen durch die Verwendung unterschiedlicher sprachlicher Mittel der Satzverknüpfung.

a Wiederholt, welche Mittel der Satzverknüpfung ihr bereits kennt. Vergleicht eure Ergebnisse mit dem folgenden Merkkasten.

> Die Wirkung und Verständlichkeit von Texten hängt wesentlich von der **Satzverknüpfung** ab. Inhaltliche Zusammenhänge und verschiedene Wirkungen entstehen durch:
> - die **Satzgliedstellung**:
>   Man kann das **Vorfeld** eines Satzes (die Stelle vor der finiten Verbform) mit einem bestimmten Satzglied besetzen, um etwas hervorzuheben oder etwas Bekanntes aufzugreifen, z. B.:
>   _Simone de Beauvoir_ (Subjekt) _wurde_ 1908 geboren.
>   _Von 1913 bis 1925_ (Temporalbest.) _besuchte_ Simone eine katholische Schule.
>   _Die Schule_ (Objekt) _hatten_ ihre Eltern ausgewählt.
> - **spezielle sprachliche Mittel**, wie:
>   – Pronomen, z. B.: _sie, ihre_,
>   – Adverbien, z. B.: _dann, deshalb, dort, nämlich_,
>   – Konjunktionen, Relativpronomen, Fragewörter, z. B.: _und, aber, dass, weil; der/die/das, welcher; wie, wer, warum_,
>   – bedeutungsähnliche Wörter (Synonyme, Ober-/Unterbegriffe), z. B.: _Simone de Beauvoir – die Autorin – die Feministin_.

b Lest den folgenden Text und untersucht, mit welchen Mitteln die Verknüpfung zwischen den Sätzen und Teilsätzen erfolgt. Schreibt Beispiele heraus.

Simone de Beauvoir wurde im Jahre 1908 geboren. Damals lebten ihre Eltern in Paris. Sie schickten ihre Tochter auf eine katholische Privatschule. Auf dieser Schule legte Simone 1925 ihr Abitur ab. Danach studierte sie Philosophie und Mathematik. 1928–29 schrieb sie ihre Diplomarbeit über
5 den Gelehrten Gottfried Wilhelm Leibniz. Nach dem Studium arbeitete sie als Lehrerin.
1943 veröffentlichte Simone de Beauvoir ihren ersten Roman „Sie kam und blieb". 1949 folgte ihr Buch „Das andere Geschlecht". Dieses Buch sollte in den folgenden Jahren die Welt verändern. Es wurde auch als die „Bibel des
10 Feminismus" bezeichnet. Darin setzte sich die Autorin für die Gleichberechtigung von Frauen und Männern ein.
(Vgl. Nürnberger, 2023, S. 17–18.)

2 Untersuche weitere Satzverknüpfungen.

a Lies den Text über Alice Schwarzer (Aufgabe 3a). Untersuche, welche Satzglieder jeweils im Vorfeld der Sätze stehen.

b Überprüfe, wie sich die Wirkung des Textes verändert, wenn du das Subjekt immer ins Vorfeld setzt.

→ **S. 221:**
Die Satzreihe
(die Parataxe)

→ **S. 223:**
Das Satzgefüge
(die Hypotaxe)

> Ein weiteres **Mittel der Satz- und Textgestaltung** ist die **Verknüpfung von** inhaltlich miteinander verbundenen **Sätzen und Teilsätzen**, z. B. als:
> - **Parataxe (Nebenordnung)**: Hauptsätze können in einer Satzreihe (Satzverbindung) unverbunden nebeneinanderstehen oder durch **neben-ordnende Konjunktionen** (*und, oder, aber, denn, doch*) oder **Adverbien** (*deshalb, dann, trotzdem*) verbunden werden, z. B.:
>   *Als nicht eheliches Kind wuchs Alice Schwarzer bei ihren Großeltern auf(,)* <u>*und*</u> *ihr Großvater wurde später von ihr als „mütterlich" bezeichnet.*
> - **Hypotaxe (Unterordnung)**: Einem Hauptsatz werden Nebensätze unter-geordnet (Satzgefüge). Die unterschiedliche inhaltliche Verknüpfung der Nebensätze mit dem Hauptsatz wird durch **Einleitewörter** erreicht:
>   – unterordnende Konjunktionen, z. B.: *weil, (so)dass, wenn, nachdem;*
>   – Relativpronomen, z. B.: *der, die, das; welcher, welche, welches;*
>   – Fragewörter, z. B.: *wie, wo, warum.*
>   *Alice Schwarzer machte das Buch von Simone de Beauvoir in Deutschland bekannt,* <u>*nachdem*</u> *sie es als eine der Ersten wiederentdeckt hatte.*

3 Verbinde die einfachen Sätze zu zusammengesetzten Sätzen.

a Überlege, ob der inhaltliche Zusammenhang eher eine Parataxe (Neben-ordnung) oder eine Hypotaxe (Unterordnung) verlangt. Formuliere den zusammengesetzten Satz.

1 1971 initiierte Alice Schwarzer die Aktion „Frauen gegen den § 218". Sie wollte die selbstbestimmte Entscheidung der Frauen über eine Schwangerschaft.

2 Alice Schwarzer ist heute die wohl bekannteste Vertreterin der deutschen Frauenbewegung. Durch ihre Veröffentlichun-gen wurde sie weit über Westdeutschland hinaus bekannt.

3 Im Januar 1977 erschien die erste Ausgabe der von ihr gegründeten Zeitschrift „Emma". Lange Zeit war sie deren Verlegerin und Chefredakteurin.

4 Ihr Kampf zielte u. a. auf die finanzielle Unabhängigkeit der Frauen. Sie hat großen Anteil an der Reform des Ehe- und Familienrechts in der Bundesrepublik Deutschland.

b Untersuche, in welchen Sätzen sowohl Parataxe als auch Hypotaxe möglich sind.

Sprachliche (stilistische) Mittel

 1 Die Wirkung und Verständlichkeit von Texten ist wesentlich auch von der Verwendung spezieller sprachlicher (stilistischer) Mittel abhängig.

→ S. 250:
Wortbedeutung

a Untersucht folgende bildhafte Ausdrucksweisen und tauscht euch darüber aus, welche ihr bereits kennt und was sie ausdrücken.

1 die Beine in die Hand n
2 das Flussbett
3 eine faule Ausrede
4 eine warme Farbe
5 der Sturm heult
6 der Vulkan spuckt Feuer
7 am Fuß des Berges
8 Wer andern eine Grube gräbt, fällt selbst hinein.

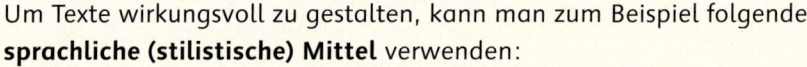

b Lest folgenden Merkkasten und ordnet die Beispiele aus Aufgabe a zu.

> Um Texte wirkungsvoll zu gestalten, kann man zum Beispiel folgende **sprachliche (stilistische) Mittel** verwenden:
>
> • **Metapher**: Übertragung eines Wortes oder Ausdrucks mit seiner ursprünglichen Bedeutung auf einen anderen Sachbereich; Grundlage ist ein gemeinsames Merkmal der Ähnlichkeit in beiden Bedeutungen, z. B.: *Wüstenschiff* (Kamel), *Nussschale* (kleines Boot), *Mutter Natur*,
> • **Personifizierung**: Übertragung typisch menschlicher Verhaltensweisen und Eigenschaften auf unbelebte Gegenstände und Erscheinungen, z. B.: *Der Tag verabschiedet sich. Die Sonne lacht.*
> • **Redewendungen** und **feste Vergleiche**: feste sprachliche Wendungen mit anschaulicher, einprägsamer Aussage, z. B.: *auf die Nase fallen, sich den Kopf zerbrechen, hart wie eine Nuss,*
> • **Sprichwörter**: Wiedergabe von Erfahrungen, Beobachtungen, Einsichten in Form eines anschaulichen und einprägsamen Satzes, z. B.: *Es ist noch kein Meister vom Himmel gefallen.*
> • **Anapher**: Wiederholung eines Satzanfangs, z. B.: *„Ich war nicht physisch müde. […] Ich war auch nicht alt. […] Ich war 42."* (Rosa Parks in ihrer Autobiografie, Nürnberger, 2023, S. 129.)
> • **Parallelismus**: Wiederholung einer Satzkonstruktion, z. B.: *„Warum kuschen die meisten Menschen vor ihrem Chef? Warum schweigen so viele in der U-Bahn oder sehen weg, wenn ein paar Rechte einen Schwarzen anpöbeln oder Teenager einen Obdachlosen?"* (Nürnberger, 2023, S. 8–9.)
> • **Ellipse**: Satz, in dem Wörter oder Satzteile weggelassen wurden, den man aber trotzdem verstehen kann, z. B.: *Was nun?* (statt: *Was machen wir nun?*) *Hilfe!* (statt: *Ich brauche Hilfe!*)

2 In Redewendungen trifft man häufig auf Metaphern.

→ **S. 250:** Wortbedeutung

a Klärt die Bedeutung folgender Redewendungen und erläutert die enthaltenen Metaphern.

1 auf einer Erfolgswelle reiten
2 jemandem nicht das Wasser reichen können
3 das Recht mit Füßen treten
4 die Nadel im Heuhaufen suchen
5 den Nagel auf den Kopf treffen

b Verwendet die Metaphern aus Aufgabe a in sinnvollen Sätzen.

 3 Lest folgende Zitate aus dem Buch „Mutige Menschen". Benennt die unterstrichenen sprachlichen (stilistischen) Mittel und besprecht ihre Wirkung.

1 Nelson Mandela „hämmert seinen Zuhörern ein: Weg mit den Minderwertigkeitskomplexen der Schwarzen, ‚die Farbe meiner Haut ist schön, wie die schwarze Erde von Mutter Afrika'" (Nürnberger, 2023, S. 108).

2 „Die Überlegenheit der weißen Kultur, [...], ist ihnen seit Beginn der Schulzeit eingeimpft worden" (Nürnberger, 2023, S. 108).

3 Mandela „hat nichts mehr dagegen, dass es Kommunisten im ANC gibt. Die Kommunisten behandeln die Schwarzen als Menschen mit gleichen Rechten und nehmen sie ernst. Sie verschanzen sich nicht hinter ihren Privilegien als Weiße und haben den Kampf gegen die Unterdrückung der ‚Rassen' zu ihrem eigenen gemacht" (Nürnberger, 2023, S. 110).

4 Über Nelson Mandelas Gefangenschaft heißt es: „Das Leben im Gefängnis ist hart, darauf ausgerichtet, den Willen der Gefangenen zu brechen, sie zu demoralisieren und zu demütigen. An Nelson Mandela zerschellt diese Strategie. Er verliert niemals seine Würde" (Nürnberger, 2023, S. 117).

5 „Unter dieser Stimmung bildete und vollendete sich unsichtbar jene Konstellation, die dann nur noch eines Zündfunkens bedurfte, um sich zum Flächenbrand auszuweiten" (Nürnberger, 2023, S. 129).

 4 Lest und untersucht weitere Zitate.

a Das Zitat aus einer Rede Martin Luther Kings enthält eine Anapher und einen Parallelismus. Sucht sie heraus.

„Ihr wisst, meine Freunde, es kommt eine Zeit, in der Menschen es leid sind, vom ehernen Fuß der Unterdrückung niedergetreten zu werden. Es kommt eine Zeit, meine Freunde, in der Menschen es leid sind, in den Abgrund der Demütigung gestoßen zu werden, wo sie die Trostlosigkeit nagender Verzweiflung erfahren. Es kommt eine Zeit, in der Menschen es leid sind, aus dem glänzenden Sonnenlicht im Juli des Lebens gestoßen zu werden, um stehen gelassen zu werden in der schneidenden Kälte eines November im Gebirge. Wir sind heute Abend hier, weil wir es jetzt leid sind. [...]"*
(Nürnberger, 2023, S. 132.)

b Christian Nürnberger schreibt über diese Rede Martin Luther Kings. Tauscht euch über die Wirkung der unterstrichenen Wiederholung aus.

„Und er sprach. Er sprach so, dass er jedem aus dem Herzen sprach. Plötzlich hatten die fünftausend, und nicht nur sie, sondern alle Schwarzen der ganzen Stadt, eine Stimme, die endlich aussprach und auf den Punkt brachte, was bisher nur wortlos gefühlt und erlitten wurde. Schon bald sprach diese Stimme für alle Schwarzen der USA. Die Stimme gehörte dem 26 Jahre jungen Reverend Martin Luther King. So wie damals sollte er in seiner unverwechselbaren Art noch oft reden." (Nürnberger, 2023, S. 131.)

c Lest beide Texte in den Aufgaben a und b noch einmal und sucht nach weiteren Wiederholungen. Nennt sie und besprecht ihre Wirkung.

●●● **d** Untersucht, welche anderen sprachlichen Besonderheiten für die Wirkung der Texte in den Aufgaben a und b wichtig sind. Tauscht euch darüber aus.

5 Erprobt das sprachliche Mittel der Wiederholung selbst. Wählt eine der Situationen aus und schreibt einen kurzen Text mit Wiederholungen.

1 unaufhörliches Regnen   3 Ermahnungen durch die Eltern
2 ständiges Reden eines Freundes   4 Werbespots im Fernsehen

6 In folgenden Zitaten sind Ellipsen unterstrichen. Erklärt, warum der Autor die Ellipsen wohl genutzt hat.

Tipp
Ergänzt die unterstrichenen Ellipsen jeweils zu einem vollständigen Satz.

1 „Am Anfang jeder Weltveränderung steht meistens ein Mutiger. Oder der Mut einer kleinen Gruppe. Der Mut, sich seines eigenen Verstandes zu bedienen." (Nürnberger, 2023, S. 11.)
2 Bertha Kinsky (spätere von Suttner) beginnt ein Verhältnis mit Arthur, dem jüngsten Sohn der Familie von Suttner. „Die vier Töchter kriegen es mit, aber schweigen solidarisch. Zweieinhalb Jahre lang. Dann merkt die Baronin Suttner, was los ist. Und feuert Bertha noch am selben Tag." (Nürnberger, 2023, S. 189.)
3 „Nach neun Jahren im Kaukasus bekommt Arthur Heimweh, und Bertha macht sich Sorgen um ihre Mutter, mit deren Gesundheitszustand es bergab geht. Als von Arthurs Familie zunehmend versöhnliche Botschaften in den Kaukasus dringen, kehren sie im Mai 1885 nach Wien zurück. Zu spät, um Berthas Mutter noch zu sehen. Sie ist im Winter 1884 gestorben." (Nürnberger, 2023, S. 192.)

7 Nutze selbst Ellipsen. Drücke deine Reaktion in folgenden Situationen mithilfe von Ellipsen aus.

1 Der Bus fährt dir vor der Nase weg.
2 Du erhältst ein unerwartetes Geburtstagsgeschenk.
3 Du musst eine kurzfristige Entscheidung treffen.

Mittel der Verdichtung und Auflockerung

 1 Man kann Sachverhalte unterschiedlich ausdrücken.

a Vergleicht folgende Formulierungen und tauscht euch über die Unterschiede aus.

1 Die Gäste kamen um 15 Uhr an. Sie wurden begrüßt und das Fest begann pünktlich.	**A** Nach Ankunft und Begrüßung der Gäste um 15 Uhr begann das Fest pünktlich.
2 Drei interessierte Bürger gründeten einen Verein.	**B** Die Gründung eines Vereins erfolgte durch drei interessierte Bürger.
3 Wir interessierten uns sehr für die Ausstellung.	**C** Wir hatten großes Interesse an der Ausstellung.
4 Am Montag wurde die neue Anlage in Betrieb genommen.	**D** Am Montag erfolgte die Inbetriebnahme der neuen Anlage.
5 Mein Freund freute sich nicht darüber.	**E** Mein Freund zeigte keine Freude darüber.
6 Wenn man im Internet recherchiert, sollte man verschiedene Quellen vergleichen.	**F** Beim Recherchieren im Internet sollte man verschiedene Quellen vergleichen.

b In welcher Situation bzw. in welcher Art von Texten würdet ihr die Formulierungen 1 bis 6 und in welcher die Formulierungen A bis F verwenden?

Um einen Text zu **verdichten** und schwierige Sachverhalte kurz darzustellen, kann man den **Nominalstil** nutzen. Er wird häufig in schriftlichen Texten sowie in der Wissenschafts- und Fachsprache verwendet, zum Beispiel in Facharbeiten. Dabei werden oft Verben nominalisiert/substantiviert oder Ableitungen auf *-ung* verwendet, z. B.:

Verbalstil	Nominalstil
Das Problem ist, dass in dieser Branche oft Leiharbeiterinnen beschäftigt werden, die nicht genügend ausgebildet sind.	*Die Beschäftigung nicht genügend ausgebildeter Leiharbeiterinnen in dieser Branche ist ein Problem.*

Den Nominalstil verwendet man auch, wenn man zur Vorbereitung eines Vortrags Sätze in Stichpunkte umwandelt, z. B.:

Mahatma Gandhi wurde 1869 in Indien geboren.	– *1869 Geburt Mahatma Gandhis in Indien*
1888 begann er sein Jurastudium in London.	– *1888 Beginn des Jurastudiums in London*

2 Stelle dir vor, du absolvierst ein Praktikum und sollst den Ablauf einer Betriebsveranstaltung protokollieren. Formuliere dafür Stichpunkte im Nominalstil.

1 Der neue Chef besichtigte den Betrieb.
2 Er traf die neuen Geschäftspartnerinnen und -partner.
3 Bei der Besprechung wurden die strittigen Probleme diskutiert.
4 Anschließend versammelte sich die Belegschaft in der Fabrikhalle.
5 Erläutert wurde, wie sich die Firma der neuen Marktsituation anpasst.

– *Betriebsbesichtigung durch neuen Chef*
– *...*

3 Christian Nürnberger schreibt in seinem Buch auch über Rosa Parks.

a Lies den Beginn ihrer Biografie.

Am 4. Februar 1913 wurde Rosa McCauley in Tuskegee (Alabama) geboren. Der Vater, ein Zimmermann, verließ 1915 die Familie und Rosa wuchs zusammen mit ihrem Bruder bei ihrer Mutter auf der Farm ihrer Großeltern in Alabama auf.
5 Schon vor dem ersten Schulbesuch brachte die Mutter Rosa das Lesen bei und förderte ihr Interesse für Bücher. Im Alter von elf Jahren besuchte Rosa eine private Schule für Mädchen, die von freiheitlich denkenden Menschen aus den Nordstaaten der USA gegründet worden war.
10 1932 heiratete sie den Friseur Raymond Parks, der in der Wahlrechtsbewegung für Schwarze aktiv mitwirkte. Auch Rosa Parks engagierte sich in verschiedenen Bürgerrechtsorganisationen in Montgomery (Alabama). Ihren Lebensunterhalt verdiente sie in dieser Zeit als Haushälterin, Näherin oder Versicherungsverkäuferin.
15 Ihren Ruf als „Mutter der Bürgerrechtsbewegung" erwarb sich Rosa Parks 1955 im Zusammenhang mit dem Montgomery Bus Boykott. In Montgomery waren die ersten vier Reihen in den Bussen für weiße Passagiere reserviert, die Sitze dahinter durften von Farbigen benutzt werden, waren aber für Weiße wieder zu räumen.
20 Am 1. Dezember 1955 fuhr Rosa Parks nach der Arbeit mit dem Bus nach Hause und nahm im mittleren Teil des Busses Platz. Als der weiße Busfahrer sie aufforderte, ihren Platz für einen Weißen frei zu machen, weigerte sich Rosa Parks und blieb einfach sitzen, worauf sie verhaftet und ins Gefängnis gebracht wurde.

b Notiere das Wesentliche dieses Lebensabschnitts von Rosa Parks in Stichpunkten. Verwende den Nominalstil.

– *Geburt: 04.02.1913 in Tuskegee (Alabama)*
– *...*

Als **Auflockerung** bzw. **Verbalstil** bezeichnet man die der Verdichtung (dem Nominalstil) entgegengesetzte Darstellungsweise. Sie ist vorwiegend ein Mittel der mündlichen Sprache. Dabei werden viele Verben verwendet, vor allem **finite (gebeugte) Verbformen**.

4 Christian Nürnberger gibt jeweils am Anfang seiner Kapitel eine kurze, verdichtete Übersicht über das Leben eines mutigen Menschen.

a Lies die verdichtete Form der Kurzbiografie von Mahatma Gandhi.

- 1869 Geburt als Mohandas Karamehand Gandhi in Porbandar, Indien
- 1883 Heirat mit Kasturbe Makharji
- 1888 Jurastudium am University College London
- 1891 Rechtsanwalt in Bombay
- 1893–1914 Aufenthalt in Südafrika
- 1894 Gründung des Natal Indian Congress
- 1903 Eröffnung einer Kanzlei in Transvaal
- 1913 Gandhi leitet Protestmarsch nach Transvaal, der „Indians' Relief Act" wird erlassen
- 1915 Rückkehr nach Indien
- 1920 Leitung/Führung des Indian National Congress (INC)
- 1930 Aufruf zum „Salzmarsch"
- 1942 ruft Gandhi zur Unabhängigkeit Indiens auf und wird für zwei Jahre inhaftiert
- 30. Januar 1948 in Neu-Delhi erschossen

(Nürnberger, 2023, S. 147.)

b Die Stichpunkte sind uneinheitlich formuliert. Suche die drei Stellen heraus, die im Verbalstil formuliert sind. Wandle sie in Formulierungen im Nominalstil um.

c Die meisten Stichpunkte sind im Nominalstil formuliert. Lockere die verdichtete Form auf, indem du Sätze formulierst.

 d Sammle weitere Informationen über Mahatma Gandhi, schreibe sie als verdichtete Stichpunkte auf und halte mit ihrer Hilfe einen Vortrag.

 5 Halte einen Vortrag über Rosa Parks oder Mahatma Gandhi. Recherchiere dazu weitere Fakten, notiere sie stichpunktartig im Nominalstil und formuliere anschließend vollständige Sätze.

   6 Über einige der in diesem Kapitel (S. 218–243) vorgestellten Persönlichkeiten gibt es auch Bilderbücher oder Graphic Novels. Recherchiert in Bibliotheken und besorgt euch Bücher, die ihr in der Klasse vorstellen könnt.

Grammatische Proben nutzen

> **Grammatische Proben** wie die Ersatzprobe, die Frageprobe, die Umstellprobe oder die Zerlegeprobe sind **Verfahren zur Bestimmung** von Wortarten und Satzgliedern sowie zur Ermittlung von Teilsätzen. Sie sind auch **Entscheidungshilfen** für die Rechtschreibung und Kommasetzung.

1 Nutze für die Lösung der folgenden Aufgaben geeignete Proben. Orientiere dich am Merkkasten auf S. 245.

a Bestimme den Fall der unterstrichenen Wörter mithilfe der Frageprobe.

Speed-Badminton spielt man draußen ohne <u>Netz</u> und auch bei <u>Wind</u>.

b Ermittle alle Attribute und nenne ihre jeweiligen Bezugsnomen. Nutze die Weglassprobe.

Speed-Badminton verbindet Elemente der etablierten Sportarten Badminton, Tennis und Squash zu einer völlig neuen Sportart, die mittlerweile rund um den Globus gespielt wird.

c Entscheide mithilfe der Ersatzprobe, welche Schreibung die richtige ist, und begründe.

1 Speed-Badminton ist ein dem Badminton ähnliches Spiel, das / dass man auch draußen ohne Netz und auch bei Wind spielen kann.

2 Die Fans fasziniert an dem schnellen Sport, das / dass man ihn auf jedem Untergrund spielen kann, auf Rasen, Tennisplätzen, Straßen, Sandflächen und in der Halle.

d Bestimme in folgendem Satz die unterstrichenen Satzglieder und ihren Fall. Nutze die Frageprobe.

Erfunden hat <u>die Bälle und die Grundzüge der Spielidee</u> im Jahre 2001 <u>der Berliner Bill Brandes</u>.

e Entscheide mithilfe der Erweiterungsprobe über die Groß- oder Kleinschreibung und begründe.

Viele jungen Menschen spielen / Spielen gerne solche neuen Ballsportarten, denn beim spielen / Spielen kommt es auf Tempo, Kondition und Konzentration an.

●●● f Schreibe den folgenden Satz in dein Heft. Unterstreiche alle Attribute, markiere deren Bezugswörter mit einem Pfeil und ergänze die beiden fehlenden Kommas.

Achtung, Fehler!

Windresistente Kunststofffederbälle die kleiner und schwerer als herkömmliche Federbälle sind und Speeder genannt werden sowie entsprechende Schläger ermöglichen Spiele bis Windstärke 4.

Probe	Beispiel
Artikelprobe • zur Ermittlung der Groß- und Klein-schreibung	▓pielen – <u>das</u> Spielen Mit ▓anzen verdient Kim Geld. – mit <u>dem</u> Tanzen
Ersatzprobe • zur Fallbestimmung • zur Ermittlung der Schreibung (Wortarten-bestimmung)	Speed-Badminton spielt man ohne <u>Netz</u>. – ohne einen Balken (Akkusativ) Das (dieses) Spiel, <u>das</u> (welches) gestern stattfand, war kurz. (Artikel, Relativpronomen) Ich bin froh, <u>dass</u> (~~dieses~~) <u>das</u> (dieses) Spiel kurz war. (Konjunktion, Artikel)
Erweiterungsprobe • zur Ermittlung der Groß- und Kleinschrei-bung (Nominalgruppen)	Peter liebt ▓aufen. – Peter liebt <u>schnelles</u> Laufen.
Frageprobe • zur Bestimmung von Satzgliedern bzw. Satzgliedteilen • zur Fallbestimmung	Er entwickelte für Speed-Badminton <u>neue</u>, <u>windresistente Bälle</u>. – Wen/Was entwickelte er? (Objekt, Akkusativ)
Umformungs-, Auflösungsprobe • zur Ermittlung der Bedeutung von mehr-fach zusammengesetzten Wörtern und Sätzen	Weltranglistenzweiter → Zweiter der Weltrangliste Der Sieger, der, nachdem er seine Verletzung überwunden hatte, erstmals wieder gewann, wurde bejubelt. → Der Sieger wurde bejubelt. Seine Verletzung …
Umstellprobe • zur Ermittlung der Satzglieder	Die erste WM | wurde | 2011 | in Berlin | ausgetragen. → 2011 | wurde | in Berlin | die erste WM | ausgetragen. → In Berlin | wurde | 2011 | die erste WM | ausgetragen.
Verlängerungsprobe • zur Ermittlung der Schreibung einsilbiger Wörter	Bal▓ – Bä<u>ll</u>e → Ball Gol▓ – gol<u>d</u>en → Gold
Verwandtschaftsprobe • zur Ermittlung der Schreibung des Wort-stamms	erkl▓ren – kl<u>är</u> → erklären
Weglassprobe • zur Ermittlung der grammatisch notwendi-gen Satzglieder	Speed-Badminton ist eine (relativ junge) Sportart (, die erst vor Kurzem entstand).
Zerlegeprobe • zur Ermittlung der Schreibung (Silben, Wortbausteine)	Ten-nis, Spiel-feld, viel-leicht, Sauerstoff-flasche

Wortbildung

Für die **Wortbildung** haben sich im Deutschen vor allem zwei Formen bewährt:
- die **Ableitung** mithilfe von Präfixen und Suffixen,
- die **Zusammensetzung:** Bestimmungswort + (Fugenelement +) Grundwort.

Grund- und Bestimmungswort können selbst eine Zusammensetzung oder eine Ableitung sein, z. B.:
Erkältung|s|krankheit: er- + kält + -ung + -s- + krank + -heit.
Mithilfe der **Zerlegeprobe** lassen sich Wörter in ihre Bauteile zerlegen. Dadurch kann man Klarheit über die Schreibung der Wörter bekommen.

1 Entscheide, welche Form der Wortbildung auf die unterstrichenen Wörter zutrifft.

Gestern war ein ziemlich verrückter Tag. Als ich früh aufwachte, stellte ich zu meinem Entsetzen fest, dass mein Wecker nicht geklingelt hatte und ich viel zu spät dran war. Also musste ich mich ziemlich beeilen, um noch einigermaßen pünktlich zur Schule zu kommen. Da hatte ich keine Zeit mehr, mir Gedanken darüber zu machen, warum mich meine Mutter nicht geweckt hatte. Schnell zog ich mich nach einer Katzenwäsche an, schnappte mir einen Joghurt aus dem Kühlschrank und spurtete zum Bus. Aber warum war hier niemand? Und auch der Bus ließ auf sich warten. Was stimmte nicht?

 2 Im Deutschen gibt es viele Zusammensetzungen, teilweise auch sehr lange Wörter. Tauscht euch darüber aus, was Gründe dafür sein könnten.

Eine **Zusammensetzung** (das Kompositum, *Plural:* die Komposita) besteht aus selbstständigen Wörtern, und zwar aus einem **Bestimmungswort**, das manchmal selbst eine Zusammensetzung sein kann, und einem **Grundwort**. Die **Wortart des Grundwortes** entscheidet über die Wortart der Zusammensetzung und damit auch über die Groß- oder Kleinschreibung sowie über ihr **Genus** (Geschlecht), z. B.:

Bestimmungswort	+ Grundwort	→ zusammengesetztes Wort
das Jugend|buch	*die Autorin*	*die Jugendbuchautorin*
die Fantasie	*voll*	*fantasievoll*
zusammen	*schneiden*	*zusammenschneiden*

Manchmal muss ein **Fugenelement** wie -e-, -(e)s-, -(e)n- oder -er- eingefügt werden, z. B.:
das Herz + der Wunsch → *der Herzenswunsch,*
das Bild + der Rahmen → *der Bilderrahmen.*

Tipp
Füge, wenn nötig, ein Fugenelement ein.

3 Bilde möglichst viele zusammengesetzte Nomen/Substantive und schreibe sie in dein Heft. Zerlege die Wörter durch senkrechte Striche in ihre Bestandteile.

die Bohne / der Eintopf / das Wetter / der Frosch / die Schule / die Maschine / der Bericht / der Motor / der Abend / die Bahn / die Fahrt / die Schokolade / der Verweis / der Mittag / der Hase / die Pause / der Schlaf / der Kaffee / das Essen / die Tafel / das Auto / der Platz

der Bohne|n|ein|topf, der Bohne|n|kaffee, ...

4 Auch Adjektive können zusammengesetzt sein.
Wähle Aufgabe a oder b.

●●○ **a** Bilde möglichst viele zusammengesetzte Adjektive. Setze, wenn nötig, ein Fugenelement ein. Zerlege die Wörter durch senkrechte Striche in ihre Bestandteile.

die Meile / das Gras / der Himmel / die Rose / die Blüte / der Pudel / der Spiegel / das Eis / der Rand / die Tonne / kuscheln / der Baum / die Sekunde / die Asche / der Blitz / betteln / leben

weit / grün / arm / schlecht / glatt / stark / kalt / schnell / fahl / rot / voll / weiß / lang / schwer / blau / wohl / weich

meile|n|weit, ...

●●● **b** Hier ist etwas schiefgegangen. Korrigiere die Zusammensetzungen. Orientiere dich dabei am Bestimmungswort.

Achtung, Fehler!

1	himmelgrün	**6**	pudelglatt	**11**	sekundenweiß
2	grasarm	**7**	spiegelböse	**12**	bettellang
3	rosensauber	**8**	baumvoll	**13**	aschschwer
4	blütenweit	**9**	randschnell	**14**	tonnenblau
5	eisrot	**10**	meilenfahl	**15**	blitzwohl

5 Übe zusammengesetzte Verben.

a Bilde mithilfe der Präpositionen möglichst viele zusammengesetzte Verben.

an	auf	unter	hinter	durch	vor	über
stellen	schreiben	legen	laufen			
gehen	kommen	sehen	sammeln			

b Bilde Sätze mit den zusammengesetzten Verben aus Aufgabe a. Achte dabei darauf, dass die zusammengesetzten Verben ggf. getrennt werden.

6 Oft sind Wörter schwer zu verstehen, da sie mehrfach zusammengesetzt sind.

a Lest das längste Wort aus der elektronischen Datenbank des Dudens – es hat 79 Buchstaben. Schreibt es in eure Hefte und zerlegt es durch senkrechte Striche in seine Bestandteile. Versucht zu umschreiben, was das Wort benennt.

Rinderkennzeichnungsfleischetikettierungsüberwachungsaufgabenübertragungsgesetz

b Schreibt die folgenden Mehrfachzusammensetzungen in eure Hefte. Zerlegt die Wörter durch senkrechte Striche in ihre Bestandteile.

das Reifendruckmessgerät / das Erdbebenfrühwarnsystem / die Maschinenbedienungsanleitung / die Sozialversicherungsfachangestellte / die Altpapierabgabestelle / der Lebensmittelhersteller / das Bibliotheksausweislesegerät

c Überlegt, wie man Mehrfachzusammensetzungen, die schwer verständlich sind, vermeiden kann.

 7 Ableitung ist die zweite wichtige Form der Wortbildung. Wiederholt, welche typischen Präfixe und Suffixe ihr kennt. Welche Wortarten markieren sie jeweils?

> **Ableitungen** entstehen vor allem durch Anfügen von Präfixen und/oder Suffixen an einen Wortstamm. Präfixe und Suffixe sind keine selbstständigen Wortbauteile. Sie können nicht alleine stehen.
> - **Präfixe** können die Bedeutung von abgeleiteten Wörtern verändern, z. B.:
>   *fahren – verfahren – befahren, möglich – unmöglich,*
> - **Suffixe** können die Wortart verändern. Sie sind damit auch ein wichtiges Merkmal für die Groß- und Kleinschreibung, z. B.:
>   *erleben – das Erlebnis, der Glaube – glaubhaft, reich – der Reichtum.*
> Ableitungen entstehen außerdem durch Änderung des Wortstamms, z. B.:
> *fliegen → der Flug; binden → das Band, der Bund, bündig;*
> *ziehen → der Zug.*

8 Nomen können aus verschiedenen Wortarten abgeleitet werden. Leite aus den folgenden Wörtern Nomen ab.

1 ärgern	**7** klar	**13** ordnen
2 schön	**8** dumm	**14** freundlich
3 binden	**9** möglich	**15** sauber
4 irren	**10** lehren	**16** faul
5 wirklich	**11** meinen	**17** eigen
6 schreiben	**12** untersuchen	**18** gewöhnen

9 Bilde mithilfe von Suffixen Adjektive. Wähle Aufgabe a oder b.

→ S. 296:
Merkwissen:
Ableitung

●●○ **a** Bilde aus den Nomen mithilfe von typischen Suffixen Adjektive.

1 die Schule		**5** das Glück		**9** die Mühe	
2 der Ritter		**6** die Sonne		**10** der Held	
3 der Mut		**7** der Ekel		**11** die Tat	
4 der Neid		**8** die Fabel		**12** das Leben	

●●● **b** Bilde aus den Nomen Adjektive. Achte auf die besonderen Suffixe.

1 der Instinkt		**5** die Kultur		**9** die Qualität	
2 das Atom		**6** die Tabelle		**10** das Theater	
3 die Funktion		**7** das Zentrum		**11** das Nomen	
4 der Nerv		**8** das Ultimatum		**12** die Linie	

Tipp
Schlage in einem Wörterbuch nach, wenn du unsicher bist.

10 Wähle geeignete Suffixe aus und bilde Ableitungen. Bestimme die entstandene Wortart.

-nis / -heit / -keit / -isch / -ung / -schaft / -lich / -los / -tum / -bar / -sam

1 leiten		**7** erfahren		**13** die Allergie	
2 erleben		**8** der Freund		**14** erziehen	
3 genießen		**9** reich		**15** der Fortschritt	
4 gesund		**10** essen		**16** mitteilen	
5 der Hof		**11** fröhlich		**17** teilnehmen	
6 die Kunst		**12** traurig		**18** der Nachbar	

1. leiten – die Leitung (Nomen) – leitbar (Adjektiv)
2. ...

11 Wähle geeignete Präfixe aus und füge sie an. Untersuche, wie sich die Bedeutung der folgenden Wörter verändert.

ent- / ver- / zer- / miss- / un- / be- / dar- / ur- / ge-

1 die Zeit		**8** schließen		**15** die Stimmung	
2 freundlich		**9** trennbar		**16** der Fall	
3 laufen		**10** der Mut		**17** bieten	
4 trauen		**11** stören		**18** der Sprung	
5 zählen		**12** schreiben		**19** fahren	
6 beißen		**13** der Glaube		**20** brechen	
7 legen		**14** stehen		**21** die Treue	

Was habe ich gelernt?

12 Überprüfe, was du über die Wortbildung gelernt hast. Erstelle für die Klasse ein Quiz zu den Formen der Wortbildung. Du kannst auch Quiz-Apps dazu nutzen.

9a Wähle geeignete Suffixe aus.
-los / -lich / -haft / -sam / -isch / -ig

Wortbedeutung

1 Ein Wort – zwei Bedeutungen. Erklärt zuerst die beiden Bedeutungen der folgenden Wörter. Verwendet dann die Wörter in Sätzen.

1 die Mutter	**7** die / der Leiter
2 der Strauß	**8** die / der Kiefer
3 das Schloss	**9** das / der Tor
4 der Schimmel	**10** das / der Tau
5 der Ton	**11** das / der Gehalt
6 der Hahn	**12** das / die Mark

1. eine Frau, die ein Kind hat – ein Gegenstand, den ...
2. ...

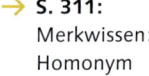

→ S. 311:
Merkwissen:
Homonym

2 Wörter, die (fast) gleich geschrieben und ausgesprochen werden, aber unterschiedliche Bedeutungen haben, nennt man Homonyme (gleichnamige Wörter).

a Bestimme in den folgenden Sätzen die Homonyme und erkläre ihre unterschiedliche Bedeutung.

1 Mein Geld bringe ich zur Bank, denn ich möchte die Geldscheine nicht unter meiner Bank in der Küche verstecken.

2 August hat alle eingeladen, denn er hat am 11. August Geburtstag.

3 Er ist morgen bestimmt sehr müde, wenn er so lange aufbleibt. Jeden Morgen trinke ich eine Tasse Kaffee, weil er mir schmeckt.

4 Ich muss meinen Arm noch schonen. Viele Lebensmittel sind arm an Vitaminen.

5 Die Lerche singt heute ihr Lied. Sie sitzt in der Lärche an unserem Haus.

6 Sie sucht den Weg im Wald. Bens Stift ist weg.

7 Die Saite seiner Gitarre ist gerade gerissen, als er die richtige Seite in seinem Notenbuch gesucht hat.

b Bestimme jeweils die Wortart der Homonyme in Aufgabe a.

> In der deutschen Sprache sind viele **Wörter mehrdeutig**, d.h., sie haben zwei oder mehrere Bedeutungen. Diese haben – im Unterschied zu Homonymen – **gemeinsame Bedeutungsmerkmale**. Ihre jeweilige Bedeutung wird bei der Verwendung in einem Text durch den Zusammenhang mit anderen Wörtern, d.h. durch den **Kontext**, eindeutig, z.B.:
> *Ich trainierte mit meinem Pferd für den Springwettkampf.* (Tier)
> *Ich musste im Sportunterricht über das Pferd springen.* (Sportgerät, gemeinsames Merkmal: ähnliche Form)
> *Das Pferd hat den Bauern geschlagen.* (Spielfigur beim Schach, gemeinsames Merkmal: ähnliche Form)

3 Lies die folgenden Wortgruppen und suche die Gemeinsamkeiten in der Bedeutung der unterstrichenen Wörter.

1 etwas Brot <u>abschneiden</u> – in der Prüfung gut <u>abschneiden</u>
2 wenig Haare auf dem <u>Kopf</u> haben – der <u>Kopf</u> der Gruppe sein
3 den <u>Strom</u> anschalten – zum reißenden <u>Strom</u> werden
4 <u>Linsen</u> als Eintopf mögen – im Mikroskop durch die <u>Linsen</u> sehen
5 als <u>Läufer</u> eine Nachricht bringen – mit dem <u>Läufer</u> die Dame im Schach schlagen
6 in die Straßenbahn <u>einsteigen</u> – ins Training <u>einsteigen</u>
7 einen <u>leichten</u> Koffer tragen – eine <u>leichte</u> Aufgabe bearbeiten
8 die <u>kalte</u> Luft einatmen – ziemlich <u>kalt</u> reagieren
9 <u>wilde</u> Blumen mögen – <u>wild</u> durcheinanderrennen

4 Überlegt, welche verschiedenen Bedeutungen die folgenden Wörter haben.

a Bildet Sätze, in denen die beiden Bedeutungen der Wörter deutlich werden.

1 der Bart   5 lösen
2 die Schale   6 verdienen
3 der Absatz   7 hören
4 die Feder   8 finden

b Bestimmt jeweils das gemeinsame Merkmal in den Bedeutungen.

→ S. 327:
Merkwissen:
Redewendung

5 In Redewendungen werden Wörter oft in übertragener Bedeutung verwendet.

a Untersuche, wie sich die Bedeutung des unterstrichenen Worts im zweiten Satz jeweils verändert.

1 Ich <u>trat</u> auf die Straße. – Der Fluss <u>trat</u> über die Ufer.
2 Bob <u>ergriff</u> die Tasche. – Ich <u>ergriff</u> die Gelegenheit.
3 Wir <u>ernteten</u> das Gemüse. – Dafür <u>erntete</u> Mina großes Lob.
4 Ich <u>sitze</u> im Sessel. – Die Hose <u>sitzt</u> gut.
5 Mein Bruder <u>spart</u> für ein Rad. – Den Aufwand kannst du dir <u>sparen</u>!

Tipp
Schlage ggf. nach.

b Wähle das passende Wort in übertragener Bedeutung aus und setze es in der richtigen Form in die Redewendungen und Sprichwörter ein. Erkläre die Bedeutung

schöpfen / waschen / fällen / begraben / blind / stehen / abklappern / Ton

1 Verdacht ▢   5 Der ▢ macht die Musik.
2 ein Urteil ▢   6 Eine Hand ▢ die andere.
3 auf der Leitung ▢   7 Da liegt der Hund ▢ .
4 alles ▢   8 Liebe macht ▢ .

1. Verdacht schöpfen – misstrauisch werden   2. ...

6 Auch in Texten werden häufig Wörter mit übertragener Bedeutung verwendet.

→ S. 334:
Merkwissen:
Synonym

a Schreibe aus dem folgenden Text alle Wörter heraus, die in einer übertragenen, bildhaften Bedeutung gebraucht sind. Erkläre ihre Bedeutung durch ein Synonym oder eine Umschreibung.

Der Winter kommt jetzt ordentlich in Fahrt und verwandelt das nördliche Deutschland in einen Gefrierschrank. Grund dafür ist ein Kältehoch, das sich auf Deutschland zubewegt. Besonders kalt wird es ab Dienstag. Dann bleiben die Höchstwerte teils
5 unter minus zehn Grad stecken. Nachts muss mit strengem Frost zwischen minus zehn und minus fünfzehn Grad gerechnet werden. Direkt über dem Erdboden können die Temperaturen noch etwas tiefer rutschen.
In der Landwirtschaft hofft man, dass es vorher noch Schnee
10 geben wird. Eine geschlossene Schneedecke würde verhindern, dass die Kälte in den Boden eindringen kann. Das kalte Weiß bildet auch eine Schutzhaube für Pflanzen, schützt sie vor Sonne und vor Feuchtigkeitsentzug. Und mehr noch: Schnee könnte den durstigen Böden längerfristig auch helfen, ihren Wasser-
15 speicher aufzufüllen. Wenn der Schnee taut, kann das Wasser nämlich nach und nach versickern und die Böden gut durchfeuchten.

– *in Fahrt kommen: an Tempo gewinnen*
– *in einen Gefrierschrank verwandeln: ...*

Eine **Metapher** ist ein Wort oder ein Ausdruck mit einer **übertragenen**, **bildhaften Bedeutung**. Sie entsteht durch Übertragung eines Wortes mit seiner ursprünglichen Bedeutung auf einen anderen Sachbereich.
Grundlage dafür ist ein gemeinsames Merkmal der Ähnlichkeit in beiden Bedeutungen, z. B.:

Die Frucht ist reif.   →   *Die Zeit ist reif.*
(ursprüngliche Bedeutung)   (übertragene Bedeutung)
Durch Metaphern wird die Ausdrucksweise eines Textes bildhaft und anschaulich.

---

b Verwende die in Aufgabe a gefundenen bildhaften Ausdrücke in ihrer ursprünglichen Bedeutung.

Der Bus kommt in Fahrt.
In einem Gefrierschrank ...

 c Tauscht eure Meinungen darüber aus, welche Wirkung durch die verwendeten bildhaften Mittel im Text der Aufgabe a erzielt wird.

→ S. 327:
Merkwissen:
Redewendung

7 Auch Metaphern werden in Redewendungen verwendet.
Erkläre die folgenden Ausdrücke.

1 eine Mauer des Schweigens
2 jemandem das Herz brechen
3 die Wiege der Menschheit
4 die grüne Lunge der Welt

5 einen Geistesblitz haben
6 die beiden Turteltauben treffen
7 die Nadel im Heuhaufen suchen
8 nicht alle Tassen im Schrank haben

8 Manche sprachlichen Ausdrücke sollen etwas beschönigen oder verschleiern.
Nenne die Wörter, die hier umschrieben werden.

1 die dritten Zähne
2 nicht auf dem Damm sein
3 in anderen Umständen sein
4 von uns gehen

5 das Nullwachstum
6 die Beitragsanpassung
7 negative Zuwachsraten
8 das stille Örtchen

9 Wann wird ein Wort zum Unwort?

a Lies die folgenden Informationen.

Seit 1991 wird von einer Jury in Deutschland das „Unwort des Jahres"
gekürt. Unwörter können diskriminieren, gegen Prinzipien der Menschenwürde oder der Demokratie verstoßen, verschleiern oder irreführen.
Durch die Wahl zum „Unwort des Jahres" soll das Sprachbewusstsein und
5 die Sprachsensibilität in der Bevölkerung gefördert werden. Vorschläge
können von allen unter Angabe der Quelle unterbreitet werden.
Hier eine Auswahl der Unwörter verschiedener Jahre:
Herdprämie   Klimahysterie
betriebsratsverseucht   Pushback
10 alternative Fakten   Klimaterroristen

 b Recherchiere im Internet die Website der Aktion „Unwort des Jahres"
und informiere dich über die Bedeutung der Wörter in Aufgabe a und
die Begründungen der Jury.

 c Recherchiere das aktuelle „Unwort des Jahres" und seine Bedeutung.

**Was habe ich
gelernt?**

10 Überprüfe, was du über Wortbedeutungen gelernt hast. Erstelle eine
Übersicht über Wörter mit verschiedenen Bedeutungen. Notiere jeweils
deren Definition und zwei Beispiele.

Wörter mit verschiedenen Bedeutungen
- mehrdeutige Wörter: Wörter mit mehreren Bedeutungen, die ...,
* z. B.: die Maus, der Schirm*
- Homonyme: ...
- ...

Sprache im Wandel

Sprachvarianten

1 Sprache passt sich gesellschaftlichen Verhältnissen und Anforderungen an. Überprüfe, was du über Sprachvarianten bereits weißt.

a Ordne die Sprachvariante der korrekten Erklärung zu.

1 Umgangssprache	A besondere Ausdrucksweisen von Jugendlichen zur Kommunikation in ihrer Gruppe
2 Standardsprache	B Wörter und Formulierungen, die Fakten und Zusammenhänge eines Bereichs besonders gut erklären
3 Jugendsprache	C schriftliche und mündliche Sprache, die deutschlandweit verstanden wird und über einheitliche Regeln verfügt
4 Fachsprache	D vorwiegend mündlich und regional gebrauchte Sprache besonderer Ausprägung
5 Dialekt (Mundart)	E die Sprache, die in Alltagssituationen mit vertrauten Menschen gesprochen wird

b Lies folgende Situationsbeschreibungen. Überlege, welche Sprachvariante aus Aufgabe a du vermutlich nutzen wirst. Begründe deine Zuordnung.

1 Du stellst dich für einen Ausbildungsplatz vor.

2 Du unterhältst dich mit deiner Oma.

3 Du hältst eine Präsentation im Chemieunterricht.

4 Du stehst mit Freunden auf dem Schulhof und erzählst ihnen, dass du dich vom Sportlehrer unfair behandelt fühlst.

5 Du stellst dich im Praktikumsbetrieb den Kolleginnen bzw. Kollegen vor.

6 Du triffst Freundinnen und Freunde am Montagmorgen vor der Schule und erzählst vom letzten Wochenende.

7 Du kaufst im Blumenladen Blumen zum Muttertag und bittest um die Lieblingsblumen deiner Mutter.

8 Du erzählst auf dem Familienfest deinem Onkel von deiner Klassenfahrt.

9 Du unterhältst dich in einem Museum mit einer Freundin oder einem Freund über die Ausstellungsstücke.

c Tauscht euch in der Klasse über eure Zuordnungen aus.

d Erkläre, warum es wichtig ist, in den beschriebenen Situationen die passende Sprachvariante zu nutzen.

Kommunikation untersuchen

Tipp
Nutzt, wenn nötig, ein Wörterbuch.

2 Kommunikation zwischen Menschen erfolgt mündlich oder schriftlich.

a Übertragt die Tabelle in eure Hefte und ordnet die Wörter zu.

Schrift / Schallwelle / Sprechen / Hören / Schreiben / Lesen / Mimik / Gestik / Buchstabe / Gespräch / Chat / Tempo / Betonung / Laut / Lautstärke / Handschrift / Monolog / Dialog / Text / Sprachnachricht

mündliche Kommunikation	schriftliche Kommunikation
…	…

b Denke darüber nach, was du über Kommunikation weißt. Formuliere in zwei bis drei Sätzen, wodurch sich schriftliche und mündliche Kommunikation unterscheiden. Nutze dafür möglichst viele Wörter der Tabelle.

c Vergleiche deinen Text mit dem folgenden Merkkasten.

> **Mündliche** und **schriftliche Kommunikation** unterscheiden sich durch das verwendete Medium (gesprochene Sprache als Laute/Schallwellen – geschriebene Sprache als Schriftzeichen), durch die Sprachtätigkeiten (Sprechen, Hören – Schreiben, Lesen) und durch die Verwendung bestimmter sprachlicher Mittel (sprachliche Mittel der Mündlichkeit bzw. Schriftlichkeit). **Mündliche** und **schriftliche Sprache** kommen in verschiedenen Kommunikationssituationen und Textsorten unterschiedlich häufig vor.

3 Vergleiche mündliche und schriftliche Sprache.

a Lies die folgenden Texte.

Text A: Unfallbericht in der Zeitung

Gestern Abend passierte vor der Realschule am Goetheweg ein Unfall, an dem ein 15-jähriger Schüler und eine 35-jährige Autofahrerin beteiligt waren. Der Schüler fuhr mit seinem Rad auf die Fahrbahn und achtete nicht auf das mit überhöhter Geschwindigkeit herannahende Auto. Die Autofahrerin wich auf die Gegenfahrbahn aus, konnte aber einen Zusammenstoß mit dem Radfahrer nicht mehr verhindern. Der 15-Jährige stürzte und verletzte sich dabei. Er wurde ins Krankenhaus eingeliefert.

Text B: Bericht einer Augenzeugin des Unfalls

„Das kam total schnell angefahren, das Auto. Ich hab das erst gar nicht mitgekriegt. Ich hab erst hingeguckt, als die Bremsen quietschten und es knallte. Das war 'n Krach! Boah, dann hat die Frau ausm Auto erstmal gemeckert und ihr Auto angeguckt, statt dem Jungen zu helfen. Ich bin dann hin, hab mit dem Jungen geredet und den Krankenwagen gerufen."

b   Vergleiche zunächst die inhaltlichen Aussagen beider Texte und notiere Gemeinsamkeiten und Unterschiede.

 c   Untersucht die Sprache der beiden Texte und formuliert je drei Merkmale schriftlicher und mündlicher Sprache in dieser Situation.

 4   Beschäftigt euch nun genauer mit mündlicher Kommunikation.

a   Nehmt eine Sprachnachricht auf, in der ihr euch gegenseitig über das Folgende informiert.

Morgen fallen die ersten beiden Stunden aus, weil eure Sportlehrerin einen Fahrradunfall hatte. Dabei hat sie sich leicht am Knie verletzt und kann deswegen zurzeit nicht gut laufen. Du freust dich über die ausgefallenen Stunden, bedauerst aber die Verletzung deiner Lehrerin.

b   Hört eure Sprachnachrichten an und schreibt exakt Wort für Wort auf, was ihr gesagt habt.

c   Sucht in euren Texten typische Wörter für die mündliche Sprache heraus, markiert sie im Text.

d   Erläutert, was sie bedeuten und warum man sie verwendet.

e   Erklärt, warum diese Wörter *Gesprächswörter* heißen.

f   Untersucht nun den Satzbau und unterstreicht die finiten Verbformen in den Sätzen. Formuliert eure Beobachtungen.

g   Untersucht den Text auf weitere sprachliche Besonderheiten.

> In der **mündlichen Sprache** treten oft folgende Unterschiede zur schriftlichen Sprache auf:
> - aufgelockerter Satzbau: kurze oder unvollständige Sätze, z. B.: *Weiß nicht. Ich auch nicht.*
> - Gesprächswörter, z. B.: *äh, ne,*
> - Reaktionsformeln, z. B.: *Na und? Niemals! Echt? Wirklich?*

 5   Stellt euch vor, ihr sollt der Sportlehrerin im Namen der Klasse eine E-Mail schreiben, in der ihr euer Bedauern über ihre Verletzung ausdrückt und gute Besserung wünscht.

→ **S. 10:** Gespräche führen – miteinander kommunizieren

a   Beschreibt, wie eure E-Mail sich von der Sprachnachricht unterscheiden muss. Betrachtet Sender und Empfänger sowie die Kommunikationsebene.

b   Schreibt diese E-Mail. Achtet dabei auf eine korrekte Form und angemessene Ausdrucksweise.

> **Fachsprache** benötigt man, um das Spezialwissen eines bestimmten Bereiches, z. B. bestimmte Gegenstände oder Tätigkeiten, kurz, genau und eindeutig auszudrücken. Fachsprache wird zum Beispiel in Berufsfeldern, Wissenschaften, Unterrichtsfächern und speziellen Lebensbereichen (zum Beispiel Interessen und Hobbys) verwendet.

Fachsprache untersuchen

Tipp
Einige Verben lassen sich mehreren Fächern zuordnen.

6 Die folgenden fachsprachlichen Verben beschreiben Tätigkeiten aus Unterrichtsfächern.

a Ordne die Tätigkeiten den entsprechenden Fächern zu. Nutze, wenn nötig, ein Wörterbuch.

diktieren / addieren / dirigieren / nummerieren / skizzieren / formatieren / dividieren / mikroskopieren / destillieren / konjugieren / experimentieren / notieren / musizieren / schraffieren / extrahieren / interpretieren / präsentieren / sezieren

Deutsch: diktieren, ...　　　　　　*Mathematik: ...*
Chemie: ...　　　　　　　　　　　　*...*

b Wähle zwei Fächer aus und ergänze mindestens zwei weitere Fachwörter.

7 Du bist eine Spezialistin bzw. ein Spezialist!

a Notiere in deinem Heft untereinander fünf Fachwörter aus einem Bereich, in dem du dich gut auskennst, z. B. aus deinem Hobby, einer Sportart oder dem Berufsfeld deines Praktikums.

b Formuliere für jeden Begriff eine schriftliche Erklärung.

 c Lest euch die Begriffe gegenseitig vor und stellt Vermutungen an, worum es sich jeweils handelt.

 d Vergleicht anschließend mit der Erklärung aus Aufgabe b.

 8 In den Jahren 2020 bis 2022 wurden viele Wörter aus Fachsprachen in die Alltags- und Umgangssprache übernommen.

a Erklärt die Bedeutung folgender Fachwörter.

1 die Pandemie　　　　　　4 boostern
2 die Quarantäne　　　　　　5 das Distanzlernen
3 der Inzidenzwert　　　　　6 der Impfstatus

1. Eine Pandemie ist eine sich weltweit ausbreitende ...
2. ...

b Formuliert eine Vermutung, unter welchen gesellschaftlichen Bedingungen besonders viele Wörter aus Fachsprachen in die Umgangssprache gelangen.

Jugendsprache untersuchen

 9 Jedes Jahr wird das „Jugendwort des Jahres" gewählt und es gibt Wörterbücher der Jugendsprache.

a Tauscht euch darüber aus, was ihr unter dem Begriff *Jugendsprache* versteht.

b Vergleicht eure Ergebnisse mit dem folgenden Merkkasten.

> **Jugendsprache** ist eine spezielle Ausdrucksweise von Jugendlichen zur Kommunikation untereinander, abhängig von der jeweiligen Gruppe, der Situation und dem Thema. Jugendliche wollen sich damit oft von Erwachsenen abgrenzen, manchmal auch von anderen Jugendlichen, sich untereinander aber als eine Gruppe bzw. Gemeinschaft verstehen. Jugendsprache ist also eine zusammenfassende Bezeichnung für verschiedene **Gruppensprachen** Jugendlicher.
> Entscheidende Merkmale sind bewusst erfundene, originelle und auffällige Wörter und Wendungen, die zunächst vor allem durch Jugendliche verbreitet werden, z. B.: *lost, wild; yolo; Lassma ins Kino gehn*.
> Viele der Wörter und Wendungen sind kurzlebig und regional begrenzt. Manche verschwinden völlig, andere werden in die Umgangssprache übernommen und dann auch von Erwachsenen gebraucht.

 10 In Jugendsprachen sind wiederkehrende sprachliche Mittel erkennbar.

a Lest die folgende Übersicht sprachlicher Mittel der Jugendsprache. Ergänzt jeweils zwei weitere Beispiele.

sprachliches Mittel	Beispiel
Wörter mit neuer Bedeutung	*etwas feiern* (für *etwas mögen*)
Übernahmen aus anderen Sprachen, Sprachmischung	*Diese Aufgabe ist etwas tricky.*
Abkürzungen	*lol*
Füllwörter	*Alter*
Neologismen[1]	*Digga*

[1] *der Neologismus:* neu geschaffener sprachlicher Ausdruck

b Tauscht euch über eure Erfahrungen mit Jugendsprache aus. Welche jugendsprachlichen Mittel verwendet ihr in welchen Situationen? Welche Ausdrücke begegnen euch und wie empfindet ihr sie?

11 Bereitet eine Umfrage vor: Wer versteht die Jugendwörter richtig?

→ **S. 64:** Umfragen vorbereiten und durchführen

a Stellt zehn Wörter aus eurer Jugendsprache zusammen und fragt eine Person in eurem Alter, eine Person im Alter eurer Eltern sowie eine Person im Alter eurer Großeltern nach deren Bedeutung. Wertet die Umfrage aus.

b   Erkundigt euch bei diesen Personen nach typischen Wörtern ihrer Jugend und deren Bedeutung.

c   Präsentiert das Ergebnis eurer Umfrage in der Klasse.

12 Die heutige Jugendsprache ist stark von der englischen Sprache und Social Media geprägt.

a   Wähle dir bekannte Wörter aus und notiere, in welcher Bedeutung sie verwendet werden.

weird   random   spooky   edgy   fancy

cringe   lost   safe   wild   nice

b   Vergleicht eure Lösungen in der Klasse.

 13 Der folgende Dialog wurde in Standardsprache geschrieben.

a   Lest den Dialog und formuliert ihn in Jugendsprache um.

A Hast du schon einen Platz für deinen Ferienjob?
B Ja, ich werde in einem Drogeriemarkt arbeiten.
A Das hört sich sehr interessant an.
B Wo wirst du in den Ferien arbeiten?
A Ich will zwei Wochen in einer Verpackungsmaschinenfabrik arbeiten. Dort könnte ich vielleicht später eine Ausbildung zur Mechatronikerin beginnen.
B Dann gib dir Mühe und hinterlasse einen guten Eindruck.

b   Tragt den Dialog in Jugendsprache vor.

c   Untersucht nun den Inhalt und die Sprache der Dialoge. Orientiert euch an den folgenden Fragen.

1   Verändert sich die Bedeutung?
2   Welche Informationen gehen verloren?
3   Wann muss auf die Standardsprache oder auf die Umgangssprache zurückgegriffen werden?

 14 Stellt euch vor, ihr könntet in jeder Lebenssituation nur in Jugendsprache kommunizieren. Formuliert eure Vermutung, was dann passieren würde, und begründet die Folgen.

15 Denke über folgende Aussage nach. Notiere deine Gedanken stichpunktartig und stelle sie in der Klasse vor.

Jugendsprache ist die Standardsprache von morgen.

Zur Entwicklung der deutschen Gegenwartssprache

1 Sprache entwickelt sich ständig weiter.

a Lies den folgenden Text.

Die deutsche Sprache ist in ihrem grammatikalischen Grundgerüst sehr stabil. Regeln zum Satzbau, der Kommasetzung oder zur Bildung der Wortarten ändern sich nur minimal und so kann man auch 200 Jahre alte Texte mit ein bisschen Mühe gut verstehen.

5 Andererseits ist Sprache ein lebendiges System, das sich an die Bedürfnisse seiner Nutzerinnen und Nutzer anpasst und sich so verändert. Manche Wörter werden kaum noch verwendet oder verschwinden ganz aus dem Sprachgebrauch, weil sie nicht mehr benötigt werden, als diskriminierend gelten oder weil es die Dinge, die sie bezeichnen, nicht mehr gibt, z. B.: *das*
10 *Telegramm, die Telefonzelle, der Kassettenrekorder.*
Gleichzeitig wird der Wortschatz unserer Sprache durch neue Wortbildungen und Übernahmen aus anderen Sprachen immer umfangreicher. Viele Ausdrücke in unserer Sprache stammen aus dem Griechischen, Lateinischen, Französischen oder Englischen. Sie wurden und werden als Lehnwörter in die deut-
15 sche Sprache aufgenommen und passen sich in Lautung und Schreibung dem Deutschen an. Aber auch Fremdwörter, also Wörter aus anderen Sprachen, deren Lautung und Schreibung unverändert bleibt, erweitern den Wortschatz. Außerdem gibt es sogenannte hybride Ausdrücke, die Elemente aus verschiedenen Sprachen nutzen, z. B.: *ideenlos (griech.* ideīn – sehen, erken-
20 nen, *dt.:* -los), *reformierbar (lat.:* reformare – umgestalten, verbessern, *dt.:* -ier-, -bar), *möblieren (franz.:* le meuble – das Möbelstück, *dt.:* -ieren), *die Downloadzeit (engl.:* to download – herunterladen, *dt.:* die Zeit).
Die grammatische Struktur der deutschen Sprache wandelt sich weniger schnell. Die Bildung von Wortformen und Sätzen wird überwiegend bei-
25 behalten, dennoch lassen sich auch hier Veränderungen beobachten, zum Beispiel im Gebrauch des Genitivs (*wegen dem Wetter* statt *wegen des Wetters*) oder in der Konjugation von Verben (*backen – ich backte* statt *backen – ich buk*).
Und auch wenn es uns seltsam erscheint: In 200 Jahren wird für die
30 Menschen dieser Zeit unsere heutige Sprache durchweg altmodisch und unverständlich klingen.

b Lies den Text noch einmal und notiere, was sich bei der Sprache auch über einen langen Zeitraum wenig verändert.

c Im Text werden die folgenden Fachwörter verwendet. Erkläre diese Fachwörter aus dem Textzusammenhang.

das Fremdwort / das Lehnwort / der hybride Ausdruck

das Fremdwort: ein Wort aus ...

d Die Sprache wird im Text als „lebendiges System" bezeichnet.
Erkläre die Bedeutung dieser Formulierung mit eigenen Worten.

Verschwundene Wörter untersuchen

2 Sprachwandel erkennt man auch in der Literatur.

a Lies folgenden Text.

William Shakespeare schrieb um das Jahr 1595 sein Drama „Romeo and Juliet". August Wilhelm Schlegel übersetzte es im Jahr 1797 in die deutsche Sprache und nannte es „Romeo und Julia".
Das Stück beginnt mit einem Prolog, der den Inhalt des Dramas schon vorwegnimmt. Er diente als eine Art Trailer, nach dem das Publikum im Theater entscheiden konnte, ob es das Stück weiter anschauen wollte.

William Shakespeare (1564–1616)

Romeo und Julia. Ein Trauerspiel in fünf Akten

Vorspruch
Der Chor tritt auf.
Zwei Häuser, gleich an Würde und Gebot,
Euch in Verona unser Spiel entdeckt:
Wie altem Hader neuer Hass entloht,
5 Mit Bürgerblut sich Bürgerhand befleckt.

Wie aus der Feinde unheilschwangrem Schoß -
Unstern verfolgt – ein Liebespaar entspringt,
Das erst durch ein unselig bitter Los
Der Eltern Zwist zu spätem Frieden zwingt:

10 Ach, dieser todgeweihten Liebe Lauf,
Des Elternhasses Wüten, dem ein Ziel
Der beiden Tod nur setzt – all das zeigt auf
Zwei Stunden lang der Bühne buntes Spiel!

Wollt Ihr es hör'n huldvollen Ohres – wisst:
15 Wir bessern gern, was noch zu bessern ist!
(Ab.)

b Tauscht euch in der Klasse darüber aus, was ihr verstehen könnt und warum der Text für euch schwer zu verstehen ist.

c Die unterstrichenen Formulierungen aus dem Text der Aufgabe a kommen im heutigen Sprachgebrauch nur selten oder nicht mehr vor. Versuche zuerst, ihre Bedeutung aus dem Text zu erschließen. Ordne sie anschließend folgenden Formulierungen zu.

entflammen / heftige Auseinandersetzung / wohlwollend /
in gleicher gesellschaftlicher Position / Feindseligkeit

d Auch andere sprachliche Mittel des Textes erscheinen heute veraltet. Versucht, die folgenden Metaphern gemeinsam zu deuten.

1 der Feinde unheilschwangerer Schoß
2 unsternverfolgt
3 todgeweihte Liebe

 e Beurteilt, welche der Wörter und Wendungen veraltetet sind und durch neuere ersetzt werden sollten. Welche Wörter und Wendungen kann man beibehalten? Formuliert Vorschläge.

f Tragt eure Vorschläge in der Klasse vor und begründet sie.

 3 Wörter verschwinden auch aus unserem Sprachgebrauch, wenn es die Gegenstände, die sie bezeichnen, nicht mehr gibt.

Tipp
Nutzt das Internet, ein Wörterbuch oder fragt ältere Menschen.

a Findet heraus, was die folgenden Wörter bezeichnen. Beschreibt stichpunktartig, wozu man diese Gegenstände benötigte.

1 Walkman
2 Telefonzelle
3 Musikkassette
4 Telegramm
5 Videorekorder
6 Diskette
7 Telefonkarte
8 Schreibmaschine
9 Grammofon

b Überlegt, durch welche Gegenstände ihre Funktion ersetzt wurde.

Anglizismen untersuchen

4 Gegenwärtig kommen viele Anglizismen in unsere Sprache.

a Suche eine passende deutsche Entsprechung für folgende Anglizismen.

1 das Timing
2 das Catering
3 das Shopping
4 das Gaming
5 das Streaming
6 das Social Distancing
7 das Homeschooling
8 das Jogging

1. das Timing: die Wahl des richtigen Zeitpunkts
2. ...

b Erkläre, warum diese englischsprachigen Wörter die deutschen Formulierungen ersetzt haben.

c Verwende die Wörter in Sätzen.

1. Er hat ein Gefühl für perfektes Timing.
2. ...

5 Auch Personengruppen werden im Deutschen zunehmend englisch bezeichnet.

a Finde heraus, wer gemeint ist. Notiere in deinem Heft untereinander die gesuchten Bezeichnungen. Markiere den geforderten Buchstaben, damit du das Lösungswort erhältst.

1 eine Person, die in sozialen Netzwerken besonders bekannt ist und bestimmte Werbebotschaften oder Lebensvorstellungen vermittelt (dritter Buchstabe) — der I ■■■■■■■■■■

2 ein regelmäßiger Empfänger von Nachrichten einer bestimmten Person in sozialen Netzwerken (letzter Buchstabe) — der F ■■■■■■■

3 eine Gruppe naher Verwandter (vierter Buchstabe) — die F ■■■■■

4 ein Spieler auf PC oder Konsole (vierter Buchstabe) — der G ■■■■

5 ein Künstler, der sein Publikum zum Lachen bringen will (letzter Buchstabe) — der C ■■■■■■■

6 eine Person, die Hörbeiträge zu bestimmten Themen im Internet anbietet, die man abrufen kann (dritter Buchstabe) — der P ■■■■■■■■

7 die begeisterten Anhänger (letzter Buchstabe) — die F ■■■

Das Lösungswort lautet: ...

Tipp
Für zwei Personengruppen gibt es keine weibliche Form.

b Überlege, wie die weiblichen Formen der genannten Personen lauten, und notiere sie. Nutze ggf. ein Wörterbuch.

6 Wörter aus dem Deutschen wurden auch in andere Sprachen übernommen.

a Lies den folgenden Text.

Wörter auf Wanderschaft

Wenn man in Litauen hungrig ist, schmiert man sich ein „buterbrodas", holt sich beim Konditor ein Stück „tortas" oder bäckt leckere „wafliai". Wenn Norwegerinnen und Norweger ihre Arbeit unterbrechen, machen sie eine „kaffepaussi" und wenn
5 sie etwas vergeblich tun, tun sie es „omsonst". Auch wenn man kein Litauisch oder Norwegisch spricht, versteht man diese Wörter, da sie ursprünglich aus der deutschen Sprache stammen und sich wenig verändert haben.
Deutsche Wörter in anderen Sprachen sind ein Zeichen der
10 Begegnung und des Austausches von Menschen und zeigen eine weltweite Wanderung des deutschen Wortschatzes.

b Suche in Sprachen, die du sprichst oder lernst, nach Wörtern, die aus dem Deutschen übernommen wurden.

c Untersuche, aus welchen Lebensbereichen die übernommenen Wörter kommen. Stelle Vermutungen darüber an, warum gerade diese Wörter in eine andere Sprache gewandert sind.

Geschlechter-gerechte Sprache nutzen

7 Seit einiger Zeit wird in unserer Gesellschaft über geschlechtergerechte Sprache diskutiert.

a Lies dazu den folgenden Text.

Wie viele Lehrer unterrichten eigentlich an deiner Schule?

Wenn nach dieser Frage in einer Klasse unterschiedliche Zahlen genannt werden, liegt das nicht an lückenhaften mathematischen Fähigkeiten. Einerseits können alle Personen gemeint sein, die an der Schule lehren, anderseits alle männlichen Lehrer, da nach Lehrerinnen gar nicht gefragt wurde.

5 Hinter der Idee des Genderns[1] steckt der Wunsch, alle Geschlechter in der Sprache sichtbar werden zu lassen. In der oben gestellten Frage werden Lehrerinnen nicht sichtbar, sondern gelten als mitbenannt.
Wenn man also nach allen lehrenden Personen einer Schule fragen will, sollte diese Frage eher so formuliert werden: Wie viele Lehrerinnen und

10 Lehrer unterrichten eigentlich an deiner Schule? Mit dieser Formulierung wird die Frage deutlich länger und wenn in einem Text immer wieder diese ausführliche Form gewählt wird, wird der Text unübersichtlicher sowie schlechter zu lesen und zu verstehen. Außerdem, so die Kritik einiger, seien damit nicht alle Geschlechter und Geschlechtsidentitäten angesprochen.

15 Deswegen werden in einigen Bereichen der Gesellschaft verkürzende Formen wie *Lehrer*innen, Lehrer:innen* oder *Lehrer_innen* gefordert und verwendet. Damit sollen alle Menschen benannt sein, die beispielsweise an einer Schule unterrichten. Diese Formulierungen, so meinen andere, bringen allerdings auch Schwierigkeiten mit sich, u.a. im Mündlichen. Sie werden

20 nämlich mit einer Pause gesprochen und das störe den Redefluss und wirke unnatürlich.
Eine weitere Variante ist, eine geschlechtsneutrale Formulierung zu verwenden und zum Beispiel zu fragen: Wie viele Lehrende unterrichten eigentlich an deiner Schule? Damit wären alle gemeint und es wäre leicht verständlich.

25 Allerdings lässt sich diese Form, die von der ausgeführten Tätigkeit abgeleitet wird, nicht für alle Personengruppen bilden, zum Beispiel nicht für Ärztinnen und Ärzte oder Mechatronikerinnen und Mechatroniker. Außerdem: Sind Lehrende eigentlich nur Lehrende, wenn sie lehren oder auch wenn sie essen?

[1] *das Gendern (engl. gender – soziales Geschlecht): die Berücksichtigung der Geschlechter in der Sprache*

  b Überlegt, welche Möglichkeiten es noch gibt, über Lehrerinnen und Lehrer in geschlechtergerechter Sprache zu sprechen.

c Notiere, welche Möglichkeiten geschlechtergerechter Sprache im Text von Aufgabe a genannt werden und welche Argumente für oder gegen diese Möglichkeiten sprechen.

 d Bewertet die Argumente aus Aufgabe c und ordnet sie nach ihrer Wichtigkeit.

e Formuliere deine Position zum Gendern und begründe sie.

 8 Recherchiert im Internet, was der „Rat für deutsche Rechtschreibung" ist. Informiere dich über seine aktuellen Empfehlungen zu geschlechtergerechter Sprache.

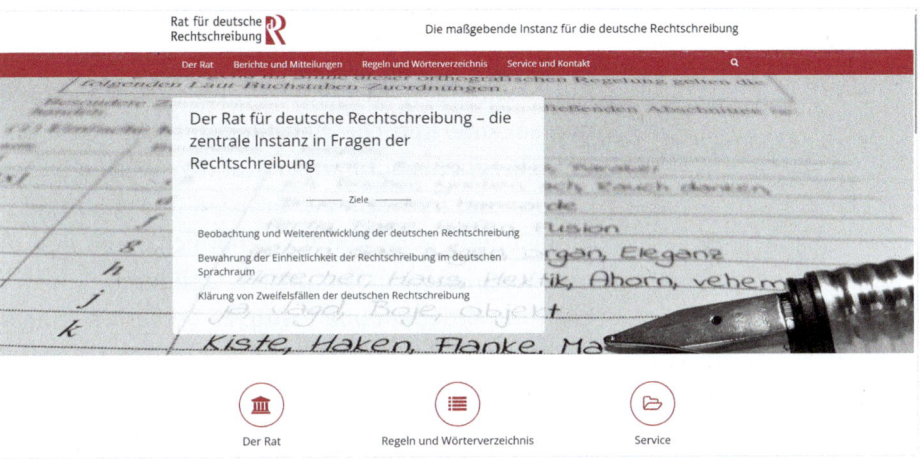

Eine vor allem in großen Städten verbreitete Form der **Jugendsprache** ist das sogenannte **Kiezdeutsch**. Kiezdeutsch wird besonders in Stadtteilen (Kiezen) mit einem hohen Anteil an Menschen mit Migrationshintergrund und hauptsächlich von Jugendlichen gesprochen.
Kiezdeutsch zu sprechen ist kein Zeichen mangelnder Sprachkompetenz, sondern Teil eines sprachlichen Repertoires, das gezielt in bestimmten Alltagssituationen von Jugendlichen mit und ohne Migrationshintergrund eingesetzt wird.

 9 Beschäftigt euch genauer mit Kiezdeutsch.

 a Recherchiert im Internet die Arbeit der Sprachwissenschaftlerin Maria Pohle, die sich mit dem Thema „Kiezdeutsch und wie man es benutzt" intensiv beschäftigt hat.

b Notiert Informationen zu Kiezdeutsch und den Menschen, die es sprechen. Stellt diese Informationen übersichtlich dar.

c Ermittelt, welche Absicht Maria Pohle mit ihrer Forschung über Kiezdeutsch verfolgt. Begründet eure Einschätzungen.

Rita Mielke

Als Humboldt lernte, Hawaiianisch zu sprechen (Auszug)

Sprachbegegnungen im Zeitalter der Entdeckungen
Das informativ erzählende und kunstvoll illustrierte Sachbuch handelt von Sprachen und Sprachbegegnungen. Es zeigt an interessanten Beispielen aus aller Welt, wovon sprachliche Entwicklungen abhängig sind und wie Sprachen sich gegenseitig beeinflussten und beeinflussen.

Vorwort

> *„Kennst du viele Sprachen –*
> *Hast du viele Schlüssel für ein Schloss."*
> Voltaire (1694–1778)

Man kann über alles reden. Vorausgesetzt, man hat – oder findet – eine
5 gemeinsame Sprache. Seit Menschen aus dem engen Umfeld ihrer Heimat aufgebrochen sind und sich auf den Weg in unbekannte Fernen gemacht haben, stießen sie an die Grenzen ihrer und anderer Sprachen. Dort vereitelten fehlende Verständigungsmöglichkeiten ihre Ambitionen und behinderten den Austausch von Gedanken, Gefühlen, Fragen oder Wünschen. Das war
10 nicht nur ärgerlich und lästig. Es bedeutete eine tiefe Kränkung, denn es beraubte die Menschen ihres „kostbarsten Rohstoffs", der Fähigkeit zur Kommunikation. […]
Kulturgeschichtlich jedoch hat diese Urerfahrung […] ein enormes kreatives Potenzial freigesetzt. Strategien zum Erlernen einer fremden Sprache,
15 Bibliotheken voller Wörterbücher, das Berufsbild des Übersetzers und Dolmetschers[1], die Entwicklung neuer Sprachen und nicht zuletzt eine Sicht auf die Welt als ein Mosaik Tausender Sprachen – all das ist aus dem Erleben kommunikativer Hilflosigkeit und misslingender Verständigung erwachsen. Die Menschheitsgeschichte ist auch eine Geschichte der Sprachbegegnun-
20 gen – und das heißt immer auch der Sprecherbegegnungen. Stets waren es Menschen, die in den unterschiedlichsten Kontexten und unter schwierigen, häufig dramatischen, manchmal kuriosen Umständen nach Wegen der Sprachgrenzüberschreitung suchen mussten. […]
Im Zeitalter der Entdeckungen und in den nachfolgenden Jahrhunderten der
25 Kolonialisierung haben Sprachbegegnungen überall auf der Welt quantitativ und qualitativ neue Dimensionen erreicht. Die Sprach-Kunde, die Weltreisende wie James Cook, Georg Forster oder Alexander von Humboldt von ihren Reisen mit nach Hause brachten, führte zur Erkenntnis einer ungeahnten globalen Sprachdiversität. […]
30 Sprachforscher und Völkerkundler begannen erst Ende des 19. Jahrhunderts in größerer Zahl mit ihren Feldforschungen[2], die zu einem neuen, wertschätzenden Blick auf die Sprachen der Welt und deren Geheimnisse führten.

[1] Im vorliegenden Text werden nur die männlichen Bezeichnungen verwendet. Weil ursprünglich ausschließlich Männer solche Berufe ausübten und zunächst vor allem Männer auf Handels- oder Entdeckungsreisen gingen, sind sie hier unverändert übernommen.

[2] *die Feldforschungen:* vor Ort und unter realistischen Bedingungen vorgenommenes systematisches Sammeln von Daten zur wissenschaftlichen Auswertung

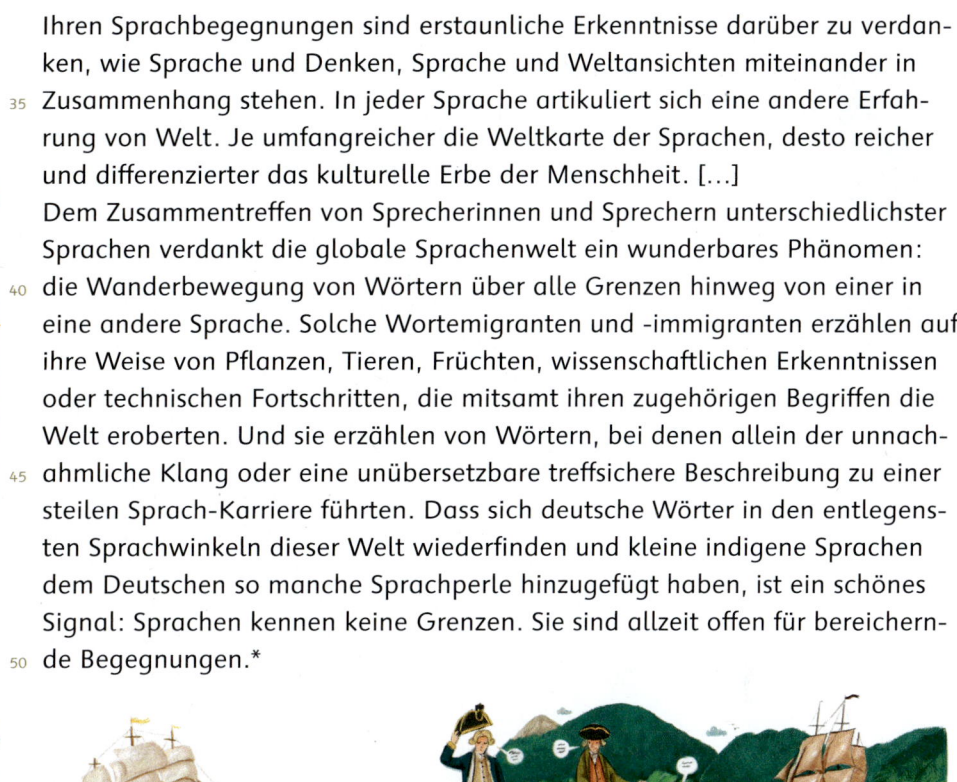

Ihren Sprachbegegnungen sind erstaunliche Erkenntnisse darüber zu verdanken, wie Sprache und Denken, Sprache und Weltansichten miteinander in
35 Zusammenhang stehen. In jeder Sprache artikuliert sich eine andere Erfahrung von Welt. Je umfangreicher die Weltkarte der Sprachen, desto reicher und differenzierter das kulturelle Erbe der Menschheit. […]
Dem Zusammentreffen von Sprecherinnen und Sprechern unterschiedlichster Sprachen verdankt die globale Sprachenwelt ein wunderbares Phänomen:
40 die Wanderbewegung von Wörtern über alle Grenzen hinweg von einer in eine andere Sprache. Solche Wortemigranten und -immigranten erzählen auf ihre Weise von Pflanzen, Tieren, Früchten, wissenschaftlichen Erkenntnissen oder technischen Fortschritten, die mitsamt ihren zugehörigen Begriffen die Welt eroberten. Und sie erzählen von Wörtern, bei denen allein der unnach-
45 ahmliche Klang oder eine unübersetzbare treffsichere Beschreibung zu einer steilen Sprach-Karriere führten. Dass sich deutsche Wörter in den entlegensten Sprachwinkeln dieser Welt wiederfinden und kleine indigene Sprachen dem Deutschen so manche Sprachperle hinzugefügt haben, ist ein schönes Signal: Sprachen kennen keine Grenzen. Sie sind allzeit offen für bereichern-
50 de Begegnungen.*

1 Im Text sind einige Fremdwörter enthalten. Suche die Fremdwörter heraus und erkläre sie. Schlage sie ggf. in einem Wörterbuch nach.

2 Der Text enthält Informationen über Sprachentwicklungen. Lest den Text noch einmal und tauscht euch darüber aus, welche der Entwicklungen auch gegenwärtig von Bedeutung sind und warum.

3 Denke darüber nach, welche Anliegen die Autorin mit ihrem Buch verfolgt. Notiere deine Antwort und begründe sie mithilfe der Auszüge aus dem Vorwort zum Buch.

4 Wenn dein Interesse für das Buch geweckt wurde, besorge es dir. Wähle ein oder zwei dich besonders ansprechende Kapitel aus und stelle sie in der Klasse vor.

5 Die Autorin hat ein weiteres Buch zur Sprachentwicklung geschrieben. Recherchiere Informationen zu dem Buch „Atlas der verlorenen Sprachen". Besorge dir das Buch oder eine Leseprobe daraus und stelle es in der Klasse vor.

Tania Witte

Einfach nur Paul (Auszug)

Paul Mérida ist 16 und als Sänger der Schulband beliebt. Schon seit er elf war, ist Paul in Amira verliebt und sein Leben scheint auf den ersten Blick in Ordnung zu sein. Doch tatsächlich läuft einiges ziemlich schief …

[…]

Amira boxte mich gegen den Oberarm, wie jedes Mal, wenn ich in meinem Kopf verschwand. „Du denkst zu viel und teilst zu wenig", hieß das und meistens lag sie damit richtig. Es gab in der Tat zwei Pauls: einen in meinem
5 Kopf und einen anderen, den der Rest der Welt sehen konnte. Sie hatten wenig miteinander zu tun.

Zu meinem Bedauern schien Amira die äußere Version lieber zu mögen. Sie nannte sie Ru, nach RuPaul. Keine Ahnung, warum eigentlich. Vielleicht fand sie meinen Namen zu unglamourös für den Sänger einer Schulband.
10 Deshalb gab es den äußeren Paul, den nicht interessierte, was andere dachten. Seinetwegen und auch wegen RuPauls „Drag Race" zog ich mittlerweile Sachen an, die andere schräg fanden, und lackierte mir die Nägel. Die Grenzen zwischen den beiden Versionen meiner selbst verschwammen immer öfter. Aber was hatte das mit meinem Namen zu tun? Paul, das war ich.
15 Ru nicht.

Trotzdem schwieg ich und hoffte, dass Amira es an einem bestimmten Punkt selbst merken würde. […]

„Komm endlich!" […] „Hast du bei deinem intensiven Gebrüte über lateinische Vokabeln zufällig mitgekriegt, dass die Schule für heute rum ist und
20 draußen ein wunderschöner Sommertag auf uns wartet?"

Das Grinsen kam, ich konnte nichts dagegen tun. „Jetzt, wo du's sagst", erwiderte ich, und weil ich wusste, worauf sie hinauswollte, fügte ich hinzu: „Heißt das, wir sollten uns vor der Bandprobe ein Eis holen?"

Sie johlte auf und tanzte übermütig die Treppe runter. Ich war von ihrem
25 Anblick dermaßen verzaubert, dass ich fast über einen Typen stolperte, der ausgestreckt auf der untersten Treppenstufe fläzte und auf seinem Handy herumscrollte.

„Scheiße, pass doch auf!" Er fuhr herum, um mich zu beschimpfen, aber als er erkannte, wen er vor sich hatte, wich sein genervter Gesichtsausdruck
30 einem breiten Grinsen. „Hey, Mérida! Bisschen übertrieben mit Kiffen, was?"

Er überging meinen irritierten Blick, der sich widerwillig von Amira löste. „Oh, verstehe: Du hast zu wenig Schlaf gekriegt." Ein brüllendes, falsches Lachen. Ich rollte mit den Augen, aber er hatte sich bereits umgedreht. „Hey, Mira!", schrie er. Und während ich mich fragte, warum Jungs an unserer
35 Schule immer mit den Nach- und Mädchen mit den Vornamen angesprochen wurden, wandte sie sich bereits hüpf-tanzend um und winkte ihm zu. Er streckte den Arm mit gehobenem Daumen in ihre Richtung. „Cooler Auftritt letzte Woche!"

„Danke!" Sie deutete eine Verbeugung an. „Empfehlen Sie uns weiter."

40 Er lachte und zwinkerte mir verschwörerisch zu. Ohne darauf zu reagieren, stapfte ich an ihm vorbei.

„Zu wenig Schlaf gekriegt", knurrte ich, als ich neben Amira zum Stehen kam. „Na, wenn der sich mal nicht für megawitzig hält."

„Lass ihn. Sollen sie denken, was sie wollen." Sie stupste mit dem Zeigefinger
45 gegen meine Nase. „Ist doch gut, wenn sie glauben, wir haben was miteinander. Das erhöht den Sexappeal der Band."

Die Band, immer die Band. Glücklicherweise missinterpretierte sie das Stöhnen, das mir entfuhr.

„Ärger dich nicht. Hauptsache, wir kennen die Wahrheit." Sie ahmte das
50 verschwörerische Zwinkern unseres Fans nach.

Die Wahrheit war, dass unsere Beziehung rein platonisch war.

Platonisch.

War das auch lateinisch? Oder griechisch?

„Latein nervt", lenkte ich ab.

55 „Nee", widersprach sie. „Latein ist die beste Sprache der Welt."

„Der toten Welt."

Sie ignorierte meinen Einwurf. „Ich könnte einen Song auf Latein schreiben", schlug sie vor, als wir durch die Halle Richtung Ausgang schlenderten. „Für die Band."

60 Es war unglaublich, wie es ihr bei jedem Thema gelang, einen Bogen zur Band zu schlagen. Ich wünschte, ich würde genauso für *Going Under* brennen wie sie. […]

„Superidee! Das kommt bestimmt voll Potter-mäßig", witzelte ich und sang übertrieben laut zu einer Melodie, die es nicht gab und die es auch besser
65 nicht geben sollte: „Wingardium Leviosa, Petrificus Totalus, Lumos, Lumos, Expelli-ar-mus!"

Die letzte Silbe zog ich in die Länge, laut, lauter, malträtierte eine imaginäre
Gitarre und ging in die Knie. Keine Ahnung, was mich ritt, der äußere Paul
hatte diese Momente … Und wie das meiste, was dieser Teil von mir veran-
70 staltete, fanden die vereinzelten Grüppchen, die im Eingangsbereich der
Schule herumhingen, es nicht vollkommen gestört. Im Gegenteil: Ein paar
von ihnen applaudierten sogar! Amira allerdings zog missbilligend die
Brauen hoch.
„Das ist kein Latein, es tut nur so", bemerkte sie bissig. „Und außerdem …"
75 Ich sprang in den Stand, zog meine Hose zurecht und schaute sie abwartend
an.
„Potter geht echt gar nicht mehr."
Womit sie, leider, recht hatte. Die Zaubersprüche würde ich dennoch nie
vergessen, genauso wenig wie die Erinnerung an all die Abende, in denen
80 meine Mutter die Bettdecke um mich herum festgestopft und mir in meinem
dunklen Zimmer ein Kapitel nach dem anderen vorgelesen hatte. Das Licht
der Stirnlampe hatte scharfe Schatten auf ihr Gesicht geworfen – und auf
alles, was sie ansah. Es war gruselig und wundervoll gewesen. Diese Abende
waren eine meiner liebsten Kindheitserinnerungen. Und dann machte die
85 Autorin mir das kaputt. Es war zum Heulen. „Stimmt, die Rowling", klagte
ich. „Die Welt ist grausam."
„Vor allem ist sie immer in Bewegung." Amira scheuchte zwei Jungs beiseite,
die in der Schlange vor dem Getränkeautomaten anstanden, marschierte zur
Tür und drückte sie mit dem Rücken auf. „Nach dir, Queen."
90 Wir bummelten über den Schulhof und streunten durch die Straßen zu *Alphi's
Eis*, einem Laden, den Amira so sehr liebte, dass sie ihm sogar den falschen
Apostroph verzieh.
Weiße Schokolade mit Pistazie, zwei Kugeln, für sie, Schoko-Spaghetti-Eis für
mich. Schweigend lümmelten wir uns auf eine der grob gezimmerten Holz-
95 bänke vor der Eisdiele und beobachteten die vorbeihastenden Menschen. Hin
und wieder hob Amira träge die Hand, um jemanden zu grüßen, der ebenfalls aus Richtung Schule an uns vorbeischlenderte. Keine Ahnung, ob sie
jeden Menschen, dem sie zuwinkte, kannte, mir kamen die Gesichter wenig
vertraut vor. Aber ich hatte ohnehin ein sagenhaft schlechtes Gedächtnis für
100 Gesichter, was mir den Ruf einbrachte, arrogant zu sein. Warum mich trotzdem die halbe Schule mochte, war mir ein Rätsel. Der Sänger der Schulband
zu sein, trug vermutlich dazu bei. Und das, obwohl ich nicht mal besonders
gut sang, da waren sich alle einig, die Ahnung von Musik hatten.
„Okay, Ru, was ist los?" Amira legte die Hand auf meinen Oberschenkel.
105 […] Obwohl ich wusste, dass es ein Fehler war, stellte ich den Eisbecher ab
und legte die freie Hand auf Amiras, woraufhin sie ihre wegzog.
Natürlich.
Einen Moment lang betrachtete ich den abblätternden dunkelroten Lack auf
meinen Nägeln und spürte der Phantomwärme nach, die Amiras eben-noch-
110 da-gewesene Hand hinterlassen hatte. Dann, als wäre nichts geschehen, hob

ich den Eisbecher wieder hoch, steckte den Löffel hinein und vermied es, sie beim Sprechen anzusehen.

„Was los ist? Das Übliche. Mein Vater."

Amira stöhnte. „Was hat er jetzt schon wieder gemacht?"

115 „Jetzt schon wieder" traf es ziemlich gut. Wir stritten ständig. Keine Ahnung, warum genau, aber seit ein paar Jahren hatte ich das Gefühl, ihm nichts recht machen zu können. Erst gestern Abend hatten wir wieder einen hefti-gen Streit gehabt, der sich um meine vermeintliche Unfähigkeit gedreht hatte, mich auf die „wichtigen Dinge des Lebens" zu konzentrieren. Wichtig,

120 das war für ihn keine Musik, kein Social Media und überhaupt nichts von dem, was er „Hedonismus" und ich „Spaß" nannte. Wichtig waren für mei-nen Vater das Bestreben, die Gesellschaft voranzubringen, und eine klassi-sche Bildung. [...]

„Ein bisschen mehr Respekt!", hatte er gemahnt, als er mich dabei erwischte,

125 wie ich Kotz-Emojis in mein Lateinbuch malte. Und dann hatte er so intensiv auf mich eingelabert, wie ich ihn zu ignorieren versuchte, bis er bei seiner absoluten Lieblingsstelle in dem sich wöchentlich wiederholenden Loop angekommen war: „Alle großen Denker waren Römer oder Griechen! Und alle großen Dichter übrigens Deutsche. Da kannst du ruhig stolz drauf sein,

130 wenn ihr das nächste Mal Schiller lest oder Goethe oder Hesse oder Fonta-ne! Oder Kleist! Kleist ist der ..."

An der Stelle hatte ich mein Lateinbuch mit einem Knall zugeklappt. „Seit wie vielen Millionen Jahren sind die noch mal tot mittlerweile?", hatte ich geätzt und in Erinnerung an meine Emojis ein Würgegeräusch gemacht.

135 Woraufhin mein Vater rot anlief und etwas mit „Kulturgut!" und „Klassiker!" rief, und ich höhnisch echote: „Klassiker, ist klar!". Dann hatte ich ihm Ami-ras Argumente entgegengeschleudert. Von wegen alten weißen Männern, der komplett verzerrten Geschichtsschreibung, die kein Mensch zu hinterfra-gen schien, und dass wir bis zum Abi kein einziges Buch von einer Frau,

140 geschweige denn von Leuten lesen würden, die nicht weiß waren.

„Kein einziges!", hatte ich am Ende gebrüllt. „Kulturgut, my ass!" [...]*

 1 Tauscht euch darüber aus, ob ihr Pauls Wutausbruch am Ende des Text-auszugs verstehen könnt. Besprecht eure ersten Gedanken dazu.

→ S. 317:
Merkwissen:
literarisches Gespräch

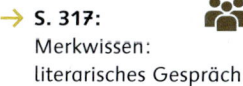 **2** Lest den Text noch einmal und führt ein literarisches Gespräch über die Figuren. Besprecht, was man über sie erfährt und wie ihr sie euch vorstellt.

 3 Untersucht, welche sprachlichen Gestaltungsmittel den Text lebendig machen. Achtet besonders auf vorkommende Sprachvarianten.

 4 Wenn du mehr über Pauls Probleme und seine Suche nach sich selbst wissen möchtest, besorge dir das Buch und lies es.

1 Schreibe den folgenden Satz in korrekter Groß- bzw. Kleinschreibung auf.

IMMER AM 3. SEPTEMBER, DEM TAG DES BARTES, ZEIGTE SICH, DASS JUNGE UND ALTE MÄNNER GROSSEN WERT AUF IHREN GEPFLEGTEN BART LEGEN, DENN DAS TRAGEN VON SCHNAUZERN, VOLLBÄRTEN ODER KINNBÄRTEN IST WIEDER SEHR MODERN.

2 Schreibe für die Wortarten Nomen/Substantiv, Verb, Adjektiv, Pronomen, Präposition, Konjunktion und Adverb je ein Beispiel aus dem Satz der Aufgabe 1 in dein Heft.

3 Schreibe diejenigen Sätze, die eine Zeitform im Futur II enthalten, in dein Heft. Unterstreiche die Formen des Futurs II.

  1 In ein paar Monaten wird er sich wohl einen Zopf geflochten haben.
  2 Wegen dieses Kurzhaarschnitts wirst du zum Friseur gehen müssen.
  3 Bis Jahresende werden deine Haare auf Schulterlänge gewachsen sein.
  4 Profis werden dir von dieser Frisur abraten.

4 Schreibe die Sätze in dein Heft. Ersetze dabei die unterstrichenen Wortgruppen durch ein Indefinitpronomen.

  1 Mit ihrer Frisur verbinden die meisten Erwachsenen eine Botschaft.
  2 Wohl kein einziger Mensch lässt sein Haar „einfach so" wachsen.
  3 Manche Leute wechseln in einer neuen Lebensphase auch die Frisur.

5 Groß- oder Kleinschreibung? Setze die Wörter in Klammern in der richtigen Wortart in die Lücken ein.

  1 Mit dem _____ langer oder kurzer Haare verbindet man in jeder Kultur und Epoche eine Bedeutung. (tragen)
  2 Im antiken Griechenland mussten versklavte Menschen sowie einfache Handwerker das Haar kurz _____. (tragen)
  3 Das _____ der Haare war eine Strafe, mit der man Frauen und Gefangene demütigte. (abrasieren)
  4 Was meint die Redewendung vom _____ alter Zöpfe? (abschneiden)

6 Bestimme die Modusform der unterstrichenen Verbformen. Ordne die Sätze 1 bis 4 den Modusformen A bis D zu. Notiere die Satznummer und den Buchstaben in deinem Heft.

  1 „Kämme mir bitte die Haare und flicht mir Zöpfe."   **A** Indikativ
  2 Darum bittet mich meine kleine Schwester ständig.   **B** Konjunktiv I
  3 Liam sagt, Zöpfe könne man auch drehen.   **C** Konjunktiv II
  4 Zurzeit gäbe es ein Zopf-Revival, erklärt Liam,   **D** Imperativ
     der sich als Friseur damit auskennt.

7 Bestimme, ob die Verbformen im Aktiv (A), Vorgangspassiv (VP) oder Zustandspassiv (ZP) stehen. Notiere die Satznummern und die Buchstaben in deinem Heft.

1 Der preußische König Friedrich I. verordnete 1713 seinen Soldaten, einen Zopf zu tragen.

2 Die Länge des Zopfes war mit 56 cm genau vorgeschrieben gewesen.

3 Die Zopfmode wurde im 18. Jahrhundert auch von anderen Armeen Europas übernommen.

4 Beim Umgang mit dem Gewehr sind damals offene lange Haare brandgefährdet gewesen.

8 Bildet zu jedem der folgenden mehrdeutigen Wörter je zwei Sätze, in denen die unterschiedlichen Bedeutungen deutlich werden.

1 der Bart	4 schneiden
2 die Bedeutung	5 verdienen
3 der Zopf	6 offen

9 Schreibe die folgenden Satzgefüge ab und setze die fehlenden Kommas.

Achtung, Fehler!

1 In Deutschland gibt es regelmäßig Meisterschaften auf denen die stattlichsten Bärte ausgezeichnet werden.

2 Wer zur Meisterschaft antreten will muss sich gründlich darauf vorbereiten.

3 Die Bartträger müssen darauf achten dass die Bärte akkurat geschnitten sind.

4 Bei Bärten die gebogen sind dürfen die Enden nicht höher als die Augenbrauen sein.

5 Weil es ganz verschiedene Bärte gibt werden jeweils die schönsten Vollbärte, Backenbärte und Schnauzbärte gesucht.

10 Unterstreiche in den Sätzen der Aufgabe 9 die Nebensätze.
Bestimme sie nach:
– ihrer Stellung zum übergeordneten Satz/Teilsatz,
– der Art des Einleiteworts,
– dem Grad ihrer Abhängigkeit vom Hauptsatz.

→ **S. 349:** Lösung zum Test

Fehlerschwerpunkte erkennen – Fehler korrigieren

Mit Textverarbeitungsprogrammen arbeiten

1 Lies den folgenden Text und fasse zusammen, welche Konsequenzen du aus den Informationen ziehen solltest.

Das Bewerbungsschreiben und der Lebenslauf stellen die erste Begegnung der Bewerberin bzw. des Bewerbers mit möglichen künftigen Arbeitgeberinnen und Arbeitgebern dar. Daher sollten diese Schreiben nicht nur inhaltlich und formal einen positiven Eindruck hinterlassen, sondern auch in der Rechtschreibung möglichst fehlerfrei sein. Ein Drittel der Personalverantwortlichen sortiert eine Bewerbung mit Rechtschreibfehlern sofort aus.

2 In den folgenden Aufgaben werden die häufigsten Fehler dargestellt, die in Bewerbungsschreiben zu finden sind.

Höflichkeitsanrede

Tipp
Kontrolliere deine Lösungen mit den Dudenregeln D 83–84.

a Entscheide, ob du in den folgenden Sätzen die Anredepronomen groß- oder kleinschreiben musst. Schreibe die Sätze in dein Heft.

1 Sehr geehrte Damen und Herren, von einer ihrer / Ihrer Mitarbeiterinnen erfuhr ich, dass in ihrem / Ihrem Betrieb Auszubildende eingestellt werden.
2 Auf ihre / Ihre Empfehlung hin möchte ich mich bei ihnen / Ihnen um einen Ausbildungsplatz als Elektronikerin bewerben.
3 Ich wäre ihnen / Ihnen sehr dankbar, wenn sie / Sie mich zu einem Vorstellungsgespräch einladen würden.
4 Falls sie / Sie noch Fragen haben, können sie / Sie mich über meine E-Mail-Adresse erreichen.
5 Sie finden sie / Sie auf diesem Bewerbungsschreiben.
6 Ich bedanke mich im Voraus für ihre / Ihre Mühe.

b Erkläre die unterschiedlichen Schreibweisen in Aufgabe a.

Unterscheidung von ss – ß

Achtung, Fehler!

c Immer wieder finden sich in den Bewerbungen Fehler bei der Schreibung von Wörtern mit *ss* oder *ß*. Berichtige die Fehlerwörter und schreibe sie auf.

1 Ich will einen guten Mittelschulabschluß erreichen.
2 Ausserdem übermittle ich Ihnen Belege über Praktika.
3 Auserhalb des Unterrichts besuche ich eine AG.
4 Ich habe mich intensiv mit den Berufsbildern im Bürobereich befast.
5 Ich bin absolut verläßlich.
6 Mein Abschlußzeugnis muß ich leider nachreichen.
7 Abschliessend bedanke ich mich für Ihre Mühe.
8 Mit freundlichen Grüssen

Unterscheidung von *seid – seit*

d Schreibe die folgende Regel ab und setze *seid* oder *seit* richtig ein. Begründe deine Entscheidung und ergänze je zwei Beispiele.

⬛ wird stets bei Zeitangaben verwendet. Man kann es meist durch das Wort *ab* ersetzen.

⬛ ist eine Präsensform bzw. eine Imperativform des Verbs *sein*, und zwar die der zweiten Person Plural: *ihr* ⬛.

e Die Wörter *seit* und *seid* werden häufig verwechselt. Schreibe die Sätze ab und setze *seid* bzw. *seit* ein. Begründe deine Entscheidung.

1 Schon ⬛ meiner Kindheit interessiere ich mich …
2 ⬛ dieser Zeit …
3 ⬛ einem Jahr bin ich in einer AG …
4 ⬛ Sommer letzten Jahres bin ich in der 9. Klasse.
5 Ein guter Rat: ⬛ sorgfältig bei der Gestaltung eurer Bewerbung.
6 ⬛ auch beim Bewerbungsgespräch aufmerksam und höflich.
7 ⬛ im Betrieb mehr auf Umgangsformen geachtet wird, ist die Stimmung viel besser geworden.
8 Also ⬛ auch ihr allen gegenüber höflich.

3 Überprüfe, was du über Rechtschreibfehler in Bewerbungen weißt. Ergänze die Aussagen.

1 Ein Fehler in der Adresse, z. B. im Namen des Betriebs oder der Straße, …
2 Bei der Anrede im Bewerbungsschreiben werden die höflichen Anredepronomen *Sie* und *Ihr* …
3 Bewerbungsschreiben und Lebenslauf überprüfe ich mit dem … meines Computers. Das findet …
4 Bei schwierigen Wörtern sollte man …
5 Rechtschreibfehler im Bewerbungsschreiben sind …
6 Bei … landet die Bewerbung bei den meisten Personalabteilungen im Papierkorb.

4 Gibt es Textverarbeitungsprogramme, die alle Fehler finden?

a Lies den Hilferuf aus einem Internetforum und berichtige die Fehler.

Achtung, Fehler!

New Tab	+	– ☐ ✕

Rechtschreibprogram #1
Hi Leute ich such ein Rechtschreibprogram dass alle Fehler und Kommas findet. Meine Deutschlehrerin meint das ich dass driengent brauche.

 b Tauscht eure Erfahrungen mit Rechtschreibprüfungen von Textverarbeitungsprogrammen aus.

* kennzeichnet fehlerhafte Schreibungen

Textverarbeitungsprogramme sind eine nützliche Hilfe, um Rechtschreib- oder Flüchtigkeitsfehler (Buchstabenvertauschungen, -auslassungen, z. B.: *shcwimmen*, *Sraßenbahn*) in Computertexten zu markieren und zu korrigieren. Obwohl die Rechtschreibprüfungen immer besser werden, weisen sie nach wie vor **Schwächen** auf. Dies betrifft vor allem die folgenden Bereiche:

- Groß- und Kleinschreibung, z. B.: *lautes lesen* statt *lautes Lesen*,
- Getrennt- und Zusammenschreibung, z. B.: der *Rad Weg* statt der *Radweg*,
- *das/dass*-Schreibung – Wortart nicht erkannt, z. B.: *das Fahrrad, *dass mir gefällt* statt *das Fahrrad, das mir gefällt*,
- Kommasetzung, z. B.: *Ich bitte euch darum* besonders aufmerksam zu sein.* statt *Ich bitte euch darum, besonders aufmerksam zu sein.*

5 Überprüfe die markierten Wörter im folgenden Text.

a Lies den Text und überlege, weshalb das Textverarbeitungsprogramm den richtig geschriebenen Namen *Pemberton* als Fehler markiert hat.

Achtung, Fehler!

Vor 125 Jahren wanderte in einer Apotheke in Atlanta die erste Coca-Cola über den Ladentisch. Mit dem Produckt, das Heute verkauft wird, hatte sie nicht viel zutun. Das Getränk des Apotekers John Pemberton galt als Medizin gegen Kopf schmerzen und gegen Erschöpfung. So konnte man es auch auf
5 den Flaschen Lesen. An der Rezeptur wurde mehrfach gefeilt. Das Getränk endhielt Anfangs Kokain und Alkohol. Diese Suchtgifte sind Heute verschwunden. Dafür ist nach wie vor eine kräftige Dosis Koffein und Phosphorsäure Enthalten. Dem menschlichen Knochenbau kann zu viel Phosphor Schaden, vor allem, wenn er im wachsen ist. Das Rezept liegt heute noch in
10 einem versiegelten Tressor, zu dem nur zwei Menschen einen Shclüssel haben sollen. Coca-Cola hat auch Werbegeschichte geschrieben. Schon die beiden großen C und die Schrift sind unverweckselbar. Ebenso die 1916 entworfene, angeblich sogar im Dunkeln erkenbare Flasche. 2010 erzielte ein von dem amerikanischen Künstler Andy Warhol gemaltes Porträt einer Cola-Flasche
15 35 Millionen Dollar. Die Marke scheint ihr Geld wert zu sein.

b Berichtige die vom Textverarbeitungsprogramm markierten Fehlerwörter.

Tipp
Nutze ggf. auch ein digitales Wörterbuch.

c Überprüfe die von dir korrigierten Fehlerwörter:
  - Schreibe die Wörter in der berichtigten Schreibung mit dem Computer.
  - Kontrolliere deine Wörter mithilfe der Rechtschreibprüfung deines Textverarbeitungsprogramms und ändere, wenn nötig.

d Sucht neun weitere Fehler, die nicht vom Textverarbeitungsprogramm markiert wurden, und korrigiert sie.

heute, ...

Mit Wörterbüchern arbeiten

1 Auch beim folgenden Text wurde ein Textverarbeitungsprogramm eingesetzt, aber es hat keine Fehler gefunden.

Tipp
Im Text sind zehn Fehler enthalten.

Achtung, Fehler!

a Lies den Text und notiere, welche Rechtschreibprobleme du erkennst.

Das dass Textverarbeitungsprogramm eine große Hilfe bei der Korrektur von Texten sein kann, dass ist inzwischen allgemein bekannt. Viele glauben, dass so ein Programm fast alle Fehler erkennt. Dass ist aber leider nicht so. Dass heißt, das dass Textverarbeitungsprogramm häufig keine nominalisierten/
5 substantivierten Wortarten erkennt, z. B.: *laufen – beim Laufen; schöner Herbst – das Schöne am Herbst; drei, eins – die Drei ist die Eins des kleinen Mannes*. Das heißt auch, das der Computer nicht immer die Bedeutung eines Wortes erkennt: *einen Text frei sprechen – einen Angeklagten freisprechen*. Das mit der technischen Weiterentwicklung diese Probleme gelöst werden
10 können, dass ist sicherlich nur eine Frage der Zeit.

Tipp
Schlage in einem Print- oder Online-Wörterbuch nach.

b Wiederhole die Regeln zur Schreibung von *das/dass*.

c Berichtige die Schreibung von *das/dass* im Text von Aufgabe a.

Nach Möglichkeit sollte man **Regeln** im Regelteil von Print- oder Online-**Wörterbüchern nachschlagen**. Mit der Kenntnis einer einzigen Regel kann man meist viele Wörter richtig schreiben, z. B.:
Nomen/Substantive schreibt man groß.
Anführungszeichen stehen vor und hinter direkter Rede.
Die Regeln findet man in den meisten Rechtschreibwörterbüchern, zum Beispiel im Duden, am Anfang oder am Ende. In digitalen Wörter-büchern sucht man Regeln unter der Rubrik „Sprachwissen".

2 Beherrschst du die Kommasetzung sicher?

 a Diktiert euch gegenseitig den Text. Setzt beim Schreiben die nötigen Kommas.

Tipp
Neun Kommas müssen gesetzt werden, ein Komma kann gesetzt werden.

Achtung, Fehler!

Es gibt Nachrichten die machen richtig neidisch. In Hawaii das ist ein ameri-kanischer Bundesstaat mitten im Pazifik sollen die Kinder künftig im Sport-unterricht Surfen lernen. Das Wellenreiten wie das Surfen auf Deutsch genannt wird gehört somit ebenso zum Stundenplan wie Football Basketball Volleyball oder Schwimmen. Im Gegensatz zu Deutschland ist es in Hawaii immer warm die Wellen sind meterhoch und es gibt eine lange Surf-Tradition. Für die hawaiianischen Schülerinnen und Schüler ist es also nichts Besonde-res wenn sie Unterricht am und im Meer haben.

 b Vergleicht eure Ergebnisse und korrigiert Fehler. Wenn nötig, schlagt im Regelteil eines Print- oder Online-Wörterbuchs nach.

Groß- und Kleinschreibung

Nominalisierungen/Substantivierungen

1 Prüfe, welche Regeln der Groß- und Kleinschreibung du kennst. Vervollständige die Sätze und schreibe die Regeln in dein Heft.

1 Satzanfänge schreibt man ▢▢▢ .

2 Eigennamen (z. B.: *die Sächsische Schweiz*) schreibt man ▢▢▢ .

3 Nomen/Substantive (z. B.: *Baum, Haus, Garten*) werden im Deutschen ▢▢▢ geschrieben.

4 Alle anderen Wortarten, zum Beispiel Verben *(schreiben)* und Adjektive *(warm)*, werden ▢▢▢ geschrieben.

5 Allerdings muss man diese Wortarten ▢▢▢ schreiben, wenn sie nominalisiert/substantiviert wurden (z. B.: *beim Schreiben, etwas Warmes*).

2 Die Groß- und Kleinschreibung kann den Sinn einer Aussage verändern. Wähle Aufgabe a oder b.

●○○ **a** Erkläre die unterschiedliche Groß- und Kleinschreibung der unterstrichenen Wortgruppen in den folgenden Sätzen.

1 Der Gefangene floh aus dem Gefängnis.
2 Mit einem Satz sprang der gefangene Floh aus der Schachtel.
3 Die alten Sagen sind manchmal ziemlich spannend.
4 Die Alten sagen, dass wir einen schönen Sommer bekommen.

●●○ **b** Ändere mithilfe von Groß- und Kleinschreibung die Aussage in folgenden Wortgruppen und erkläre die unterschiedliche Bedeutung. Bilde mit mindestens zwei Wortgruppen kurze Sätze.

1 den kleinen Schätzen
2 kaltes Essen
3 der starke Trank
4 das liebe Ich
5 viele kluge Reden hören

1. den kleinen Schätzen – den Kleinen schätzen
Er wandte sich den kleinen Schätzen in der Truhe zu. – Man sollte auch den Kleinen schätzen, denn er kann schon viel für sein Alter.

2. ...

> Etwa 15 bis 20 Prozent aller Rechtschreibfehler im Deutschen entfallen auf die Groß- und Kleinschreibung. Es ist daher sehr wichtig, nicht nur die **Regeln für die Groß- und Kleinschreibung** zu kennen, sondern auch charakteristische Merkmale von Nomen/Substantiven und nominalisierten/substantivierten Wörtern. Typische **Signale für die Großschreibung** sind:
> * **Suffixe**, wie _ung_, _-heit_, _-keit_, _-nis_, _-schaft_, z. B.:
>   _die Heizung, die Freiheit, die Heiterkeit, das Erlebnis, die Bereitschaft,_
> * **Begleitwörter** wie Artikel, Adjektive, Pronomen, Präpositionen, Zahlwörter, z. B.:
>   _der Beruf, eine schöne Maske, seine Frisur, zu Beginn, in zwei Rollen,_
> * die **Stellung** in der nominalen Wortgruppe (ganz rechts), z. B.:
>   _die beliebte Eins, mit seinem lauten Schreien._

→ **S. 190:**
Nomen/Substantive

3 Suche alle Nomen/Substantive und nominalisierten/substantivierten Wörter aus diesem Text heraus und schreibe sie mit ihren Begleitwörtern auf. Unterstreiche die Begleitwörter. Bei Nomen ohne Begleitwörter ergänze passende Beispiele.

Brot gibt es seit drei Jahrtausenden in jeder Zivilisation. Die Herstellung ist aus verschiedenen Getreiden möglich. Mit dem systematischen Anbau von Getreide begannen Menschen vor ca. 10 000 Jahren. Ursprünglich wurde das gemahlene Getreide mit klarem Wasser vermengt und als dünner Brei gegessen. Später wurde dieser Brei auf heißen Steinen oder in glühender Asche als schmackhaftes Fladenbrot gebacken. Das Interessante daran ist, dass gesäuertes Brot schon vor 5000 Jahren bekannt war, so zum Beispiel im alten Ägypten. Von dort aus gelangten die Kenntnisse über das Backen von Brot über das alte Griechenland nach Europa.

das Brot, …

4 Wiederhole mithilfe des folgenden Merkkastens, was bei Nominalisierungen/Substantivierungen zu beachten ist.

> Jedes Wort kann im Deutschen als Nomen/Substantiv gebraucht, also **nominalisiert/substantiviert** werden. Dann wird es mit großem Anfangsbuchstaben geschrieben und wie ein Nomen dekliniert (gebeugt). Eine **Nominalisierung/Substantivierung** lässt sich mit Begleitwortern wie Artikel, Pronomen, Präposition, Zahlwort oder Adjektiv zu einer **nominalen Wortgruppe** erweitern. Die Nominalisierung steht immer am Ende einer nominalen Wortgruppe. Deshalb hilft die **Erweiterungsprobe**, sie zu erkennen, z. B.:
>
> | | |
> |---|---|
> | _das Interessante_ | _über das Backen_ |
> | _das besonders Interessante_ | _über das richtige Backen_ |
> | _das ganz besonders Interessante_ | _über das damals richtige Backen_ |

5 In den folgenden Sätzen sind alle Adjektive kleingeschrieben.

a Schreibe die unterstrichenen Wortgruppen in der richtigen Groß- und Kleinschreibung heraus.

Achtung, Fehler!

Gestern war eigentlich <u>nichts besonderes</u>. Ich verließ wie immer um 7 <u>in der
frühe</u> das Haus. Meine Mutter wünschte mir <u>alles gute</u> für den Tag, weil <u>in
englisch</u> eine Leistungskontrolle anstand. So eine Kontrolle ist <u>im großen und
ganzen</u> für mich <u>nichts schlimmes</u>. Meine Leistungen sind nicht schlecht. Ich
bin <u>im allgemeinen</u> eine <u>der besten</u>. Nach dem Schulabschluss will ich für ein
Jahr ins Ausland. <u>Das gute</u> daran ist, dass man <u>viel neues</u> und <u>viel interes-
santes</u> erleben kann.

nichts Besonderes, ...

Tipp
Nutze ggf. ein
Wörterbuch.

b Schreibe folgende Wendungen richtig in dein Heft.

1 von nahem / Nahem
2 seit längerem / Längerem
3 bis zum letzten / Letzten
4 im wesentlichen / Wesentlichen
5 sich über etwas im klaren / Klaren sein
6 etwas außergewöhnliches / Außergewöhnli
7 das folgende / Folgende aufschreiben
8 bis ins einzelne / Einzelne
9 nichts besonderes / Besonderes erwarten
10 vor kurzem / Kurzem
11 im übrigen / Übrigen
12 aufs herzlichste / Herzlichste grüßen
13 etwas zu ende / Ende bringen
14 der erste / Erste beste / Beste
15 nach langem hin / Hin und her / Her

1. von Nahem
2. ...

c Präge dir folgende häufig vorkommenden Wendungen ein. Bilde jeweils
kurze Sätze und schreibe sie richtig auf.

1 seit Längerem
2 im Wesentlichen
3 der erste Beste
4 sich über etwas im Klaren sein
5 etwas Außergewöhnliches
6 das Folgende aufschreiben
7 bis ins Einzelne
8 im Übrigen
9 im Allgemeinen
10 nach langem Hin und Her
11 etwas zu Ende bringen
12 bis zum Letzten bemühen

1. Wir wollten uns schon seit Längerem treffen.
2. ...

6 Bei einigen festen Wendungen gibt es Besonderheiten in der Schreibung.

Tipp
Nutze ein digitales Wörterbuch und gib jeweils den Beginn der Wendung oder ein zentrales Stichwort ein, z. B.: *Hause*.

a Schlage folgende Wendungen in einem Wörterbuch nach und schreibe sie in richtiger Groß- und Kleinschreibung auf.

1 NACH HAUSE
2 VON NAH UND FERN
3 ÜBER KURZ ODER LANG

4 DURCH DICK UND DÜNN
5 VON KLEIN AUF
6 OHNE WEITERES

b Bilde Sätze mit den Wendungen aus Aufgabe a. Schreibe sie korrekt auf.

1. Wann kommst du heute nach Hause (nachhause)?
2. ...

> Am häufigsten treten **Fehler** bei der **Groß- und Kleinschreibung** in folgenden Bereichen auf:
> • bei nominalisierten/substantivierten Adjektiven und Verben, z. B.: *das Gute, beim Schreiben*,
> • bei der Schreibung von Superlativen, z. B.: *am schnellsten*,
> • bei festen Wendungen, z. B.: *im Allgemeinen, in Bezug auf*,
> • bei der Angabe von Tageszeiten, z. B.: *heute Abend, abends*,
> • bei geografischen Eigennamen auf *-er* und *-isch*, z. B.: *das Berliner Stadtzentrum, die Sächsische Schweiz*.

7 Wie sicher bist du in der Groß- und Kleinschreibung? Wähle Aufgabe a oder b.

●○○ **a** Schreibe die im Merkkasten genannten Fehlerbereiche ab und ordne ihnen die unterstrichenen Beispiele in der richtigen Groß- und Kleinschreibung zu.

Achtung, Fehler!

1 Ich wünsche dir alles <u>gute</u> zum Geburtstag und viel Spaß beim <u>feiern</u>.
2 Weil er besonders gut Gitarre spielen kann, wollte die Band ihn <u>am Besten</u> gleich aufnehmen.

3 Er gibt bei den Bandproben sein <u>bestes</u> und wächst auch bei seinem ersten Auftritt über sich hinaus.
4 Da er heute <u>abend</u> keinen Auftritt hat, will er das <u>leipziger</u> Gewandhaus besuchen, denn er hat sonst <u>Abends</u> kaum Zeit dafür.

– *nominalisiertes Adjektiv: alles Gute, ...*
– *nominalisiertes Verb: ...*
– *...*

●●○ **b** Schreibe die im Merkkasten genannten Fehlerbereiche ab und ordne ihnen die Beispiele aus den folgenden Sätzen in der richtigen Groß- und Kleinschreibung zu.

Achtung, Fehler!

1 Im großen und ganzen sind sich die Ermittlerinnen und Ermittler einig, dass sich in den sichergestellten Unterlagen nichts besonders interessantes befindet.
2 So tappen sie bei ihren Ermittlungen noch immer im dunkeln.
3 Auch wenn sie die alten, noch nicht gelösten Fälle heranziehen, fischen sie nach wie vor im trüben.
4 Am besten wäre es, wenn der Fall heute abend durch einen leipziger Polizeieinsatz gelöst werden könnte.

●●● **8** Der folgende Text enthält Fehler in der Groß- und Kleinschreibung. Korrigiere die Fehler, schreibe die Nomen und Nominalisierungen mit Begleitwörtern in dein Heft.

Achtung, Fehler!

Ob du es glaubst oder nicht, es gab einen Mann, der den Eiffelturm verkaufte. Victor Lustig war ein trickbetrüger, ihm gelang dieses Kunststück. Der 1889 für die weltausstellung in Paris errichtete Eiffelturm war 1925 schon ein wenig in die jahre gekommen. Rund alle sieben Jahre musste er unter ande-
5 rem wegen des Rostes neu angestrichen werden. Das dauerte nicht nur sehr lange, sondern verursachte enorme kosten, die so manchem Pariser ein Dorn im auge waren. So hatte Victor Lustig bei einem Schrotthändler Glück, der ihm nicht nur die Geschichte der geheimen Mission zum verkauf und abriss des Eiffelturms, sondern auch gleich den Turm abkaufte. André Poisson
10 wähnte sich im Glück und war davon überzeugt, den Deal seines Lebens gemacht zu haben. Nach dem Kassieren des Kaufbetrags verschwand Victor Lustig. André Poisson bemerkte den schwindel erst, als er beim Ministerium vorstellig wurde. Das war das peinlichste, das ihm je passiert ist. Deshalb erstattete er nicht einmal Anzeige.

9 Wende dein Wissen über die Groß- und Kleinschreibung an. Schreibe die folgenden Sätze in der richtigen Groß- und Kleinschreibung auf und begründe deine Entscheidungen.

Achtung, Fehler!

1 nur im deutschen werden nomen großgeschrieben.
2 im allgemeinen sind die regeln verständlich.
3 schwierigkeiten gibt es mit der nominalisierung.
4 es ist ja im wesentlichen bekannt, dass jede wortart nominalisiert werden kann.
5 für die deutschen ist es also nichts besonderes, adjektive oder verben manchmal großzuschreiben.
6 das nachschlagen im wörterbuch ist bei unsicherheiten aber zu empfehlen.

Getrennt- und Zusammenschreibung

1 Die deutsche Rechtschreibung dient vor allem dazu, das Lesen
zu erleichtern.

a Lies folgenden Text laut. Erläutere, weshalb das Lesen des Textes
schwerfällt.

Winfried Ulrich

Augendreher

Wörterhabeneinenanfangundeinende.
ManCHE wörteR SCHreibT maN AM anFanGG roß.
Zw ische nd enwör ter ng ib te sabst än de.
„Auch!" Satzz-eichen: hel…(fen) – beim? <u>Lesen</u>,
Gibn ich tauf!
Üb ungm acht denmei ster.
Esi stnochk ein meis terv omhim melgef all en.
Oh Nefl eißk Ei nenp Reis!
dU HA SteS Gesch Aff T?!!

b Schreibe den Text aus Aufgabe a in der richtigen
Rechtschreibung auf. Achte auf Groß- und Kleinschreibung, Getrennt- und Zusammenschreibung
und eine sinnvolle Zeichensetzung.

 c Kontrolliert eure Texte gegenseitig. Korrigiert sie, falls nötig, und lest sie
erneut laut.

In der Regel werden **Verbindungen mit Verben** zum besseren Lesen getrennt geschrieben. Häufig kann man mithilfe der **Betonungs-** und **Bedeutungsprobe** über die Getrennt- oder Zusammenschreibung entscheiden.

- Liegt die **Betonung auf dem ersten Bestandteil**, dann wird zusammengeschrieben, z. B.: *<u>hinaus</u>lehnen*, (einen Betrag) *<u>gut</u>schreiben*.
- Werden **beide Bestandteile betont**, wird getrennt geschrieben, z. B.:
laut reden, schnell laufen, (einen Aufsatz) *gut schreiben*.
- Wird die Wortverbindung **in übertragener Bedeutung** verwendet, dann
wird sie zusammengeschrieben, z. B.: (von Schuld) *freisprechen*,
(jemanden) *krankschreiben*
- Bei Verbindungen von Verben mit *bleiben* und *lassen* **in übertragener
Bedeutung** ist sowohl Getrennt- als auch Zusammenschreibung möglich,
z. B.: *sitzenbleiben* und *sitzen bleiben* (nicht versetzt werden),
stehenlassen und *stehen lassen* (nicht mitnehmen)
- Bei Verbindungen mit *sein* wird immer getrennt geschrieben, z. B.:
da sein, pünktlich sein.

2 Wende die Regeln aus dem Merkkasten auf S. 283 an.

Tipp
Nutze dabei die Betonungs- und Bedeutungsprobe.

a Bilde aus den folgenden Wörtern und passenden Verben möglichst viele Zusammensetzungen. Schreibe die Zusammensetzungen in dein Heft.

ab	auf	auseinander	herunter	fort	herab
heraus	hinzu	voran	zusammen	fest	hinüber
voraus	überein	vorbei	weiter	zurück	hinterher

ablaufen, auftreten, ...

b Verwende sechs Zusammensetzungen aus Aufgabe a in Wortgruppen und markiere die Betonung.

die Strecke ablaufen, im Theater auftreten, ...

3 Getrennt oder zusammen? Achte auf die Bedeutung und wende auch die Betonungsprobe an. Schreibe die Sätze in dein Heft.

1 Sie wollte bei dem Gespräch dabei / bleiben (nicht weggehen).
2 Er kann dabei / bleiben und muss seine Meinung nicht ändern.
3 Die Schüler mussten noch da / bleiben (durften noch nicht gehen).
4 Aber sie sollten da / bleiben, wo sie sicher sind.
5 Wir hoffen, dass alle ohne eine Verletzung davon / kommen.
6 Die Gefahr soll davon / kommen, dass der Reifen abgefahren ist.

Tipp
Lies noch einmal im Merkkasten (S. 283) nach.

4 Setze die Verbindungen in Klammern in der richtigen Schreibung ein.

1 Sie wollte beim Training nie mehr ▨▨▨. (unpünktlich, sein)
2 Da wir zehn Minuten vor Trainingsbeginn ▨▨▨ sollten, musste ich mich beeilen. (da, sein)
3 Gegen 19 Uhr sollte die heutige Trainingseinheit ▨▨▨. (vorbei, sein)
4 Der Bus sollte ▨▨▨. (pünktlich, sein)
5 Sie sollte also gegen 19:30 Uhr ▨▨▨. (zurück, sein)
6 Aber sie sollte ▨▨▨, da ihre kleine Schwester schon schlief. (leise, sein)

1. Sie wollte beim Training ...   2. ...

> Verbindungen aus **Verb + Verb** werden meist **getrennt** geschrieben, z. B.:
> *einkaufen gehen, singen lernen.*
> **In übertragener Bedeutung** können Verbindungen mit *bleiben* und *lassen* auch zusammengeschrieben werden (**Bedeutungsprobe**), z. B.:
> *sitzenbleiben* (nicht versetzt werden), *links liegenlassen* (nicht beachten).

2 a Wähle zum Beispiel aus folgenden Verben aus.
laufen / gehen / kommen / treten / stehen / setzen / legen / schauen / sehen / blicken

Tipp
Achte auf
Betonung und
Bedeutung.

5 Getrennt oder zusammen? Bilde Verbindungen aus den Verben
in Klammern. Schreibe die Sätze in dein Heft.

1 Weil mein Vater krank ist, kann er nicht ▓▓▓. (arbeiten, gehen)
2 Am liebsten würde er heute den ganzen Tag im Bett ▓▓▓.
(liegen, bleiben)
3 Dann würde aber auch die ganze Arbeit heute ▓▓▓. (liegen, bleiben)
4 Am Nachmittag wollte ich mit meinen Freunden ▓▓▓.
(schwimmen, gehen)
5 Du kannst die Wäsche auf der Leine ▓▓▓, bis sie wirklich trocken ist.
(hängen, lassen)
6 Kann er ohne schlechtes Gewissen seine Freundin bei dieser
Aufgabe ▓▓▓? (hängen, lassen)
7 Hast du den Wohnungsschlüssel an der Tür ▓▓▓? (stecken, lassen)
8 Deine Geldbörse kannst du ▓▓▓. (stecken, lassen)

> Verbindungen aus **Nomen/Substantiv + Verb** werden überwiegend
> **getrennt** geschrieben, z. B.:
> *Auto fahren, Rad fahren, Ski laufen, Klavier spielen, Not leiden.*
> Folgende **Ausnahmen** muss man sich **einprägen**:
> *eislaufen (eisgelaufen, eiszulaufen, ich laufe eis), heimfahren, irreführen,*
> *leidtun, kopfrechnen, kopfstehen, preisgeben, stattfinden, teilnehmen.*

6 Wende die Regeln aus dem Merkkasten an. Bilde Verbindungen aus den
Wörtern in Klammern und setze sie ein. Schreibe die Sätze in dein Heft.

1 Sie wird heute zur Schule mit dem ▓▓▓. (Rad, fahren)
2 Nach dem Unterricht wird sie mit Tim noch ▓▓▓. (Gitarre, spielen)
3 Sie wollte ihr Erfolgsrezept nicht ▓▓▓. (Preis, geben)
4 Ich muss heute noch ▓▓▓. (Koffer, packen)
5 Seine Absage wird ihm sicherlich noch ▓▓▓. (Leid, tun)
6 Die Opfer des Erdbebens müssen ▓▓▓. (Not, leiden)
7 Im Winter kann man in der Eissporthalle ▓▓▓. (Eis, laufen)
8 Tom kann ▓▓▓. (Inliner, fahren)
9 Mina möchte an der Meisterschaft ▓▓▓. (Teil, nehmen)
10 Diese wird im Mai ▓▓▓. (Statt, finden)

> Verbindungen aus **Adjektiv + Verb** werden meist **getrennt** geschrieben,
> z. B.: *laut sprechen, schnell laufen.*
> Nur in **übertragener Bedeutung** muss man **zusammenschreiben**
> (**Bedeutungsprobe**), z. B.:
> *rotsehen* (wütend werden), *schwerfallen* (Mühe haben),
> *festnehmen* (verhaften), *richtigstellen* (etwas berichtigen),
> *freisprechen* (von Schuld).

Tipp
Nutze auch die
Betonungsprobe.

7 Übertragene oder ursprüngliche Bedeutung? Wende die Regeln aus dem Merkkasten auf S. 285 unten an. Schreibe die Sätze in der richtigen Schreibung ab.

1 Wir lassen uns von der Bank den Betrag gut schreiben / gutschreiben.
2 Du musst deinen Lebenslauf aber gut schreiben / gutschreiben.
3 Die kleinen Taschen lassen sich leicht nehmen / leichtnehmen.
4 Man sollte die Aufgaben nicht leicht nehmen / leichtnehmen.
5 Bei Glatteis kann man ziemlich schwer fallen / schwerfallen.
6 Die Prüfungsaufgaben werden ihm sicherlich schwer fallen / schwerfallen.
7 Nomen/Substantive muss man im Deutschen groß schreiben / großschreiben.
8 Diesen Buchstaben kannst du auf dem Plakat ruhig ganz groß schreiben / großschreiben.
9 Du solltest bei deinem Vortrag frei sprechen / freisprechen.
10 Das Gericht wird die Angeklagte frei sprechen / freisprechen.

8 Bilde Zusammensetzungen aus Adjektiv und Verb und verwende sie in Sätzen. Wähle Aufgabe a oder b.

●○○ **a** Bilde aus folgenden Adjektiven und Verben möglichst viele Zusammensetzungen mit übertragener Bedeutung und verwende sie in Sätzen.

sicher	richtig	bereit	fest
stellen	legen	setzen	halten

Wir müssen sicherstellen, dass alle Zugang zum Gebäude haben.
Du solltest richtigstellen, dass ...
...

●●○ **b** Bilde aus den Adjektiven und Verben in Aufgabe a möglichst viele Zusammensetzungen mit übertragener Bedeutung und verwende sie in Sätzen als Infinitivgruppen (Infinitive mit *zu*). Achte auch auf die Kommasetzung.

Es ist wichtig(,) sicherzustellen, dass alle Zugang zum Gebäude haben.
Ohne sicherzustellen, dass ...
Um ...

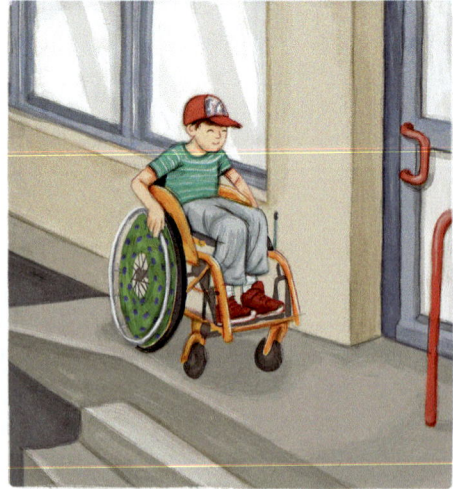

> **Verbindungen mit *irgend-*** werden in der Regel **zusammengeschrieben**, z. B.: *irgendetwas, irgendjemand, irgendein, irgendwo*.
> Aber: Wenn der **zweite Bestandteil erweitert** ist, wird getrennt geschrieben, z. B.: *irgend so ein, irgend so etwas*.

9 Bilde aus den Wörtern in Klammern Verbindungen und schreibe sie in dein Heft.

1   ▢▢▢ hat mich nachts aus dem Schlaf gerissen. (irgend, etwas)
2   Das Geräusch erinnerte mich ▢▢▢ an das Schreien eines Babys. (irgend, wie)
3   Aber hatte ▢▢▢ in unserem Haus ein Baby? (irgend, jemand)
4   Da ich mir sicher war, dass niemand ein Baby hat, musste das Geräusch von ▢▢▢ kommen. (irgend, woher)
5   Hat denn außer mir noch ▢▢▢ dieses Geräusch gehört? (irgend, wer)
6   Aber ▢▢▢ muss doch dieses Baby schreien! (irgend, wo)
7   Oder war es doch nur ▢▢▢ Tier? (irgend, ein)
8   ▢▢▢ habe ich mal gehört, dass Igel ziemlich laut schreien können. (irgend, wann)

10 Wende die Regeln aus dem Merkkasten an. Übe die Schreibung von Verbindungen mit *irgend-*.

a Bilde aus den folgenden Wörtern Verbindungen mit *irgend-* und schreibe sie in dein Heft.

etwas / jemand / ein / wann / wer / welche / wie / wo / woher

irgendetwas, ...

b Bilde mit drei dieser Verbindungen jeweils einen kurzen Satz.

Morgen sollten wir gemeinsam irgendetwas unternehmen. ...

> Manche häufig vorkommenden **Schreibungen** sollte man sich einfach mithilfe einer Eselsbrücke **einprägen**, z. B.:
> *„Gar nicht" wird gar nicht zusammengeschrieben.*

11 Die folgenden Verbindungen werden alle getrennt geschrieben. Präge sie dir ein und bilde mit ihnen kurze Sätze.

ein bisschen / auf einmal / noch einmal / vor allem / zu Ende / erst einmal / gar kein / gar nicht / wie viel / auf Wiedersehen

Vor der Prüfung habe ich ein bisschen Angst.
...

Fremdwörter

1 Kennst du die Bedeutung von Fremdwörtern?

a Lies die folgenden Zeilen und erkläre das Missverständnis.

Anna zu ihrer Freundin Lena: „Ben hat sich bei mir beklagt. Du würdest ihn seit Längerem völlig ignorieren."
Lena ganz erstaunt: „Da kannst du mal sehen, wie der lügt! Ich habe mich seit einem Jahr überhaupt nicht mehr um ihn gekümmert."

b Suche aus dem Wörterbuch die Herkunft und Bedeutung des Wortes *ignorieren* heraus und schreibe das entsprechende Nomen/Substantiv dazu.

> **Fremdwörter** sind Wörter, die aus einer fremden Sprache übernommen wurden und sich in Lautung, Schreibung und Flexion unserer Sprache (noch) nicht angepasst haben. Viele Wörter kommen aus dem Griechischen, dem Lateinischen und dem Französischen. Sie sind an typischen Wortbauteilen (Präfixen, Suffixen) und ungewohnten Buchstabenkombinationen zu erkennen, z. B.:
> *rhythmisch* (griech.), *die Diskussion* (lat.), *die Blamage* (franz.).

2 Wie gut kennst du dich mit griechischen und lateinischen Fremdwörtern aus?

Tipp
Präge dir die Schreibungen ein.

a Ordne diese Fremdwörter aus dem Griechischen und dem Lateinischen den typischen Präfixen zu.

ab-   ad-   ana-   anti-   auto-   dia-   ex-   inter-

kata-   para-   prä-   pro-   sym-   tele-   trans-   ultra-

1 das Abitur	11 der Dialekt	21 der Parasit
2 absolut	12 der Dialog	22 die Parataxe
3 abstrakt	13 der Diamant	23 die Präposition
4 das Adjektiv	14 das Exemplar	24 die Produktion
5 die Adoption	15 die Expedition	25 das Programm
6 die Analyse	16 die Interpunktion	26 die Sympathie
7 die Analogie	17 das Intervall	27 die Symphonie
8 das Antibiotikum	18 die Katastrophe	28 das Telefon
9 automatisch	19 der Katalog	29 der Transport
10 das Autogramm	20 parallel	30 ultraviolett

ab-: das Abitur, absolut, ...

 b Tauscht euch über die Bedeutung der Fremdwörter aus und verwendet sie in sinnvollen Sätzen. Schlagt ggf. in einem Wörterbuch nach.

c Bilde zu den Wörtern 5, 6, 9, 24 und 29 die dazugehörigen Verben.

5. die Adoption – adoptieren   6. ...

 3 Sucht zu den folgenden griechischen und lateinischen Suffixen möglichst viele passende Nomen und schreibt sie auf. Markiert die Suffixe.

1	-ik	**3**	-ion	**5**	-ist	**7**	-or
2	-ine	**4**	-ismus	**6**	-iv	**8**	-ität

1. Musik, Physik, ...   2. ...

4 Diese Fremdwörter kennst du aus verschiedenen Unterrichtsfächern. Übe ihre korrekte Schreibung.

a Wähle die richtigen Varianten aus und schreibe sie zusammen mit dem Artikel und der Pluralform untereinander in dein Heft. Kontrolliere mit einem Wörterbuch und markiere die schwierigen Stellen.

1 Allphatier / Alphatier
2 Rhythmus / Rythmus
3 Elecktrizität / Elektrizität
4 Vrequenz / Frequenz
5 Kondensation / Kondensatzion
6 Aggregatzustand / Agregatzustand
7 Metafer / Metapher
8 Atmosphäre / Athmosphäre
9 Emission / Emmision
10 Posessivpronomen / Possessivpronomen

1. das Alphatier – die Alphatiere
2. ...

b Ergänze die Bedeutung der Fremdwörter.

1. das Alphatier – die Alphatiere: in einer Gruppe von Tieren ...
2. ...

c Suche weitere Fremdwörter aus dem Unterricht, schreibe sie richtig auf und erkläre ihre Bedeutung.

 **d** Erstellt für jedes eurer Unterrichtsfächer ein alphabetisch geordnetes Fremdwörterverzeichnis mit kurzen Erklärungen, das als Lernmaterial genutzt werden kann. Arbeitet am Computer, damit sich das Verzeichnis jederzeit ergänzen lässt.

Fremdwort/Fachwort	Erklärung	Beispiele
Deutsch: das Adjektiv	...	...

> In den letzten 300 Jahren wurden viele **Fremdwörter aus dem Französischen** übernommen, zum Beispiel Begriffe aus der Kunst und dem Theater (*die Regie*), aus dem Bereich der Küche (*die Sauce*), der Mode (*das Blouson*), der Kosmetik (*das Parfüm*), der Musik (*das Chanson*), des Verkehrswesens (*die Karosserie*) und der Post (*das Couvert*).
> Diese Fremdwörter unterscheiden sich meist erheblich in **Schreibung** und **Aussprache** vom Deutschen. Typische **Buchstabenkombinationen** sind z. B.: *age, aill, é, eau, oi, ou.*

5 Folgende Sätze enthalten Fremdwörter aus dem Französischen.

a Lest euch die Sätze gegenseitig laut vor und tauscht euch über die richtige Aussprache und die Bedeutung der Fremdwörter aus. Schlagt ggf. in einem Wörterbuch nach.

Tipp
Es sind insgesamt 16 Wörter bzw. Bezeichnungen.

1　Am liebsten esse ich in einem Restaurant, denn da kann ich mir aussuchen, ob ich das Boeuf Stroganoff mit Champagner-Sauce oder doch lieber das Gratin und Mousse au Chocolat als Dessert nehme.
2　Der Chauffeur holt den Wagen aus der Garage, um Madame zum Friseur zu fahren.
3　Ich habe wahrscheinlich gestern im Hotel mein Portemonnaie verloren und hoffe, dass der Portier es gefunden hat.
4　Die Regisseurin des neuesten Kinofilms ist keine Unbekannte mehr, denn sie führte schon in anderen Filmen Regie.
5　Ich muss mein Exposé morgen vorlegen und habe nicht einmal eine Zeile geschrieben.

b Schreibe die Fremdwörter aus den Sätzen von Aufgabe a heraus. Füge jeweils den Artikel hinzu. Schlage ggf. in einem Wörterbuch nach.

c Bei drei der Fremdwörter aus Aufgabe a gibt es Schreibvarianten. Ermittle sie und überlege, warum das so ist. Stelle deine Ergebnisse in der Klasse vor.

6 Übe weitere Fremdwörter aus dem Französischen.

a Verwende die Fremdwörter aus dem Merkkasten oben in sinnvollen Sätzen. Schlage ihre Aussprache und Bedeutung ggf. in einem Wörterbuch nach.

b Ergänze die Fremdwörter zu folgenden Erklärungen und verwende sie in sinnvollen Sätzen.

1	ein französisches Stangenweißbrot	das B ▮▮▮▮▮▮▮
2	ein Schokoladenhersteller	der Ch ▮▮▮▮▮▮▮▮
3	ein kleiner Modeladen	die B ▮▮▮▮▮▮
4	eine klare Suppe, Fleischbrühe	die B ▮▮▮▮▮▮
5	Schminke in roten Farbtönen	das R ▮▮▮
6	eine Mischung (von Farben, Stoffen)	die M ▮▮▮▮▮

Gegenwärtig werden viele **Fremdwörter aus dem Englischen (Anglizismen)** übernommen, insbesondere aus den Bereichen der Informationstechnik (*Bluetooth, Streaming*), der Mode und des Sports (*Shorts, Mountainbike, Bungee-Jumping*), der Film- und der Musikbranche (*Boygroup, Rap*). Gründe für die Übernahme von Anglizismen sind vor allem:
- Einige englische Wörter lassen sich nur sehr umständlich ins Deutsche übertragen, z. B.: *Boygroup, Scanner.*
- Englische Wörter sind manchmal kürzer und präziser, z. B.: *Stress, Pool.*
- Die Sprache klingt vermeintlich moderner und gebildeter, z. B.: *Outdoor.*

Manche Wörter gibt es im Englischen gar nicht, z. B.: *Beamer, Fitnessstudio.* Andere Wörter haben im Englischen eine ganz andere Bedeutung, z. B.: *Oldtimer* (eigentlich: alter Mann), *Box* (eigentlich: Schachtel).

7 Wie gut kennst du dich mit Fremdwörtern aus dem Englischen aus?

a Schreibe die Fremdwörter aus dem Merkkasten oben heraus. Ergänze die Artikel und erkläre die Bedeutung der Fremdwörter.

b Vergleicht eure Erklärungen. Stellt sie euch gegenseitig vor und achtet dabei auch auf die richtige Aussprache der englischen Fremdwörter.

8 Weit verbreitet sind englische Wörter auch in der Werbung. Suche englischsprachige Werbeslogans und übersetze sie ins Deutsche.

Auch **Fremdwörter aus dem Englischen** sind an **typischen Buchstabenkombinationen** wie *ea, eau, igh, ity, oo, ou, y* zu erkennen. Die Aussprache unterscheidet sich oft erheblich von der Schreibung. Deshalb ist auch die Rechtschreibung englischer Wörter schwieriger als die deutscher, z. B.: *beauty, live, light.*

Tipp
Nutze ggf. ein Wörterbuch.

9 Präge dir häufig vorkommende Fremdwörter aus dem Englischen ein.

a Schreibe die Fremdwörter mit Artikel und Pluralform in dein Heft und verwende sie in kurzen Sätzen.

1 Clown	**6** Challenge	**11** Background
2 Brunch	**7** Brainstorming	**12** Blockbuster
3 Boykott	**8** Interview	**13** Deadline
4 Fairness	**9** Boarding Card	**14** Meeting
5 Highlight	**10** Breakdance	**15** Flyer

b Kontrolliere die Schreibung der Fremdwörter und markiere schwierige Buchstaben und Buchstabenkombinationen.

1 Schreibe diesen Text in richtiger Groß- und Kleinschreibung mit dem Computer ab. Kontrolliere mit einem Textverarbeitungsprogramm. Beachte, dass Textverarbeitungsprogramme nicht alle Fehler erkennen.

WENN MAN RAUCHT, WILL MAN FÜR SEINE LUNGEN VIELLEICHT ETWAS GUTES TUN. DANN IST ES DAS BESTE, MIT DEM RAUCHEN AUFZUHÖREN. DASS DAS AUFHÖREN VIELEN SCHWERFÄLLT, LIEGT DARAN, DASS SIE SÜCHTIG
5 SIND. DER KÖRPER VERLANGT NACH SEINER TÄGLICHEN PORTION NIKOTIN. NACH DEM ANSTECKEN EINER ZIGA-RETTE HAT DAS VERLANGEN FÜR KURZE ZEIT EIN ENDE. ABER BALD GEHT DAS GANZE VON VORNE LOS. VIELE WOLLEN DESHALB VOM RAUCHEN LOSKOMMEN. IHNEN
10 UND IHREM UMFELD MISSFÄLLT DAS RÖCHELN DER BRON-CHIEN, DIE BLÄSSE DER HAUT, DER SCHLECHT RIECHENDE ATEM, DIE LEERE IN DER GELDBÖRSE. UNTERSTÜTZEND BEIM ABGEWÖHNEN WIRKEN NIKOTINKAUGUMMIS.

2 Wende die Regeln zur Schreibung von *das* und *dass* an und schreibe die Sätze richtig in dein Heft.

1 Wenn du das / dass tust, dann werde ich nicht mehr schweigen.
2 Das / dass du die Schreibung von *das* und *dass* beherrschst, das / dass kannst du beweisen, wenn du diesen Satz richtig aufschreibst.
3 Das / dass Mädchen, das / dass im Nachbarhaus eingezogen ist, das / dass kenne ich aus der Schule.

3 Wende die Regeln zur Kommasetzung an und schreibe die Sätze richtig in dein Heft.

Achtung, Fehler!

1 Dass das Fußballspiel ein Erfolg für uns wird das hoffe ich sehr.
2 Ich habe das Gefühl dass das Gesicht das sonst immer mit einem Lächeln zu sehen war heute sehr verschlossen ist.

4 Getrennt oder zusammen? Bilde Verbindungen aus den Wörtern in Klammern. Achte dabei auf Betonung und Bedeutung. Schreibe die Sätze in dein Heft.

1 Mina darf jeden Tag ▇▇▇. (Tennis, spielen)
2 Adnan soll täglich auf dem Klavier Tonleitern ▇▇▇. (spielen, üben)
3 Ich muss das Gesagte leider ▇▇▇. (richtig, stellen)
4 Die Polizei wird den Einbrecher ▇▇▇. (fest, nehmen)
5 Am Sonnabend wird ein Schulkonzert ▇▇▇. (Statt, finden)
6 Es wird aus allen Klassen jemand ▇▇▇. (Teil, nehmen)
7 Satzanfänge muss man immer ▇▇▇. (groß, schreiben)
8 Auf dem Plakat sollten wir sehr ▇▇▇. (groß, schreiben)

5 Bringe Ordnung in dieses Durcheinander.

a Setze die Verbindungen mit Verben richtig zusammen und schreibe sie in dein Heft. Achte auf die Getrennt- und Zusammenschreibung sowie auf die Groß- und Kleinschreibung.

Achtung, Fehler!

bergrechnen / kopfbaden / standsteigen / skiklagen / preissaugen / staubhalten / wehgeben / sonnenschwimmen / brustlanden / notlaufen

b Verwende jede der gebildeten Verbindungen in einer Wortgruppe.

6 Getrennt oder zusammen? Bilde Verbindungen aus den Wörtern in Klammern und setze sie ein. Schreibe die Sätze in dein Heft.

1 Am Sonnabend wird das Schulorchester ▨ auftreten. (irgend, wo)
2 Alle sind schon ▨ aufgeregt. (ein, bisschen)
3 Nur Anna scheint das ▨ zu interessieren. (gar, nicht)
4 Sie weiß noch nicht, ▨ Menschen zuhören werden. (wie, viel)
5 Ihr Musiklehrer wird auf jeden Fall ▨. (da, sein)
6 Anna möchte deshalb unbedingt ▨. (gut, sein)
7 Sie möchte ▨ positiv auffallen. (irgend, wie)

7 Schreibe die folgenden Sätze ab und korrigiere die Fehler. Wenn du dir nicht sicher bist, benutze ein gedrucktes oder ein digitales Wörterbuch.

Achtung, Fehler!

1 Ich denke, du kennst Dich mit der Groß- und kleinschreibung aus und findest Alle fehler.
2 Dann solltest du auch wissen, wie man die anredepronomen in der Höflichkeitsform schreibt, z. B. in Briefen:
Sehr geehrte Damen und Herren, ich Danke ihnen für ihre antwort.
3 Aber kennst du auch die regeln der Getrennt- und Zusammenschreibung?
4 Dann kannst du den Nächsten satz ja richtig aufschreiben.
5 Wegen seiner Schlechten noten ist er sitzen geblieben.
6 Um das Sitzenbleiben in diesem jahr zu vermeiden, will er Fleißig sein.
7 Immer aufmerksam zu sein, das ist etwas, was ihm schwer fällt.

8 Diese Fremdwörter werden häufig falsch geschrieben. Wähle die richtige Schreibweise aus und schreibe die Fremdwörter in dein Heft.

1 Blamage / Blumasche
2 Teorie / Theorie
3 Jurnalistin / Journalistin
4 Reperatur / Reparatur
5 korigieren / korrigieren
6 Pasagier / Passagier
7 Ingenieur / Ingeneur
8 charakterisiren / charakterisieren
9 Fußballstation / Fußballstadion
10 Managemant / Management

→ **S. 351:**
Lösung zum Test

Infinitiv	Präsens	Präteritum	Perfekt
abgeben	du gibst ab	sie gab ab	sie hat abgegeben
abschließen	du schließt ab	er schloss ab	er hat abgeschlossen
anhalten	du hältst an	sie hielt an	sie hat angehalten
befehlen	du befiehlst	er befahl	er hat befohlen
beginnen	du beginnst	sie begann	sie hat begonnen
bieten	du bietest	er bot	er hat geboten
bitten	du bittest	sie bat	sie hat gebeten
bleiben	du bleibst	sie blieb	sie ist geblieben
brechen	du brichst	sie brach	sie hat gebrochen
brennen	du brennst	es brannte	es hat gebrannt
dürfen	du darfst	er durfte	er hat gedurft
einfallen	es fällt ein	es fiel ein	es ist eingefallen
einladen	du lädst ein	sie lud ein	sie hat eingeladen
erschrecken	du erschrickst	er erschrak	er ist erschrocken
essen	du isst	er aß	er hat gegessen
fahren	du fährst	sie fuhr	sie ist gefahren
fallen	du fällst	er fiel	er ist gefallen
fangen	du fängst	sie fing	sie hat gefangen
fliehen	du fliehst	er floh	er ist geflohen
fließen	es fließt	es floss	es ist geflossen
frieren	du frierst	er fror	er hat gefroren
gehen	du gehst	sie ging	sie ist gegangen
gelingen	es gelingt	es gelang	es ist gelungen
genießen	du genießt	sie genoss	sie hat genossen
geschehen	es geschieht	es geschah	es ist geschehen
greifen	du greifst	sie griff	sie hat gegriffen
haben	du hast	er hatte	er hat gehabt
heben	du hebst	er hob	er hat gehoben
heißen	du heißt	sie hieß	sie hat geheißen
helfen	du hilfst	er half	er hat geholfen
kennen	du kennst	sie kannte	sie hat gekannt
kommen	du kommst	sie kam	sie ist gekommen
können	du kannst	er konnte	er hat gekonnt
lassen	du lässt	sie ließ	sie hat gelassen
laufen	du läufst	er lief	er ist gelaufen
lesen	du liest	er las	er hat gelesen

Infinitiv	Präsens	Präteritum	Perfekt
liegen	du liegst	er lag	er hat gelegen
mitbringen	du bringst mit	er brachte mit	er hat mitgebracht
mögen	du magst	sie mochte	sie hat gemocht
nehmen	du nimmst	er nahm	er hat genommen
raten	du rätst	sie riet	sie hat geraten
riechen	du riechst	er roch	er hat gerochen
rufen	du rufst	er rief	er hat gerufen
scheinen	du scheinst	sie schien	sie hat geschienen
schieben	du schiebst	sie schob	sie hat geschoben
schlafen	du schläfst	er schlief	er hat geschlafen
schleichen	du schleichst	er schlich	er ist geschlichen
schneiden	du schneidest	er schnitt	er hat geschnitten
schreien	du schreist	er schrie	er hat geschrien
schwimmen	du schwimmst	er schwamm	er ist geschwommen
sehen	du siehst	sie sah	sie hat gesehen
sein	du bist	er war	er ist gewesen
singen	du singst	er sang	er hat gesungen
sitzen	du sitzt	sie saß	sie hat gesessen
sprechen	du sprichst	sie sprach	sie hat gesprochen
stehen	du stehst	er stand	er hat gestanden
steigen	du steigst	sie stieg	sie ist gestiegen
stoßen	du stößt	er stieß	er hat gestoßen
streiten	du streitest	sie stritt	sie hat gestritten
treffen	du triffst	sie traf	sie hat getroffen
treten	du trittst	sie trat	sie hat getreten
tun	du tust	sie tat	sie hat getan
verbieten	du verbietest	er verbot	er hat verboten
vergessen	du vergisst	sie vergaß	sie hat vergessen
verlieren	du verlierst	er verlor	er hat verloren
verzeihen	du verzeihst	sie verzieh	sie hat verziehen
vorschlagen	du schlägst vor	er schlug vor	er hat vorgeschlagen
wachsen	du wächst	er wuchs	er ist gewachsen
werden	du wirst	sie wurde	sie ist geworden
wissen	du weißt	sie wusste	sie hat gewusst
wollen	du willst	sie wollte	sie hat gewollt
ziehen	du ziehst	er zog	er hat gezogen

die **Abkürzung** (*Plural:* die Abkürzungen)	Abkürzungen finden v. a. in der geschriebenen Sprache Verwendung, um schneller und platzsparender zu schreiben. Man unterscheidet: • **Abkürzungen mit einem Punkt**, z. B.: *z. B.* (zum Beispiel), *Dr.* (Doktor), • **Abkürzungen ohne Punkt**, z. B.: *m* (Meter), *Zn* (Zink), *NO* (Nordost), • **Kurzwörter**, z. B.: *Foto* (Fotografie), *Rad* (Fahrrad). Sonderformen sind: • **Buchstabenwörter** ohne Punkt: Buchstaben werden einzeln oder zusammenhängend gesprochen, z. B.: *Lkw* (gesprochen: el-ka-we, Lastkraftwagen), *PLZ* (Postleitzahl), • **Silbenwörter** aus den Anfangssilben zusammengesetzter Wörter, z. B.: *Kripo* (Kriminalpolizei), *Buga* (Bundesgartenschau). Für die **Kommunikation im Internet** gibt es vielfältige Kürzungsvarianten unterschiedlicher Form und Bedeutung, z. B.: *CU* (see you – tschüss), *ez, izi* (easy – einfach), *GLG, glg, glG* (ganz liebe Grüße).
die **Ableitung** (*Plural:* die Ableitungen) → S. 246, 248	Die Ableitung ist eine Möglichkeit der **Wortbildung**: Mithilfe von **Suffixen** und/oder **Präfixen** entstehen aus vorhandenen Wörtern neue mit etwas veränderter Bedeutung. Typische Suffixe für **Nomen/Substantive** sind -heit, -keit, -ung, -schaft, -nis, -tum, z. B.: *die Menschheit, die Heizung.* Typische Suffixe für **Adjektive** sind -ig, -lich, -isch, -sam, -bar, -haft, z. B.: *schwierig, gemütlich.* Durch das Anfügen von Präfixen wie *be-, er-, ent-, miss-, ver-, zer-* verändern **Verben** ihre Bedeutung, z. B.: *achten – missachten, beachten, verachten.* Ableitungen entstehen außerdem durch **Änderung des Wortstamms**, z. B.: *fliegen* → *der Flug; binden* → *das Band, der Bund, bündig.*
das **Adjektiv** (*Plural:* die Adjektive) → S. 189, 209	Das Adjektiv ist eine **veränderbare** (flektierbare) **Wortart**, die **Eigenschaften** und **Merkmale** von Lebewesen, Gegenständen, Tätigkeiten und Vorgängen bezeichnet. Adjektive können im Satz Nomen/Substantive oder Verben näher bestimmen. Sie lassen sich **deklinieren** (beugen). Als **Begleitwort von Nomen** passen sie sich in **Genus** (grammatischem Geschlecht), **Numerus** (Zahl) und **Kasus** (Fall) dem Nomen an, z. B.: *der wilde Hund – ein wilder Hund.* Adjektive lassen sich meist **steigern** (komparieren, die Komparation). Es gibt drei Stufen: • den Positiv (die Grundstufe), z. B.: *der schnelle Läufer,* • den Komparativ (die Mehrstufe), z. B.: *der schnellere Läufer,* • den Superlativ (die Meiststufe), z. B.: *der schnellste Läufer.* Mithilfe von Adjektiven kann man **Vergleiche** ausdrücken: • Bei **Gleichheit** verwendet man den **Positiv** (die Grundstufe) + **wie**, z. B.: *Ich bin genauso groß wie du.* • Bei **Ungleichheit** verwendet man den **Komparativ** (die Mehrstufe) + **als**, z. B.: *Ich bin größer als du.*

das **Adverb** (*Plural:* die Adverbien) → S. 189, 212, 213	Das Adverb ist eine **unveränderbare** (nicht flektierbare) **Wortart**, die angibt, wann, wo, wie und warum etwas geschieht. Meist bestimmen Adverbien ein Verb näher, z. B.: • **Adverbien der Zeit:** *Wir treffen uns morgen.* (Wann?) *Er trainiert selten.* (Wie oft?) • **Adverbien des Ortes:** *Ich warte oben.* (Wo?) *Wir liefen bergauf.* (Wohin?) *Sie kam heraus.* (Woher?) • **Adverbien des Grundes:** *Die Halle war geschlossen. Deshalb fiel das Training aus.* (Warum?) • **Adverbien der Art und Weise:** *Er trainiert allein.* (Wie?) **Präpositionaladverbien** werden aus Adverbien und Präpositionen gebildet, z. B.: *wo / da / hier + bei / durch / für / mit / von / zu → dabei, wodurch, hierfür, damit, wovon, hierzu.* Beginnt die Präposition mit einem Vokal, wird bei *wo* und *da* ein Fugen-*r* eingefügt, z. B.: *wo / da + an / aus / auf / in → daran, woraus, darauf, worin.* Mit Präpositionaladverbien kann man **Wiederholungen vermeiden** oder **Fragesätze einleiten**, z. B.: *Nachmittags gehe ich zum Training. Nach dem Training gehe ich zu Tom. → Danach gehe ich zu Tom.*
die **Adverbial-bestimmung** (*Plural:* die Adverbial-bestimmungen) → S. 220	Die Adverbialbestimmung (Umstandsbestimmung) ist ein **Satzglied**, das das Prädikat näher bestimmt und angibt, wo, wann, warum und wie etwas geschieht oder jemand etwas tut. Adverbialbestimmungen können in Form eines **Wortes**, einer **Wortgruppe** oder eines **Teilsatzes** auftreten. Man unterscheidet: • **Lokalbestimmung** (Adverbialbestimmung des Ortes), Fragen: Wo? Woher? Wohin?, z. B.: *Ich bin zu Hause.* • **Temporalbestimmung** (Adverbialbestimmung der Zeit), Fragen: Wann? Wie lange? Bis wann? Seit wann? Wie oft?, z. B.: *Ich bin morgen da.* • **Kausalbestimmung** (Adverbialbestimmung des Grundes), Fragen: Warum? Weshalb? Aus welchem Grund?, z. B.: *Weil die Miete zu hoch war, zogen wir um.* • **Modalbestimmung** (Adverbialbestimmung der Art und Weise), Fragen: Wie? Auf welche Art und Weise?, z. B.: *Mit Interesse sah ich den Film.*
das **Anredepronomen** (*Plural:* die Anrede-pronomen)	Die **persönlichen Anredepronomen** *du/dein, ihr/euer* können in Briefen und E-Mails klein- oder großgeschrieben werden. Die **höflichen Anredepronomen** *Sie* und *Ihr* und alle ihre Formen (z. B.: *Ihnen, Ihre*) werden immer **großgeschrieben**.
das **Antonym** (*Plural:* die Antonyme)	Antonyme sind **Wörter mit gegensätzlicher Bedeutung**. Sie haben teils gemeinsame, vor allem aber gegensätzliche Bedeutungsmerkmale, z. B.: *hell* (Lichtmenge: viel Licht) – *dunkel* (Lichtmenge: wenig Licht).

das **Argumentieren**, die **Argumentation** (*Plural:* die Argumentationen) → S.15, 22, 30, 31	Das Argumentieren ist eine **Diskussionsstrategie**, bei der man sich mündlich oder schriftlich **mit einer Aussage oder Behauptung auseinandersetzt**. In einer Argumentation führt man eine Reihe von **Argumenten** (Begründungen + Beispiele) an, durch die eine Aussage oder Behauptung gestützt oder widerlegt wird. Es gibt verschiedene **Arten von Argumenten**: • **Faktenargumente**: stützen sich auf (eigene) Erfahrungen, statistische Erhebungen oder wissenschaftliche Erkenntnisse, • **Autoritätsargumente**: stützen sich auf Aussagen von Fachleuten, • **normative Argumente**: stützen sich auf gesellschaftlich anerkannte Normen, Werte und Regeln. Nutzt man Fakten oder beruft sich auf eine Autorität, muss man indirekt oder direkt **zitieren** und die **Quelle** angeben.
der **Artikel** (*Plural:* die Artikel) → S.189	Der Artikel ist eine **veränderbare** (flektierbare) **Wortart**. Artikel können als **Begleitwort** bei Nomen/Substantiven stehen. Den **unbestimmten Artikel** (*ein, eine, ein*) verwendet man, um Lebewesen, Gegenstände o.Ä. neu ins Gespräch oder in den Text einzuführen, z.B.: *Am Waldrand steht ein Haus.* Den **bestimmten Artikel** (*der, die, das*) verwendet man für Lebewesen, Gegenstände o. Ä., die schon bekannt oder bereits eingeführt sind, z.B.: *Es ist das Haus der Försterei.* **Artikel** lassen sich **deklinieren** (beugen) und passen sich dem Nomen in **Genus** (grammatischem Geschlecht), **Numerus** (Zahl) und **Kasus** (Fall) an, z.B.: *das Haus sehen, in dem Haus wohnen, die Häuser besichtigen.*
das **Attribut** (*Plural:* die Attribute) → S.220	Das Attribut (Beifügung) ist ein Teil eines Satzglieds und wird deshalb **Satzgliedteil** genannt. Attribute bestimmen ein Nomen/Substantiv näher. Sie können vor oder hinter dem Bezugsnomen stehen. Attribute treten als **Wort, Wortgruppe** oder **Teilsatz** auf und lassen sich mit *Was für ein (eine, ein)?* oder *Welcher (Welche, Welches)?* erfragen. Bei der **Umstellprobe** können Attribute nicht allein umgestellt werden. Sie bleiben immer bei dem Nomen, zu dem sie gehören, z.B.: *Man hat eine vergoldete Maske des Pharaos entdeckt.* *Eine vergoldete Maske des Pharaos hat man entdeckt.*
die **Aufzählung** (*Plural:* die Aufzählungen) → S.229	Manche Sätze enthalten Aufzählungen in Form von **Wörtern** oder **Wortgruppen**. Die Glieder einer Aufzählung werden durch **Komma** voneinander getrennt. Das Komma fällt weg, wenn sie schon mit den aufzählenden Konjunktionen (Bindewörtern) *und, oder, sowie, sowohl … als auch …, weder … noch …* verbunden sind, z.B.: *Karli spielt Gitarre, singt und schreibt selbst Lieder.* Ein **Komma** muss man jedoch immer bei entgegenstellenden Konjunktionen setzen wie *aber, doch, jedoch, nicht nur …, sondern auch …,* z.B.: *Karli spielt nicht nur Gitarre, sondern singt auch.* Werden **Teilsätze** aufgezählt, ist es freigestellt, ob man vor *und* oder *oder* ein Komma setzt, z.B.: *Karli spielt Gitarre(,) und gut singen kann er auch.*

die **Ballade** (*Plural:* die Balladen)	Eine Ballade (Erzählgedicht) ist ein mehrstrophiges, meist gereimtes Gedicht, das die **Merkmale von Geschichten** (Epik), **Gedichten** (Lyrik) und **Dramen** (Dramatik) in sich vereint: • Es wird eine spannende Geschichte erzählt, meist mit einem dramatischen Handlungsverlauf. • Oft gibt es wörtliche Rede. • Der Aufbau ähnelt einem Gedicht (Strophen, Verse, Reime).
das **Berichten**, der **Bericht** (*Plural:* die Berichte)	Beim Berichten informiert man möglichst **knapp, sachlich** und **in der richtigen Reihenfolge** über ein Ereignis. Die Auswahl der Informationen und die Gestaltung eines Berichts hängen davon ab, worüber man für wen und warum berichtet. Die meisten Berichte enthalten Antworten auf die ***W*-Fragen**: Was geschah? Wann? Wo? Warum? Wer war beteiligt? Welche Folgen ergaben sich? **Schriftliche Berichte** werden meist im **Präteritum** verfasst. Für alle Ereignisse, die vor einer anderen Handlung passiert sind, wird das **Plusquamperfekt** (Vorvergangenheit) gewählt. In **mündlichen Berichten** kann man das **Präteritum** oder das **Perfekt** verwenden. Für allgemeingültige Aussagen oder Aussagen, die in die Gegenwart reichen, kann man das **Präsens** verwenden. Berichte, in denen es unwichtig ist, wer handelt, werden in **unpersönlicher Ausdrucksweise** verfasst, z. B.: *Man hat das Fest <u>gefeiert</u>.* (*man*-Form) *Das Fest <u>wurde gefeiert</u>.* (Verbform im Passiv)
das **Beschreiben**, die **Beschreibung** (*Plural:* die Beschreibungen)	Beim Beschreiben informiert man andere über etwas, was sie erkennen oder sich genau vorstellen sollen. Man unterscheidet zum Beispiel Personen-, Figuren-, Tier-, Pflanzen-, Vorgangs- und Wegbeschreibungen. Welche **Merkmale** oder **Handlungen** für die Beschreibung besonders wichtig sind, hängt davon ab, was man für wen und warum beschreibt. **Allgemeine Merkmale** sind Merkmale, die Gegenstände oder Lebewesen einer Art gemeinsam haben. **Besondere Merkmale** treffen nur auf einzelne Gegenstände oder Lebewesen zu (Größe, Farbe, Besonderheiten), die dadurch unterscheidbar werden. **Handlungen** oder **Vorgänge** bestehen oft aus Handlungsschritten und **Teilhandlungen** bzw. -vorgängen. Immer sind genaue Angaben in einer sinnvollen **Reihenfolge** wichtig. Beschreibungen werden meist im **Präsens** verfasst. Manchmal kann man entscheiden, ob man **persönlich** (*du*-Form) oder **unpersönlich** (*man*-Form oder Verbform im Passiv) formuliert, z. B.: *<u>Gib</u> das Salz dazu. <u>Du gibst</u> das Salz dazu.* *<u>Man gibt</u> das Salz dazu. Das Salz <u>wird dazugegeben</u>.*

die **Bewerbung** (*Plural:* die Bewerbungen) → S. 82, 83, 85, 86, 88, 89	Zu den **Bewerbungsunterlagen** gehören: • ein **Bewerbungsschreiben**, das wie ein offizieller Brief gestaltet sein sollte und Folgendes enthält: Bewerbungssatz, Vorstellung der eigenen Person, Gründe für die Bewerbung, Bitte um ein persönliches Gespräch, persönliche bzw. digitale Unterschrift. • ein **tabellarischer Lebenslauf**, der in kurzer und übersichtlicher Form alle wichtigen persönlichen Angaben und Informationen enthält: Name, Adresse, Telefonnummer, E-Mail-Adresse, Geburtsdatum, Schulbildung, Kenntnisse und Interessen. Ein Passfoto sowie Angaben zu Eltern und Geschwistern sind freiwillig. Ob man weitere Unterlagen, zum Beispiel Zeugniskopien, einreichen soll, muss erfragt werden. In vielen Textverarbeitungsprogrammen und im Internet gibt es **Vorlagen** für Bewerbungsschreiben und Lebensläufe. Man muss sie gründlich **prüfen**, bevor man sie nutzt. Einige Firmen bitten um eine **Bewerbung per E-Mail**. Dabei gelten die gleichen Richtlinien wie bei einem Brief.
das **Brainstorming** (*Plural:* die Brainstormings)	Das Brainstorming (*engl.* brain – Gehirn, storm – Sturm) ist eine **Methode zur Ideenfindung**. Man geht von einem Bild, einem Wort, einer Frage oder einem Problem aus und notiert ungeordnet erste Gedanken, Gefühle oder Erlebnisse, die einem dazu einfallen. Danach sortiert man die Gedanken und wählt aus, welche brauchbar sind und welche gestrichen oder ergänzt werden könnten.
die **Buchvorstellung** (*Plural:* die Buchvorstellungen)	Durch eine Buchvorstellung kann man Bücher zum Lesen empfehlen. Dabei sollten folgende Informationen enthalten sein: • Autorin bzw. Autor und Titel des Buches, • wichtige Personen oder Figuren, • einige Informationen zum Inhalt des Buches, • Vortrag/Vorlesen besonders witziger, spannender oder interessanter Textstellen, • Zusammenfassung, warum man das Buch empfiehlt. Wenn möglich, sollte man das **Cover** (den Einband) des Buches zeigen, oft ist auch der **Klappentext** (kurzer Text auf der Rückseite des Buches oder im Inneren des Schutzumschlages) oder ein **Inhaltsverzeichnis** hilfreich. Eine Buchvorstellung kann auch mithilfe verschiedener Medien und Anschauungsmaterialien als **Präsentation** gestaltet werden.
der **Cluster** (*Plural:* die Cluster)	Ein Cluster (*engl.* cluster – Haufen, Schwarm, Anhäufung) ist eine **Methode zum Sammeln von Ideen**. Man schreibt einen zentralen Begriff zu einem Thema in die Mitte und ordnet ringsherum weitere Begriffe zum Thema an. Danach verdeutlicht man die Beziehungen zwischen den Begriffen durch Verbindungslinien, sodass ein Netz entsteht.

der (*auch:* **das**) **Comic** (*Plural:* die Comics)	Der Comic (*engl.* comic strips – komische Streifen) ist eine spezielle Bildgeschichte. Einfach gehaltene **Bilder (Panels)** mit **Sprech- und Gedankenblasen (Balloons)** erzählen eine Geschichte. Durch spezielle Gestaltungsmittel werden Lautstärke, Gefühle, Stimmungen, Langsamkeit oder Schnelligkeit ausgedrückt, zum Beispiel durch **Rahmen, Schrift, Symbole, Geräuschwörter (Onpos)** oder **Bewegungslinien (Speedlines)**.
die Deklination (*Plural:* die Deklinationen) → S. 189, 190, 195	Die Deklination ist die **Beugung** von Nomen/Substantiven, Artikeln, Adjektiven und Pronomen.
der Dialekt, **die Mundart** (*Plural*: die Dialekte, die Mundarten)	Dialekte (Mundarten) sind die ältesten Erscheinungsformen (**Sprachvarianten** oder Sprachvarietäten) unserer Sprache. Sie entstanden im 8. Jahrhundert. Heute leben sie nur noch in Resten fort (Wörter, Formen, Laute bzw. Lautkombinationen). Sie werden in einzelnen Regionen unterschiedlich gebraucht: v. a. mündlich, auf dem Land, von älteren Menschen, im Kreis der Familie, unter Freunden und Bekannten und in bestimmten Gesprächssituationen. In Deutschland werden drei **Dialektregionen** bzw. Großdialekte unterschieden: • **Niederdeutsch** (auch: **Plattdeutsch**), z. B.: Mecklenburgisch-Pommersch, Niedersächsisch, • **Mitteldeutsch**, z. B.: Sächsisch (Obersächsisch), Thüringisch, Hessisch, • **Oberdeutsch**, z. B.: Bairisch, Alemannisch. Für die Dialektregionen sind jeweils bestimmte Wörter, Laute (geschrieben: Buchstaben) und Formen typisch, z. B.: *Husche* (kurzer Regen, Sachsen), *Hütes* (Kartoffelklöße, Thüringen), *een* (ein, Berlin), *dag* (Tag, Mecklenburg-Vorpommern).
die direkte (wörtliche) Rede (*keine Pluralform*) → S. 125, 202, 203	In direkter (wörtlicher) Rede gibt man wörtlich wieder, was jemand gesagt hat. In schriftlichen Texten kennzeichnet man den Beginn und das Ende der direkten Rede mit **Anführungszeichen**. Oft steht vor, zwischen oder nach der direkten Rede ein **Begleitsatz**. Der Begleitsatz **vor der direkten Rede** wird mit einem Doppelpunkt abgeschlossen, z. B.: *Tina fragt*: „Worum geht es denn?" Steht der Begleitsatz **zwischen oder nach der direkten Rede**, wird er immer durch **Kommas** abgegrenzt. **Ausrufezeichen** und **Fragezeichen**, die zur direkten Rede gehören, stehen innerhalb der Anführungszeichen, **Punkte** stehen am Ende des Ganzsatzes, z. B.: „Nenn mir doch", *bittet Tina,* „noch andere Buchtitel von ihm!" „Kennst du noch weitere Bücher?", *fragt Tina.* „Da muss ich erst überlegen", *antwortet Tom.*

das **Diskutieren**,
die **Diskussion**
(*Plural:* die Diskussionen)
→ S. 15, 19, 20, 21

Beim Diskutieren setzt man sich **mit Meinungen anderer auseinander** und versucht, Probleme zu lösen bzw. sich zu einigen.

Meist müssen in Diskussionen sowohl **Sachfragen** als auch **Problemfragen** geklärt werden.

- **Sachfragen** können als **Ergänzungsfrage** in Form einer *W*-Frage formuliert sein oder als **Entscheidungsfrage**, die man mit Ja oder Nein beantwortet, z. B.:
  Wie lange dürfen Schülerinnen/Schüler ab 15 Jahren arbeiten? Muss man mindestens 15 Jahre alt sein, um arbeiten zu dürfen?
  Diskussionsbeiträge zu Sachfragen dienen v. a. dem Austausch von Informationen, d. h. von Fakten, Daten, Beispielen, evtl. Zitaten, zur Beantwortung der Frage.
- **Problemfragen** sind meist als **Entscheidungsfrage** formuliert, deren Beantwortung mit Ja oder Nein das Abwägen verschiedener Argumente (Begründungen + Beispiele) voraussetzt, z. B.:
  Sind Jugendliche der doppelten Belastung (Schule, Job) gewachsen?
  Diskussionsbeiträge zu Problemfragen dienen v. a. dem Meinungsaustausch und der Meinungsbildung, indem Standpunkte dargestellt und diese durch **Argumente** begründet werden.

Vor einer Diskussion sollte man sich eine **Meinung** zum Thema bilden und Argumente sammeln, die man in Form eines **Diskussionsbeitrags** vorstellen möchte.

Während einer Diskussion sollte man auf andere eingehen, zum Beispiel durch **Paraphrasieren**. Das heißt, man wiederholt das von anderen Gesagte mit eigenen Worten und schließt daran an. Oft ist es nötig, einen **Kompromiss** zu finden, d. h., alle rücken ein wenig von ihrem Standpunkt ab, um sich zu einigen bzw. das Problem zu lösen.

Bei Diskussionen im größeren Rahmen kann es hilfreich sein, verschiedene **Rollen** zu verteilen. Eine **Diskussionsleiterin** bzw. ein **Diskussionsleiter** übernimmt die **Moderation**, d. h., sie oder er eröffnet die Diskussion, lenkt das Gespräch und fasst die Ergebnisse möglichst neutral zusammen.

Sinnvoll ist es auch, vor der Diskussion eine **Tagesordnung** (den Ablauf) festzulegen und zu bestimmen, wer ein **Protokoll** schreibt.

Nach der Diskussion sollte man diese **auswerten**, zum Beispiel besprechen, ob man sich auf eine Meinung oder einen Kompromiss einigen konnte und wie die Gesprächsregeln eingehalten wurden.

Eine **Podiumsdiskussion** ist eine Diskussionsrunde zu einem bestimmten Thema. Dabei diskutieren Expertinnen und Experten vor einem Publikum über ein Thema. Meist vertreten sie gegensätzliche Standpunkte. Geleitet wird die Diskussion von einer Moderatorin bzw. einem Moderator.

das **Drama**, der **dramatische Text** (*Plural:* die Dramen, die dramatischen Texte) → S. 157, 164, 171, 172	Ein Drama ist ein **literarischer Text** der **Gattung Dramatik**, der für die Aufführung auf einer Bühne verfasst ist (ein Bühnenstück). Oft werden in Dramen **Konflikte** und deren Lösung behandelt. Der **dramatische Text** ist in **Aufzüge** (oder **Akte**) eingeteilt, die wiederum aus **Szenen** bestehen. Er besteht im **Haupttext** aus wörtlicher Rede, d. h. aus **Monologen** (Selbstgesprächen) und **Dialogen** (Zwiegesprächen) von Figuren. Meist gibt es im **Nebentext Regieanweisungen**, die Hinweise zur Aufführung geben, zum Beispiel zur Gestaltung der Bühne oder zur Sprechweise der Figuren. Um **Dramenszenen** zu **erschließen**, untersucht man u. a. die **Figuren** genau. Dazu kann man sich am Nebentext und am Haupttext (der **Figurenrede**) orientieren, besonders an **beschreibenden Aussagen** der Figuren. Oft muss man auch **eigene Vorstellungen entwickeln**. Am besten gelingt das **im Gespräch mit anderen**.
der **Eigenname** (*Plural:* die Eigennamen)	Eigennamen sind Wörter und Wortgruppen, die zum Beispiel Personen, Orte, Veranstaltungen, Organisationen und Institutionen als einmalig bezeichnen. Eigennamen werden **immer großgeschrieben**. Wenn Adjektive, Partizipien oder Numeralien (Zahlwörter) Teil eines Eigennamens sind, werden sie ebenfalls großgeschrieben, z. B.: *Emilia, Dirk Neumann, Bahnhofstraße, Potsdam, Sachsen-Anhalt, Europa, Deutsches Rotes Kreuz, die Olympischen Spiele, Friedrich der Zweite*. Bis zum 12. Jahrhundert hatten die Menschen nur einen Namen, einen **Vornamen**, den sogenannten Rufnamen. **Familiennamen** entstanden erst, als die Ansiedlungen größer wurden und man zur Unterscheidung der Menschen einen Beinamen brauchte, z. B. aus Berufen (*Becker*), Herkunfts- und Wohnorten (*Hesse, Bachmann*), bestimmten Eigenschaften (*Lange*) oder Rufnamen (*Konrad*). Familiennamen werden noch heute von den Eltern an die Kinder vererbt. In Formularen und offiziellen Papieren sind meist Vor- und Familiennamen anzugeben, z. B.: *Jan Lewandowski* oder *Lewandowski, Jan*.
die **Entscheidungsfrage** (*Plural:* die Entscheidungsfragen) → S. 15, 65, 67	Entscheidungsfragen kann man mit Ja oder Nein beantworten. Die finite Verbform steht am Anfang der Frage, z. B.: <u>Kommst</u> du mit ins Kino?
die **Entschuldigung** (*Plural:* die Entschuldigungen)	Manchmal muss man sich entschuldigen und um Verständnis, Nachsicht oder Verzeihung bitten. Es ist dabei wichtig, die jeweilige Situation und die Gesprächspartnerin bzw. den Gesprächspartner zu beachten. Man sollte sagen, wofür man sich entschuldigt, dass es einem leidtut, einen möglichen Grund nennen und evtl. eine Wiedergutmachung anbieten. Eine Entschuldigung sollte man möglichst **annehmen**, z. B.: *Du hast das ja nicht mit Absicht gemacht. Das ist schon in Ordnung.*

die **Epik**, der **epische Text** (*Plural*: die epischen Texte) → S. 118	Ein epischer Text ist ein **erzählender literarischer Text** der **Gattung Epik**. Zur Epik gehören zum Beispiel literarische Erzählungen, Kurzgeschichten, Fabeln oder Romane. Um epische Texte zu **erschließen**, untersucht man zum Beispiel die Handlungsgestaltung, die Figuren und besondere **erzählerische Mittel** wie die **Erzählperspektive**, die **Zeitgestaltung**, die **sprachlichen (stilistischen) Mittel**. Oft muss man auch **eigene Vorstellungen entwickeln**. Am besten gelingt das **im Gespräch mit anderen**.
die **Epoche** (*Plural*: die Epochen) → S. 140, 173	Die Geschichte der Menschheit, der Kunst oder der Literatur lässt sich in Epochen (*griech.*: Zeitabschnitt) gliedern. Prägend für eine Epoche sind bestimmte gesellschaftliche, historische oder politische Entwicklungen. Diese beeinflussten das Leben und Denken der Menschen. Die Einteilung der Literatur in **Literaturepochen** kann hilfreich bei der Orientierung in der Literaturgeschichte sein. Literarische Texte einer Literaturepoche behandeln ähnliche Themen oder spiegeln Stimmungen und Konflikte der Zeit wider. Gemeinsamkeiten lassen sich auch in der Sprachverwendung und in bevorzugten Gattungen finden.
das **Erbwort** (*Plural:* die Erbwörter)	Als Erbwörter bezeichnet man die **ältesten Wörter einer Sprache**. Sie geben Hinweise auf die Abstammung einer Sprache. Die deutsche Sprache gehört zur Gruppe der **germanischen Sprachen** wie auch das Englische, Friesische, Niederländische, Dänische, Isländische und Norwegische. Die ältesten Erbwörter des Deutschen entstanden vor ungefähr 5 000 Jahren und geben Auskunft über das Leben der germanischen Stämme. Sie können sich deshalb innerhalb der Gruppe der germanischen Sprachen ähneln, z. B.: *die Mutter – mother (engl.) – moeder (niederl.) – mor (norweg., dän.).*
die **Ergänzungsfrage** (*Plural*: die Ergänzungs- fragen) → S. 15, 65, 67	Auf Ergänzungsfragen muss man ausführlicher antworten. Am Anfang der Frage steht ein Fragewort und die finite Verbform steht an zweiter Satzgliedstelle, z. B.: *Wann gehen wir morgen ins Kino?*
das **Erörtern**, die **Erörterung** (*Plural*: die Erörterungen) → S. 22, 26, 30, 31, 32, 33	Beim Erörtern setzt man sich schriftlich mit einem **Problem** oder einer **Frage** auseinander. Eine Erörterung ist ein umfangreicherer **zusammenhängender Text**, in dem man **Meinungen** bzw. **Standpunkte** zu einem Problem oder einer Frage formuliert und diese durch mehrere **Argumente** (Begründungen + Beispiele) begründet. Eine sinnvolle **Gliederung** und eine genaue **Sprache** sind wichtig. Es gibt zwei **Hauptformen** der Erörterung: • In der **linearen (steigernden) Erörterung** entscheidet man sich für einen Standpunkt und führt Argumente dafür an, wobei das wichtigste am Anfang oder am Schluss steht.

	• Bei der **kontroversen (dialektischen) Erörterung** wägt man verschiedene **Argumente für (pro)** und **gegen (kontra)** einen **Standpunkt** zu einem Problem bzw. einer Frage ab. Man kann die Argumente im **Block** (zuerst alle Pro-, dann alle Kontra-Argumente oder umgekehrt) oder im **Wechsel** anordnen.
die **Ersatzprobe** (*Plural:* die Ersatzproben) → S. 245	Die Ersatzprobe ist eine sprachliche **Probe**, bei der man Wörter durch andere Wörter ersetzt. Dadurch kann man zum Beispiel den **Kasus** (Fall) dieser Wörter **ermitteln**, z. B.: *Die Mutter sucht sie.* (Nominativ oder Akkusativ?) → *Die Mutter sucht ihn.* (Akkusativ) Die Ersatzprobe hilft außerdem, über die **Schreibung von *das* oder *dass*** zu entscheiden: • Kann *da*■ durch *dieses* oder *welches* ersetzt werden, ist es der Artikel oder das Relativpronomen *das*, z. B.: *Da*■ *(dieses) Mädchen, da*■ *(welches) rudert, heißt Fine.* → *das* • Ergibt der Satz bei dieser Probe keinen Sinn, so handelt es sich um die Konjunktion *dass*, z. B.: *Fine weiß, da*■ *(welches) sie Kraft braucht.* → *dass*
die **Erweiterungsprobe** (*Plural:* die Erweiterungsproben) → S. 190, 192, 245, 279	Die Erweiterungsprobe ist eine sprachliche **Probe** zur Ermittlung der **Groß- und Kleinschreibung.** Sie hilft, Nomen/Substantive und nominalisierte/substantivierte Verben und Adjektive zu erkennen, denn sie stehen immer am Ende einer **nominalen Wortgruppe**. Erweitert man die nominale Wortgruppe durch Adjektive, so ist das Wort, das am weitesten rechts steht, das Nomen oder die Nominalisierung und wird großgeschrieben, z. B.: *beim Schwimmen* *das Blau* *beim schnellen Schwimmen* *das helle Blau* *beim schnellen, ausdauernden Schwimmen* *das helle, leuchtende Blau*
das **Erzählen**, die **Erzählung** (*Plural:* die Erzählungen) → S. 118, 124, 125, 128, 129	Beim Erzählen stellt man möglichst **unterhaltsam, anschaulich** und **wirkungsvoll** etwas Erlebtes oder Erfundenes dar. **Realistische Erzählungen** erzählen von Ereignissen, Figuren und Dingen, die es in der Wirklichkeit gibt oder geben könnte. **Fantasieerzählungen** erzählen von Fantasiewesen und Fantasiewelten, d. h. von unwirklichen und zauberhaften Ereignissen, Figuren oder Dingen. **Literarische Erzählungen**, z. B. Kurzgeschichten, Fabeln, Romane, gehören zur **Gattung Epik.** Erzählungen sollten so gestaltet sein, dass andere sich die Personen oder Figuren und die Handlung gut vorstellen können. Dazu kann man spezielle **erzählerische Mittel** verwenden, z. B. der Zeit- und Figurengestaltung und der sprachlichen (stilistischen) Gestaltung.

das **erzählerische Mittel** (*Plural:* die erzählerischen Mittel) → S. 118, 125	Beim **mündlichen Erzählen** sollte man neben dem anschaulichen Formulieren besonders auch auf Mimik, Gestik und Betonung achten. Beim **schriftlichen Erzählen** kommt es darauf an, alles mithilfe von Wörtern und Sätzen so darzustellen, dass Leserinnen und Leser es sich gut vorstellen können. Beim schriftlichen Erzählen von vergangenen Ereignissen wird meist die Zeitform **Präteritum** verwendet. Um vorher Geschehenes darzustellen, braucht man manchmal die Zeitform **Plusquamperfekt**. Will man das Geschehen besonders wirkungsvoll gestalten, kann man im **Präsens** formulieren. Um eine Erzählung zu erschließen, untersucht man zum Beispiel die **Handlung**, die **Figuren** und die **Zeitgestaltung**.
	• Das sichtbare Geschehen ist die **äußere Handlung**. Erzählt wird, wie Figuren handeln und sprechen.
	• Die **innere Handlung** umfasst die Gedanken und Gefühle der Figuren.
	• Die **Zeitgestaltung** umfasst die Mittel:
	  – **Zeitdehnung**: die Erzählzeit ist länger als die erzählte Zeit, z. B. durch ausführliche Gedanken-, Gefühls-, Orts-, Zeitbeschreibungen,
	  – **Zeitraffung**: die Erzählzeit ist kürzer als die erzählte Zeit, z. B. durch verkürzte Wiedergabe des Geschehens oder Zeitsprünge,
	  – **Vorausdeutung**: kommende Ereignisse werden angedeutet,
	  – **Rückblende**: vergangene Ereignisse werden aufgegriffen.
	Sprachliche (stilistische) Mittel des anschaulichen Erzählens sind z. B.:
	• treffende Verben, z. B.: *schreien, fluchen, stottern, zittern,*
	• anschauliche Adjektive und Nomen/Substantive, z. B.: *raue See, steife Brise, eiskaltes Wasser, altes Segelboot,*
	• Vergleiche, z. B.: *kalt wie Eis, heiß wie Feuer, dunkel wie die Nacht,*
	• wörtliche Rede, z. B.: *Jan rief: „Lucy, ich schwimme zurück zum Hafen."*
	• innerer Monolog (Selbstgespräch), z. B.: *Ich fragte mich, was ich tun sollte. Werde ich es schaffen, an Land zu kommen?*
	• wirkungsvolle Satzgestaltung, z. B. Frage- und Ausrufesätze, variable Satzgliedstellung, anschauliche Adverbialbestimmungen.

der **Erzählkern** (*Plural:* die Erzählkerne)	Erzählkerne helfen bei der **Planung und Gestaltung einer Erzählung**. Sie geben Ort, Zeit und Personen oder Figuren sowie wichtige Handlungsschritte vor, zu denen man sich eine passende Geschichte ausdenken kann.
die **Erzählperspektive** (*Plural:* die Erzählperspektiven) → S. 118	Man kann ein Geschehen aus verschiedenen Erzählperspektiven erzählen, zum Beispiel aus der **Perspektive verschiedener Figuren**. Dazu muss man entscheiden, **wer** erzählen soll und **in welcher Form** erzählt wird. Eine *Ich-Erzählerin* oder ein *Ich-Erzähler* ist am Geschehen beteiligt, erzählt aus ihrer bzw. seiner Sicht und gibt eigene Gedanken und Gefühle wieder. Eine *Sie-Erzählerin* oder ein *Er-Erzähler* ist nicht am Geschehen beteiligt und beobachtet alles von außen.

der **Erzählplan** (*Plural:* die Erzählpläne)	Ein Erzählplan hilft bei der **Planung und Gestaltung einer Erzählung**. Dazu stellt man sich folgende Fragen: • **Worüber** bzw. **was** soll erzählt werden? • Welche **Handlungsschritte** sind wichtig? • Wo (**Orte**) und wann (**Zeiten**) geschieht etwas? • Welche **Personen** oder **Figuren** spielen eine Rolle? • Welche **Dialoge** sollen eingebaut werden? • Welche **Einleitung** macht neugierig? • Welcher **Schluss** rundet die Geschichte ab?
das **Exzerpieren**, das **Exzerpt** (*Plural:* die Exzerpte) → S. 60	Das Exzerpieren ist eine **Methode der Texterschließung** und der Informationssammlung. Der Text wird unter einer **bestimmten Fragestellung** gelesen und wichtige Informationen bzw. Aussagen zur Frage werden stichpunktartig schriftlich festgehalten. Besonders wichtige oder schwierige Passagen können als wörtliche Zitate in das Exzerpt übernommen werden.
die **Fabel** (*Plural:* die Fabeln)	Die Fabel (*lat.* fabula – Erzählung) ist ein kurzer erzählender, manchmal auch gereimter Text. Zu ihren **Merkmalen** zählen: • Tiere denken, handeln und sprechen wie Menschen. • Den Tieren sind bestimmte menschliche Eigenschaften zugeordnet. • Fabeln enthalten eine Lehre (zentrale Aussage), die aus dem Text erschlossen werden kann und manchmal auch am Anfang oder Schluss formuliert ist.
die **Facharbeit** (*Plural:* die Facharbeiten) → S. 103, 105, 106	Eine Facharbeit ist eine zusammenhängende Arbeit zu einem bestimmten **Thema**, in der man unter Beweis stellt, dass man sich mit dem Thema selbstständig auseinandersetzen kann. Das **Verfassen** einer Facharbeit ist aufwendig und man sollte seine Vorgehensweise langfristig planen: • Informationen zum Thema beschaffen, • das gesammelte Material auswerten, • die Ergebnisse in schriftlicher Form geordnet zusammenstellen, • den Text entwerfen und mehrfach überarbeiten, • die Endfassung erstellen. Eine Facharbeit muss übersichtlich **gegliedert** sein: • Deckblatt, • Inhaltsverzeichnis, • Text, • Anhang (Quellenverzeichnis, Selbstständigkeitserklärung). Die **Gliederung** muss evtl. ebenfalls mehrfach überarbeitet und angepasst werden. In der Endfassung kann man sie dann als **Inhaltsverzeichnis** nutzen. Zu empfehlen ist eine Dezimalnummerierung, z. B.: 1 … 2 … 1.1 … 2.1 … 1.2 … 2.2 …

	Der **Umfang** einer Facharbeit (ohne Anhang) beträgt in der Regel 8–10 einseitig bedruckte und nummerierte Seiten. Der linke Rand beträgt 4 cm, die übrigen jeweils mindestens 2 cm. Man nutzt eine gut lesbare Schriftart (Times New Roman, Arial oder Calibri, Schriftgrad 12, Zeilenabstand 1,5 Zeilen). Gegebenenfalls muss man spezielle Vorgaben und Anforderungen aus dem Fachunterricht beachten. Dazu sollte man sich vorher genau informieren.
die **Fachsprache** (*Plural:* die Fachsprachen) → S. 257	Fachsprache benötigt man, um das **Spezialwissen eines bestimmten Bereiches**, z. B. bestimmte Gegenstände oder Tätigkeiten, kurz, genau und eindeutig **auszudrücken**, z. B.: *das Mikroskop, mikroskopieren* (Biologie), *die Diagnostik, diagnostizieren* (Medizin), *das Allegro* (Musik), *der Volleyball* (Sport). Fachsprache wird zum Beispiel in Berufsfeldern, Wissenschaften, Unterrichtsfächern und speziellen Lebensbereichen (Interessen und Hobbys wie Sport) verwendet.
das **Feedback** (*Plural:* die Feedbacks) → S. 19	Im Anschluss an Diskussionen, Präsentationen o. Ä. kann man einander ein Feedback (eine **Rückmeldung**) geben. Man formuliert dazu freundlich und motivierend nach der **Sandwich-Methode:** • Lobe etwas Gutes, Positives, • sage, was verbessert werden kann, • schließe mit etwas Positivem. Man beschreibt seine Wahrnehmungen und formuliert **konkrete Verbesserungsvorschläge**, z. B.: *Ich habe bemerkt, dass du auf unsere Äußerungen nicht eingegangen bist. Beim nächsten Mal solltest du versuchen, unsere Meinungen aufzugreifen und darauf zu reagieren.* Auf das Feedback sollte man **reagieren**, indem man es annimmt und sich bedankt, ggf. auch **Rückfragen** stellt.
der **feste Vergleich** (*Plural:* die festen Vergleiche)	Feste Vergleiche sind bildhafte Wortgruppen mit dem Vergleichswort *wie*, z. B.: *kämpfen <u>wie</u> ein Löwe, hart <u>wie</u> eine Nuss.*
der **Film** (*Plural:* die Filme)	Ein Film ist ein **audiovisuelles** (hör- und sehbares) **Medium**. Die **Literaturverfilmung** ist eine spezielle Gattung der Filmkunst, in der **literarische Vorlagen**, z. B. Märchen, Erzählungen, Romane oder Dramen, in das Medium „Film" überführt sind. Dabei finden Umarbeitungen und Anpassungen an das Medium statt, weshalb man auch von einer **Adaption** (Anpassung) spricht. Grundlage einer Literaturverfilmung ist ein von Drehbuchautorinnen und -autoren verfasstes **Drehbuch**, in dem die Figurenrede und verschiedene Handlungsanweisungen festgehalten sind. An einer **Filmproduktion** sind verschiedene Berufsgruppen beteiligt, zum Beispiel Schauspielerinnen und Schauspieler, Kameraleute, Masken- und Kostümbildnerinnen und -bildner, Licht- und Tontechnikerinnen und -techniker.

Unter Leitung einer **Regisseurin** oder eines **Regisseurs** arbeiten alle daran, das **Drehbuch** mithilfe verschiedener **filmischer Mittel** umzusetzen. Die wichtigsten filmischen Mittel sind:
- die **Kameraeinstellung**, z.B.: *Totale, Halbtotale, Detailaufnahme,*
- die **Kameraperspektive**, z.B.: *Froschperspektive, Vogelperspektive,*
- das **Filmlicht**, z.B.: *die Lichtqualität (Farbton, Farbsättigung), der Lichtcharakter (weiches bis hartes Licht), die Lichtquantität (Helligkeit), die Lichtquelle (natürliches oder künstliches Licht),*
- der **Soundtrack**, z.B.: *Musikstücke, neue Kompositionen, Geräusche.*

die **Frageprobe** (*Plural:* die Frageproben) → S.245	Die Frageprobe ist eine sprachliche **Probe** zur **Ermittlung von Kasus** (Fällen), **Satzgliedern** und **Satzgliedteilen**, z.B.: *dem Jungen* helfen – Wem helfen? (Dativ), *die Katze* fangen – Wen/Was fangen? (Akkusativ). *Sie essen den leckeren Kuchen nachmittags im Garten.* – Wer/Was isst den leckeren Kuchen …? (Subjekt) – sie – Wen/Was essen sie …? (Objekt) – den leckeren Kuchen – Wann essen sie …? (Temporalbestimmung) – nachmittags usw.
das **Fremdwort** (*Plural:* die Fremdwörter) → S.288, 290, 291	Fremdwörter nennt man **Wörter**, die vor allem durch den Austausch in Wirtschaft, Wissenschaft und Kultur **aus anderen Sprachen** ins Deutsche kamen, sich aber in **Aussprache, Schreibung** und **Betonung nicht** oder nur zum Teil dem Deutschen **angepasst** haben, z.B.: *downloaden (engl.), das Baguette (franz.), die Pasta (ital.), die Datsche (russ.), der Kaffee (arab.), die Gitarre (span.).* Fremdwörter enthalten häufig typische Wortbauteile wie die **Suffixe** *-ieren, -ie, -ik, -iv, -(t)ion, -ität,* z.B.: *demonstrieren, die Diplomatie, die Republik, aktiv, die Ration, die Solidarität.* Die **Präfixe *prä-, anti-, pro-, inter-* und *trans-*** sind typische Wortbauteile griechischer und lateinischer Fremdwörter, z.B.: *der Präsident, das Pronomen, antifaschistisch, international, der Transport.* In einem speziellen **Fremdwörterbuch** findet man Informationen zu Bedeutung, Aussprache, Schreibung und Herkunft vieler Fremdwörter. Die meisten **englischen Fremdwörter** werden an die deutsche Sprache angepasst oder auch **eingedeutscht**. Dies geschieht mithilfe von Artikeln (*der, die, das* + Großschreibung der Nomen/Substantive), Präfixen (*ge-*), Suffixen (*-ier-*) und Endungen (*-en, -er, -s, -et, -t*), z.B.: *shop – der Shop, die Shops, shoppen.*
die **Gattung** (*Plural:* die Gattungen)	Eine Gattung ist eine Gruppe (Klasse) von literarischen Texten mit bestimmten typischen Merkmalen. Es werden drei große literarische Gattungen unterschieden: **Epik, Lyrik** und **Dramatik**.
das **Genus** (*Plural:* die Genera) → S.190, 195, 246	Das Genus bezeichnet das **grammatische Geschlecht** eines Nomens/ Substantivs oder eines Adjektivs: **maskulin, feminin** oder **neutrum**, z.B.: *der neue Mantel, die alte Jacke, das karierte Hemd.*

das **gestaltende Erschließen** (*keine Pluralform*) → S. 124, 125	Eine Möglichkeit, das Verständnis eines literarischen Textes zu erweitern und ihn zu interpretieren, ist die **produktive** (schreibende) oder **handlungsorientierte** (gestaltende) **Auseinandersetzung** mit dem Text. **Formen** des gestaltenden Erschließens sind z. B.: • das Weiterschreiben eines Textes, • das Umschreiben oder Ergänzen von Texten und Textteilen (z. B. Perspektivwechsel, Änderung der Textsorte, innerer Monolog, Tagebucheintrag, neues Kapitel, Regieanweisungen), • das Verfassen eines bezugnehmenden Textes (z. B. Paralleltext, Gegen- oder Antworttext, Brief oder E-Mail, Steckbrief, Rollenkarte), • das bildnerische oder szenische Darstellen (z. B. Illustration, Rollenspiel, Standbild).
die **grammatische Probe** (*Plural:* die grammatischen Proben) → S. 244, 245	Grammatische Proben sind **Verfahren zur Bestimmung** von Wortarten und Satzgliedern (Frageprobe, Umstellprobe, Weglassprobe) sowie zur Ermittlung von Teilsätzen (Umformungs-, Auflöseprobe). Sie sind auch **Entscheidungshilfen** für die **Rechtschreibung** und **Kommasetzung** (Artikelprobe, Ersatzprobe, Erweiterungsprobe, Verlängerungsprobe, Verwandtschaftsprobe, Zerlegeprobe).
die **Graphic Novel** (*Plural:* die Graphic Novels)	Die Graphic Novel ist ein **gezeichneter Roman** bzw. eine **längere Geschichte**. Eine umfangreichere abgeschlossene Handlung wird vor allem mithilfe verschieden gestalteter Bilder erzählt, die meist auch unterschiedlich gestaltete Textteile enthalten.
der **Hauptsatz** (*Plural:* die Hauptsätze) → S. 221, 224, 229, 237	Ein Hauptsatz ist ein Teil eines zusammengesetzten Satzes. Hauptsätze erkennt man daran, dass die **finite** (gebeugte) **Verbform** an **zweiter Satzgliedstelle** steht, z. B.: *Das Publikum klatscht begeistert, weil der Clown Späße macht. Der Clown macht Späße(,) und das Publikum klatscht begeistert.*
das **Hörbuch** (*Plural:* die Hörbücher)	Ein Hörbuch ist eine Tonaufzeichnung einer **Text-** oder **Buchlesung**. Der **Lesevortrag** kann gestaltet werden durch: • sprecherische Mittel, z. B. Betonung, Sprechtempo, Pausen, Lautstärke, Stimmlage, • auditive (hörbare) Mittel, z. B. Musik, Geräusche, • akustische (klangliche) Mittel, z. B. das Variieren von Tonhöhen, Schallerzeugung.
das **Hörspiel** (*Plural:* die Hörspiele)	Ein Hörspiel ist ein spezielles, für Hörmedien produziertes Stück, in dem ein **szenisch gestalteter Text** von mehreren Sprecherinnen und Sprechern (Rollenspielern) vorgetragen wird. **Originalhörspiele** werden von vornherein als Hörspieltexte verfasst. Als **Hörspieladaptionen** bezeichnet man Hörspiele, die aus anderen Texten oder Filmen hervorgegangen sind und zum Hörspiel umgestaltet wurden.

	Der **Hörspieltext** besteht aus Dialogen, Monologen und Regieanweisungen und gibt Auskunft über den Handlungsort, die Zeit, den Einsatz von Musik und Geräuschen. Besonders gestaltet werden Hörspiele durch einen **Soundtrack** (z.B. Musik, typische Umgebungs- und Handlungsgeräusche) sowie durch **akustische (klangliche) Mittel** (z.B. Variieren von Tonhöhen, Schallerzeugung).
das **Homonym** (*Plural:* die Homonyme)	Wörter, die **gleich** (bzw. fast gleich) **geschrieben und ausgesprochen** werden, aber eine **unterschiedliche Bedeutung** haben, heißen Homonyme (gleichnamige Wörter), z.B.: die Bremse (am Fahrzeug) – die Bremse (Insekt). Als Homonyme werden auch (fast) gleich geschriebene bzw. gesprochene Wörter verstanden, die zu verschiedenen Wortarten gehören, z.B.: (der) Morgen – morgen.
der **Hypertext** (*Plural:* die Hypertexte)	Ein Hypertext (verknüpfter Text) ist ein Text, der durch **Hyperlinks** (Verknüpfungen) netzartig mit anderen Texten oder Textteilen verbunden ist. Hypertexte kann man am besten am Computer erstellen und lesen.
die **Infinitivgruppe** (*Plural:* die Infinitivgruppen) → S.229	Bei Infinitivgruppen (erweiterten Infinitiven mit *zu*) gelten folgende Kommaregeln: Ein **Komma** muss gesetzt werden, • wenn sie durch *um, ohne, (an)statt, außer, als* eingeleitet sind, z.B.: *Ich gehe ins Konzert, um die Band live zu hören.* • wenn sie sich auf ein Nomen/Substantiv beziehen, z.B.: *Ich machte den Vorschlag, ins Konzert zu gehen.* • wenn sie sich auf Wörter wie *daran, damit, darauf, es* beziehen, z.B.: *Ich liebe es, zur Musik zu tanzen.* Das Komma bei nicht erweitertem Infinitiv mit *zu* ist freigestellt, z.B.: *Ich liebe es(,) zu tanzen.* Man kann Fehler vermeiden, indem man beim Infinitiv mit *zu* immer ein Komma setzt. Besonders achten muss man bei Infinitivgruppen auf **Verben**, die **mit *zu* zusammengesetzt** sind (*zusehen, zustimmen, zustellen, zutreffen*), z.B.: *Es war schon immer mein Wunsch, einem Flugzeug bei der Landung zuzusehen. Wir sollten ihn dazu bringen, unserem Vorschlag zuzustimmen.*
Informationen suchen → S.64, 65, 67, 69, 104	Informationen kann man in verschiedenen Quellen suchen: • Ein **Lexikon** (*Plural:* Lexika) ist ein alphabetisch geordnetes Nachschlagewerk, in dem Begriffe aus verschiedenen Wissensgebieten erklärt werden. Lexika gibt es in Buchform und in elektronischer Form. • Auch **Wörterbücher** gehören zu den Lexika, da in ihnen die Bedeutung von Wörtern erklärt wird. • **Sachbücher** vermitteln in allgemein verständlicher Sprache Wissen zu verschiedenen Themen. Zur Orientierung kann man das **Inhaltsverzeichnis**, den **Klappentext** (auf der Rückseite oder dem Schutzumschlag gedruckte Inhaltsangabe) und das **Register** (alphabetisch geordnetes Stichwortverzeichnis am Ende) nutzen.

- **Zeitschriften** erscheinen **regelmäßig** (z. B. einmal pro Woche oder Monat) und richten sich an bestimmte Leserinnen und Leser. Das **Titelbild** und das **Inhaltsverzeichnis** ermöglichen, sich einen Überblick über die Leitthemen und den Inhalt zu verschaffen.
- Eine **Suchmaschine** erleichtert die Suche nach bestimmten Informationen im **Internet**. Man gibt einen oder mehrere **Suchbegriffe** (Schlüsselwörter) in das Suchfeld ein, z. B.: *Hund, Dackel, kleiner Hund, Dackel kaufen, Wie viel kostet ein Dackel?*
Zur **Beurteilung der Suchergebnisse** sollte man die Autorin bzw. den Autor, die Herkunft der Webseite, ihre Aktualität und den Inhalt einbeziehen.

Entnimmt man einer Quelle Informationen und Textstellen, muss man die **Quellenangabe** exakt notieren.

Auch **Umfragen** und **Interviews** sind Methoden der Informationsgewinnung.

die **Inhaltsangabe** (*Plural:* die Inhaltsangaben) → S. 119	In einer Inhaltsangabe gibt man möglichst sachlich und knapp den wesentlichen Inhalt eines Textes, Films, Theaterstücks o. Ä. wieder. Dabei muss man berücksichtigen, **für wen** und **warum** die Inhaltsangabe verfasst wird. Eine Inhaltsangabe enthält folgende **Bestandteile**: • **Einleitung**: Angaben zu Autorin bzw. Autor, Textsorte, Titel, Thema und Quelle des Textes, • **Hauptteil**: Hauptinformationen sowie wichtige Einzelinformationen (z. B. Nennen der Figuren, der Handlungsorte und -zeiten, des zentralen Themas oder Problems, der wichtigsten Handlungsschritte u. Ä.), • **Schluss**: Besonderheiten des Textes und Überleitung zum eigenen Thema bzw. Anliegen. Beim Schreiben einer **Inhaltsangabe** muss man folgende **sprachliche Besonderheiten** beachten: • den Inhalt überwiegend mit eigenen Worten zusammenfassen, • knapp und sachlich formulieren, • auf genaue Wortwahl achten und Wiederholungen vermeiden, • direkte Rede in indirekte Rede umwandeln, • im Präsens oder Perfekt (Vorzeitigkeit) schreiben.
die **Interjektion** (*Plural:* die Interjektionen) → S. 189, 217	Interjektionen geben **Ausrufe** oder **Empfindungen** wie Überraschung, Enttäuschung, Freude oder Ärger wieder und werden durch Satzzeichen abgegrenzt, z. B.: *Wow, was für 'n cooles Shirt! Tja, Pech gehabt! Eh, geht's noch? Oje, was ist denn hier los?*

das Interview (*Plural:* die Interviews) → S. 67, 69	Beim **Interview** (*engl.* inter – gegenseitig, view – Sicht, Sichtweise) steht entweder die bzw. der Befragte als Person im Mittelpunkt oder ihre bzw. seine Meinung soll dargestellt werden, um eine Sachfrage zu klären und andere zu informieren. Fragen und Antworten werden wörtlich wiedergegeben. Die Fragen für das Interview müssen sorgfältig vorbereitet werden. Am besten eignen sich **offene Fragen (Ergänzungsfragen)**, da man sie ausführlich beantworten muss. **Geschlossene Fragen (Entscheidungsfragen)**, die nur mit Ja oder Nein beantwortet werden müssen, sind für Interviews weniger geeignet.
die Ironie (*keine Pluralform*) → S. 142	Ironie ist ein **sprachliches (stilistisches) Mittel** zur Bezeichnung von Aussagen, die etwas anderes, meist Gegenteiliges meinen. Ironie erkennt man am Tonfall oder am offensichtlichen Widerspruch zur Realität, z. B.: *Heute ist ja tolles Wetter!* (wenn schlechtes Wetter ist)
die journalistische Textsorte (*Plural:* die journalistischen Textsorten)	Medien, insbesondere Zeitungen und Zeitschriften, enthalten journalistische Textsorten. Zu den **informierenden journalistischen Texten** zählen: • Die **Meldung**: eine Kurznachricht, die sachlich das Nötigste über ein Ereignis mitteilt. • Die **Nachricht**: eine kurze, sachliche Mitteilung über eine allgemein interessierende und nachprüfbare Tatsache. In der Regel steht das Wichtigste am Anfang. Kurz und knapp werden Informationen zu *W*-Fragen mitgeteilt, meist im Präteritum formuliert. • Der **Bericht** ist länger als eine Nachricht und kann zusätzlich noch Hintergrundinformationen und Zusammenhänge darstellen. Zu den **wertenden journalistischen Textsorten** zählt unter anderem: • Der **Kommentar**: eine gründlich recherchierte, namentlich gekennzeichnete, meist umfangreichere Meinungsäußerung einer Autorin bzw. eines Autors zu einem aktuellen Thema. Oft bezieht der Kommentar sich auf einen Bericht in derselben Zeitung oder auf eine Online-Veröffentlichung. Kommentare sollen dazu anregen, die persönliche Haltung zu einem Thema zu entwickeln oder zu hinterfragen. Besonders viele und sehr unterschiedliche Kommentare finden sich im **Internet**, sowohl als **journalistische Textsorte** als auch als **kürzere Meinungsäußerung** verschiedener Leserinnen und Leser.
die Jugendsprache (*Plural:* die Jugendsprachen) → S. 258, 265	Jugendsprache ist eine spezielle **Ausdrucksweise von Jugendlichen** zur Kommunikation untereinander, abhängig von der jeweiligen Gruppe, der Situation und dem Thema. Jugendliche wollen sich damit oft von Erwachsenen abgrenzen, manchmal auch von anderen Jugendlichen, sich untereinander aber als eine Gruppe bzw. Gemeinschaft verstehen. Jugendsprache ist also eine zusammenfassende Bezeichnung für verschiedene **Gruppensprachen** Jugendlicher. **Merkmale** sind bewusst erfundene, originelle und auffällige Wörter und Wendungen, die zunächst vor allem durch Jugendliche verbreitet werden, z. B.: *lost, wild; yolo; Lassma ins Kino gehn*.

	Viele der Wörter und Wendungen sind kurzlebig und regional begrenzt. Manche verschwinden völlig, andere werden in die Umgangssprache übernommen. Eine vor allem in großen Städten verbreitete Form der Jugendsprache ist das sogenannte **Kiezdeutsch**. Kiezdeutsch wird besonders in Stadtteilen (Kiezen) mit einem hohen Anteil an Menschen mit Migrationshintergrund und hauptsächlich von Jugendlichen gesprochen. Kiezdeutsch ist Teil eines sprachlichen Repertoires, das gezielt in bestimmten Alltagssituationen von Jugendlichen mit und ohne Migrationshintergrund eingesetzt wird.
die **Kalendergeschichte** (*Plural*: die Kalendergeschichten)	Kalendergeschichten sind **kurze Erzählungen**, die seit dem 16. Jahrhundert für Kalender geschrieben wurden. Erzählt wird meist von besonderen, merkwürdigen oder lustigen Ereignissen, die Leserinnen und Leser unterhalten, aber auch zum Nachdenken anregen und mitunter belehren sollen. Später erschienen solche Geschichten auch in Zeitungen und in Buchform. Bekannte deutsche Autoren von Kalendergeschichten sind zum Beispiel Johann Peter Hebel, Erwin Strittmatter und Bertolt Brecht.
der **Kasus** (*Plural*: die Kasus) → S. 190, 195, 210	Als Kasus bezeichnet man den **Fall** eines deklinierbaren Wortes (Nomen/Substantiv, Artikel, Adjektiv, Pronomen). Im Deutschen gibt es vier Fälle: **Nominativ** (Wer? Was?): *der grüne Baum, das kleine Kind* **Genitiv** (Wessen?): *des grünen Baumes, des kleinen Kindes* **Dativ** (Wem?): *dem grünen Baum, dem kleinen Kind* **Akkusativ** (Wen? Was?): *den grünen Baum, das kleine Kind*
die **Kommunikation** (*keine Pluralform*) → S. 10, 255, 256	**Mündliche** und **schriftliche Kommunikation** unterscheiden sich durch: • das verwendete Medium (gesprochene Sprache als Laute/Schallwellen – geschriebene Sprache als Schriftzeichen), • die Sprachtätigkeiten (Sprechen, Hören – Schreiben, Lesen), • die Verwendung bestimmter sprachlicher Mittel (sprachliche Mittel der Mündlichkeit bzw. Schriftlichkeit). **Mündliche** und **schriftliche Sprache** kommen in verschiedenen Kommunikationssituationen und Textsorten unterschiedlich häufig vor. **Mündliche Kommunikationssituationen** sind durch unterschiedliche **Bedingungen** geprägt, zum Beispiel durch die Zeit, den Ort, das Thema (den Inhalt), die beteiligten Personen, den offiziellen oder privaten Rahmen und die Funktion bzw. den Zweck des Gesprächs. Besonders wichtig für das Gelingen eines Gesprächs ist die Berücksichtigung der beiden folgenden Ebenen: • **Sachebene**: Was ist der Inhalt des Gesprächs? Um welche Sache bzw. welches Thema geht es? • **Beziehungsebene**: Wer ist am Gespräch beteiligt? In welchem Verhältnis stehen die Beteiligten zueinander? Wie verhalten sich Sprechende und Zuhörende?

	In der **mündlichen Sprache** treten oft folgende Unterschiede zur schriftlichen Sprache auf: • aufgelockerter Satzbau: kurze oder unvollständige Sätze, z. B.: *Weiß nicht. Ich auch nicht.* • Gesprächswörter, z. B.: *äh, ne,* • Reaktionsformeln, z. B.: *Na und? Niemals! Echt? Wirklich?*
das **Kommunikations-modell** (*keine Pluralform*) → S. 12	In der Sprach- und Kommunikationswissenschaft wurden verschiedene Modelle zur Beschreibung von Kommunikationssituationen entwickelt. Eines davon ist das **Sender-Empfänger-Modell** von Paul Watzlawick. Er sagt, wenn Personen miteinander kommunizieren, werden sie sowohl zum **Sender** als auch zum **Empfänger**. Dabei möchte der Sender neben der **Sachinformation** (Inhaltsaspekt) auch beispielsweise **Gefühle** oder **Wünsche** (Beziehungsaspekt) übermitteln. Die Mitteilung wird vom Sender in Form von **Sprache, Gestik, Mimik, Intonation** codiert (verschlüsselt) und an den Empfänger übermittelt. Dieser muss die Signale dekodieren (entschlüsseln). Je nachdem, wie die Mitteilung interpretiert wird, sendet der Empfänger eine **Reaktion** an den Sender zurück.
die **Konjugation** (*Plural:* die Konjugationen) → S. 189, 198	Die Konjugation ist die **Beugung** von Verben, z. B.: *ich lese, du liest, er/sie/es liest; wir lesen, ihr lest, sie lesen.*

die **Konjunktion**
(*Plural:* die Konjunktionen)
→ S. 189, 215
	Konjunktionen (Bindewörter) gehören zu den **unveränderbaren** (nicht flektierbaren) **Wortarten**. Sie verbinden Wörter, Wortgruppen und Teilsätze miteinander, z. B.:
	Lanh, Simon <u>und</u> Tom gingen gemeinsam an den Start.
	Er siegte über 100 Meter <u>sowie</u> in der Staffel über 400 Meter.
	<u>Seit</u> sie sich fürs Rudern entschieden hat, sitzt sie fast jeden Tag im Boot.
	Nach ihrer **Bedeutung** unterscheidet man:
	• **aufzählende** Konjunktionen, z. B.: *und, oder, wie, sowohl … als auch …, weder … noch …, entweder … oder …,*
	• **entgegenstellende** Konjunktionen, z. B.: *aber, jedoch, doch.*
	Nach ihrer **Funktion** unterscheidet man:
	• **nebenordnende** Konjunktionen, die gleichrangige Wörter, Wortgruppen und Teilsätze miteinander verbinden, z. B.:
	  Bild <u>und</u> Ton. Bild <u>oder</u> Ton. Er filmt, <u>aber</u> sie textet. Er filmt(,) <u>und</u> sie textet(,) und wir spielen die Instrumente.
	• **unterordnende** Konjunktionen, die einen Nebensatz einleiten, z. B.:
	  Er hofft, <u>dass</u> er den Preis gewinnt. <u>Als</u> er den Preis gewann, war er 17.
	Die Schreibung der **Konjunktion *dass*** muss man sich besonders einprägen. Sie wird oft mit dem Relativpronomen *das* verwechselt, denn beide Wörter leiten einen Nebensatz ein. Die **Ersatzprobe** hilft, sie zu unterscheiden.

das **Konspektieren**, der **Konspekt** (*Plural:* die Konspekte) → S.61	Das Konspektieren ist eine **Methode der Texterschließung** und eine mögliche Form, **Textinformationen schriftlich festzuhalten**. Das Anfertigen eines Konspekts hilft besonders bei schwierigen Texten, eine Zusammenfassung und damit eine **Übersicht über den Inhalt** zu erhalten. Der Konspekt folgt der inhaltlichen Gliederung (dem Gedankengang der Autorin bzw. des Autors) oder der Argumentation des Textes. Stärker als beim Exzerpt geht es beim Konspekt um die Wiedergabe der Struktur eines Gesamttextes.
das **kreative Schreiben** (*keine Pluralform*)	Beim kreativen Schreiben schreibt man aus sich selbst heraus, um Gedanken, Gefühle, Wünsche, Träume oder Hoffnungen festzuhalten oder um sich gestaltend mit ihnen auseinanderzusetzen, zum Beispiel in Form eines Tagebucheintrags, Gedichts oder einer Erzählung. Anlässe können anregende Bilder, Texte oder Musik sein, aber auch besondere Situationen, Erlebnisse oder Erinnerungen.
die **Kriminalgeschichte** (*Plural:* die Kriminalgeschichten)	In Kriminalgeschichten (Krimi: *Abkürzung für* Kriminalgeschichte oder -film) wird von Verbrechen und deren Aufklärung erzählt. Eine Sonderform der Kriminalliteratur ist die **Detektivgeschichte**, wo weniger die Tat als vielmehr deren Aufdeckung (*engl.* to detect – aufdecken) durch hartnäckige Ermittlerinnen oder Ermittler im Mittelpunkt steht, zum Beispiel durch den klug kombinierenden Detektiv Sherlock Holmes oder die gut beobachtende Detektivin Miss Marple.
die **Kurzgeschichte** (*Plural:* die Kurzgeschichten)	Kurzgeschichten (in Anlehnung an die amerikanischen *Short Stories*) sind kurze, prägnante Erzählungen mit folgenden typischen **Merkmalen**: • erzählt werden einzelne alltägliche Ereignisse, • wenige Figuren, • oft unvermittelter Beginn, • meist offenes Ende, mitunter überraschend, • begrenzte Handlungszeit (wenige Stunden oder Tage), • begrenzte Handlungsorte (oft nur einer), • knappe, alltägliche Sprache, • häufig anschauliche Wortwahl und Metaphern.
das **Lehnwort** (*Plural:* die Lehnwörter)	**Wörter**, die **aus anderen Sprachen** übernommen (entliehen) wurden, heißen Lehnwörter. Sie haben sich im Laufe der Zeit in **Aussprache**, **Schreibung** und **Deklination** (Beugung) der deutschen Sprache **angepasst**, sodass man ihre eigentliche Herkunft oft gar nicht mehr erkennt, z. B.: *Portal* (*von lateinisch* porta), *Fenster* (*von lateinisch* fenestra).

der **Leserbrief** (*Plural:* die Leserbriefe)	Ein Leserbrief enthält eine **schriftliche Stellungnahme** zu einem Artikel in einer Zeitung, Zeitschrift oder im Internet. Ein Leserbrief besteht aus: <ul><li>**Einleitung**: Hier wird geschrieben, auf welchen Artikel man sich bezieht.</li><li>**Hauptteil**: Man formuliert kurz die eigene **Meinung** und nennt **Argumente** (Begründungen und Beispiele) dafür. Dabei bezieht man sich auch auf den Artikel.</li><li>**Schluss**: Der eigene **Standpunkt** wird kurz zusammengefasst.</li></ul>
das **Lesetagebuch** (*Plural:* die Lesetagebücher)	In einem Lesetagebuch kann man seine Erfahrungen mit dem Lesen ganzer Bücher festhalten und sich so mit ihnen auseinandersetzen. Es kann individuell oder gemeinsam mit anderen geführt werden. Neben dem **Deckblatt** sollte man verschiedene **Seiten kreativ gestalten** und schrittweise ergänzen. Man kann zum Beispiel **Figurenseiten** zu wichtigen Figuren anlegen und **Kapitelseiten** zu ausgewählten Kapiteln.
Literarische Figuren charakterisieren → S. 118, 164	Literarische Figuren werden charakterisiert, damit andere sich eine Vorstellung von ihnen machen können oder um sich mit der Figur auseinanderzusetzen. Um das Aussehen einer Figur zu beschreiben, benennt man ihre **äußeren Merkmale** (Gesamterscheinung, Einzelheiten, Besonderheiten) möglichst genau. Um eine Figur zu charakterisieren, stellt man neben der Beschreibung deren Lebensumstände, Gedanken, Gefühle, Verhaltensweisen, ihr Verhältnis zu anderen u. Ä. dar. Diese **inneren Merkmale** machen den Charakter der Figur deutlich. Am besten gelingt das Charakterisieren, wenn man sich **im Gespräch mit anderen** austauscht. Man sollte versuchen, sich in die Figuren hineinzuversetzen. Dazu kann man Gedanken, Gefühle und Stimmungen auf besondere Weise ausdrücken, zum Beispiel mithilfe passender Musik oder Farben. Eine gute Möglichkeit ist es, den Text laut zu lesen und auszuprobieren, wie die Figuren sprechen könnten.
das **literarische Gespräch** (*Plural:* die literarischen Gespräche) → S. 164	Das **Sprechen über Literatur** in einem literarischen Gespräch kann ebenfalls dabei helfen, **Texte** zu **erschließen** und zu **deuten** (zu **interpretieren**). Man tauscht sich mit anderen darüber aus, welche Gedanken und Gefühle, aber auch welche Fragen und Irritationen beim Lesen oder Hören von Texten und Textstellen entstehen. Das trägt dazu bei, mögliche Deutungen (Interpretationen) zu erkennen, zu überdenken, ggf. zu verändern oder zu erweitern. Ein literarisches Gespräch kann zum Beispiel folgenden **Ablauf** haben: <ul><li>Einstieg,</li><li>erste Textbegegnung (Lesen bzw. Hören),</li><li>Blitzlichtrunde (spontane Äußerungen zum Text),</li><li>offenes Gespräch (genaues Lesen bzw. Hören, Austausch über Deutungen),</li><li>Schlussrunde (Einsichten, offene Fragen),</li><li>Reflexion (Ergebnisse, Gesprächsverlauf).</li></ul>

literarische Texte erschließen → S. 118	Beim Erschließen (Analysieren) literarischer Texte muss man ihren **Inhalt** und ihre **Form** untersuchen, um daraus Aussagen und mögliche **Deutungen (Interpretationen)** abzuleiten. Dazu betrachtet man: • die **Handlung** (zentrales Thema bzw. zu lösendes Problem, Handlungsorte, Handlungszeiten), • die **Figuren** (äußere Merkmale wie Gesamterscheinung, Einzelheiten, Besonderheiten; innere Merkmale wie Gedanken, Gefühle, Verhaltensweisen), • die **Gestaltungsmittel** (Erzählperspektive; Zeitgestaltung wie Rückblende, Vorausdeutung, Zeitraffung, Zeitdehnung; sprachliche Mittel wie bildhafte Vergleiche und Bezeichnungen, Metaphern, abwechslungsreiche und genaue Bezeichnungen, Personifizierungen).
die **Lügengeschichte** (*Plural:* die Lügengeschichten)	Lügengeschichten sind **Erzählungen**, die eine Reihe von Lügen enthalten. Dabei übertreibt die *Ich*-Erzählerin oder der *Ich*-Erzähler im Laufe der Geschichte immer stärker. Die Lügen einer Lügengeschichte sind eindeutig zu erkennen, sie sollen unterhaltend wirken.
die **Lyrik,** der **lyrische Text** (*Plural*: die lyrischen Texte) → S. 141, 142, 143, 144, 145, 148	Ein lyrischer Text ist ein formal und sprachlich besonders gestalteter **literarischer Text** der **Gattung Lyrik**, meist in Form eines **Gedichts**. Gedichte zeichnen sich durch eine besondere Gestaltung von Inhalt, Sprache und Form aus. In einer **Gedichtanalyse** muss man deshalb den **Inhalt** und die **Form** des Textes untersuchen. Folgende Fragen können dabei helfen: • Worum geht es inhaltlich? Was ist das Thema? • Welche Stimmung geht von dem Gedicht aus? • Wer ist das lyrische *Ich* (die lyrische Sprecherin / der lyrische Sprecher)? • Wie ist das Gedicht formal und sprachlich gestaltet? • Was ist über die Entstehungszeit und die Biografie der Dichterin bzw. des Dichters bekannt? Hinsichtlich der **Form** und **Sprache** untersucht man: • Verse und Strophen, z. B.: Anzahl, Gestaltung bzw. Form, Zeilensprünge (Enjambements), • Reime, z. B.: Paarreim (a a b b), Kreuzreim (a b a b), umarmender Reim (a b b a), • sprachliche Bilder, anschauliche Ausdrücke, z. B.: *leuchtende Augen,* • Metaphern und Personifizierungen, z. B.: *ein Blätterdach, der Himmel weint,* • Vergleiche, z. B.: *hell wie das Licht,* • Besonderheiten in Satzbau und Zeichensetzung, z. B.: *Im Herbst die Blätter bunt fallen.*

das **Märchen** (*Plural:* die Märchen)	In Märchen wird von Wunderbarem und Wundersamem in einer Fantasiewelt erzählt. Viele Märchen wurden mündlich überliefert, dadurch entstanden oft Varianten. Märchen sind an den folgenden **Merkmalen** zu erkennen: • Ort und Zeit der Handlung sind nicht genau angegeben. • Eine Heldin oder ein Held muss schwierige Aufgaben meistern. • Es gibt Zauberei und Fantasiewesen. • Meist siegt das Gute über das Böse. • Beginn und Ende sind gleich oder ähnlich. • Sprüche wiederholen sich oft. • Oft gibt es Gegensatzpaare oder magische Zahlen.
die **Medien** (*Singular:* das Medium) → S. 41, 43, 44	Medien sind Mittel zur Verständigung, Information, Präsentation, Wissensgewinnung, Unterhaltung und Entspannung, z. B. Buch, Zeitung, Zeitschrift, Hörfunk, Film und Fernsehen, Computer. Man unterscheidet **Printmedien** (Druckmedien, zum Lesen) und **audiovisuelle Medien** (zum Hören und Sehen). Ein **Medienverbund** ist ein Angebot aus mehreren zueinander in Bezug stehenden Einzelmedien, z. B. Buch, Hörbuch, Hörspiel, Film, Anschauungs-, Lern- und Spielmaterialien. Ein Medienverbund entsteht oft ausgehend von einem **Start-** oder **Leitmedium** (z. B. einem Buch). **Fernseh- und Rundfunkanstalten** gehören zu den ältesten und bekanntesten Medienanbietern: • **Öffentlich-rechtliche Sender** haben den gesetzlichen Auftrag, Menschen täglich mit Information, Bildung, Beratung und Unterhaltung zu versorgen. Um dies unabhängig tun zu können, werden sie über den Rundfunkbeitrag finanziert. • **Private (kommerzielle) Sender**, die es seit der Einführung des Kabelfernsehens 1984 gibt, finanzieren sich durch private Gelder und Werbung. Sie streben nach möglichst hohen Einschaltquoten, da sich die Werbeeinnahmen danach richten. • Außerdem gibt es sogenannte **unabhängige (alternative) Medienangebote**, die zum Beispiel als unabhängige Nachrichtendienste versuchen, frei von finanziellen und politischen Einflüssen zu berichten. Viele Medienangebote sind heute digitalisiert (**digitale Medien**) und über das Internet abrufbar, z. B. aus Mediatheken. Über das **Streaming** (das Abspielen von Daten über das Internet) kann man Angebote von Fernseh- und Rundfunksendern oder von Streamingportalen nutzen. Fernseh- und Rundfunksendungen werden in unterschiedliche **Formate** eingeteilt, je nachdem, welche **Publikumsgruppen** angesprochen werden und welchen **zentralen Funktionen** sie dienen sollen. Man unterscheidet zum Beispiel **Informations-** und **Unterhaltungsformate**, die sich wiederum beispielsweise in Nachrichten, Familiensendungen, Dokumentationen, Rateshows, Magazine und Krimiserien aufteilen lassen.

das **mehrdeutige Wort** (*Plural:* die mehrdeutigen Wörter) → S.250	In der deutschen Sprache sind viele Wörter mehrdeutig, d.h., sie haben zwei oder mehrere Bedeutungen. Diese haben – im Unterschied zu Homonymen – **gemeinsame Bedeutungsmerkmale**. Welche der Bedeutungen gemeint ist, wird erst aus dem Verwendungszusammenhang klar, z.B.: *der Hahn* (Tier) – *der Hahn* (Wasserhahn).
die **Metapher** (*Plural:* die Metaphern) → S.252	Eine Metapher ist ein Wort oder ein Ausdruck mit einer **übertragenen, bildhaften Bedeutung**. Sie entsteht durch Übertragung eines Wortes mit seiner ursprünglichen Bedeutung auf einen anderen Sachbereich. Grundlage dafür ist ein gemeinsames Merkmal der Ähnlichkeit in beiden Bedeutungen, z.B.: *der Fuß des Menschen* → *am Fuß des Berges* (ursprüngliche Bedeutung) (übertragene Bedeutung) Durch Metaphern wird die Ausdrucksweise eines Textes bildhaft und anschaulich.
die **Mindmap** (*Plural:* die Mindmaps)	Eine Mindmap (*engl.* mind – Gedanken, Gedächtnis, map – Landkarte) dient der **übersichtlichen Sammlung** und logischen **Strukturierung** von Informationen oder Gedanken und Ideen zu einem Thema. Man kann diese **Methode** deshalb gut zur **Planung** und **Gliederung** nutzen. Ausgehend von einem zentralen Begriff in der Mitte werden weiterführende Informationen bzw. Gedanken und Ideen ringsherum angeordnet. Linien (z.B. Haupt- und Nebenäste) verdeutlichen Beziehungen, z.B. zwischen Ober- und Unterbegriff oder Ganzem und Teil.
das **Mitschreiben** (*keine Pluralform*) → S.102	Das Mitschreiben dient dem schriftlichen Festhalten von Gehörtem. Dabei kommt es darauf an, dass man • genau und konzentriert zuhört, • Wesentliches von Unwesentlichem unterscheidet, • Aussagen schnell und genau zusammenfasst. Um schnell mitschreiben zu können, sollte man **Stichpunkte** notieren, (z.B.: *zu teuer, Oma um Geld bitten*) und **Abkürzungen** oder **Zeichen** bzw. Symbole nutzen (z.B.: *u., ca., usw., bzw., +, ?, ▶, →*). Abschließend kann man **Wichtiges** verschiedenfarbig **markieren** und ggf. alles noch einmal ordnen und übersichtlich festhalten.
Mitteilungen verfassen	Mitteilungen verfasst man für andere, um sie zum Beispiel zu informieren, um etwas zu bitten, etwas zu fragen oder sich zu entschuldigen, abzusagen bzw. Anträge zu stellen, sich zu bewerben oder zu beschweren bzw. etwas zu reklamieren. Man muss beachten, **an wen** die Mitteilung gerichtet ist, **aus welchem Anlass** man schreibt und **welches Ziel** man verfolgt. **Private Briefe** und **E-Mails** sind persönliche Mitteilungen einer Privatperson an eine andere, zum Beispiel Einladungen, Trostbriefe, Liebesbriefe, Urlaubsgrüße und Geburtstagskarten.

Offizielle Briefe und **E-Mails** sollten kurz, aber höflich formuliert und übersichtlich gestaltet sein. Briefe sollten eine bestimmte **Form** haben und Folgendes enthalten:

- Name und Adresse der **Absenderin** bzw. des **Absenders** (oben links)
- Name und Adresse der **Empfängerin** oder des **Empfängers** (im Adressfeld darunter)
- **Datum** (am rechten Rand darunter)
- Anlass des Briefes (in der **Betreffzeile**), z. B.: *Bitte um Reparatur*
- **Anrede**, z. B.: *Sehr geehrte Frau Schiller, ...* oder *Sehr geehrte Damen und Herren, ...*
- **Brieftext** (nach Komma und Leerzeile klein weitergeschrieben), gegliedert in **Einleitung**, **Hauptteil** und **Schluss**
- **Grußformel** und **persönliche Unterschrift**, z. B.:
  Mit freundlichen Grüßen
  (Unterschrift)

In persönlichen **Kurznachrichten** und **E-Mails** kann man manchmal **Emoticons** (*engl.* emotion – Gefühl, icon – Bild, Zeichen) oder **Emojis** (z. B. Smileys) nutzen, um Stimmungen auszudrücken. Emoticons bestehen aus Schriftzeichen, z. B.:
:-) *Ich bin glücklich.* :-(*Ich bin traurig.*
Oft werden in Kurznachrichten und E-Mails auch **Abkürzungen** aus Wortanfängen verwendet, z. B.: *FG – freches Grinsen, LG – Liebe Grüße.*

das **Nacherzählen**, die **Nacherzählung** (*Plural:* die Nacherzählungen)	Beim Nacherzählen wird die **Handlung** einer Erzählung (Geschichte) in der gleichen Reihenfolge wie im Originaltext **wiedergegeben**. Nacherzählt wird hauptsächlich mit eigenen Worten, **wörtliche Rede** kann aber erhalten bleiben. Wichtige oder typische Wörter und Wendungen kann man ebenfalls wörtlich übernehmen, z. B.: *Es war einmal ...* Vor dem Nacherzählen sollte man die Geschichte mehrmals gründlich lesen oder hören und sich **Stichpunkte** zur Handlung notieren.
die **nachgestellte Erläuterung** (*Plural:* die nachgestellten Erläuterungen) → S. 229	Mit nachgestellten Erläuterungen werden Bezugswörter, meist Nomen/Substantive, näher erklärt. Es gibt: • **Appositionen**, d. h. nachgestellte Erläuterungen im gleichen Fall wie das Beziehungswort, z. B.: *Den Zutritt zum Tatort, dem Keller, versperrte die Polizei.* • nachgestellte Erläuterungen, die durch besondere Wörter wie *und zwar, nämlich, besonders, also, unter anderem (u. a.), zum Beispiel (z. B.), vor allem (v. a.), das heißt (d. h.)* eingeleitet werden, z. B.: *Spuren am Tatort, und zwar seine Fingerabdrücke, überführten den Täter.* • **Datumsangaben**, die auf einen Wochentag folgen. Sie stehen im gleichen Fall wie der Wochentag, auf den sie sich beziehen, z. B.: *Der Mann wird seit Montag, dem 1. Oktober(,) vermisst.* Nachgestellte Erläuterungen werden durch **Kommas** abgegrenzt.

der **Nebensatz** (*Plural:* die Nebensätze) → S. 203, 224, 225, 226, 229	Ein Nebensatz ist ein Teilsatz eines zusammengesetzten Satzes. Nebensätze erkennt man daran, dass am Satzanfang meist ein **Einleitewort** steht und **am Satzende** die **finite** (gebeugte) **Verbform**. Nebensätze werden immer durch **Komma** abgegrenzt, z. B.: *Das Publikum klatscht,* weil *der Clown Späße* macht*.* Ein **Nebensatz** erfüllt für den Satz, von dem er abhängig ist, die **Funktion eines Satzgliedes oder Satzgliedteils** (Attribut). Man nennt ihn deshalb **Gliedsatz** oder **Gliedteilsatz** (Attributsatz). Nebensätze (Ns) kann man bestimmen nach: • ihrer Stellung zum übergeordneten Satz/Teilsatz, • der Art des Einleiteworts, (z. B.: Relativsatz, Konjunktionalsatz) • dem Grad ihrer Abhängigkeit vom Hauptsatz, (z. B.: Ns 1. Grades, Ns 2. Grades) • ihrer Funktion (dem Satzgliedwert, z. B. Objektsatz, Attributsatz).
das **Nomen/Substantiv** (*Plural:* die Nomen/ Substantive) → S. 189, 190, 279	Das Nomen/Substantiv ist eine **veränderbare** (flektierbare) **Wortart**, die Lebewesen, Gegenstände, Orte, Zeitangaben, Ereignisse und Gefühle bezeichnet. Nomen haben ein **Genus** (grammatisches Geschlecht), das man am Artikel erkennen kann (maskulin: *der*, feminin: *die*, neutrum: *das*). Jedes Nomen tritt in einem bestimmten **Numerus** (einer Zahl) auf: Singular (Einzahl) oder Plural (Mehrzahl). Nomen werden **dekliniert**: Sie stehen dann in einem bestimmten **Kasus** (Fall), den man mithilfe der **Frageprobe** erfragen kann: Nominativ, Genitiv, Dativ, Akkusativ. Nomen schreibt man immer **mit großem Anfangsbuchstaben**, z. B.: *der Gärtner, die Wiese, das Gefühl.* Nomen können **Begleitwörter** bei sich haben: • den bestimmten oder unbestimmten Artikel, z. B.: *der Beruf, eine Maske,* • ein Pronomen, z. B.: *seine Frisur,* • eine Präposition, z. B.: *zu Beginn,* • ein Zahlwort, z. B.: *in zwei Rollen, in allen Filmen,* • ein Adjektiv, z. B.: *bei hellem Licht.* Das Begleitwort markiert oft den Numerus (die Zahl), den Kasus (Fall) und das Genus (grammatische Geschlecht) des Nomens. Nomen stehen immer am Ende einer **nominalen Wortgruppe**. Deshalb hilft zur Ermittlung von Nomen die **Erweiterungsprobe**.
die **Nominalisierung/ Substantivierung** (*Plural:* die Nominalisie- rungen/Substantivierun- gen) → S. 192, 279	Jedes Wort kann im Deutschen **als Nomen/Substantiv gebraucht**, also nominalisiert/substantiviert, werden. Es wird dann **mit großem Anfangsbuchstaben** geschrieben und **dekliniert** (gebeugt) wie ein Nomen. Es kann von einem Artikel, einem Pronomen, einer Präposition, einem Zahlwort oder einem Adjektiv **begleitet** werden. Eine Nominalisierung steht immer am Ende einer **nominalen Wortgruppe**. Deshalb hilft die **Erweiterungsprobe**, sie zu erkennen, z. B.: *beim Sprechen* *beim lauten und deutlichen Sprechen*

der **Nominalstil** (*keine Pluralform*) → S.241	Um einen Text zu **verdichten** und schwierige Sachverhalte kurz darzustellen, kann man den Nominalstil nutzen. Er wird häufig in schriftlichen Texten sowie in der Wissenschafts- und Fachsprache verwendet, zum Beispiel in Facharbeiten. Dabei werden oft Verben nominalisiert/substantiviert oder Ableitungen auf *-ung* verwendet, z.B.: *Die Beschäftigung von Leiharbeiterinnen zum Vermeiden von Produktionsausfällen ist problematisch.* Den Nominalstil verwendet man auch, wenn man zur Vorbereitung eines Vortrags Sätze in Stichpunkte umwandelt, z.B.: *Mandela wurde zu lebenslänglicher Haft verurteilt.* → *Verurteilung zu lebenslänglicher Haft*
das **Numerale** (*Plural:* die Numeralien)	Numeralien sind **Zahlwörter**, die eine Menge oder eine Anzahl angeben. Man unterscheidet zwei Arten: • **bestimmte Numeralien**, z.B.: *eins, zwei, hundert, erster, ein Dutzend*, • **unbestimmte Numeralien**, z.B.: *einige, wenige, Tausende, alle, mehrmals.* Numeralien gehören zu **unterschiedlichen Wortarten**, z.B.: Nomen: *Das Fußballspiel verfolgten Millionen Zuschauer am Fernseher.* Adjektiv: *Die Mannschaft belegte den ersten Platz.* Adverb: *Er trat dreimal zum Wettkampf an.*
der **Numerus** (*Plural:* die Numeri) → S.190, 195	Der Numerus bezeichnet die **Zahl** eines Nomens/Substantivs, Artikels, Adjektivs oder Pronomens. Es gibt eine Form für den **Singular** (Einzahl) und eine andere Form für den **Plural** (Mehrzahl), z.B.: *der schöne Tag – die schönen Tage.*
das **Objekt** (*Plural:* die Objekte) → S.220	Das Objekt ist ein **Satzglied**, welches das Prädikat ergänzt. Der Fall des Objektes ist vom Verb abhängig. Zur Bestimmung des Falls kann man die **Frageprobe** nutzen. Man unterscheidet: • **Dativobjekte** (Frage: Wem?), z.B.: *Sie begegnet einer Freundin. Er schreibt einem Freund.* • **Akkusativobjekte** (Frage: Wen? Was?), z.B.: *Er liest ein Buch. Wir besuchen ihn.* • **Genitivobjekte** (Frage: Wessen?), z.B.: *Er rühmt sich seiner Klugheit. Wir besinnen uns eines Besseren.* • **Präpositionalobjekte** (der Fall wird von einer Präposition bestimmt), z.B.: *Er kümmert sich um ihren Sohn. Sie setzt sich für den Umweltschutz ein.* (Fragen: Um wen? Worum? Wofür? Für was? – Präpositionalobjekt im Akkusativ)
die **Parabel** (*Plural:* die Parabeln) → S.161	Eine Parabel ist eine **kurze lehrhafte Erzählung**, die moralische und ethische Fragen aufwirft. Das vordergründig dargestellte Geschehen ist ein Gleichnis (eine vergleichende, meist bildhafte Darstellung) mit einer übertragenen, symbolischen Bedeutung.

die **Partizipgruppe** (*Plural:* die Partizip-gruppen) → S. 229	Partizipgruppen sind Konstruktionen, in deren Kern ein Partizip enthalten ist, z. B.: *Die Polizei nutzt Phantombilder, <u>gezeichnet</u> am Computer.* (Partizip II) *Die Polizei verwendet Phantombilder, Gesichtsmuster <u>nutzend</u>.* (Partizip I) **Nachgestellte Partizipgruppen** müssen durch **Komma** abgegrenzt werden. **Vorangestellte** und **eingeschlossene Partizipgruppen** können durch Komma abgetrennt werden, z. B.: *Gesichtsteile <u>zusammenfügend</u>(,) erstellt Frau T. Phantombilder.* *Frau T. erstellt(,) Gesichtsteile <u>zusammenfügend</u>(,) Phantombilder.* Man kann Fehler vermeiden, indem man Partizipgruppen immer durch Komma abgrenzt.
die **Personifizierung** (*Plural:* die Personifi-zierungen) → S. 238	Die Personifizierung ist ein Mittel der anschaulichen und wirkungsvollen Gestaltung literarischer, vor allem lyrischer Texte. Durch Personifizierung werden **unbelebten Dingen menschliche Eigenschaften und Handlungen** zugeschrieben, z. B.: *die Sonne lacht, der Wind bläst, der schweigende Wald.*
das **Prädikat** (*Plural:* die Prädikate) → S. 220	Das Prädikat ist ein **Satzglied**, das etwas über das Subjekt aussagt (**Satzaussage**). Man kann es mit der Frage *Was wird ausgesagt?* erfragen. **Subjekt** und **Prädikat** sind die Hauptbestandteile eines Satzes. Sie bilden den **Satzkern** und stimmen in Person und Zahl überein. Besteht das Prädikat nur aus der finiten (gebeugten) Verbform, dann nennt man es **einteiliges Prädikat**. Ein **mehrteiliges Prädikat** besteht aus der finiten (gebeugten) Verbform und anderen, infiniten (ungebeug-ten) Verbformen (Infinitiv, Partizip II) oder weiteren Wörtern. Das mehr-teilige Prädikat kann andere Satzglieder einrahmen. Es bildet dann einen **prädikativen Rahmen**, z. B.: *Wir <u>haben</u> den Rucksack <u>gepackt</u>.*
der **Praktikumsbericht** (*Plural:* die Praktikums-berichte)	In einem Praktikumsbericht dokumentiert man Ziele, Aufgaben, Verlauf und Ergebnisse eines Praktikums. In einem **Tagesbericht** werden der **Ablauf** und die **Ergebnisse** eines Arbeitstages dokumentiert. Man berichtet genau, sachlich und chronolo-gisch (in der richtigen zeitlichen Abfolge) sowie unter Verwendung von **Fachwortschatz**. Der Tagesbericht kann kurz und übersichtlich als Tabelle oder ausführlich als zusammenhängender Text gestaltet sein. In einem **Abschlussbericht** werden die wichtigsten Erkenntnisse und Erfahrungen aus dem gesamten Praktikum zusammengefasst.
die **Präposition** (*Plural:* die Präpositionen) → S. 189, 210	Die Präposition ist eine **unveränderbare** (nicht flektierbare) **Wortart**, die **räumliche, zeitliche oder andere Beziehungen** zwischen Wörtern und Wortgruppen ausdrückt, z. B.: *in, vor, unter, über, hinter, seit, für, mit.* Präpositionen stehen meist **vor dem Nomen/Substantiv** und seinen Begleitwörtern. Sie ändern ihre Form nicht, aber sie **fordern** einen bestimmten **Kasus** (Fall). Die Präpositionen und den Kasus, den sie fordern, muss man sich einprägen.

In der Umgangssprache werden Präpositionen und Artikel oft zusammen-gezogen, z. B.: *am (an dem), beim (bei dem).*
Die Präpositionen *an, auf, hinter, in, neben, über, unter, zwischen, vor* nennt man **Wechselpräpositionen**, weil sie entweder den Dativ oder den Akkusativ fordern. Den Fall bestimmt dann allein das Verb, z. B.:
Lilly setzt sich in den bequemen Kinosessel. (Wohin? Akkusativ)
Jurek und Paul sitzen im (in dem) Parkett. (Wo? Dativ)

---

das Präsentieren,
die Präsentation
(*Plural:* die Präsenta-tionen)
→ S. 98, 100, 101

Das Halten eines durch Anschauungsmaterial gestalteten **Vortrags** nennt man Präsentation. In einem Vortrag informiert man andere über ein bestimmtes Thema.
Zur **Vorbereitung** einer Präsentation muss man Informationen sammeln und ordnen und übersichtliche Stichpunkte notieren.
Zur **Veranschaulichung** nutzt man z. B. Übersichten, Karten, Diagramme, Fotos oder Videos, die mithilfe von **Medien**, z. B. Tafel, Bilder, Poster, PC und Beamer, präsentiert werden. Man kann seinen Vortrag auch durch eine PowerPoint-Präsentation unterstützen.
Eine Präsentation sollte einer **Gliederung** folgen:
- **Einleitung:** das Thema oder die Frage nennen, das Interesse der Zuhörenden wecken, die Gliederung der Präsentation vorstellen,
- **Hauptteil:** Informationen zum Thema oder zur Frage geordnet vortra-gen, dabei unterschiedliche Medien zur Veranschaulichung nutzen,
- **Schluss:** Wesentliches noch einmal knapp zusammenfassen, zum Handeln auffordern, eine Fragerunde anschließen, den Zuhörenden für ihr Interesse danken und um Fragen bitten.
Beim Präsentieren achtet man auf freies, langsames und deutliches Sprechen und hält Blickkontakt zum Publikum. Außerdem ist die **Körper-sprache** wichtig, zum Beispiel die **Mimik** (der Gesichtsausdruck) und die **Gestik** (die Bewegungen). Das Vortragen und Präsentieren sollte man vorher üben.

---

das Pronomen
(*Plural:* die Pronomen)
→ S. 189, 195

Das Pronomen ist eine **veränderbare** (flektierbare) **Wortart**, die Nomen/Substantive **ersetzen** oder **begleiten** kann. Pronomen werden wie Nomen **dekliniert** (gebeugt), also dem Bezugsnomen in **Genus** (grammatischem Geschlecht), **Numerus** (Zahl) und **Kasus** (Fall) angepasst, z. B.: *neben mir, meines Vaters, zu diesem Haus; Can heißt ein Skater, den ich gut kenne. Can heißt der Skater, von dem ich viel lerne.*
Personalpronomen (persönliche Fürwörter: *er, sie, es; wir, ihr, sie*) können Nomen ersetzen, um Wiederholungen zu vermeiden. Die Personalprono-men treten dann als **Stellvertreter der Nomen** auf und erfüllen deren Aufgaben im Satz, z. B.: *Mein Hund ist ein Dackel. Er heißt Bello.*
Die **persönlichen Anredepronomen** (*du/dein, ihr/euer*) können in Briefen und E-Mails klein- oder großgeschrieben werden. Die **höflichen Anrede-pronomen** (*Sie, Ihr*) und alle ihre Formen (z. B.: *Ihnen, Ihre*) werden immer **großgeschrieben**.

Possessivpronomen (besitzanzeigende Fürwörter) können Nomen **begleiten**, z. B.: _mein Hund_, _unsere Katze_. Sie zeigen den Besitz an. Zu jedem Personalpronomen gehört ein Possessivpronomen, z. B.: _ich – mein, du – dein, wir – unser_.

Demonstrativpronomen (hinweisende Fürwörter: _dieser, diese, dieses, diese; jener, jene, jenes, jene; der, die, das, die_) weisen auf etwas hin, das vorher genannt wurde. Sie können als **Begleitwort oder Stellvertreter** genutzt werden, z. B.:
Ich bevorzuge dieses Blau. Ich nehme lieber das.

Relativpronomen (bezügliche Fürwörter: _der, die, das, die; welcher, welche, welches, welche_) leiten Nebensätze ein, die ein Nomen im Haupt-satz näher erklären. Solche Nebensätze nennt man **Relativsätze**, z. B.:
Ein Skater, der auf dem Fußweg fährt, muss Rücksicht nehmen.

Reflexivpronomen (rückbezügliche Fürwörter) treten zusammen mit reflexiven Verben auf (_sich treffen, sich freuen, sich bedanken, …_).
Sie beziehen sich auf das Subjekt des Satzes, z. B.:
Er hat sich beim Skaten verletzt. (sich verletzen)
Wir haben uns gesonnt. (sich sonnen)
Zu jedem Personalpronomen gehört ein Reflexivpronomen, z. B.:
ich – mich – mir, du – dich – dir, wir – uns – uns.

Indefinitpronomen (unbestimmte Fürwörter: _jeder, man, etwas_) zeigen etwas Unbestimmtes an, z. B.:
Irgendjemand hat die Tür geöffnet.

Interrogativpronomen (Fragefürwörter: _Was? Wer? Welcher, welche, welches? Was für ein? Was für eine?_) erfragen Personen und Sachen, Eigenschaften sowie die Auswahl aus einer Menge, z. B.:
Wen behandelt er? Was für eine Verletzung hat sie? Welchem Kind gehört das?

| das **Protokoll**
(_Plural:_ die Protokolle) | Ein Protokoll ist eine besondere Form des **Berichts**, mit dem man andere kurz, sachlich und genau informiert oder etwas dokumentiert.
Im **Verlaufsprotokoll** werden der Ablauf und die Ergebnisse einer Veranstaltung, einer Diskussion oder eines Experiments festgehalten.
Ein **Versuchsprotokoll** ist eine besondere Form des Verlaufsprotokolls.
Im **Ergebnisprotokoll** werden nur Ergebnisse bzw. Beschlüsse notiert.
Es sollte folgende Angaben enthalten:
• Datum, Zeit, Ort,
• Teilnehmerinnen und Teilnehmer der Beratung,
• die TOPs (Tagesordnungspunkte),
• die Ergebnisse der Beratung oder Diskussion,
• Aufgaben und Verantwortliche,
• Datum und Unterschrift der Diskussionsleitung und der bzw. des Protokollierenden. |

die **Quellenangabe** (*Plural:* die Quellen-angaben) → S. 30, 107, 234	Entnimmt man Büchern, Zeitschriften oder anderen Quellen Informationen und Textstellen, muss man die Quellenangabe exakt notieren. Die Quellenangabe für **Bücher** sollte folgende Informationen enthalten: • Autorin bzw. Autor, • Titel, • ggf. Übersetzerin oder Übersetzer, • Ort, Verlag, Erscheinungsjahr, • Seitenzahl, woher die Information stammt, z. B.: *Steinfeld, Thomas: Italien – Porträt eines fremden Landes. Berlin: Rowohlt Berlin Verlag, 2020, S. 22.* Die Quellenangabe für **Artikel aus Zeitschriften** sollte folgende Informationen enthalten: • Autorin bzw. Autor des Artikels (wenn möglich), • Titel des Artikels, • Titel, Nummer und Jahr der Zeitschrift, • Seitenzahl, z. B.: *Take off: Zahlen, bitte! Aus: GEO Special Nr. 5/2018: Rom, Florenz, Mailand, S. 12–13.* Eine Quellenangabe für **Texte aus dem Internet** sollte folgende Informationen enthalten: • Autorin bzw. Autor (wenn möglich), • Titel und Untertitel des Beitrags, • „Online im Internet" sowie die Internetadresse, • das Abrufdatum in eckigen Klammern, z. B.: *Delvaux de Fenffe, Gregor: Mittelalter: Hanse. Online im Internet: https://www.planet-wissen.de/geschichte/mittelalter/hanse/index.html [05.01.2021].*
die **Redewendung** (*Plural:* die Redewen-dungen)	Redewendungen (Wortgruppen) sind **feste sprachliche Wendungen**, mit denen sich etwas besonders anschaulich und einprägsam ausdrücken lässt. Ihre Bedeutung ist oft nicht aus den Einzelwörtern erklärbar, z. B.: *auf die Nase fallen, sich den Kopf zerbrechen.*
der **Reim** (*Plural:* die Reime) → S. 142	Reime entstehen durch **Reimwörter**. Reimwörter klingen vom letzten betonten Vokal (oder Zwielaut) an ähnlich, z. B.: *sehen – gehen, kleine – keine, Enden – wenden.* Oft sind Reime in **Gedichten** enthalten, wodurch ein bestimmter Klang und Rhythmus entsteht. Reime stehen oft am **Ende einer Verszeile** und ergeben ein **Reimschema**. Dieses kann man durch Buchstaben verdeutlichen, z. B.: • **Paarreim**: zwei direkt aufeinanderfolgende Verse reimen sich (a a b b), • **Kreuzreim**: jeweils ein Vers reimt sich mit dem übernächsten (a b a b), • **umarmender Reim**: ein Paarreim wird von einem anderen umschlossen (a b b a).

der **Sachtext** (*Plural:* die Sachtexte) → S.50, 54, 55, 58	Sachtexte können unterschiedliche Funktionen haben. Die meisten Sachtexte wollen **informieren**, sie können aber auch **wertenden** oder **appellierenden (auffordernden) Charakter** haben, weil die Autorin bzw. der Autor einen Standpunkt zum Sachverhalt mitteilen oder die Meinung der Leserinnen und Leser beeinflussen und ggf. eine Handlung bei ihnen auslösen möchte. Damit man dem Gedankengang gut folgen kann, werden im Text **verstehensfördernde Mittel** genutzt: • **Äußere Mittel** sind z. B.: – Überschriften und Zwischenüberschriften, – Absätze, Nummerierungen und Aufzählungszeichen. • **Inhaltliche Mittel** sind: – Einleitung neuer Gedanken oder Themen durch Einleitesätze, – Einschübe und nachträgliche Erläuterungen, z. B. Appositionen, – Bezüge zu anderen Textaussagen, – sprachliche Mittel zur Herstellung logischer Zusammenhänge, z. B.: *zum einen – zum anderen, daraus folgt, außerdem,* – sprachliche Mittel zur Erhöhung der Wirksamkeit einer Äußerung, z. B.: *insbesondere, hervorzuheben ist, betont wird.* Um komplexe Themen angemessen und möglichst anschaulich darzustellen, eignen sich besonders sogenannte **diskontinuierliche Texte**. Im Unterschied zu **kontinuierlichen Texten** (Fließtexten) enthalten **diskontinuierliche Texte** neben Fließtexten weitere **Textbausteine**, z. B.: • Daten in Form von Stichpunkten, • Angaben in Form von Diagrammen oder Tabellen, • Begriffserklärungen in Form von Glossar oder Fußnoten, • Fakten oder Hintergrundinformationen in Kästen oder Fußnoten, • Zusatzinformationen in Form von Verweisen oder Links, • Meinungsäußerungen in Form von grafisch abgehobenen Kurzinterviews, • hervorgehobene Zitate, • Bilder, Abbildungen, Schaubilder oder Grafiken.
Sachtexte hören	Um beim Hören längerer Sachtexte den Inhalt **vollständig erfassen** zu können oder **bestimmte Informationen** zu **entnehmen**, sollte man: • zuerst die Überschrift und das Thema des Textes erfassen, • überlegen, was man zu dem Thema bereits weiß, • überlegen, was man erfahren möchte, • Schlüsselwörter oder Fragen notieren, • den Text mehrfach hören, einmal im Ganzen, danach abschnittsweise, • gezielt **mitschreiben**, • sprachliche Hinweise zur Textfunktion und Absicht der Autorin bzw. des Autors beachten.

Sachtexte lesen → S. 50	Um einen Sachtext richtig und vollständig zu verstehen, hilft die **5-Gang-Lesemethode**: 1. den Text überfliegen (orientierendes Lesen), 2. Fragen an den Text stellen, 3. den Text gründlich lesen, 4. das Wichtigste des Textes erfassen, 5. den Text noch einmal lesen. **Vor dem Lesen** sollte man Vermutungen über den Textinhalt anstellen und dazu **Orientierungshilfen** nutzen, z. B.: • aus der Überschrift auf den Textinhalt schließen, • sich durch überfliegendes Lesen einen Überblick verschaffen, • Schlüsselwörter zu bestimmten Fragen oder Themen notieren. **Während des Lesens** kann man wichtige Textstellen mit Markierungen und Randnotizen versehen. Um den **Aufbau** und den **Gedankengang** eines Sachtextes zu erfassen, sollte man sich an **Textabschnitten** orientieren, ggf. selbst Abschnitte bilden und **Teilüberschriften** formulieren. Beim **Erschließen unbekannter Wörter** hilft oft der **Kontext** (der Textzusammenhang), andernfalls muss man das Wort nachschlagen. **Grafiken** und **Diagramme** stellen Informationen übersichtlich und anschaulich dar. Zur Auswertung einer Grafik oder eines Diagramms muss man die enthaltenen Angaben in einen Text umformulieren. Manchmal ist es wichtig, **Informationen eines Sachtextes** übersichtlich **zusammenfassend festzuhalten**, zum Beispiel durch die Beantwortung von W-Fragen oder indem man sie mithilfe von Linien, Pfeilen, Rahmen u. Ä. grafisch darstellt.
die Sage (*Plural:* die Sagen)	Die Sage ist eine von Generation zu Generation weitererzählte Geschichte. **Ortssagen** enthalten einen **wahren historischen Kern**. Sie sind eng mit Orten, Personen, geschichtlichen Ereignissen, landschaftlichen Besonderheiten, Gebäuden und Naturerscheinungen verbunden. **Götter-** und **Heldensagen** erzählen vom Anfang der Welt, von Göttern, Helden und deren Taten. Oft geht es darin um Sieg und Niederlage, um Kampf und Bewährung und um abenteuerliche Reisen.
die Satzart (*Plural:* die Satzarten)	Die Satzart und der Satzbau sind abhängig von der Aussageabsicht der Schreibenden oder Sprechenden: • Um etwas mitzuteilen, bildet man einen **Aussagesatz**, z. B.: *Wir gehen heute früh los.* Die finite Verbform steht an zweiter Satzgliedstelle. (Satzschlusszeichen: Punkt) • Um etwas zu erfahren, bildet man einen **Fragesatz**, z. B.: *Geht ihr heute auch früh los? Wann geht ihr heute los?* Die finite Verbform steht an erster Satzgliedstelle bzw. hinter dem Fragewort. (Satzschlusszeichen: Fragezeichen)

	• Um jemanden zum Handeln aufzufordern, bildet man einen **Auf-forderungssatz**, z. B.: *Geht doch heute mal früh los!* Die finite Verbform steht an erster Satzgliedstelle. (Satzschlusszeichen: Ausrufezeichen oder Punkt) Mündlich macht man die Aussageabsicht mit der **Satzmelodie** deutlich.
der **Satzbauplan** (*Plural:* die Satzbaupläne)	In einem Satzbauplan kann man die Abfolge von **Satzgliedern oder Teilsätzen** eines Satzes verdeutlichen. Zur übersichtlichen Darstellung kann man folgende Abkürzungen verwenden: S (**S**ubjekt), P (**P**rädikat), DO (**D**ativ**o**bjekt), AO (**A**kkusativ**o**bjekt), PO (**P**räpositional**o**bjekt), GO (**G**enitiv**o**bjekt), Hs (**H**aupt**s**atz), Ns (**N**eben**s**atz), z. B.: *Das Publikum bejubelt die Artisten.* S P AO *Das Publikum bejubelt die Artisten, die den Beifall genießen.* Hs , Ns.
das **Satzgefüge** (*Plural:* die Satzgefüge) → S. 224, 229, 237	Als Satzgefüge bezeichnet man einen zusammengesetzten Satz, der als **Hypotaxe (Unterordnung)** aus mindestens einem **Hauptsatz** (Hs) und einem **Nebensatz** (Ns) besteht. **Hauptsätze** erkennt man daran, dass die finite (gebeugte) Verbform an zweiter Satzgliedstelle steht. **Nebensätze** erkennt man daran, dass am Satzanfang meist ein **Einleitewort** steht und an letzter Satzgliedstelle die finite (gebeugte) Verbform, z. B.: *Das Publikum klatscht , weil der Clown Späße macht.* Hs , Ns. *Dort , wo die Bühne steht, spielen sonst Kinder.* Hs (Teil 1), Ns, Hs (Teil 2). Nebensätze werden vom Hauptsatz immer durch **Komma** abgegrenzt. **Eingeschobene Nebensätze** werden von Kommas eingeschlossen. **Nebensätze**, die mit einem **Relativpronomen** (bezüglichen Fürwort: *der, die, das; welcher, welche, welches*) eingeleitet werden, nennt man **Relativsätze**. Das Relativpronomen bezieht sich auf ein Nomen/ Substantiv (Bezugswort) im Hauptsatz und der Relativsatz charakterisiert das Nomen näher, z. B.: *Der Clown, der Späße macht, bekommt viel Applaus.* Nebensätze kann man nach ihrem **Einleitewort** unterscheiden: • **Konjunktionalsätze**, eingeleitet durch eine unterordnende Konjunktion (*weil, dass, als, nachdem, seit, bevor, wenn, obwohl*), • **Relativsätze**, eingeleitet durch ein Relativpronomen (*der, die, das; welcher, welche, welches*), • **Fragewortsätze**, eingeleitet durch ein Fragewort (*wo, wie, was, warum*).

das **Satzglied** (*Plural:* die Satzglieder) → S. 220, 225, 226, 236	Sätze bestehen aus Wörtern und Wortgruppen, die Satzglieder bilden. Satzglieder sind: **Subjekt, Prädikat, Objekt** und **Adverbialbestimmung**. Sie haben im Satz jeweils bestimmte Aufgaben. Die Anzahl der Satzglieder kann man mithilfe der **Umstellprobe** ermitteln: Zu einem Satzglied gehören jeweils die Wörter, die sich nur zusammenhängend umstellen lassen, z.B.: *Mein großer Bruder | wartet | am Morgen | auf den Bus.* Das **Attribut** ist ein **Satzgliedteil,** da es mit seinem Bezugsnomen ein Satzglied bildet und bei der Umstellprobe nur mit diesem umgestellt werden kann: *Mein <u>großer</u> Bruder | wartet | am Morgen | auf den Bus.* *Am Morgen | wartet | mein <u>großer</u> Bruder | auf den Bus.*
die **Satzreihe** (*Plural:* die Satzreihen) → S. 221, 229, 237	Eine Satzreihe (Satzverbindung) als **Parataxe (Nebenordnung)** ist eine Verbindung von **zwei oder mehreren Hauptsätzen**. Hauptsätze erkennt man daran, dass die finite (gebeugte) Verbform an zweiter Satzgliedstelle steht. Hauptsätze können unverbunden nebeneinanderstehen oder mithilfe von **nebenordnenden Konjunktionen** oder **Adverbien** miteinander verbunden werden. Hauptsätze werden in der Regel durch **Komma** voneinander **getrennt**. Nur wenn Hauptsätze durch die Konjunktionen *und, oder, sowie, beziehungsweise (bzw.)* verbunden sind, ist die Kommasetzung freigestellt, z.B.: *Caracas ist die Hauptstadt Venezuelas, Perus Hauptstadt heißt Lima.* *Caracas ist die Hauptstadt Venezuelas(,) <u>und</u> Perus Hauptstadt heißt Lima.* Um Fehler zu vermeiden, kann man zwischen Hauptsätzen immer ein Komma setzen.

die **Satzverknüpfung**
(*Plural:* die Satzverknüpfungen)
→ S. 236, 237
	Um die Sätze eines Textes inhaltlich miteinander zu verbinden, häufige Wortwiederholungen zu vermeiden und den Text flüssig zu gestalten, kann man Sätze verknüpfen. Inhaltliche Zusammenhänge und verschiedene Wirkungen entstehen durch:
	• die **Satzgliedstellung**. Die Verknüpfungsmittel stellt man ins **Vorfeld** des Satzes, also an die erste Satzgliedstelle vor die finite Verbform, z.B.: *Paula ist Polizeifotografin. Sie wird deshalb an jeden Tatort gerufen. / Deshalb wird sie an jeden Tatort gerufen.*
	• spezielle **sprachliche Mittel** wie:
	  – Pronomen, z.B.: *Täter hinterlassen Spuren. <u>Die</u> fotografiert Paula Z.*
	  – Adverbien, z.B.: *<u>Dort</u> sichert die Kriminaltechnik die Spuren. <u>Deshalb</u> ...*
	  – Konjunktionen, Relativpronomen, Fragewörter, z.B.: *und, aber, dass, weil; der, die, das; welcher, welche, welches; wie, wer, warum,*
	  – bedeutungsähnliche Wörter (Synonyme), z.B.: *die Frau mit der Kamera – die Fotografin – die Polizeifotografin,*

	• die **Verknüpfung** von inhaltlich miteinander verbundenen **Teilsätzen** zu
	  – **Satzreihen (Parataxen)** mit nebenordnenden Konjunktionen oder Adverbien, z. B.: *Am Tatort arbeitet die Kriminaltechnik(,)* <u>*und*</u> *Paula Z. fotografiert mögliche Spuren. Der Tathergang muss rekonstruiert werden,* <u>*daher*</u> *markiert die Kriminaltechnik den Umriss des Opfers.*
	  – **Satzgefügen (Hypotaxen)** mit Relativpronomen, Fragewörtern oder unterordnenden Konjunktionen, z. B.:
	  Die Kriminaltechnik markiert am Tatort den Umriss des Opfers, <u>*den*</u> *Paula Z. fotografiert,* <u>*weil*</u> *der Tathergang rekonstruiert werden muss.*

die **Schelmengeschichte** (*Plural:* die Schelmengeschichten)	Eine Schelmengeschichte ist eine **kurze**, meist **scherzhafte Erzählung**, in der ein Schelm oder ein Narr andere überlistet. Oft spielt ein Schwächerer (ein Schelm, ein Armer) einem Stärkeren (einem Reichen, Gelehrten oder Herrscher) einen Streich. Zunächst wurden die Geschichten mündlich weitererzählt, später dann aufgeschrieben. Die Autoren der Geschichten sind meist unbekannt. Berühmte Helden deutscher Schelmengeschichten sind Till Eulenspiegel oder die Schildbürger.
das **Schildern**, die **Schilderung** (*Plural:* die Schilderungen) → S. 128, 129	Beim **Wiedergeben von Eindrücken** (Schildern) stellt man die Wahrnehmungen, Gedanken, Gefühle und Einstellungen von Personen oder Figuren ausführlich und anschaulich dar. Das Schildern von Sinneswahrnehmungen (beim Hören, Sehen, Riechen, Schmecken, Tasten) trägt dazu bei, eine Erzählung zu beleben, z. B.: *Der Wind pfiff mir um die Ohren. Mir wurde schwarz vor Augen.* *Meine Hände fühlten sich taub an. Es roch nach Fisch und Tang.*
das **Schlüsselwort** (*Plural:* die Schlüsselwörter)	Schlüsselwörter sind **wichtige Wörter** zu einer Frage oder zu einem Thema. Sie antworten meist auf *W*-Fragen.
die **Schreibkonferenz** (*Plural:* die Schreibkonferenzen)	In einer Schreibkonferenz werden **Texte gemeinsam überarbeitet**. Dabei überlegt und berät man in Gruppen, welche Stärken und Schwächen ein Text hat, und unterbreitet Verbesserungsvorschläge.
die **Schreibwerkstatt** (*Plural:* die Schreibwerkstätten)	In einer Schreibwerkstatt steht das gemeinsame Schreiben im Mittelpunkt. Wie in einer Werkstatt wird **gemeinsam an Texten gearbeitet**. Die einzelnen Arbeitsschritte sind das Werkzeug und die Sprache ist das Material.
die **Sprachentwicklung** (*keine Pluralform*)	Sprache entwickelt und verändert sich im Sprachgebrauch und durch verschiedene Einflüsse. Man kann folgende Etappen der Entwicklung beobachten: • Vorläufer des Deutschen: **Germanisch** – Dialekte von germanischen Stämmen (ca. 500 v. Chr. bis zum 7./8. Jahrhundert n. Chr.),

- **Althochdeutsch** (ca. 750 – ca. 1050) – mitteldeutsche und oberdeutsche (süddeutsche) Dialekte (Mundarten), die vor allem gesprochen wurden und nur in wenigen Texten (Handschriften) erhalten sind; offizielle Texte wurden überwiegend in Latein verfasst.
- **Mittelhochdeutsch** (ca. 1050 – ca. 1350) – ehemals althochdeutsche Dialekte (Mundarten) wurden vor allem mündlich gebraucht, aber auch viele Texte in Handschriften überliefert; offizielle Texte wurden immer noch überwiegend in der lateinischen Sprache verfasst.
- **Frühneuhochdeutsch** (ca. 1350 – ca. 1650) – es entstand eine allgemein verständliche Schriftsprache, immer mehr schriftliche Texte wurden in Dialekt verfasst, sie sind bis heute in Handschriften und Drucken erhalten; in vielen offiziellen Texten wurde immer noch die lateinische Sprache verwendet, doch ihr Einfluss ging allmählich zurück. Aus dem Frühneuhochdeutschen entwickelte sich im 18. und 19. Jahrhundert eine gesamtdeutsche Nationalsprache.

Auch in der Gegenwart entwickeln sich unsere Sprachen. Besonders auffällig sind Veränderungen im Wortschatz, im Deutschen zum Beispiel durch:
- **regionale Varianten**, z. B.: *das Brötchen – die Semmel – die Schrippe*,
- **Kurzwörter** (Abkürzungen, die auch verkürzt gesprochen werden), z. B.: *die Lok* (für *die Lokomotive*), *die Kita* (für *die Kindertagesstätte*),
- **Fremdwörter**, z. B.: *der Computer, die Konferenz, das Meeting.*

das **sprachliche (stilistische) Mittel** (*Plural:* die sprachlichen/ stilistischen Mittel) → S. 125, 142, 238	Um Texte wirkungsvoller zu gestalten, kann man zum Beispiel folgende **sprachliche (stilistische) Mittel** verwenden: - **Metapher**: Übertragung eines Wortes oder Ausdrucks mit seiner ursprünglichen Bedeutung auf einen anderen Sachbereich; Grundlage ist ein gemeinsames Merkmal der Ähnlichkeit in beiden Bedeutungen, z. B.: *Wüstenschiff* (Kamel), *Nussschale* (kleines Boot), *Mutter Natur*, - **Personifizierung**: Übertragung typisch menschlicher Verhaltensweisen und Eigenschaften auf unbelebte Gegenstände und Erscheinungen, z. B.: *Der Tag verabschiedet sich. Die Sonne lacht.* - **Redewendungen** und **feste Vergleiche**: feste sprachliche Wendungen mit anschaulicher, einprägsamer Aussage, z. B.: *auf die Nase fallen, sich den Kopf zerbrechen, hart wie eine Nuss,* - **Sprichwörter**: Wiedergabe von Erfahrungen, Beobachtungen, Einsichten in Form eines anschaulichen und einprägsamen Satzes, z. B.: *Es ist noch kein Meister vom Himmel gefallen.* - **Anapher**: Wiederholung eines Satzanfangs, z. B.: *Endlich ist Frühling, endlich ist der Winter vorbei!* - **Parallelismus**: Wiederholung einer Satzkonstruktion, z. B.: *Ich wollte viel erleben. Ich wollte viel unternehmen.* - **Ellipse**: Satz, in dem Wörter oder Satzteile weggelassen wurden, den man aber trotzdem verstehen kann, z. B.: *Was nun?* (statt: *Was machen wir nun?*), *Hilfe!* (statt: *Ich brauche Hilfe!*)

das **Sprichwort** (*Plural:* die Sprichwörter)	Sprichwörter (in Form eines Satzes) geben Erfahrungen, Beobachtungen und Einsichten anschaulich und einprägsam wieder, z. B.: *Es ist noch kein Meister vom Himmel gefallen.* *Morgenstund hat Gold im Mund.* Aufgrund unterschiedlicher Erfahrungen der Menschen sind manche Sprichwörter nicht allgemeingültig. Manchmal stehen sie sogar im Widerspruch zu anderen Sprichwörtern, z. B.: *Das Glück muss man erobern. – Erwarte das Glück schlafend.* *Viele Köche verderben den Brei. – Viele Hände, schnelles Ende.*
die **Standardsprache** (*keine Pluralform*)	Standardsprache ist eine der Erscheinungsformen (**Sprachvarianten** oder Sprachvarietäten) unserer Sprache. Sie wird in vielen schriftlichen Texten, z. B. in Literatur, Zeitungsartikeln, Fachtexten, amtlichen Mitteilungen, aber auch in bestimmten Sprechsituationen, z. B. in Vorträgen und Nachrichten, verwendet. Dazu gehören Wörter, die in allen Regionen des deutschen Sprachgebiets bekannt sind, ein geregelter Satzbau, die Schreibung nach Regeln (Rechtschreibung) und die Aussprache nach bestimmten Normen.
das **Subjekt** (*Plural:* die Subjekte) → S. 220	Das Subjekt ist ein **Satzglied**, über das etwas ausgesagt wird. Man nennt es auch den **Satzgegenstand**. Das Subjekt lässt sich mit *Wer?* oder *Was?* erfragen. Es steht immer im **Nominativ** und stimmt in Person und Zahl mit dem Prädikat überein, z. B.: *Im Sommer fahren wir oft an den See. Der See liegt nahe am Wald.*
das **Synonym** (*Plural:* die Synonyme)	Wörter einer Wortart, die eine **ähnliche Bedeutung** haben, nennt man Synonyme. Sie bilden ein **Wortfeld**, mit dessen Hilfe man einen Text abwechslungsreich gestalten und Wortwiederholungen vermeiden kann. Meist weisen Synonyme kleine Bedeutungsunterschiede auf, z. B.: *sagen, reden, sprechen, rufen, meinen;* *Haus, Gebäude, Bau, Hütte, Bungalow, Villa, Schloss.*
die **Textbeschreibung** (*Plural:* die Textbeschreibungen) → S. 58, 120, 121, 143, 144	In einer Textbeschreibung werden **Ergebnisse der Analyse** eines Textes zusammenhängend dargestellt. Eine Textbeschreibung gibt Auskunft über den Inhalt und die Besonderheiten (Form, Sprache) eines Textes. Die jeweils getroffenen Aussagen zum Text belegt man mit **Zitaten**. Das heißt, jeder Textbeschreibung muss eine genaue Untersuchung des Textes vorangehen. Eine Textbeschreibung eines **Sachtextes** sollte folgende **Bestandteile** aufweisen: **Einleitung:** • Titel, Autorin bzw. Autor, ggf. Herausgeberin bzw. Herausgeber, Thema des Textes, Quelle, **Hauptteil:** • Aussagen zum Aufbau des Textes, z. B.: äußerlich erkennbare Gliederung (Textbestandteile, Funktion und Anordnung),

- Aussagen zum Inhalt des Textes, z. B.: Thema, Standpunkt der Autorin bzw. des Autors, Hauptaussage, Thesen, Argumente, Aussagen zur Wirkungsabsicht, zum Adressatenbezug, zur Textfunktion, Aussagen zu sprachlichen Besonderheiten,

Schluss:

- Bewertung von Inhalt und Darstellungsweise des Textes (zum Beispiel hinsichtlich seiner Schlüssigkeit, Sorgfalt und Verständlichkeit), ggf. eigene Meinung zu dem im Text Dargestellten.

Eine Textbeschreibung zu einem **literarischen Text** sollte folgende **Bestandteile** aufweisen:

Einleitung:

- Name der Autorin bzw. des Autors, Textsorte (z. B. Kurzgeschichte, Erzählung, Roman),
- Titel und Thema,

Hauptteil:

- Inhaltsangabe,
- Aufbau des Textes,
- Besonderheiten der Handlungsgestaltung,
- Erzählperspektive,
- wichtige Figuren und deren Merkmale,
- sprachliche (stilistische) Besonderheiten,
- Besonderheiten der Zeitgestaltung,
- Wirkung weiterer Gestaltungsmittel,

Schluss:

- eigene Meinungen (Gedanken, Gefühle), eventuell Leseempfehlung,
- weitere Auskünfte zur Autorin bzw. zum Autor und ggf. auch zur Entstehungsgeschichte des Textes.

Texte überarbeiten → S. 33	Beim Überarbeiten von Texten sollte man folgende Schritte gehen: 1. die **Schreibaufgabe** und das **Schreibanliegen** durchdenken, 2. gründlich lesen und den **Inhalt** überarbeiten, 3. gründlich lesen und die **Wortwahl** überprüfen, 4. gründlich lesen und die **Satzgestaltung** kontrollieren, 5. gründlich lesen und die **Rechtschreibung** korrigieren.
Texte verfassen	Beim Verfassen von Texten sollte man folgende Schritte gehen: 1. die **Schreibaufgabe** und das **Schreibanliegen** durchdenken, 2. den Text **planen**, eine **Gliederung** entwerfen und Textteile schreiben, 3. einen **Textentwurf** schreiben, 4. den Textentwurf **überarbeiten**, 5. die **Endfassung** schreiben.

Textinhalte vergleichen → S.55	Um sich einen Sachverhalt umfassend zu erschließen und die Richtigkeit der Aussagen zu überprüfen, muss man oft mehrere Sachtexte zum Thema lesen. Beim Vergleichen der Textinhalte arbeitet man am besten mit einer Tabelle. So kann man dabei vorgehen: • die Texte nacheinander lesen und Teilthemen notieren, • zu den Teilthemen Wichtiges in Stichpunkten aufschreiben, • die Aussagen zu den Teilthemen miteinander vergleichen.
Textinhalte zusammen- fassend festhalten	Oft ist es nötig, den Inhalt eines Textes zusammenfassend festzuhalten. Dabei hilft die **Beantwortung folgender Fragen**: • Welches Thema wird im Text behandelt? • Welche Teilthemen sind erkennbar? • Welche Hauptinformation liefert der Text? • Welche wesentlichen Einzelinformationen werden dazu geliefert? Man kann Inhalte eines Textes auch zusammenfassen, indem man sie **grafisch darstellt**. Dabei werden sprachliche und bildliche Elemente verwendet, um Informationen, Aussagen und Zusammenhänge zu zeigen, zum Beispiel mithilfe von Pfeilen, Linien, Rahmen u.Ä. auf Zetteln, Postern, Flipcharts oder am Computer. Man kann zur Veranschaulichung von Zahlen und Fakten auch verschiedene **Diagramme** nutzen.
die **Textinterpretation** (*Plural:* die Textinter- pretationen) → S.122, 123, 145, 148, 171, 172	Das Ziel einer Interpretation ist es, mögliche Aussagen eines **literari- schen Textes** herauszuarbeiten, d.h., den Text zu **deuten (interpretieren)**. Diese Deutungen müssen durch Textstellen (Zitate) belegt werden. Eine gründliche **Analyse** des Textes ist die Voraussetzung für das Verfassen einer Interpretation. Eine Textinterpretation schreibt man im Präsens. Sie sollte folgende **Bestandteile** aufweisen: **Einleitung:** • Name der Autorin bzw. des Autors, evtl. biografische Daten, • Textsorte, Titel, Thema sowie erster Eindruck vom Text, **Hauptteil:** • kurze Inhaltsangabe, • Interpretationshypothese(n) zum Gesamttext: zusammenfassende Annahme(n) bzw. Deutung(en) zu zentralen Botschaften bzw. Aussagen, • Begründung der Interpretationshypothese(n) durch: Darstellung und Deutung z.B. von Besonderheiten der Handlungs-, Orts-, Zeit- und Figurengestaltung, Darstellung und Deutung besonderer sprachlicher (stilistischer) Mittel und deren Wirkung, **Schluss:** • eigene Meinung zu dem im Text Dargestellten, • Bezug zum eigenen Leben.

die **Think-Pair-Share-Methode** (*keine Pluralform*)	Die Think-Pair-Share-Methode ist eine **kooperative Lernmethode**. Zuerst notieren alle für sich ihre Gedanken (*think*), danach tauscht man sich zu zweit bzw. in einer Kleingruppe aus (*pair*), zuletzt teilt man seine Erkenntnisse mit der Klasse oder einer größeren Gruppe (*share*).
die **Umfrage** (*Plural:* die Umfragen) → S. 64, 65	Die Umfrage ist eine Methode, um **anonym** Informationen über Meinungen, Einstellungen, Wissen und Verhalten von Menschen zu erhalten, zum Beispiel zum Zweck der Marktforschung, Wahlforschung oder Bildungsforschung. Umfragen können mündlich oder schriftlich mithilfe eines **Fragebogens** durchgeführt werden. Sie sollten sich gut auswerten lassen. Zur Veranschaulichung der Ergebnisse eignen sich zum Beispiel Diagramme, Schaubilder oder Tabellen. **Inhalt** und **Form** eines Fragebogens muss man genau durchdenken. Folgendes ist zu beachten: • das Thema, die Befragenden und die Zielsetzung des Fragebogens nennen, • eine kurze Anleitung zum Ausfüllen und Hinweise zur Abgabe aufnehmen, • die Fragen eindeutig und möglichst einfach, konkret und kurz formulieren, • möglichst keine Fremdwörter oder unbekannten Fachbegriffe verwenden, • neutral formulieren und keine Antworten vorwegnehmen. Grundsätzlich unterscheidet man: • **offene Fragen (Ergänzungsfragen)**, bei denen keine Antwortmöglichkeiten vorgegeben werden, z. B.: *Welchen Vorteil siehst du in der Nutzung von …?*, • **geschlossene Fragen (Entscheidungsfragen)**, bei denen nur mit Ja oder Nein geantwortet werden kann, z. B.: *Siehst du in der Nutzung von … einen Vorteil?*, • **Multiple-Choice-Fragen**, bei denen mehrere Antworten zur Auswahl stehen. Der Fragebogen sollte **ansprechend** gestaltet sein: • nur gut lesbare Schriftarten und -größen verwenden, • ausschließlich Bilder und Grafiken einsetzen, die zum Thema passen, • die Fragen übersichtlich anordnen, • ausreichend Platz zum Schreiben oder Ankreuzen geben.
die **Umgangssprache** (*keine Pluralform*)	Umgangssprache ist eine der Erscheinungsformen (**Sprachvarianten** oder Sprachvarietäten) unserer Sprache. Sie wird in vielen Alltagssituationen, z. B. in der Familie oder mit Freunden, vor allem mündlich gebraucht, sie kann aber auch im privaten Schriftverkehr oder in der Literatur (Figurenrede) vorkommen. Zur Umgangssprache zählen bestimmte Wörter und Wendungen oder unvollständige oder grammatisch fehlerhafte Sätze, z. B.: *kriegen* (bekommen), *checken* (verstehen), *eine große Klappe haben*, *Die? Nie gesehen! Kenne ich nicht, weil ich bin neu hier*. Die Verwendung umgangssprachlicher Mittel hängt immer von der Situation und den beteiligten Personen ab.

die **Umstellprobe** (*Plural:* die Umstell-proben) → S. 245	Die Umstellprobe ist eine sprachliche **Probe** zur Ermittlung der **Anzahl der Satzglieder eines Satzes**. Man prüft, welche Wörter und Wortgruppen sich nur zusammenhängend vor die finite (gebeugte) Verbform stellen lassen. Im Aussagesatz steht die **finite Verbform** immer an der **zweiten Satzgliedstelle**. An der ersten Stelle, also vor der finiten Verbform, kann immer nur ein Satzglied (Wort oder Wortgruppe) stehen. Alle weiteren folgen nach der finiten Verbform, z. B.: *Wir | gehen | heute | ins Schwimmbad.* *Heute | gehen | wir | ins Schwimmbad.* *Ins Schwimmbad | gehen | wir | heute.*
das **Verb** (*Plural:* die Verben) → S. 189, 198, 200, 202, 203, 205, 206, 283, 284, 285, 287	Das Verb ist eine **veränderbare** (flektierbare) **Wortart**, die **Tätigkeiten** (was jemand tut), **Vorgänge** (was geschieht) und **Zustände** (was ist) bezeichnet. Nach ihrem Gebrauch unterscheidet man **Vollverben** und **Hilfsverben**. Alle Verben können als Vollverben gebraucht werden, z. B.: *Ich renne. Wir schlafen. Er hat Zeit. Das Kind wird drei.* Bei der Bildung zusammengesetzter Zeitformen werden *haben, sein* und *werden* als Hilfsverben verwendet, z. B.: *ich bin gerannt, du hast gesungen, er wird Spanisch lernen, sie ist schnell gewesen.* Verben haben eine Grundform, den **Infinitiv**, und bilden weitere **infinite** (ungebeugte) **Verbformen**: das Partizip I und das Partizip II. Das **Partizip I** bezeichnet Handlungen und Zustände, die gleichzeitig zu den Handlungen des übergeordneten Satzes ablaufen. Es wird vom Wortstamm des Verbs mithilfe der Endung *-(e)nd* gebildet, z. B.: *spielen – spielend.* Das **Partizip II** wird bei der Bildung zusammengesetzter Zeitformen benötigt. Es wird vom Wortstamm des Verbs mithilfe des Präfixes *ge-* und der Suffixe *-en* oder *-t* gebildet, z. B.: *gelesen, gespielt.* Von Verben mit Präfixen (*be-, er-, ge-, ver-, zer-, ent-, miss-*) wird das Partizip II ohne *ge-* gebildet, z. B.: *erlebt, vergessen.* Die **Partizipien I und II** kann man auch wie Adjektive verwenden, z. B.: *spielende Kinder, gespielte Freude.* Die Veränderung der Verbformen heißt **Konjugation** (Beugung, Verb: konjugieren). Dabei werden **finite** (gebeugte) **Verbformen** gebildet, d. h. Formen für die 1., 2. und 3. Person im Singular und im Plural, z. B.: *ich spiele, ihr spielt.* Verben bilden **Tempusformen** (Zeitformen). Diese bezeichnen, ob die Tätigkeiten, Vorgänge und Zustände schon vergangen und abgeschlossen sind, noch andauern bzw. immer gelten oder aber erst in der Zukunft stattfinden werden. Präsens und Präteritum sind **einfache Tempusformen**, sie bestehen nur aus der finiten Verbform. Perfekt, Plusquamperfekt und Futur sind **zusammengesetzte Tempusformen**, sie bestehen aus mindestens zwei Verbformen. Die Tempusformen können auch signalisieren, ob zwei Handlungen bzw. Vorgänge zur gleichen Zeit (**Gleichzeitigkeit**) oder nacheinander (**Vorzeitigkeit, Nachzeitigkeit**) stattfinden.

Um alle Formen eines Verbs richtig bilden und schreiben zu können, muss man die drei **Leitformen (Stammformen)** kennen. Diese sind: Infinitiv – Präteritum (1./3. Person Singular) – Partizip II, z. B.: *laufen – lief – gelaufen.* An den Leit- bzw. Stammformen kann man starke und schwache Verben unterscheiden. Bei **schwachen Verben** ändert sich der Stammvokal nicht, das Präteritum hat eine Endung *-t* und das Partizip II endet auf *-t*, z. B.: *reden – redete – geredet.*

Bei **starken Verben** ändert sich der Stammvokal, das Präteritum ist endungslos und das Partizip II endet auf *-en*, z. B.: *lesen – las – gelesen.* Im Deutschen gibt es heute noch ungefähr 200 starke, sehr alte Verben. Alle neuen Verben werden schwach gebildet, z. B.: *zoomen – zoomte – gezoomt.*

Eine besondere Gruppe von Verben sind die **Modalverben**. Sie drücken aus, wie man eine Tätigkeit oder einen Vorgang meint:

wollen (Absicht), z. B.: *ich will gehen,*

sollen (Aufforderung), z. B.: *ich soll gehen,*

dürfen (Erlaubnis), z. B.: *ich darf gehen,*

können (Fähigkeit oder Möglichkeit), z. B.: *ich kann gehen,*

müssen (Notwendigkeit), z. B.: *ich muss gehen,*

mögen (Wunsch), z. B.: *ich möchte gehen.*

Modalverben werden mit einem Vollverb im Infinitiv verwendet, dann bilden die Modalverben im Präsens und Präteritum die finite Verbform, z. B.:

Ihr müsst pünktlich losfahren. (Präsens)

Du wolltest gestern zu mir kommen. (Präteritum)

Im Perfekt und Plusquamperfekt treten Modal- und Vollverb im Infinitiv auf, z. B.:

Ihr habt pünktlich losfahren sollen. (Perfekt)

Du hattest gestern zu mir kommen wollen. (Plusquamperfekt)

Als Vollverb gebraucht, bildet das Modalverb im Perfekt und im Plusquamperfekt das Partizip II, z. B.:

Sie hat diesen Beruf gewollt. (Perfekt)

Von den meisten Verben kann man eine Aktivform und eine Passivform bilden. Will man ausdrücklich betonen, wer handelt, verwendet man die **Aktivform** (Verbform im Aktiv), z. B.: *Die Bürgermeisterin ehrt den Sieger.*

Ist unwichtig oder unbekannt, wer handelt, verwendet man die **Passivform** (Verbform im Passiv), die aus einer finiten Verbform des Hilfsverbs *werden* + Partizip II eines anderen Verbs besteht, z. B.:

Der Sieger wird geehrt.

Verben bilden **Modusformen** (Formen der Aussageweise):

• Verbformen im **Indikativ** (Wirklichkeitsform) verwendet man, um Tatsachen und direkte (wörtliche) Rede wiederzugeben.

	• Verbformen im **Konjunktiv I** verwendet man, um indirekte (nicht wörtliche) Rede wiederzugeben. Dabei muss man oft die Pronomen, Orts- und Zeitangaben umformulieren, z. B.: *„Ihr seid zu spät!"* – *Er rief, sie seien zu spät.* • Sind bei der Wiedergabe indirekter Rede die Formen im Indikativ und Konjunktiv I gleich, kann man auf den **Konjunktiv II** oder die Form von *würde* + Infinitiv ausweichen, z. B.: *„Ich lese gern."* – *Ich erwähnte, ich läse gern. / ..., ich würde gern lesen.* • Mit Verbformen im **Konjunktiv II** (Möglichkeitsform) lassen sich Wünsche, Vorstellungen, Ratschläge oder Empfehlungen sowie irreale Vorgänge in der Vergangenheit ausdrücken, z. B.: *Ich wäre gern Konditor. Dann könnte ich Tortenrezepte ausprobieren. Konditor wäre ich geworden, wenn ich die Prüfung bestanden hätte.* • Die **Imperativformen** von Verben drücken eine Aufforderung, einen Befehl, eine Bitte oder eine Warnung aus, z. B.: *Passt auf!*
der **Verbalstil** (*keine Pluralform*) → S. 243	Als Verbalstil bzw. **Auflockerung** bezeichnet man die der Verdichtung (dem Nominalstil) entgegengesetzte Darstellungsweise. Sie ist vorwiegend ein Mittel der mündlichen Sprache. Dabei werden viele Verben verwendet, vor allem finite Verbformen, z. B.: *Zu Beginn fand die Begrüßung und Vorstellung der Gäste statt.* → *Es begann damit, dass die Gäste begrüßt und vorgestellt wurden.*
die **Verlängerungsprobe** (*Plural:* die Verlängerungsproben) → S. 245	Die Verlängerungsprobe ist eine sprachliche **Probe**, um die **richtige Schreibweise und Aussprache von Wörtern** zu finden. Man verlängert die Wörter, indem man zum Beispiel Pluralformen von Nomen/Substantiven, Infinitive von Verben oder Steigerungsformen von Adjektiven bildet, um: • die Schreibung am Stammende zu ermitteln, z. B.: *das Ba■ – die Bäder, gi■ – geben, mil■ – milder,* • die Kürze bzw. Länge eines Stammvokals zu erkennen, z. B.: *der Hut – die Hüte, das Bett – die Betten,* • Silben mit *h* zu verdeutlichen, z. B.: *der Stu■l – die Stüh-le, die Wa■l – wäh-len, der Schu■ – die Schu-he.*
die **Verwandtschaftsprobe** (*Plural:* die Verwandtschaftsproben) → S. 245	Die Verwandtschaftsprobe ist eine sprachliche **Probe**, um die **richtige Schreibweise von Wörtern** zu finden, zum Beispiel bei Wörtern mit langem Stammvokal oder schwierigen Buchstabenverbindungen. Man sucht nach einem stammverwandten Wort aus der **Wortfamilie**, das Hinweise auf die Schreibung gibt, z. B.: *mahlen – Mehl – Mühle; malen – Maler – Malstift;* *Band – Bänder – binden; die St■rke – stark – die Stärke;* *das L■ben – (kein verwandtes Wort mit a) – das Leben.* Es gilt: Wörter einer Wortfamilie werden immer gleich oder ähnlich geschrieben.

das **Vorlesen** (*keine Pluralform*)	Das laute und gestaltende Vorlesen ist eine gute Möglichkeit, **Texte** zu **erschließen** und zugleich die eigenen **Lesefähigkeiten** zu **trainieren**. Wenn man erprobt, wie ein Text gelesen werden könnte, versteht man die Inhalte (zum Beispiel die Stimmungen, Gedanken und Gefühle von Figuren oder das Anliegen der Schreiberin bzw. des Schreibers) immer besser und wird zugleich auch immer sicherer im Lesen. Man sollte fehlerfrei und deutlich, betont und in passendem Tempo vorlesen sowie auf Mimik und Gestik achten. Zur Vorbereitung kann man **Lesehilfen** in den Text eintragen, z. B.: • Satzzeichen hervorheben, z. B.: . ? ! • schwierige und wichtige Wörter unterstreichen, z. B.: _Lulatsch_ • Sinneinheiten kennzeichnen, z. B.: / • Pausenzeichen setzen, z. B.: // • Stimmführung anzeigen, z. B.: ↑ (Stimme heben) ↓ (Stimme senken)
das **Vorstellungsgespräch** (*Plural:* die Vorstellungsgespräche) → S. 86, 88, 89	Hat man mit einer Bewerbung überzeugt, wird man ggf. zu einem Vorstellungsgespräch eingeladen, in dem Arbeitgeberinnen bzw. Arbeitgeber einen Eindruck von der **Persönlichkeit** und **Eignung** für die Ausbildung gewinnen wollen. Deshalb sollte man sich gut darauf **vorbereiten** und zum Beispiel Auskunft geben können über: • eigene Interessen und den Berufswunsch, • den Betrieb, seine Produkte und Besonderheiten, • den Ausbildungsberuf. Außerdem sollte man überlegen, welche Fragen man selbst stellen möchte, zum Beispiel zu Arbeitszeitregelungen, zu Anforderungen, zur Berufsschule oder zum Ablauf der Ausbildung. Zur **Vorbereitung** sollte man außerdem: • sich informieren, wo das Gespräch stattfindet und wie man termingerecht hingelangt, • angemessene Kleidung auswählen, • für ein gepflegtes Erscheinungsbild sorgen (saubere Fingernägel, geputzte Schuhe u. Ä.). Das Vorstellungsgespräch folgt häufig folgendem **Aufbau**: • Begrüßung, • Interview, • Gesprächsabschluss. Meist erfährt man am Ende, wann über die Entscheidung des Unternehmens informiert wird. Gelegentlich bekommt man eine Rückmeldung über das Gesprächsverhalten. Zu Hause sollte man eine Gesprächsnotiz anfertigen, um die Übersicht zu behalten und aus den Hinweisen zu lernen.

die **Weglassprobe** (*Plural*: die Weglassproben) → S. 245	Die Weglassprobe ist eine sprachliche **Probe**, um zu ermitteln, ob ein Satzglied oder Satzgliedteil weggelassen werden kann, ohne dass der Sinn des Satzes verloren geht, z. B.: *Die (eifrigen) Ermittlerinnen und Ermittler suchen nach Spuren (der Kriminellen).* (Attribut)
die **Werbung** (*keine Pluralform*)	Werbung beeinflusst Menschen gezielt und möchte zum Kauf anregen (z. B. Markenturnschuhe), um neue Kunden werben (z. B. Stromversorger), auf Sachverhalte aufmerksam machen (z. B. in der Politik) oder zu einem bestimmten Verhalten aufrufen (z. B. Umweltorganisationen). Werbung löst Neugierde aus, spricht Gefühle an, enthält Versprechen und Appelle, die zum Handeln anregen sollen. Werbung muss immer, auch im Internet, als solche gekennzeichnet sein. Werbung ist nach der **AIDA-Formel** aufgebaut. Sie soll: • **Aufmerksamkeit** erregen, Attention • **Interesse** wachrufen, Interest • den **Wunsch** nach dem Produkt wecken, Desire • das **Handeln**, z. B. den Kauf, auslösen. Action Werbung muss in **einfacher**, aber **einprägsamer Sprache** verfasst sein. Dazu werden oft folgende **sprachliche Mittel genutzt**: Übertreibungen, Aufzählungen, Alliterationen (gleiche Anfangsbuchstaben), Reime, Wortspiele, ungewöhnlicher Satzbau, Abweichungen von der Grammatik.
die **Wortart** (*Plural:* die Wortarten) → S. 189	Wortarten lassen sich an ihrer **Bedeutung** erkennen. Sie bezeichnen zum Beispiel Gegenstände und Personen oder Tätigkeiten und Vorgänge oder Eigenschaften und Merkmale. Außerdem kann man sie an ihren **grammatischen Besonderheiten** erkennen. Wortarten können veränderbar (flektierbar) oder unveränderbar (nicht flektierbar) sein. **Veränderbare (flektierbare) Wortarten** kann man • deklinieren (Nomen/Substantive, Artikel, Adjektive, Pronomen), z. B.: *des Theaters, meiner neuen Freundin,* • konjugieren (Verben), z. B.: *sie liest, ihr lauft,* • komparieren (Adjektive), z. B.: *hell – heller – am hellsten.* **Unveränderbare (nicht flektierbare) Wortarten** (Adverbien, Konjunktionen, Präpositionen, Interjektionen) verändern ihre Form im Satz nicht, z. B.: *Ich werde immer helfen. Mir wird immer geholfen.* (Adverb)
die **Wortbildung** (*keine Pluralform*) → S. 246, 248	Die Wortbildung bezeichnet die Art und Weise, wie neue Wörter in einer Sprache entstehen. Im Deutschen haben sich dafür zwei Formen bewährt: • die **Ableitung** mithilfe von Präfixen und Suffixen, • die **Zusammensetzung** (Bestimmungswort + Grundwort). Grund- und Bestimmungswort können selbst eine Zusammensetzung oder eine Ableitung sein, z. B.: *Erkältung|s|krankheit: er- + kält + -ung + -s- + krank + -heit.* Mithilfe der **Zerlegeprobe** lassen sich Wörter in ihre Bauteile zerlegen. Dadurch kann man Klarheit über die Schreibung der Wörter bekommen.

das **Wörterbuch** (*Plural:* die Wörterbücher) → S.277	Es gibt verschiedene Wörterbücher, z. B. Bedeutungswörterbücher, Synonymwörterbücher, Fremdwörterbücher, Fachwörterbücher, Rechtschreibwörterbücher. In einem **Rechtschreibwörterbuch** findet man Informationen über die **Schreibung** und **Bedeutung** eines Wortes und meist auch über die **Silbentrennung**, die **Aussprache**, die **Betonung**, die **Herkunft** und die **grammatischen Besonderheiten**. Im **Wörterverzeichnis** stehen die **Stichwörter** in **alphabetischer Reihenfolge**. Hervorgehobene **Großbuchstaben am Seitenrand** und **Seitenleitwörter** helfen bei der Orientierung. Seitenleitwörter geben jeweils das erste und das letzte Wort einer Doppelseite an. Beim **Nachschlagen** geht man vom ersten Buchstaben des gesuchten Wortes aus und beachtet danach den zweiten, den dritten und die folgenden Buchstaben, die ebenfalls alphabetisch geordnet werden, z. B.: *Aal, Abart, Abbau, abbeißen, abbestellen, …* Viele Rechtschreibwörterbücher enthalten auch eine Übersicht der gültigen **Rechtschreibregelungen**. Im Internet gibt es **Online-Wörterbücher**, die ähnliche Informationen und oft auch Hörbeispiele für die Aussprache anbieten.
die **Wortfamilie** (*Plural:* die Wortfamilien)	Wörter, die aufgrund ihrer Herkunft miteinander **verwandt** sind, bilden eine Wortfamilie. Sie entstehen durch **Ableitung** und **Zusammensetzung**. Das heißt, alle Wörter, die von einem **gemeinsamen Wortstamm** abgeleitet oder mit ihm zusammengesetzt sind, gehören zu einer Wortfamilie, z. B.: *Gras, grasen, grast, Grashalme, grasgrün.*
das **Wortfeld** (*Plural:* die Wortfelder)	Wörter, die eine **gleiche oder ähnliche Bedeutung** haben (**Synonyme**), bilden ein Wortfeld. Mithilfe von Wortfeldern kann man sich genauer ausdrücken, z. B.: *gehen, laufen, schleichen, humpeln, staksen, …* Bedeutungsgleiche oder -ähnliche Wörter eines Wortfeldes lassen sich in **Oberbegriffe** mit allgemeiner Bedeutung und **Unterbegriffe** mit spezieller Bedeutung einteilen, z. B.: *Wortart* (Oberbegriff) – *Nomen, Verb, Adjektiv, …* (Unterbegriffe), *Insekt* (Oberbegriff) – *Mücke, Fliege, Käfer, Zikade, …* (Unterbegriffe)

die **Wortschatzerweiterung**
(*Plural:* die Wortschatzerweiterungen)
	Unser Wortschatz erweitert sich ständig, vor allem durch:
	• **Übernahme** von Wörtern aus anderen Sprachen, z. B.:
	  shoppen, der/das Event,
	• **Nominalisierung/Substantivierung** von Wörtern, z. B.:
	  das Filmen, beim Filmen, das Neue,
	• **Wortbildung** mithilfe von **Zusammensetzung** und/oder **Ableitung**,
	  z. B.: *das Hörbuch, verwertbar, die Wiederverwertung.*

der **Wortstamm** (*Plural:* die Wortstämme)	Der Wortstamm entspricht meist der **Nennform**, in der die Wörter im Wörterbuch aufgeführt werden, z. B.: *Hose, Kleid; jung, groß*. Bei Verben wird vom Infinitiv (Nennform) die Endung *-(e)n* abgestrichen, um den Wortstamm zu ermitteln, z. B.: *such-en, renn-en; sammel-n, ärger-n*. Wortstämme werden in stammverwandten Wörtern **gleich oder ähnlich geschrieben**, deshalb kann man für die Schreibentscheidung die **Verwandtschaftsprobe** heranziehen und sich an Wörtern aus der **Wortfamilie** orientieren.
die **Worttrennung** (*Plural:* die Worttrennungen)	Man kann mehrsilbige Wörter **am Zeilenende** nach bestimmten Regeln trennen. Meist trennt man dann **nach Sprechsilben**, z. B.: *be-ra-ten, groß-ar-tig, die Um-lei-tung*. Die wichtigsten **Regeln** der Worttrennung am Zeilenende sind: • Mehrsilbige einfache Wörter trennt man nach Sprechsilben bzw. Schreibsilben, z. B.: *die Kin-der, die Fei-er, tan-zen, das Was-ser, tren-nen*. • Einzelne Vokale am Wortanfang oder -ende trennt man nicht ab, z. B.: *der Abend, die Treue*. • Die Buchstabenverbindungen *ch, ck, sch, ph, th* werden nicht getrennt, z. B.: *la-chen, der Zu-cker, die Wä-sche, die Stro-phe, Goe-the*. • Zusammengesetzte Wörter und Ableitungen mit Präfixen trennt man zwischen den einzelnen Wortbausteinen, z. B.: *der Fuß|ball – der Fuß-ball, be|suchen – be-su-chen*.
die **Zeitangabe** (*Plural:* die Zeitangaben)	Für Angaben von **Tageszeiten** gelten folgende Groß- und Kleinschreibungsregeln: **Großschreibung**: • nach Artikeln und Präpositionen (+ Artikel), z. B.: *der Abend, zum (zu dem) Mittag, gegen Abend,* • nach Adverbien (*gestern, heute*), z. B.: *vorgestern Abend, gestern Morgen*. **Kleinschreibung**: • wenn es sich um Adverbien handelt, z. B.: *heute, früh, gestern, abends, dienstags*. **Zusammensetzungen** aus **Wochentag** und **Tageszeit** schreibt man groß, wenn das Grundwort ein Nomen/Substantiv ist, z. B.: *der Montag + der Abend → der Montagabend, der Mittwoch + der Morgen → der Mittwochmorgen*. **Zusammensetzungen** aus **Wochentag** und **Tageszeit** schreibt man klein, wenn das Grundwort ein Adverb ist (und auf *-s* endet), z. B.: *dienstagabends*, auch: *dienstags abends*.

die **Zerlegeprobe** (*Plural:* die Zerlegeproben) → S. 245, 246	Die Zerlegeprobe ist eine sprachliche **Probe**. Sie hilft, die Kürze oder **Länge des Stammvokals** zu ermitteln: Man zerlegt die Wörter in **Silben**. Endet die erste Silbe des Wortstamms auf einen **Konsonanten** (Mitlaut), dann wird der Stammvokal in der Regel kurz gesprochen, z. B.: *der Schal-ter, wär-men, bin-den.* Steht dagegen ein **Vokal** (Selbstlaut) am Ende der ersten Silbe, dann wird der Stammvokal immer lang gesprochen, z. B.: *die Scha-le, das Se-gel, he-ben.* Einsilbige Wörter muss man **verlängern** (**Verlängerungsprobe**), um die Kürze oder Länge des Stammvokals erkennen zu können, z. B.: *das Rad – die Rä-der, das Feld – die Fel-der, bunt – bun-te.*
das **Zitieren**, das **Zitat** (*Plural:* die Zitate) → S. 30, 107, 232, 234	Ein Zitat ist die **wörtliche Wiedergabe einer Textstelle** in einem anderen Text. Das Zitat sollte mit einem **einleitenden Satz** in den eigenen Text eingebunden werden. **Direkte (wörtliche) Zitate** müssen buchstabengetreu übernommen und in **Anführungszeichen** gesetzt werden. Auslassungen kennzeichnet man durch eckige Klammern mit drei Punkten, z. B.: *„Forensik oder Kriminaltechnik bezeichnet den Einsatz wissenschaftlicher Methoden zur Aufklärung von Verbrechen. Dabei kommen diverse Fachgebiete […] zum Einsatz" (Cooper, 2018, S. 6).* **Indirekte (nicht wörtliche) Zitate** sind die sinngemäße Wiedergabe von Gedanken anderer. Indirekte Zitate können durch die Verwendung des Konjunktivs I oder durch entsprechende Begleitsätze gekennzeichnet werden, z. B.: *Christian Nürnberger schreibt in seinem Buch, er wolle mit seinen Geschichten keine Heldenverehrung betreiben, sondern es gehe darum zu zeigen, dass der Mut der kleinen Leute nicht vergeblich ist (vgl. Nürnberger, 2023, S. 11).* Um Herkunft und Wortlaut eines **direkten Zitats** überprüfbar zu machen, muss man die **Quelle** angeben. Dazu gibt es verschiedene Möglichkeiten: • als **Kurzangabe** innerhalb von Sätzen und Texten und Verweis ins Quellenverzeichnis, wo die ausführliche Quellenangabe zu finden ist, z. B.: *Nürnberger schreibt: „Mut ist etwas Sonderbares" (Nürnberger, 2023, S. 7).* • **in Klammern** hinter einem Zitat, v. a. bei einzeln gesetzten Zitaten, z. B.: *„Mut ist etwas Sonderbares" (Nürnberger, Christian: Mutige Menschen – für Frieden, Freiheit und Menschenrechte. Stuttgart: Gabriel Verlag, 2023, S. 7).* • als **Fußnote** am Ende der Seite bzw. eines Textes, z. B.: *„Mut ist etwas Sonderbares."*[1] 1 *Nürnberger, Christian: Mutige Menschen – für Frieden, Freiheit und Menschenrechte. Stuttgart: Gabriel Verlag, 2023, S. 7.*

	Auch bei **indirekten (sinngemäßen) Zitaten** muss eine Quelle angegeben werden. Um deutlich zu machen, dass nur sinngemäß übernommen wurde, steht vor der Quellenangabe *vgl.* (vergleiche), z. B.: *Christian Nürnberger schreibt in seinem Buch, dass er mit seinen Geschichten keine Heldenverehrung betreiben will (vgl. Nürnberger, 2023, S. 11).* Am Ende eines Textes, für den man Quellen genutzt hat, muss ein **Quellenverzeichnis** (Literaturverzeichnis) stehen, in dem alle verwendeten Quellen in alphabetischer Reihenfolge vollständig aufgeführt sind.
der **zusammengesetzte Satz** (*Plural:* die zusammengesetzten Sätze) → S. 221, 224, 225, 226, 229, 237	Aus inhaltlich eng zusammengehörenden Sätzen lassen sich zusammengesetzte Sätze bilden. Die **Teilsätze** des zusammengesetzten Satzes verbindet man meist mit einer **Konjunktion** (einem Bindewort) wie *weil, aber, denn, dass, nachdem, wenn, als, seitdem* und markiert die Bindestelle mit einem **Komma**, z. B.: *Die Kinder wachsen im Zirkus auf, weil ihr Vater der Zirkusbesitzer ist. Sie gehen zur Schule, aber der Unterricht findet im Zirkus statt.* Man unterscheidet **Satzreihen** (**Parataxen** aus Hauptsatz, Hauptsatz) und **Satzgefüge** (**Hypotaxen** aus Hauptsatz, Nebensatz). Die Teilsätze werden in der Regel durch **Komma** voneinander **getrennt**. Sind drei oder mehrere Haupt- und Nebensätze miteinander verbunden, spricht man von **mehrfach zusammengesetzten Sätzen**. Diese werden vorwiegend in schriftlichen Texten verwendet.
das **zusammengesetzte Verb** (*Plural:* die zusammengesetzten Verben) → S. 283, 284, 285, 287	Die meisten zusammengesetzten Verben sind **unfest zusammengesetzt**, z. B.: *mitspielen: Er spielte im Film mit.* *ansagen: Sie sagt den Sänger an.* Bei Zusammensetzungen mit *unter-, durch-, wieder-, über-, um-* entscheiden **Bedeutung** und **Betonung**, ob das Verb fest oder unfest zusammengesetzt ist. Bei der **Betonungsprobe** gilt: • **Grundwort betont** → fest zusammengesetzt, z. B.: *wiederholen: er wiederholt die Ansage* (er sagt es noch einmal), *umfahren: sie umfährt das Hindernis* (sie fährt daran vorbei), • **Bestimmungswort betont** → unfest zusammengesetzt, z. B.: *wiederholen: er holt den Film wieder* (er holt ihn zurück), *umfahren - sie fährt das Hindernis um* (sie fährt dagegen, es fällt um).
die **Zusammensetzung** (*Plural:* die Zusammensetzungen) → S. 246	Die Zusammensetzung ist eine Möglichkeit der **Wortbildung**. Zusammensetzungen bestehen aus einem **Bestimmungswort** und einem **Grundwort**. Die Wortart des Grundwortes entscheidet über die Wortart der Zusammensetzung und damit über die Groß- oder Kleinschreibung sowie über ihr grammatisches Geschlecht. Manchmal muss eins der **Fugenelemente** *-e-, -(e)s-, -(e)n-, -er-* die beiden Wörter verbinden, z. B.: *das Bad|e|tuch, die Tag|es|zeit, leben|s|lang, der Schwan|en|teich, der Bühne|n|techniker, die Licht|er|kette.*

Texte erschließen (→ S. 62–63)

1 mögliche Lösung:

Der Text behandelt die undurchsichtige Praxis des Exports von Plastikabfällen aus Deutschland in andere Länder und die damit verbundenen ökologischen und sozialen Folgen. Er stellt auch die Frage, ob eine stärkere Regulierung der Plastikexporte positive Effekte in Bezug auf Umweltschutz und Kreislaufwirtschaft haben könnte.

2   **1** Fließtext, Infokasten (blauer Kasten), Liniendiagramm, Kreisdiagramm, (Textquellen)

     2 Fließtext: Darlegung des Problems

        Infokasten (blauer Kasten): Information zur Gesamtmenge der Plastikexporte

        Liniendiagramm: Daten zur Entwicklung der Mengen von Kunststoffabfällen von 2011 bis 2021

        Kreisdiagramm: Angaben zu Zielländern der Plastikmüllexporte

        – Infokasten und Diagramme stützen und konkretisieren die Aussagen des Textes

     3 – Liniendiagramm und Infokasten (blauer Kasten) stehen neben bzw. unter dem Absatz zur Auslagerung der Abfallproblematik in andere Länder

        – Kreisdiagramm steht neben Absatz zur Regulierung der Müllexporte

     4 mögliche Lösung:

        Die einzelnen Textbausteine sind inhaltlich so miteinander verbunden, dass ein schlüssiges und nachvollziehbares Textganzes entsteht. Dabei werden Einzelaussagen durch den Infokasten (blauen Kasten) und das Linien- und Kreisdiagramm ergänzt, veranschaulicht und damit untermauert.

3

a mögliche Lösung:

  – problematische Entsorgung von Plastikabfällen des globalen Nordens in anderen Teilen der Erde; dringende Notwendigkeit, diese Exporte zu regulieren; Nachweis von Abfällen aus Deutschland in Südostasien der Türkei und Osteuropa

  – mangelhafte Nachweis- und Kontrollsysteme in Exportländern; geringe Recyclingquoten aufgrund von Recyclinginfrastruktur; negative ökologische Folgen vor Ort aufgrund von Verbrennung des Plastikmülls und Eintrag in die Umwelt; Leiden der lokalen Bevölkerung unter Verschmutzung; knappe Recyclingkapazitäten in anderen Ländern durch Müllexporte blockiert; erschwerte umweltfreundliche Abfallverwertung in Zielländern

  – positive Effekte einer strengeren Regulierung der Plastikmüllexporte: Verringerung negativer Folgen in Zielländern; Förderung der inländischen Kreislaufwirtschaft im globalen Norden; Erhöhung des Handlungsdrucks in Deutschland, Abfälle zu vermeiden und Recycling auszubauen

b mögliche Lösung:

Der Export von Plastikabfällen aus Deutschland in andere Länder ist problematisch und sollte dringend reguliert werden, um negative ökologische und soziale Folgen in den Zielländern zu verhindern bzw. zu verringern und die inländische Kreislaufwirtschaft im globalen Norden zu stärken.

c   mögliche Lösung:

Export von Plastikabfällen

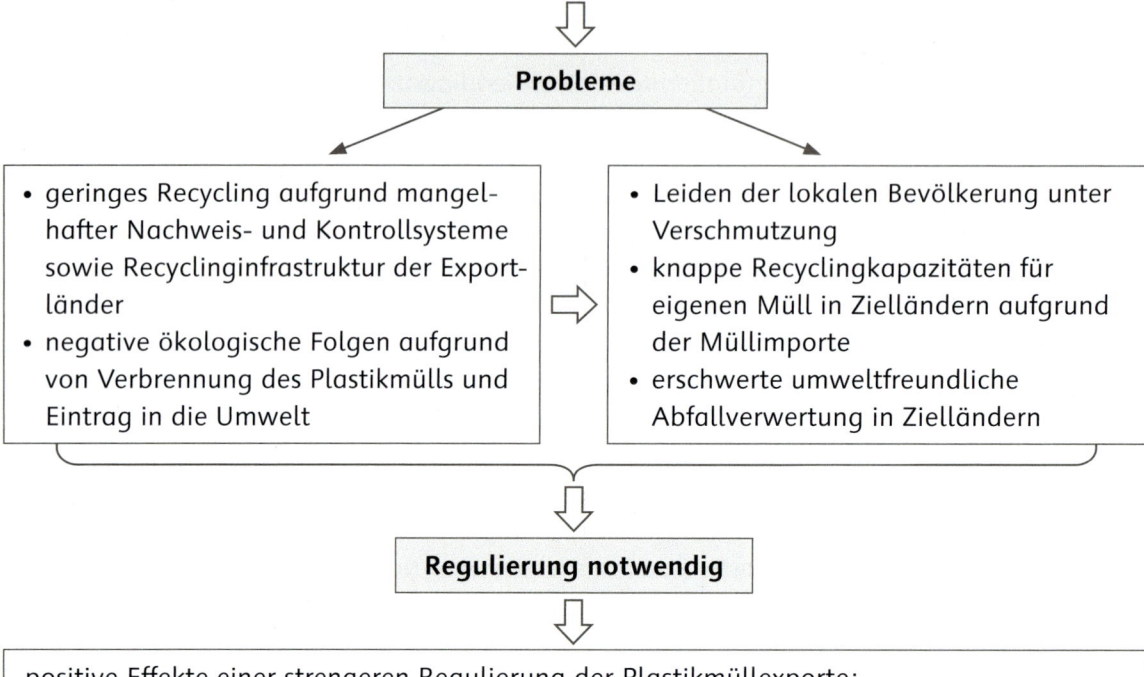

Ausgangslage: Export von Plastikabfällen aus Nordeuropa sowie Nachweis von Abfällen aus Deutschland in Südostasien, der Türkei und Osteuropa

⬇

Probleme

- geringes Recycling aufgrund mangelhafter Nachweis- und Kontrollsysteme sowie Recyclinginfrastruktur der Exportländer
- negative ökologische Folgen aufgrund von Verbrennung des Plastikmülls und Eintrag in die Umwelt

⬆

- Leiden der lokalen Bevölkerung unter Verschmutzung
- knappe Recyclingkapazitäten für eigenen Müll in Zielländern aufgrund der Müllimporte
- erschwerte umweltfreundliche Abfallverwertung in Zielländern

⬇

Regulierung notwendig

⬇

positive Effekte einer strengeren Regulierung der Plastikmüllexporte:
- Verringerung negativer Folgen in Zielländern
- Förderung der inländischen Kreislaufwirtschaft im globalen Norden
- Erhöhung des Handlungsdrucks in Deutschland: Abfallvermeidung, Ausbau von Recycling

⬇

Fazit:
problematischer Export von Plastikabfällen aus Deutschland
⇨ Dringend regulieren!
⇨ Ökologische und soziale Folgen in Zielländern vermeiden!
⇨ Kreislaufwirtschaft im globalen Norden stärken!

4

a   Das Liniendiagramm verdeutlicht, dass Deutschland seine Plastikmüllexporte von 1,483 Millionen Tonnen im Jahr 2011 auf 0,766 Millionen Tonnen im Jahr 2021 verringert hat.

b   mögliche Lösung:
Die Informationen im Infokasten (blauen Kasten) bestätigen die Aussagen des Liniendiagramms, zeigen aber auch einen leichten Anstieg 2022. Sie geben die Zusatzinformation, dass damit mehr als 10 % des in Deutschland erzeugten Plastikabfalls exportiert werden.

c   mögliche Lösung:

Laut Infokasten (blauem Kasten) werden 10 % des in Deutschland erzeugten Plastikabfalls exportiert. Werden sie in zertifizierte Recyclinganlagen im Ausland exportiert, gehen sie in die Berechnung der deutschen Recyclingquoten ein. Allerdings wird durch mangelhafte Nachweis- und Kontrollsysteme in den Zielländern nicht garantiert, dass die Plastikabfälle tatsächlich sachgerecht recycelt werden. Große Teile des Mülls werden nicht sachgerecht entsorgt. Das führt zu Umweltproblemen in den Zielländern. Deutschland und andere industrialisierte Länder lagern ihre Müllproblem damit in andere Länder aus.

d   mögliche Lösung:

Das Kreisdiagramm zeigt, in welche Zielländer Deutschlands Plastikmüll im Jahr 2022 exportiert wurde und wie viel Prozent des Abfalls in welche Länder geliefert wurde. Die größten Plastikmüllexporte gingen in die Niederlande, in die Türkei und nach Polen. 52 % der Müllexporte gehen allerdings in nichteuropäische Länder.

Sprache gebrauchen – Sprache untersuchen (→ S. 272–273)

1 **1** Immer am 3. September, dem Tag des Bartes, zeigte sich, dass junge und alte Männer großen Wert auf ihren gepflegten Bart legen, denn das Tragen von Schnauzern, Vollbärten oder Kinnbärten ist wieder sehr modern.

2 mögliche Lösung:

Nomen/Substantiv: September, Tag, Bartes, Männer, Wert, Bart, Schnauzern, Vollbärten, Kinnbärten

(Nominalisierung/Substantivierung: Tragen)

Verb: zeigte (sich), legen, ist

Adjektiv: junge, alte, großen, gepflegten (Partizip II adjektivisch verwendet), modern

Pronomen: diesem, sich, ihren

Präposition: am (an dem), auf, von

Konjunktion: dass, und, denn, oder

Adverb: immer, wieder, sehr

3 **1** In ein paar Monaten <u>wird</u> er sich wohl einen Zopf <u>geflochten</u> <u>haben</u>.

3 Bis Jahresende <u>werden</u> deine Haare auf Schulterlänge <u>gewachsen</u> <u>sein</u>.

4 mögliche Lösung:

1 viele / etliche / (fast) alle

2 niemand / keiner, keine / kaum jemand

3 manche / einige / etliche

5 **1** (mit dem) Tragen **2** (mussten) tragen

3 (das) Abrasieren **4** (vom) Abschneiden

6 **1** D, **2** A, **3** B, **4** C

7 **1** A, **2** ZP, **3** VP, **4** ZP

8 mögliche Lösung:

1 der Bart

A Schlüssel mit diesem Bart passen nicht zu deinem Türschloss.

B Ein Bart fordert von seinem Träger eine gewisse Pflege.

2 die Bedeutung

A Die Bedeutung dieses Wortes kenne ich nicht.

B Dieses Ereignis hat eine große Bedeutung für uns.

3 der Zopf

A Zöpfe sind für alle Geschlechter gerade in Mode.

B Ich esse gern mal ein Stück Hefezopf.

4 schneiden

A Meine Haare müssen wieder geschnitten werden.

B Das Auto schneidet die Kurve.

5 verdienen

A Wie viel Geld verdient eine Friseurin bzw. ein Friseur?

B Ich finde, dieser Beruf verdient eine größere gesellschaftliche Anerkennung.

6 offen

A Das Fenster ist offen.

B Jonas ist offen für verschiedene Musikstile.

9 und **10**

1 In Deutschland gibt es regelmäßig Meisterschaften, <u>auf denen die stattlichsten Bärte ausgezeichnet werden</u>.

2 <u>Wer zur Meisterschaft antreten will</u>, muss sich gründlich darauf vorbereiten.

3 Die Bartträger müssen darauf achten, <u>dass die Bärte akkurat geschnitten sind</u>.

4 Bei Bärten, <u>die gebogen sind</u>, dürfen die Enden nicht höher als die Augenbrauen sein.

5 <u>Weil es ganz verschiedene Bärte gibt</u>, werden jeweils die schönsten Vollbärte, Backenbärte und Schnauzbärte gesucht.

	Stellung zum übergeordneten Satz	Art des Einleitewortes	Grad der Abhängigkeit vom Hauptsatz
1	Hs, Ns. (Nachsatz)	auf denen (Relativsatz)	Ns 1. Grades
2	Ns, Hs. (Vordersatz)	wer (Fragewortsatz)	Ns 1. Grades
3	Hs, Ns. (Nachsatz)	dass (Konjunktionalsatz)	Ns 1. Grades
4	Hs (Teil 1), Ns, Hs (Teil 2). (Zwischensatz)	die (Relativsatz)	Ns 1. Grades
5	Ns, Hs. (Vordersatz)	weil (Konjunktionalsatz)	Ns 1. Grades

Richtig schreiben   (→ S. 292–293)

1 Wenn man raucht, will man für seine Lungen vielleicht etwas Gutes tun. Dann ist es das Beste, mit dem Rauchen aufzuhören. Dass das Aufhören vielen schwerfällt, liegt daran, dass sie süchtig sind. Der Körper verlangt nach seiner täglichen Portion Nikotin. Nach dem Anstecken einer Zigarette hat das Verlangen für kurze Zeit ein Ende. Aber bald geht das Ganze von vorne los. Viele wollen deshalb vom Rauchen loskommen. Ihnen und ihrem Umfeld missfällt das Röcheln der Bronchien, die Blässe der Haut, der schlecht riechende Atem, die Leere in der Geldbörse. Unterstützend beim Abgewöhnen wirken Nikotinkaugummis.

2 1 Wenn du das tust, dann werde ich nicht mehr schweigen.
2 Dass du die Schreibung von *das* und *dass* beherrschst, das kannst du beweisen, wenn du diesen Satz richtig aufschreibst.
3 Das Mädchen, das im Nachbarhaus eingezogen ist, das kenne ich aus der Schule.

3 1 Dass das Fußballspiel ein Erfolg für uns wird, das hoffe ich sehr.
2 Ich habe das Gefühl, dass das Gesicht, das sonst immer mit einem Lächeln zu sehen war, heute sehr verschlossen ist.

4 1 Mina darf jeden Tag Tennis spielen.
2 Adnan soll täglich auf dem Klavier Tonleitern spielen üben.
3 Ich muss das Gesagte leider richtigstellen.
4 Die Polizei wird den Einbrecher festnehmen.
5 Am Sonnabend wird ein Schulkonzert stattfinden.
6 Es wird aus allen Klassen jemand teilnehmen.
7 Satzanfänge muss man immer großschreiben.
8 Auf dem Plakat sollten wir sehr groß schreiben.

5 **a und b**   mögliche Lösung:
bergsteigen: in den Alpen bergsteigen
kopfrechnen: gut kopfrechnen können
standhalten: dem Druck standhalten
Ski laufen: im Winter Ski laufen
preisgeben: ein Geheimnis preisgeben
Staub saugen (*auch:* staubsaugen): im Wohnzimmer Staub saugen / staubsaugen
wehklagen: bei einem schrecklichen Ereignis wehklagen
sonnenbaden: im Sommer sonnenbaden
brustschwimmen (*auch:* Brust schwimmen): am liebsten brustschwimmen
notlanden: nach einer Havarie notlanden müssen

6 1 Am Sonnabend wird das Schulorchester irgendwo auftreten.
2 Alle sind schon ein bisschen aufgeregt.
3 Nur Anna scheint das gar nicht zu interessieren.
4 Sie weiß noch nicht, wie viele Menschen zuhören werden.
5 Ihr Musiklehrer wird auf jeden Fall da sein.
6 Anna möchte deshalb unbedingt gut sein.
7 Sie möchte irgendwie positiv auffallen.

7   **1**   Ich denke, du kennst dich mit der Groß- und Kleinschreibung aus und findest alle Fehler.

2   Dann solltest du auch wissen, wie man die Anredepronomen in der Höflichkeitsform schreibt, z. B. in Briefen:

Sehr geehrte Damen und Herren, ich danke Ihnen für Ihre Antwort.

3   Aber kennst du auch die Regeln der Getrennt- und Zusammenschreibung?

4   Dann kannst du den nächsten Satz ja richtig aufschreiben.

6   Wegen seiner schlechten Noten ist er sitzengeblieben.

7   Um das Sitzenbleiben in diesem Jahr zu vermeiden, will er fleißig sein.

8   Immer aufmerksam zu sein, das ist etwas, was ihm schwerfällt.

8

1	Blamage	**6**	Passagier
2	Theorie	**7**	Ingenieur
3	Journalistin	**8**	charakterisieren
4	Reparatur	**9**	Fußballstadion
5	korrigieren	**10**	Management

Textquellen

Die im SB mit * gekennzeichneten Texte wurden aus didaktischen Gründen gekürzt und/oder verändert.

8 f. Huber, Ortrun: Wie tickt unser Gedächtnis? Online im Internet: https://www.ardalpha.de/wissen/psychologie/gehirn-gedaechtnis-informationen-erinnern-hirnforschung-100.html [20.11.2023]. **11** Watzlawick, Paul: Die Geschichte mit dem Hammer. Aus: Watzlawick, Paul: Anleitung zum Unglücklichsein. München, Zürich: Piper Verlag GmbH, 2002, S. 37–38. **17 oben** Fleißige Schüler: Nebenjob beeinflusst Noten kaum. Online im Internet: https://www.spiegel.de/lebenundlernen/job/fleissige-schueler-nebenjob-beeinflusst-noten-kaum-a-266202.html [20.11.2023]. **17 unten** Stegemann, Lilia; Schulze, Rainer: Schüler mit Nebenjobs: Hundemüde zum Unterricht. Online im Internet: https://www.faz.net/aktuell/rhein-main/frankfurt/schueler-mit-nebenjobs-hundemuede-zum-unterricht-1939039.html [20.11.2023]. **23 oben** Schönheitsideal. Online im Internet: https://www.spektrum.de/lexikon/psychologie/schoenheitsideal/13606 [20.11.2023]. **23 f.** Römer, Lea: Selbstoptimierung vs. Selbstliebe – Schönheitsideale im Internet. Online im Internet: https://www.juuuport.de/ratgeber/schoenheitsideale [20.11.2023]. **27** Welche Note bekommen die deutschen Schulen? *Zahlen aus:* Wößmann, Ludger u. a.: Denken Jugendliche anders über Bildungspolitik als Erwachsene? ifo-Schnelldienst 17/2018. Online im Internet: https://www.ifo.de/DocDL/sd-2018-17-woessmann-etal-bildungspolitik-2018-09-13.pdf [20.11.2023], S. 33. **28 f.** Tricarico, Tanja: Warum Eltern ihre Kinder nicht in die Schule schicken. Online im Internet: https://www.welt.de/wirtschaft/karriere/bildung/article147971707/Warum-Eltern-ihre-Kinder-nicht-in-die-Schule-schicken.html [20.11.2023]. **34 f.** Skåber, Linn: Being Young – Uns gehört die Welt (Auszug). Kapitel 26. Aus dem Norwegischen von Gabriele Haefs. Hamburg: Rowohlt Taschenbuch Verlag, 2020, S. 205–211. **36** Gesetz zum Schutze der arbeitenden Jugend (Jugendarbeitsschutzgesetz – JArbSchG). § 5. Online im Internet: https://www.gesetze-im-internet.de/jarbschg/__5.html [20.11.2023]. **37** Zehn goldene Regeln für Messenger-Gruppen. Online im Internet: https://www.handysektor.de/artikel/10-goldene-regeln-fuer-den-gruppenchat-in-whatsapp [20.11.2023]. **38 f.** Autorenteam iRights.Lab: Persönlichkeitsrechte bei Facebook und anderen sozialen Netzwerken. Online im Internet: https://www.bpb.de/themen/recht-justiz/persoenlichkeitsrechte/244858/persoenlichkeitsrechte-bei-facebook-und-anderen-sozialen-netzwerken/ [20.11.2023]. **39** Gesetz betreffend das Urheberrecht an Werken der bildenden Künste und der Photographie. § 23. Online im Internet: https://www.gesetze-im-internet.de/kunsturhg/__23.html [20.11.2023]. **40 oben links** Mohl, Nils: motto. Aus: Tänze der Untertanen. Gedichte. München: Mixtvision, 2020, S. 5. **40 oben rechts** Mohl, Nils: willkommen in der wirklichkeit. Aus: könig der kinder. Gedichte. München: Mixtvision, 2020, S. 39. **40 unten** Gutzschhahn, Uwe-Michael: Post für Sarah. Aus: Gutzschhahn, Uwe-Michael; Mikota, Jana und Wanning, Berbeli (Hrsg.): Und jeden Morgen ein Gedicht. Neue Kinderlyrik von 12 Autoren. Siegen: universi – Universitätsverlag Siegen, 2019, S. 28–29. **42** § 26 Auftrag. Aus: Medienstaatsvertrag (MStV) in der Fassung des zweiten Staatsvertrags zur Änderung medienrechtlicher Staatsverträge (Zweiter Medienänderungsstaatsvertrag) vom 27.12.2021. Online im Internet: https://www.die-medienanstalten.de/fileadmin/user_upload/Rechtsgrundlagen/Gesetze_Staatsvertraege/Medienstaatsvertrag_MStV.pdf [20.11.2023], S. 30. **43** §§ 8–10: Aus: Medienstaatsvertrag (MStV) in der Fassung des zweiten Staatsvertrags zur

Änderung medienrechtlicher Staatsverträge (Zweiter Medienänderungsstaatsvertrag) vom 27.12.2021. Online im Internet: https://www.die-medienanstalten.de/fileadmin/user_upload/Rechtsgrundlagen/Gesetze_Staatsvertraege/Medienstaatsvertrag_MStV.pdf [20.11.2023], S. 16–18. **44** § 33 Jugendangebot. Aus: Medienstaatsvertrag (MStV) in der Fassung des zweiten Staatsvertrags zur Änderung medienrechtlicher Staatsverträge (Zweiter Medienänderungsstaatsvertrag) vom 27.12.2021. Online im Internet: https://www.die-medienanstalten.de/fileadmin/user_upload/Rechtsgrundlagen/Gesetze_Staatsvertraege/Medienstaatsvertrag_MStV.pdf [20.11.2023], S. 37. **47 oben** Die Nutzung von Bewegtbild … Aus: JIM-Studie 2022 – Jugend, Information, Medien. Online im Internet: https://www.mpfs.de/fileadmin/files/Studien/JIM/2022/JIM_2022_Web_final.pdf [20.11.2023], S. 33. **47 unten** Pauling, Linus: Argwöhnisch wacht … Aus: Wüst, Hans Werner (Hrsg.): Das große Zitatenlexikon: Über 5000 Zitate und Sprichwörter. Dresden: Tosa, 2004, S. 86. **48 f.** Klimawandel einfach erklärt! Online im Internet: https://www.jbn.de/themen/klimakrise/klimawandel-einfach-erklaert [20.11.2023]. **51 ff.** Woher stammt der Plastikmüll in den Ozeanen? Online im Internet: https://www.umwelt-im-unterricht.de/hintergrund/der-muell-in-den-weltmeeren [20.11.2023]. **53** Ozeane machen … Online im Internet: https://www.bundesregierung.de/breg-de/aktuelles/ankuendigung-meeresoffensive-2003498 [20.11.2023]. **55 f.** Woltering, Björn: Was ist Nachhaltigkeit? Online im Internet: https://ecolima.de/was-ist-nachhaltigkeit/ [10.08.2023]. **56** Was ist Nachhaltigkeit? Online im Internet: https://www.bundestag.de/ausschuesse/weitere_gremien/pbne/vorstellung/was-ist-nachhaltigkeit-890694 [20.11.2023]. **62 f.** Export von Plastikabfällen. Online im Internet: https://www.nabu.de/umwelt-und-ressourcen/abfall-und-recycling/26205.html [20.11.2023]. **62** Deutschlands Exporte von Kunststoffabfällen. *Zahlen aus:* https://www.destatis.de/DE/Presse/Pressemitteilungen/2022/06/PD22_N035_51.html [20.11.2023]. **63** Zielländer deutscher Plastikmüllexporte im Jahr 2022. *Zahlen aus:* https://www.nabu.de/umwelt-und-ressourcen/abfall-und-recycling/26205.html [20.11.2023]. **67 f.** Medien sind kein Fundament für eine glückliche Kindheit. Aus: Hoffmann, Markus: Medien sind kein Fundament für eine glückliche Kindheit. Interview mit Dr. Iren Schulz. Online im Internet: https://www.mdr.de/medien360g/medienwissen/interview-iren-schulz-100.html [20.11.2023]. **70 ff.** Beauvais, Clémentine: Die Königinnen der Würstchen (Auszüge). Aus dem Französischen von Annette von der Weppen. Hamburg: Carlsen Verlag, 2017, S. 9–10, 64–66, 201–202, 206–209, 211–212. **75** Wie wirken Social Media aus Sicht der jungen Menschen auf die Gesellschaft? Aus: Zukunft? Jugend fragen! – 2021. Eine Studie des Bundesministeriums für Umwelt, Naturschutz, nukleare Sicherheit und Verbraucherschutz und des Umweltbundesamtes. Online im Internet: https://www.umweltbundesamt.de/sites/default/files/medien/479/publikationen/zukunft_jugend_fragen_2021_bf_0.pdf [20.11.2023], S. 3, 6. **76** Kämpchen, Heinrich: Der Wald. Aus: Kämpchen, Heinrich: Was die Ruhr mir sang: Gedichte. Bochum: Hansmann & Co., 1909, S. 97. **78 f.** Fachkraft für Pflegeassistenz. Online im Internet: https://planet-beruf.de/fileadmin/assets/PDF/BKB/10128.pdf [20.11.2023]. **91** Die zehn beliebtesten Ausbildungsberufe mit Hauptschulabschluss. *Zahlen aus:* https://de.statista.com/statistik/daten/studie/1011094/umfrage/beliebteste-ausbildungsberufe-von-personen-mit-hauptschulabschluss/ [20.11.2023]. **92 f.** Was geht Almanya: I have a dream. Online im Internet: https://www.klischee-frei.de/dokumente/pdf/Ergaenzung_

M5.pdf [20.11.2023]. **94 oben** Mohl, Nils: 99 & 1 tipp zum selberbessermachen. Aus: Mohl, Nils: tänze der untertanen. Gedichte. München: mixtvision 2020, S. 28. **94 unten** Busch, Wilhelm: Der fliegende Frosch. Aus: Busch, Wilhelm: Doch die Käfer, kritze, kratze … Berlin: Der Kinderbuchverlag, 1988, S. 287–289. **95 ff.** Rosoff, Meg: was wäre wenn (Auszüge). Aus dem Englischen von Brigitte Jakobeit. Hamburg: Carlsen, 2007, S. 5–9. **98** Ich bin schwarz, … Aus: Favilli, Elena und Cavallo, Francesca: Good Night Stories for Rebel Girls. 100 außergewöhnliche Frauen. Aus dem Englischen von Birgitt Kollmann. München: Carl Hanser Verlag, 2017, S. 144. **108 ff.** Skåber, Linn: Being Young – Uns gehört die Welt (Auszug). Aus dem Norwegischen von Gabriele Haefs. Hamburg: Rowohlt Taschenbuch Verlag, 2020, S. 213–220. **111** Gorman, Amanda: Den Hügel hinauf (Auszug). Aus: Gorman, Amanda: The Hill We Climb – Den Hügel hinauf: Zweisprachige Ausgabe. Aus dem amerikanischen Englisch übersetzt und kommentiert von Uda Strätling, Hadija Haruna-Oelker und Kübra Gümüşay. Hamburg: Hoffmann und Campe Verlag GmbH, 2021, S. 21–27. **112 ff.** Østerfelt, Frances Andreasen; Andersen, Anja C.; Blaszczyk, Anna: Marie Curie. Ein Licht im Dunkeln (Auszug). Aus dem Dänischen von Franziska Hüther. München: Knesebeck, 2020, S. 8–9, 12, 14. **116 f.** Tolstoi, Lew: Der Sprung. Aus: Dieckmann, Eberhard (Hrsg.): Lew Tolstoi. Gesammelte Werke in zwanzig Bänden. Bd. 8: Das neue Alphabet. Russische Lesebücher. Aus dem Russ. übers. von Hermann Asemissen. Berlin: Rütten & Loening, 1968, S. 295–297. **128** Beauvais, Clémentine: Die Königinnen der Würstchen (Auszug). Aus dem Französischen von Annette von der Weppen. Hamburg: Carlsen Verlag, 2017, S. 123. **130 ff.** Ziegler, Reinhold: Die Brücke. Aus: Ziegler, Reinhold: Der Straßengeher und andere kleine Versuche, die Welt zu verstehen. Erzählungen. Weinheim: Beltz & Gelberg, 2001, S. 7–12. **134** Dimitrow, Lydia: Weg. Aus: Bothe, Kathrin u. a. (Hrsg.): Destillate 2008. Literatur Labor Wolfenbüttel 2008. Wolfenbütteler Akademie-Texte. Wolfenbüttel: Bundesakademie für Kulturelle Bildung, 2008, S. 36. **135 oben** Hohler, Franz: Die ungleichen Regenwürmer. Aus: Hohler, Franz: 47 und eine Wegwerfgeschichte. Bern: Zytglogge, 1982, S. 25. **135 unten** Lessing, Gotthold Ephraim: Der Besitzer des Bogens. Aus: Nationale Forschungs- und Gedenkstätten der klassischen deutschen Literatur in Weimar (Hrsg.): Lessings Werke in fünf Bänden. Fünfter Band. Berlin, Weimar: Aufbau-Verlag, 1988, S. 146. **136 f.** Hach, Lena: Wanted. Ja. Nein. Vielleicht. (Auszüge). Roman. Weinheim, Basel: Beltz & Gelberg, 2015, S. 9–11, 37–38. **138** Engelhard, Magdalene Philippine: Mädchenklage (Auszug). Aus: Bers, Anna (Hrsg.): Frauen. Lyrik. Gedichte in deutscher Sprache. Ditzingen: Philipp Reclam jun., 2020, S. 197. **139 oben** Goethe, Johann Wolfgang von: Prometheus (Auszug). Aus: Trunz, Erich (Hrsg.): Johann Wolfgang von Goethe: Werke. Hamburger Ausgabe in 14 Bänden. Band 1. Gedichte und Epen 1. München: C. H. Beck Verlag, 1996, S. 46. **139 unten, 141** Bürger, Gottfried August: Der Bauer. Aus: Grimm, Gunter E. (Hrsg.): Gottfried August Bürger: Gedichte. Stuttgart: Philipp Reclam jun., 1997, S. 25. **144 oben** Roquette, Julie: Der Grund weiblicher Halsstarrigkeit. Aus: Bers, Anna (Hrsg.): Frauen. Lyrik. Gedichte in deutscher Sprache. Ditzingen: Philipp Reclam jun., 2020, S. 226. **144 Mitte** Goethe, Johann Wolfgang von: Ob ich dich liebe, weiß ich nicht. Aus: Trunz, Erich (Hrsg.): Johann Wolfgang von Goethe: Werke. Hamburger Ausgabe in 14 Bänden. Band 1. Gedichte und Epen 1. München: C. H. Beck Verlag, 1996, S. 25. **145 ff.** Goethe, Johann Wolfgang von: Prometheus. Aus: Trunz, Erich (Hrsg.): Johann Wolfgang von Goethe: Werke. Hamburger Ausgabe in 14 Bänden. Band 1. Gedichte und Epen 1. München: C. H. Beck Verlag, 1996, S. 44–46. **149 f.** Behrendt, Paulina: Ich mach

lieber grün als blau. © Paulina Behrendt. **151** Goethe, Johann Wolfgang von: Willkommen und Abschied. Aus: Trunz, Erich (Hrsg.): Johann Wolfgang von Goethe: Werke. Hamburger Ausgabe in 14 Bänden. Band 1. Gedichte und Epen I. München: C. H. Beck Verlag, 1996, S. 28–29. **152 f.** Engelhard, Magdalene Philippine: Mädchenklage. Aus: Bers, Anna (Hrsg.): Frauen. Lyrik. Gedichte in deutscher Sprache. Ditzingen: Philipp Reclam jun., 2020, S. 197–198. **153** Autorinnen mussten … Aus: Herrmann, Katharina: Dichterinnen & Denkerinnen: Frauen, die trotzdem geschrieben haben. Ditzingen: Philipp Reclam jun., 2020, S. 7–8. **154 oben** Gellert, Christian Fürchtegott: Die Freundschaft. Aus: Weisse, Christian Felix: Kleine lyrische Gedichte. 3. Theil. Wien: Schraembl, 1793, S. 87. **154 unten** Claudius, Matthias: Abendlied. Aus: Görisch, Reinhard (Hrsg.): Matthias Claudius: Der Mond ist aufgegangen. Gedichte und Prosa. Frankfurt am Main, Leipzig: Insel Verlag, 1998, S. 120 f. **155 oben** Lessing, Gotthold Ephraim: Der Tanzbär. Aus: Nationale Forschungs- und Gedenkstätten der klassischen deutschen Literatur in Weimar (Hrsg.): Lessings Werke in fünf Bänden. Fünfter Band. Berlin, Weimar: Aufbau-Verlag, 1988, S. 86. **155 unten** Lessing, Gotthold Ephraim: Der Adler und die Eule. Aus: Nationale Forschungs- und Gedenkstätten der klassischen deutschen Literatur in Weimar (Hrsg.): Lessings Werke in fünf Bänden. Fünfter Band. Berlin, Weimar: Aufbau-Verlag, 1988, S. 85–86. **156 oben** Pfeffel, Gottlieb Konrad: Der Igel. Aus: Pfeffel, Gottlieb Konrad: Skorpion und Hirtenknabe. Fabeln, Epigramme, poetische Erzählungen, Biographie eines Pudels u. a. Prosa von Gottlieb Konrad Pfeffel. Ausgewählt und mit einem Nachwort von Rudolf K. Unbescheid. Memmingen: Maximilian Dietrich Verlag, 1970, S. 28 f. **156 unten** Gellert, Christian Fürchtegott: Das Kutschpferd. Aus: Honnefelder, Gottfried (Hrsg.): Christian Fürchtegott Gellert: Werke. Erster Band. Frankfurt am Main: Insel Verlag, 1979, S. 113–114. **157** Lessing, Gotthold Ephraim: Nathan der Weise. Ein dramatisches Gedicht in fünf Aufzügen. Stuttgart: Philipp Reclam jun., 2021, S. 5. **158 ff.** Dritter Aufzug. Siebenter Auftritt. Aus: Lessing, Gotthold Ephraim: Nathan der Weise. Ein dramatisches Gedicht in fünf Aufzügen. Stuttgart: Philipp Reclam jun., 2021, S. 77–81. **162 f.** Nathan: Lass auf unsre Ring'… Aus: Lessing, Gotthold Ephraim: Nathan der Weise. Ein dramatisches Gedicht in fünf Aufzügen. Stuttgart: Philipp Reclam jun., 2021, S. 81–83. **166 ff.** Fünfter Aufzug. Letzter Auftritt. Aus: Lessing, Gotthold Ephraim: Nathan der Weise. Ein dramatisches Gedicht in fünf Aufzügen. Stuttgart: Philipp Reclam jun., 2021, S. 145–152. **176** Bevor wir gläubig sind, sind wir Menschen. Aus: Junges DT (Hrsg.): Nathan der Weise von Gotthold Ephraim Lessing: Materialien. Berlin, 2015, S. 9–10. **177 f.** Pressler, Mirjam. Nathan und seine Kinder (Auszüge). Geschem. Weinheim, Basel: Beltz & Gelberg, 2009, S. 19–23. **178 f.** Pressler, Mirjam. Nathan und seine Kinder (Auszüge). Elijahu. Weinheim, Basel: Beltz & Gelberg, 2009, S. 53–54. **179 f.** Pressler, Mirjam. Nathan und seine Kinder (Auszüge). Al-Hafi. Weinheim, Basel: Beltz & Gelberg, 2009, S. 155–166. **183 ff.** Schiller, Friedrich: Die Räuber. Ein Schauspiel (Auszüge). Erster Akt. Erste Szene. Aus: Jansen, Uwe (Hrsg.): Friedrich Schiller: Die Räuber. Ein Schauspiel. Ditzingen: Philipp Reclam jun., 2017, S. 11–19. **186 ff.** Erster Akt. Zweite Szene. Aus: Jansen, Uwe (Hrsg.): Friedrich Schiller: Die Räuber. Ein Schauspiel. Ditzingen: Philipp Reclam jun., 2017, S. 21, 24–25, 27–30, 34–36. **218** Von Natur aus … Aus: Nürnberger, Christian: Mutige Menschen – für Frieden, Freiheit und Menschenrechte. Stuttgart, Wien: Gabriel in der Thienemann-Esslinger Verlag GmbH, 2023, S. 10–12. **223** Das Palais Kinsky… Nach: Nürnberger, Christian: Mutige Menschen – für Frieden, Freiheit und Menschenrechte. Stuttgart: Gabriel in der Thienemann-Esslinger Verlag GmbH, 2023, S. 180–181.

224 Manchmal besteht … Aus: Nürnberger, Christian: Mutige Menschen – für Frieden, Freiheit und Menschenrechte. Stuttgart: Gabriel in der Thienemann-Esslinger Verlag GmbH, 2023, S. 179–180.
231 oben Schon 1913 … Nach: Nürnberger, Christian: Mutige Menschen – für Frieden, Freiheit und Menschenrechte. Stuttgart: Gabriel in der Thienemann-Esslinger Verlag GmbH, 2023, S. 104–106.
231 unten Kaum gegründet … Nach: Nürnberger, Christian: Mutige Menschen – für Frieden, Freiheit und Menschenrechte. Stuttgart: Gabriel in der Thienemann-Esslinger Verlag GmbH, 2023, S. 104–106.
232 Mitte Christian Nürnberger beginnt … Aus: Nürnberger, Christian: Mutige Menschen – für Frieden, Freiheit und Menschenrechte. Stuttgart: Gabriel in der Thienemann-Esslinger Verlag GmbH, 2023, S. 7, 11. **232 unten** Christian Nürnberger meint … Aus: Nürnberger, Christian: Mutige Menschen – für Frieden, Freiheit und Menschenrechte. Stuttgart: Gabriel in der Thienemann-Esslinger Verlag GmbH, 2023, S. 9. **233 oben** Im Jahr 1949 … Aus: Nürnberger, Christian: Mutige Menschen – für Frieden, Freiheit und Menschenrechte. Stuttgart: Gabriel Verlag, 2023, S. 17–18. **233 unten** Obwohl die Augustiner … Aus: Nürnberger, Christian: Mutige Menschen – für Frieden, Freiheit und Menschenrechte. Stuttgart: Gabriel in der Thienemann-Esslinger Verlag GmbH, 2023, S. 67, 102, 198. **234** Nürnberger schreibt … Aus: Nürnberger, Christian: Mutige Menschen – für Frieden, Freiheit und Menschenrechte. Stuttgart: Gabriel in der Thienemann-Esslinger Verlag GmbH, 2023, S. 7, 11. **238 Mitte** Ich war nicht physisch müde … Aus: Nürnberger, Christian: Mutige Menschen – für Frieden, Freiheit und Menschenrechte. Stuttgart: Gabriel in der Thienemann-Esslinger Verlag GmbH, 2023, S. 129. **238 unten** Warum kuschen … Aus: Nürnberger, Christian: Mutige Menschen – für Frieden, Freiheit und Menschenrechte. Stuttgart: Gabriel in der Thienemann-Esslinger Verlag GmbH, 2023, S. 9. **239 oben** Nelson Mandela … Aus: Nürnberger, Christian: Mutige Menschen – für Frieden, Freiheit und Menschenrechte. Stuttgart: Gabriel in der Thienemann-Esslinger Verlag GmbH, 2023, S. 108, 110, 117, 129. **239 unten** Ihr wisst … Aus: Nürnberger, Christian: Mutige Menschen – für Frieden, Freiheit und Menschenrechte. Stuttgart: Gabriel in der Thienemann-Esslinger Verlag GmbH, 2023, S. 132. **240 oben** Und er sprach … Aus: Nürnberger, Christian: Mutige Menschen – für Frieden, Freiheit und Menschenrechte. Stuttgart: Gabriel in der Thienemann-Esslinger Verlag GmbH, 2023, S. 131. **240 unten** Am Anfang … Aus: Nürnberger, Christian: Mutige Menschen – für Frieden, Freiheit und Menschenrechte. Stuttgart: Gabriel in der Thienemann-Esslinger Verlag GmbH, 2023, S. 11, 189, 192. **243** 1869 Geburt … Aus: Nürnberger, Christian: Mutige Menschen – für Frieden, Freiheit und Menschenrechte. Stuttgart: Gabriel in der Thienemann-Esslinger Verlag GmbH, 2023, S. 147.
248 Rinderkennzeichnungs… Aus: Bibliographisches Institut GmbH (Hrsg.): Duden: Die deutsche Rechtschreibung. 28., völlig neu bearbeitete und erweiterte Auflage. Berlin: Dudenverlag, 2020, S. 154.
261 Shakespeare, William. Romeo und Julia. Ein Trauerspiel in fünf Akten. In der Übersetzung von August Wilhelm von Schlegel. Husum: Hamburger Lesehefte Verlag, 2019, S. 3. **266 f.** Mielke, Rita: Als Humboldt lernte, Hawaiianisch zu sprechen. Vorwort. Berlin: Dudenverlag, 2021, S. 7–9. **268 ff.** Witte, Tania. Einfach nur Paul (Auszug). Würzburg: Arena Verlag, 2022, S. 8–15. **283** Ulrich, Winfried: Augendreher. Aus: Ulrich, Winfried: Sprachspielerische und sprachverfremdende Texte im Deutschunterricht der Sekundarstufen. Baltmannsweiler: Schneider Verlag Hohengehren, 2021, S. 87.

Bildquellen

8 Depositphotos/Alexandr Mitiuc **16** stock.adobe.com/pololia **17** stock.adobe.com/ViDi Studio **23** stock.adobe.com/deagreez **27** Cornelsen/Straive **29** mauritius images/Maskot **34** *Buchcover:* Rowohlt Verlag GmbH **38** stock.adobe.com/olezzo **47** stock.adobe.com/Jon Anders Wiken **48** Moritz Angstwurm, JBN **52 oben** Statista GmbH **52 unten** stock.adobe.com/panaramka **55** stock.adobe.com/Tasha Vecto **56** stock.adobe.com/Naiyana **57** https://www.un.org/sustainabledevelopment/The content of this publication has not been approved by the United Nations and does not reflect the views of the United Nations or its officials or Member States **62, 63** Cornelsen/Straive **64** Statista GmbH **67** © Delf Zeh **70** *Buchcover:* © Carlsen Verlag Hamburg **75** Umweltbundesamt **77** Imago Sportfotodienst GmbH/Pressefoto Baumann **78** stock.adobe.com/pikselstock **84** stock.adobe.com/dark_blade **86** Shutterstock.com/K.Sorokin **88** © Christian Habicht **91** Cornelsen/Straive **92** Meintestgelaende.de **95** *Buchcover:* S. Fischer Verlag GmbH **98** Imago Stock & People GmbH/xHallmarkxEntertainment/CourtesyxEverettxCollectionx **102** Imago Stock & People GmbH/photothek/xUtexGrabowskyx **106** mauritius images/alamy stock photo/Jim Corwin **112 oben, unten, 113, 114, 115** F. A. Østerfelt, A. Cetti Andersen und A. Blaszczyk/Knesebeck, München 2020 **128** *Buchcover:* © Carlsen Verlag Hamburg **136** *Buchcover:* Gulliver/Julius Beltz GmbH & Co KG **138 links** dpa Picture-Alliance/Panama Pictures/Christoph Hardt **138 rechts** dpa Picture-Alliance/EPA-EFE/OMER MESSINGER **139** Bridgeman Images/Museumslandschaft Hessen Kassel; Ute Brunzel **149** Imago Stock & People GmbH/Horst Galuschka **158** Cornelsen/Babylon, Corinna **160, 166, 168, 170** Imago Stock & People GmbH/Martin Müller **173** Imago Stock & People GmbH/imageBROKER/JürgenxLindenburger **174** interfoto e.k./ Sammlung Rauch **175 links** akg-images/Anton Graff/Freundschaftsgalerie, Philipp Erasmus Reich **175 Mitte** akg-images/Anton Graff/Sammlungen der Universität Leipzig **175 rechts** akg-images/COPPERPRINT FY **176** Imago Stock & People GmbH/Ernst Wukits **177** *Buchcover:* Julius Beltz GmbH & Co KG **183** Cornelsen/Babylon, Corinna **190** akg-images **191** akg-images/Roland and Sabrina Michaud **192** bpk/New Picture Library/DeAgostini/G. Cigolini **193** stock.adobe.com/Maud zendessin **197 oben** stock.adobe.com/Beata **197 unten** stock.adobe.com/constantincornel **199** interfoto e.k./Bildarchiv Hansmann **202** akg-images **204** Imago Stock & People GmbH/Tobias Wölki **205** Bridgeman Images **207** Imago Sportfotodienst GmbH/AAP **208 oben** stock.adobe.com/paulcannoby **208 unten** stock.adobe.com/Jiro **212** dpa Picture-Alliance/ASSOCIATED PRESS/Yomiuri Shimbun **215** dpa Picture Alliance/Monika Skolimowska **217** Tom Koerner © TOM **218** *Buchcover:* Christian Nürnberger, Wiebke Kubitza, Eva Jung © 2023 Thienemann-Esslinger Verlag **219** mauritius images/alamy stock photo/IanDagnall Computing **221** mauritius images/Norbert Eisele-Hein **222** akg-images/NTB scanpix/Åsrud, Lise **223** akg-images/Hervé Champollion **224** bpk/Deutsches Historisches Museum **227** stock.adobe.com/mojolo **230** Bridgeman Images **231** mauritius images/Travel Collection **233** akg-images/Dr. Enrico Straub **236** interfoto e.k./brandstaetter images/Roger-Viollet **237** akg-images/Binder **240** akg-images **242** mauritius images/Cinema Legacy Collection **243** Bridgeman Images **252** mauritius images/Hans-Peter Merten **265** © Rat für deutsche Rechtschreibung **266** Hanna Zeckau, © 2021 Cornelsen Verlag GmbH (Duden), Berlin **273** Imago Stock & People GmbH/Hohlfeld **282** stock.adobe.com/wajan **292** Depositphotos/Aliaksandr Marko